左传

全文通识读本

第五册

刘勋 编著

中華書局

第五册

第五册分年目录

昭　　公

昭公

扫描二维码，
阅读参考资料

昭公元年·一

地理 鲁、晋、楚、齐、宋、卫、陈、蔡1、郑、曹、周见昭地理示意图1。鲁、晋、齐、宋、卫、陈、蔡1、郑、许1、曹、周、刘、虢、颍、雒汭见昭地理示意图3。鲁、齐、宋、卫、曹、莒、郓(东郓)见昭地理示意图4。鲁、晋、楚、宋、卫、陈、蔡1、郑、许1、曹、莒、吴、百濮、周、刘、虢、颍、雒汭见昭地理示意图5。

人物 鲁昭公(襄三十一·三·五·一)、叔孙穆子(成十六·六·二)、赵文子(成八·五·一)、王子围(襄二十六·五·一)、国景子(成十八·二·一)、向戌(成十五·六·三)、齐恶、公子招、声子(襄二十六·八·一)、罕虎(襄二十九·七·一)、公孙段(襄二十七·三·二·十一)、伍举(襄二十六·八·一)、公孙挥(襄二十四·十)、公孙侨(襄八·三)、伯州犁(成十五·七·一·一)、郑简公(襄七·八·二·二)、楚庄王(文十四·十一·一)、楚共王(成二·四·四)、郑敖(襄二十九·三·二·一)、祁午(襄三·四·一)、屈建(襄二十二·六·二)、公孙黑(襄十五·四·一)、王子弃疾、乐桓子(襄二十一·五·四·二)、季武子(襄六·五·春秋)、梁其胫、羊舌肸(襄十一·二·五·三)、褒姒、周景王(襄三十·六·春秋)、刘定公(襄十四·十)、夏禹(庄十一·二·二·二)、曾夭、曾阜

春秋 元年,春,王正月,公鲁昭公即位。

○正 此条《春秋》无对应《左传》。

叔孙豹叔孙穆子会晋赵武赵文子、楚公子围王子围、齐国弱国景子、宋向戌、卫齐恶、陈公子招、蔡公孙归生声子、郑罕虎、许人、曹人于虢 guó。

【齐恶】正 杨 补 姬姓,齐氏,名恶。齐子(闵二·五·四·一)之后。卫大夫,官至卿位。

【公子招】正 补 妫姓,名招。陈成公(宣十一·五·一)之子,陈哀

公(襄五·八·春秋)之弟。陈大夫,官至卿位。任司徒(卿职)。昭八年被楚人所执,放之于越。

【虢】杨 见隐元·十·二。此时已为郑邑。

三月,[我]取郓。

【郓】杨 东郓,见文十二·六·春秋。

左传【一·一】元年,春,楚公子围王子围聘于郑,且娶于公孙段氏。伍举为介。

【聘】补 见隐七·四·春秋。

【介】正 副手。

【一·二】[楚人]将入馆。郑人恶 wù 之,使行人子羽公孙挥与之言,[楚人]乃馆于外。

【入馆】正 杨 补 入郑都,住宾馆。王子围此行带有一定数量的亲兵,而郑人厌恶的正是楚兵入城(详见下)。

【行人】补 见襄十一·二·春秋。

【一·三】既聘,[令尹]将以众逆。

【将以众逆】正 补 [王子围]准备率楚兵众[进城]迎接[新妇]。参见隐七·七·二"昏礼"。

子产公孙侨患之,使子羽辞曰:"以敝邑褊 biǎn 小,不足以容从者,请墠 shàn 听命。"

【辞】杨 拒绝。

【请墠听命】正 杨 补 [我们]请求清除地面[作为行礼之处,然后]听取[您的]命令。古代亲迎,新婿应在女方家族宗庙接受新妇。公孙侨不希望让楚兵众进入都城,因此提出在城外举行仪式,以代替城内的丰氏宗庙。

令尹王子围命大(太)宰伯州犁对曰:“君郑简公辱贶kuàng寡大夫围王子围,谓围‘将使丰氏抚有而(尔)室’。围布几筵,告于庄楚庄王、共gōng,楚共王之庙而来。若野赐之,是委君贶于草莽也,是寡大夫王子围不得列于诸卿也。不宁唯是,又使围蒙其先君,将不得为寡君郑敖老,其蔑以复矣。唯大夫图之!”

【令尹】补见庄四·二·二。**【大宰】**补见成九—成十·二。

【贶】杨赐。

【将使丰氏抚有而室】正杨补将使丰氏拥有你(王子围)的家室。实指将丰氏将女儿嫁给王子围做妻子。公孙段为公子平(子丰)之子,当时已赐氏为“丰”,故此处又称“丰氏”。

【围布……而来】正杨补我(王子围)摆好几案、筵席,[放上祭品,]在楚庄王庙(祖庙)、楚共王庙(父庙)祭告先君[说我将去郑丰氏宗庙迎娶新妇],然后前来。

【莽】杨草深。

【是寡……卿也】补意思是王子围在接下来参加虢地会盟时就没有脸面再作为楚卿与他国诸卿并列了,因为他国诸卿都是到女方宗庙迎娶新妇的,只有他是在野外迎亲。

【又使围蒙其先君】正补又让我欺蒙了自己的先君。王子围先前告知先君将在女方家族宗庙成礼,若不能实现,则是欺蒙先君。

【将不得为寡君老】正杨补[我回国后]将不能再做我国君王的卿大夫之长(指令尹)。老,周王或诸侯的卿大夫之长,对应楚之令尹。

【其蔑以复矣】杨补恐怕也无法回去复命了。

子羽曰:“小国无罪,恃实其罪。将恃大国之安靖己,而[大国]无乃包藏祸心以图之?小国失恃,而惩诸侯,使莫不憾者,距违君郑敖命,而有所壅塞不行是惧。不然,敝邑,馆人之属也,其敢爱丰氏之祧tiāo?”

【恃实其罪】正 补 仗恃［大国将善待自己而不加防备］就是它的罪过。

【小国……是惧】正 杨 补 即“惧小国失恃，而惩诸侯，使莫不憾者，距违君命，而有所壅塞不行”。可译为“［我们］害怕的是小国失去倚仗（也就是被大国暗算），从而使其他诸侯国提高警惕，使他们没有不怨恨［大国］的，因而抗拒［大国］君主的命令，使其命令壅塞不得执行”。惩，使……引以为戒。

【不然……之祧】正 杨 补 不是［担心］这个的话，我国［君臣本来就相当于楚的］宾馆守者一类，又怎么敢吝惜丰氏的宗庙？爱，惜。祧，宗庙。**【馆人】**正 补 郑外朝官，掌馆舍。

伍举知其有备也，请垂櫜 gāo 而入，［郑人］许之。正月乙未十五日，［楚人］入，逆［女］而出。

【垂櫜】正 杨 倒挂武器袋，表示里面没有武器。

○补 从《左传》前文（襄三十·十三）我们已经知道，公孙段是郑六卿中最为虚伪、贪婪的人，位高权重，又是执政公孙侨的政敌，这样的人自然会成为大国渗透的首选对象。楚令尹王子围迎娶郑卿公孙段之女毫无疑问是一场政治婚姻，通过联姻，楚令尹王子围的明显目的是要拉拢公孙段、从而使得楚势力渗透进郑高层，而公孙段的明显目的则是借此获得王子围这个强有力的外援。

然而，这场政治婚姻的时机不由得让人产生更可怕的推测。前面已经提到，公孙侨虽然让公孙段坐上高位，还送给他田邑，但从心里厌恶他的为人。在公孙段的儿子丰卷因为祭品风波被驱逐出境之后，公孙侨和公孙段之间本来就貌合神离的同僚关系很可能已经进一步恶化。此外，此时公孙侨新政推行到了第二年，触动了不少国人的既得利益，而成效又还没有完全显现。郑都城内心怀“孰杀子产，吾其与之”想法的人不在少数。

就在这个当口，心怀不满的公孙段与敢下狠手的楚权臣王子围联姻，而王子围又带着兵众前来迎亲，其目的有可能比表面可见的楚势力渗透、丰氏拉外援还要凶险，那就是：公孙段、王子围里应外合，并联合不满新政的国人，制造一场武力政变除掉公孙侨，这对于两年前刚经历了良霄—公孙黑之乱的郑来说并不是什么天方夜谭。如果公孙侨被杀，而一向善于伪装的公孙段没有暴露的话，那公孙段依排位（仅次于公孙侨）就成了执政的当然人选。楚王子围既是公孙段的女婿，又对公孙段有大恩，而且他手上还握有公孙段里通外国、谋杀本国执政的把柄。这样一来，楚就完全有可能通过公孙段操纵郑内政，甚至扭转郑先前一心服事晋的外交方针。

很可能是推算到了这次政治婚姻背后巨大的风险，公孙侨做出了一个高调而强硬的决定：不允许楚使团进入郑都城，而是安排他们住在城外。公孙侨做出这个颇为“出格”的决定，所依据的底线应该是：王子围此次本为笼络公孙段、迎娶新妇而来，所带军队绝不足以强攻国都，如果吃了“闭门羹”，虽然有可能会言辞抗议，但是除了接受也没有别的选择。公孙侨此次打破外交礼节常态、拒绝楚国头号权臣迎亲队伍进城，与他在襄二十八年率团首访楚国时要求不起土坛、向楚国表示谦卑（襄二十八・八・四）在做法上截然相反，但随机应变、为达目的而不拘常礼的思路则是一致的。

【二・一】［公子围］遂会于虢，寻宋之盟也。

【寻宋之盟也】 正 重温襄二十七年宋之盟。

【二・二】祁午谓赵文子曰：

“宋之盟，楚人得志于晋。今令尹王子围之不信，诸侯之所闻也。子弗戒，惧又如宋。子木屈建之信称于诸侯，犹诈晋而驾焉，况不信之尤者乎？楚重chóng得志于晋，晋之耻也。

【宋之盟，楚人得志于晋】 正 指宋之盟中，楚先于晋歃血而为盟主。

【戒】补 警惕。

【子木……驾焉】正 补 屈建的诚信为诸侯所称道，尚且对晋使诈，并而凌驾在晋头上。“诈”指楚师内穿甲衣欲袭晋之事，“驾”指楚先晋人歃血之事。

【不信之尤者】正 补 不讲信用的突出人物，指王子围。尤，甚。

“子相xiàng晋国以为盟主，于今七年矣。再合诸侯，三合大夫，服齐、狄，宁东夏，平秦乱，城淳于，师徒不顿，国家不罢(疲)，民无谤讟dú，诸侯无怨，天无大灾，子之力也。[子]有令名矣，而终之以耻，午祁午也是惧。吾子其不可以不戒！”

【再合诸侯】正 补 两次会合诸侯国君。指襄二十五年会于夷仪，襄二十六年会于澶渊。再，两次。

【三合大夫】正 补 三次会合诸侯卿大夫。指襄二十七年会于宋，襄三十年会于澶渊，昭元年会于虢。

【服齐、狄】正 补 使齐、狄顺服。指襄二十八年齐景公、白狄到晋朝见。

【宁东夏】杨 补 使东方华夏诸国安宁。

【平秦乱】正 杨 指襄二十六年秦、晋讲和。僖三十三年殽之战之后，秦、晋不和，故曰“秦乱”，并非秦有内乱。

【城淳于】正 指襄二十九年修筑杞新都淳于。【淳于】补 见桓五—桓六·春秋。

【顿】杨 疲敝。

【谤讟】正 杨 补 近义词连用，都是怨言的意思。杜甫《火》“尔宁要谤讟”典出于此。

【令名】补 好名声。令，善。

【午也是惧】补 即“午惧是也”，可译为“我惧怕的就是这个”。

文子赵文子曰：

“武赵文子受赐矣。然宋之盟，子木有祸人之心，武有仁人之心，是楚所以驾于晋也。今武犹是心也，楚又行僭 jiàn，非所害也。

【僭】正 不信。

“武将 jiàng 信以为本，循而行之。譬如农夫：是穮 biāo 是蓘 gǔn，虽有饥馑，必有丰年。且吾闻之，‘能信，不为人下’，吾未能也。《诗》曰‘不僭不贼，鲜不为则’，信也。能为人则者，不为人下矣。吾不能是难，楚不为患。”

【武将……行之】补 我秉持着诚信作为根本，遵循诚信去行动。赵文子这里说的诚信，是指信守宋之盟晋楚停战的承诺，不再挑起争端。正因为如此，所以如下文所述，在虢之盟期间，赵文子没有与王子围争斗，而是同意楚再一次先歃血为盟主，还指导王子围如何领导楚做一个好霸主。

【穮】正 杨 田中除草。【蓘】正 杨 培土附苗根。

【吾未能也】正 补 我还是不能[完全做到诚信]啊[，所以才会屈居人下]。

【不僭不贼，鲜不为则】补 见僖九·二·三·二。

【能为……下矣】补 能够做别人行为准则的人，不会屈居在别人下面。

【吾不能是难】杨 补 即“吾难于不能”，可译为“我感到困难的是不能[做到诚信]”。

【二·三】楚令尹围王子围请用牲、读旧书、加[书]于牲上而已。晋人许之。

○正 杨 补 襄二十七年宋之盟，楚先于晋歃血。当时楚的理由是，晋、楚实际上是交替主持诸侯盟誓的，既然晋长期主持中原诸侯盟誓，那么宋之盟应该轮到楚。楚王子围担心此次虢之盟，晋会根据楚人自己的说法“晋、楚交替主持盟誓”，要求这次晋先歃血，因此提出用宋之盟的旧盟书，从而省去歃血环节。盟书正本已埋于地下，此处所读应为诸侯收藏的副本。既不歃血，《春秋》因而不书盟。盟礼参见隐元·二·春秋。

【三】三月甲辰二十五日，盟。

楚公子围王子围设服、离(俪)卫。

【服】正 杨 凡衣饰器用品物都可以称为“服”，《周礼·大行人》“其贡服物”，指玄纁絺纩；《周礼·都宗人》“正都礼与其服”，指宫室车旗。这里泛指王子围的一切仪仗服饰。

【离】杨 并，两。

○正 杨 补 王子围陈设仪仗，一对卫兵拿着戈在前侍立。

叔孙穆子曰：“楚公子王子围美矣，君哉！”

○正 杨 补 叔孙穆子说：“楚公子美啊，君主[的做派]啊！”王子围陈设的实为楚王仪仗，故叔孙穆子有此言，表面上是恭维王子围，实际上是在讥讽。

郑子皮罕虎曰：“二执戈者前矣！”

○正 补《礼记·丧服大记》：“君即位于阼，小臣二人执戈立于前，二人立于后。”国君出行，应有二人执戈在前，二人执戈在后。罕虎此言说明王子围已有二人执戈在前，而尚无二人执戈在后，但即使是这样也已经是僭越楚王。罕虎为郑当国，全力支持公孙侨重振礼治，因此上述言论表面上是客观描述、无所褒贬，实际上是暗示王子围僭越。

蔡子家声子曰：“蒲宫有前，不亦可乎？”

【蒲宫】正 补 王子围在盟会场地搭建的临时建筑，以蒲为材，形制类似楚王宫，而与他国所搭建帐幕不同。

○正补声子意谓，王子围所居临时宫室已似王宫，因此外出有前戈仪仗，也属于正常。声子此言，表面上是在为王子围辩护，实际上是在讥讽。

楚伯州犁曰："此行也，[令尹]辞而假之寡君郑敖。"

【辞】补以言辞请求。【假】补借。

○正伯州犁见诸侯卿大夫讥议王子围仪仗及蒲宫，便出此言以为王子围辩护。

郑行人挥公孙挥曰："[令尹]假[君服、卫]不反(返)矣！"

○正补公孙挥点破诸卿大夫言下之意，认为王子围将篡位为君，从而不归还楚王服、卫。

伯州犁曰："子公孙挥姑忧子皙公孙黑之欲背诞也。"

○正补襄三十年公孙黑杀良霄，此后想要挤进六卿行列，违背君命，意欲再次作乱，是郑内政之忧。伯州犁反唇相讥，叫公孙挥姑且为郑内乱忧愁，而无须为王子围不返还楚王仪仗而担忧。

子羽公孙挥曰："当璧王子弃疾犹在，[令尹]假[君服、卫]而不反(返)，子伯州犁其无忧乎？"

【当璧】正补王子弃疾，后为楚平王。芈姓，熊氏，名弃疾，即位后改名居，谥景、平，简谥平(据上博简六《平王问郑寿》、上博简六《平王与王子木》、清华简二《系年》)。楚共王(成二·四·四)庶子，楚康王(襄十四·九)、楚灵王(襄二十六·五·一)、王子比(昭元·九·春秋)、王子黑肱(襄二十七·三·二·二)之弟。即君位前为楚大夫，昭十一年任蔡县公，昭十三年已任陈、蔡县公。昭十四年即位，在位13年。昭二十六年卒。战国时期楚三大族(昭、屈、景)之一的景氏即出自楚景平王，以其谥为氏。

○正 补 公孙挥与伯州犁争执升级，遂有此言。公孙挥意谓，王子弃疾有当璧之命（参见昭十三·二·十二），应当继承王位，因此王子围即使篡国，后终将有难，伯州犁应当有所忧虑。

齐国子国景子曰："吾代二子愍矣。"

【愍】正 忧。

○正 补 国景子出言调停，说自己愿意替公孙挥忧虑公孙黑叛乱之事，也愿意替伯州犁忧虑王子围篡立之事，暗示二人不要再争执不休。

陈公子招曰："不忧何成？二子乐矣。"

○正 补 国景子既出调停之言，公孙挥、伯州犁二人很可能已经顺坡下驴，强颜欢笑以消解刚才争执造成的紧张气氛。公子招于是进一步将谈话向积极方向引导，指出不忧心则不能成事。二人皆已转怒为乐，看来对如何应对国内祸乱都已经胸有成竹。

卫齐子齐恶曰："苟或知之，虽忧何害？"

○正 补 齐恶发言延续公子招积极正面的论调，指出只要能意识到忧患，则将有防备安排，因此虽有忧患，最终也不会造成损害。

宋合左师向戌曰："大国令，小国共（供）。吾知共（供）而已。"

○正 补 向戌不愿参与此番论争，表示自己小国只知供承大国之命，而不敢去议论大国的内政走向。

晋乐王鲋 fù，乐桓子曰："《小旻 mín》之卒章善矣，吾从之。"

○正 杨 补《毛诗·小雅·小旻》末章为"不敢暴虎，不敢冯河。人知其一，莫知其他。战战兢兢，如临深渊，如履薄冰"，可译为"不敢徒手打虎，不敢徒步渡河。这个道理人们知道，别的危险却犯糊涂。恐惧警戒过日子，好像站在深潭边，好像踩在薄冰上”。乐桓子不赞同诸大夫公开讥评王子围，故引《小旻》卒章为言，意指出言需小心谨慎，不应意气用事。

退会，子羽谓子皮罕虎曰：

“叔孙叔孙穆子绞而婉，宋左师向戌简而礼，乐王鲋字而敬，子罕虎与子家持之，皆保世之主也。

【叔孙绞而婉】 正 杨 补 叔孙恰切而委婉。叔孙穆子点出王子围似君，为“绞”，以称赞王子围的角度出言，为“婉”。

【宋左师简而礼】 正 杨 宋左师简约而合于礼。向戌不置褒贬，为“简”，敬供大国，为“礼”。

【乐王鲋字而敬】 正 杨 补 乐王鲋慈爱而恭敬。字，养，引申为慈爱。乐王鲋主张各国卿大夫不应冒犯王子围，是“字”卿大夫而“敬”王子围。

【子与子家持之】 正 补 您和子家持其两端。罕虎言“二执戈者前矣”，一方面点出王子围僭越之处“俪卫”，另一方面又并无讥评；声子言“蒲宫有前，不亦可乎”，也是一方面点出王子围另一个僭越之处“蒲宫”，另一方面又说“可”，都是持其两端，不明确表态。

“齐、卫、陈大夫其不免[于难]乎？国子国景子代人忧，子招公子招乐忧，齐子虽忧弗害。夫[忧]弗及[己]而忧，与可忧而乐，与忧而弗害，皆取忧之道也，忧必及之。《大(太)誓》曰：‘民之所欲，天必从之。’三大夫兆忧，忧能无至乎？言以知物，其是之谓矣。”

【国子代人忧】 补 “代人忧”即下文“弗及而忧”，指国景子替公孙挥与伯州犁而忧虑。

【子招乐忧】补 即下文"可忧而乐",指公孙挥与伯州犁实应忧虑,而陈公子招认为二人已过忧期,可以喜乐。参见宣十二·一·十九"有喜而忧,如有忧而喜乎?"。

【齐子虽忧弗害】杨 补"虽忧弗害"即下文"忧而弗害",指齐恶虽知公孙挥与伯州犁应忧虑,却认为二人有备,将不会有祸害。

【《大誓》】补 见成二·七·五·二。

【兆忧】正 补 有了忧虑的征兆。

【言以知物】正 杨 补 从言语来推知事验。《礼记·缁衣》"言有物",郑注"物谓事验"。昭八年楚执公子招,放之于越(昭八—昭九·春秋)。国景子、齐子之祸则不见于《左传》。

○补 公孙挥此番言论说明,他先前有可能是故意挑起争议,借此分析研判各国卿大夫的性情和心志。据襄三十一·七·一·二,"公孙挥能知四国之为,而辨于其大夫之族姓、班位、贵贱、能否",在外交场合故意挑事也许是公孙挥获取情报的一种常用手法。

○补 **传世文献对读:**《国语·鲁语下》叙诸侯大夫议论二执戈者侍立之事,可扫码阅读。

【四·一】季武子伐莒jǔ,取郓。莒人告于会。楚告于晋曰:"寻盟未退,而鲁伐莒,渎齐(斋)盟,请戮其使叔孙穆子。"

【寻盟】正 重温弭兵之盟。

【齐盟】补 见成十一·七·一·二。

【四·二】乐桓子相xiàng赵文子,欲求货于叔孙叔孙穆子,而为之请。[桓子]使请带焉,[叔孙]弗与。

【乐桓……之请】杨 补 乐桓子辅相[晋执政]赵文子,他想向叔孙穆子求取财货,[如果得逞的话就]为叔孙穆子[向赵文子]说情。

【使请带焉，弗与】 正 补 [乐桓子]派人[向叔孙穆子]请求衣带，[叔孙穆子]不给。乐桓子不愿直言索求货财，因此派人以求衣带作为暗示，而叔孙穆子也以不给衣带表示拒绝乐桓子的索求。

梁其胫 jìng 曰："货以藩身，子何爱焉？"

【梁其胫】 正 杨 补 梁其氏，名胫。鲁伯禽（文十二·五·一）之子梁其之后。叔孙氏家臣。

【藩】 杨 保卫。

【爱】 杨 惜。

叔孙曰："诸侯之会，卫社稷也。我以货免，鲁必受师。是祸之也，何卫之为？人之有墙，以蔽恶也。墙之隙坏，谁之咎也？卫而恶之，吾又甚焉。虽怨季孙季武子，鲁国何罪？叔出季处，有自来矣，吾又谁怨？然鲋乐桓子也贿，弗与，不已。"

【隙坏】 杨 补 裂缝损坏。

【咎】 补 罪过。

【卫而恶之，吾又甚焉】 正 杨 [本为]保卫[鲁而来，如果]反而使其受恶，那我[的罪过]比[致使]墙缝[损坏]还要严重。

【叔出季处，有自来矣】 正 杨 补 叔孙氏出使，季氏守国，由来已久。从《春秋》《左传》记载来看，自从成十六年季文子陪同鲁成公在外，差点被叔孙宣伯害死之后，鲁国参与国际行动派出的卿官，从成十六年至襄二年全是孟献子，襄二年起叔孙穆子开始参与，而季文子再也没有出过国，直至襄五年去世。襄五年季武子嗣位之后至襄二十一年，鲁国参与国际行动派出的卿官，以季武子为主，叔孙穆子、孟庄子、子叔齐子偶尔为之。襄二十一年后至昭元年，鲁国参与国际行动派出的卿官，以叔孙穆子为主，孟庄子/孟孝伯、子叔敬子偶尔为之，季武子再未出席，就连襄二十七年最重大的宋之盟也是由叔孙穆子出席。总而言之，所谓"叔出季处"，主要是指襄二十一年之后的情况，到昭元年时已经十一年。

[叔孙]召使者，裂裳 cháng 帛而与之，曰："带其褊 biǎn 矣。"

【裂裳帛】杨 补 撕裂下裳之帛。裳见桓元—桓二·三·二。

【带其褊矣】正 杨 补 衣带恐怕太窄了[，所以用更宽的裳帛相赠]。叔孙穆子一方面没有答应给予衣带（答应给衣带就是要给财货），表示自己不愿意用财货换取脱身；另一方面又撕下比衣带要宽的裳帛交给使者，表示自己并不是与乐桓子有私怨。

【四·三】赵孟赵文子闻之，曰："临患不忘国，忠也。思难 nàn 不越官，信也。图国忘死，贞也。谋主三者，义也。[叔孙豹]有是四者，又可戮乎？"

【临患不忘国，忠也】正 补 面临祸患而不忘国家，这是忠。指叔孙穆子言"鲁国何罪"。

【思难不越官，信也】正 补 想到危难而不放弃职守，这是信。指叔孙穆子不忘"叔出季处"。

【图国忘死，贞也】正 补 为国家打算而不惜一死，这是贞。指叔孙穆子为使鲁免于兵祸，而拒绝行贿求免。

【谋主三者，义也】正 杨 补 谋划事情以这三者（忠、信、贞）为主干，这是义。

乃请诸(之于)楚曰：

"鲁虽有罪，其执事叔孙穆子不辟(避)难 nàn，畏[楚]威而敬[楚]命矣。子王子围若免之，以劝左右，可也。若子之群吏，处不辟(避)污，出不逃难，其何患之有？患之所生，污而不治，难 nàn 而不守，所由来也。能是二者，又何患焉？

【畏威而敬命矣】杨 补 畏惧[楚的]威严而恭敬[地尊奉楚的]命令。指叔孙穆子留在会场不逃走，坐等楚人惩处。

【处不辟污，出不逃难】正 杨 杨 处于[国内时]不逃避污浊，出使

[国外时]不逃避祸难。污，指困难的政务。

“不靖其能，其谁从之？鲁叔孙豹叔孙穆子可谓能矣，请[子]免之，以靖能者。子会而赦有罪，又赏其贤，诸侯其谁不欣焉望楚而归之，视远如迩？

【不靖其能】正 补 不安定主政者属下的贤能之人。

【有罪】正 指鲁。

【其贤】正 指叔孙穆子。

【视远如迩】杨 补 把遥远[的楚]视为亲近[的国家]。

“疆埸yì之邑，一彼一此，何常之有？王、伯之令也，引其封疆而树之官，举之表旗而著之制令，过则有刑，犹不可壹。于是乎虞有三苗，夏有观、扈，商有姺shēn、邳pī，周有徐、奄。自无令王，诸侯逐进，狎xiá主齐(斋)盟，其又可壹乎？

【疆埸】杨 边境。

【王、伯之令也】正 杨 补 [三]王、[五]伯[在位，政治风气]良善的时候。三王，夏禹、商汤、周文王。五伯，夏昆吾、商大彭、商豕韦、周齐桓公、晋文公。令，善。

【引】正 正。

【表旗】杨 补 边界标识。【制令】杨 边界章程。

【过】杨 越境。

【犹不可壹】杨 尚且不能[保持列国边界]一成不变。

【虞有……徐、奄】补 列举的这几个国家都疆界不保，国土丧失。

【三苗】正 杨 虞时国，缙云氏之后。虞舜将三苗流放至三危之地。

【观】正 杨 夏时国，在今山东莘县观城镇。【扈】正 杨 补 夏时国，姒姓。在陕西户县北。曾与夏启战，后被夏所灭。参见《图集》9—10③6。【姺】杨 即莘，有莘氏见僖二十七—僖二十八·十六。【邳】正 杨 补 商时国，在今江苏睢宁古邳镇东。【徐】补 见庄二十六·三·春秋。周宣王曾伐徐，《毛诗·大雅·常武》即是为此事而作。

【奄】正杨补又称“商奄”，商、周时国，嬴姓。在今山东曲阜东二里。商王南庚至盘庚之时曾为商都。周朝初年奄参与三监之乱（参见襄二十一·五·四·三），周成王东征，灭奄，而以其地封鲁。鲁炀公至鲁僖公时曾为鲁都。参见《图集》13—14③11、17—18②6。

【令王】杨善王。

【狎主齐盟】正杨补交替主持盟会。狎，更，代。齐盟见成十一·七·一·二。狎主盟会之事参见襄二十七·三·二·六。

“恤大舍小，足以为盟主，又焉用之？封疆之削，何国蔑有？主齐（斋）盟者，谁能辩焉？吴、濮有衅，楚之执事岂其顾盟？莒 jǔ 之疆事，楚勿与 yù 知，诸侯无烦，不亦可乎？

【恤大舍小】正杨补担忧[篡弑灭国之类的]大[祸]，而放过[攻取边邑之类的]小[过]。

【又焉用之】正补又哪里用得着[去管这些小过错]？

【蔑有】补没有。蔑，无。

【辩】正治。

【吴、濮……顾盟】正杨补吴、百濮如有可乘之机，楚的执政者怎会顾及盟约[而不攻击它们]？吴在楚东方，濮即百濮（文十六·三·一），在楚西方。衅，瑕隙，空子。

【诸侯无烦】杨不伐鲁，则诸侯不劳动兵。

“莒、鲁争郓 yùn，为日久矣。苟无大害于其莒社稷，可无亢[莒]也。去烦、宥 yòu 善，莫不竞劝。子其图之！”

【莒、鲁……久矣】补文十二年季文子城郓，则此时郓为鲁邑。成九年楚王子婴齐伐莒，入郓，则此时郓已为莒邑。到本年，季武子取郓，则郓又入于鲁。其间是否还有其他争夺，则不可知。

【可无亢也】正杨补可以不要再去庇护[莒]。亢，捍蔽、庇护。

【去烦、宥善，莫不竞劝】正补[如果]能去除[诸侯]烦劳、宽恕善良[之人]，[诸侯]就没有不争相劝勉[为善]的。劝，勉。

[赵孟]固请诸楚。楚人许之，乃免叔孙。

○[补]这是赵文子最后一段见于传世文献记载的长篇政治言论。从文中我们可以明显地看出，此时的赵文子为了维持晋楚停战局面，采取的策略是主动奉楚为盟主，而把晋摆在"前任盟主、现任顾问"的地位上，依靠自身长期担任诸侯盟主的丰富经验，苦口婆心地"辅导"新上任的楚通过抓大放小、宽恕良善来做一个好盟主。这种在楚面前低声下气的态度在晋国前任执政卿那里是绝没有出现过的，笔者认为，赵文子之所以这样做，至少有三层原因：

第一层，是赵文子作为中原长期盟主晋的发言人公开宣扬的原因，那就是"我有仁爱他人的心"，也就是说，赵文子一心要为天下苍生谋福祉，因此愿意放下晋长期保持的盟主尊严，致力于维护来之不易的停战局面。

第二层，是赵文子作为晋执政卿、六卿体系领袖不得不这么做的原因，那就是在晋楚停战之后，晋内部各大卿族忙于发展壮大自身实力，无心也无力与君主集权、势头强劲的楚争霸，所以只能放低身段尊楚为实际上的新霸主。

第三层，是赵文子不能与他人言说的私人原因，就是自己的健康状况已经在不断恶化，没有心力在国际上再起争端、与楚国争霸。

○[杨][补]**传世文献对读：**《国语·晋语八》叙赵文子、乐王鲋之言较详，可扫码阅读。

【五·一】 令尹王子围享赵孟赵文子，赋《大明》之首章。赵孟赋《小宛》之二章。

【令尹……首章】[正][补]《毛诗·大雅·大明》首章为"明明在下，赫赫在上。天难忱斯，不易维王。天位殷适，使不挟四方"，可译为"文王明德布下土，显赫神灵耀上苍。天命的确难信赖，国君也真不易当。上天树敌克商朝，使其不得保四方"。王子围赋此章，是把自己比作周文王。**【享】**[补]见桓九—桓十·一·二。

【赵孟……二章】正 补《毛诗·小雅·小宛》第二章为“人之齐圣，饮酒温克。彼昏不知，壹醉日富。各敬尔仪，天命不又”，可译为“聪明正派之人，喝酒克制从容。无知糊涂之人，喝酒过度撒疯。各位作风须谨慎，天命一去无影踪”。赵文子义取“各敬尔仪，天命不又”，意在告诫王子围。

【五·二】事毕，赵孟谓叔向羊舌肸曰：“令尹自以为王矣，何如？”

[叔向]对曰：“王郏敖弱，令尹强，其可哉！虽可，[令尹]不终。”

【弱】补 年少。楚康王八年时仍被申叔豫称为“年少”，而楚康王总共在位十五年，可以推知他的儿子郏敖即位时必然年幼。昭元年即郏敖四年，此时郏敖依然年少。

【不终】补 不得善终。

○正 补 下启昭二年王子围弑郏敖(昭元·九)，及昭十三年楚灵王自缢而死(昭十三·二)。

赵孟曰：“何故？”

[叔向]对曰：“强以克弱而安之，强不义也。不义而强，其毙必速。诗曰‘赫赫宗周，褒姒sì灭之’，强不义也。令尹为王，必求诸侯。晋少懦矣，诸侯将往[楚]。[令尹]若获诸侯，其虐滋甚，民弗堪也，将何以终？夫[令尹]以强取[王位]，不义而克，必以为道。道以淫虐，弗可久已矣。”

【强以克弱而安之】正 补 仗恃强大来攻灭弱者而心安理得。

【毙】补 跌倒，引申为败亡。

【赫赫宗周，褒姒灭之】正 补《毛诗·小雅·正月》有此句，可译为“声威赫赫的宗周，褒姒一个女子就使它灭亡”。羊舌肸引此诗，意谓即使强盛如西周，所行不义犹被灭亡。**【褒姒】**补 褒女，姒姓。周幽王妃，伯服之母。隐元年前 49 年被犬戎所掳。【褒】补周时国，姒姓。在今陕西勉县褒城镇以东。参见《图集》17—18③1。

【少】补稍。

【滋】正益。

【堪】补承受。

【终】杨善终。

【夫以……为道】正补［令尹］用强力来取得君位，不合于道义而能成功，则必然把这种方式作为常道。

【道以淫虐】补以过分暴虐为正道。

【六·一】夏，四月，赵孟赵文子、叔孙豹叔孙穆子、曹大夫入于郑，郑伯郑简公兼享之。

【享】补见桓九—桓十·一·二。

【六·二】子皮罕虎戒赵孟。［戒］礼终，赵孟赋《瓠 hù 叶》。

【子皮戒赵孟】正杨补罕虎正式告知赵文子［享礼日期］。戒，告。“戒”也有相应礼仪，故下文言“礼终”。

【赵孟赋《瓠叶》】正杨补《毛诗·小雅》有《瓠叶》。《瓠叶》描述的是低级贵族饮酒的情景。赵文子赋此诗，是为了告诉罕虎，享宴之礼应当从简。赵文子此次为路过顺访，而非正式聘问，故请从简。【瓠】杨补葫芦科一年生攀援藤本植物［Lagenaria siceraria (Molina) Standl. var. hispida (Thunb.) Hara］，一般食用其果，不过叶子也可食用。

子皮遂戒穆叔叔孙穆子，且告之。

穆叔曰：“赵孟欲一献，子其从之。”

【一献】杨补享礼之献参见桓九—桓十·一·二。一献为士饮酒礼数。献仅一次，其他礼节、食品也相应较少。

子皮曰:"敢乎?"

穆叔曰:"夫fú人赵文子之所欲也,又何不敢?"

及享,[郑人]具五献之笾biān、豆于幕下。赵孟辞,私于子产公孙侨曰:"武赵文子请于冢宰罕虎矣。"乃用一献。

【笾、豆】补 见僖二十二—僖二十三·五·一。

【私】正 私语。

【冢宰】正 补 首辅,指罕虎。

○补 **传世文献对读:**《毛诗·小雅·瓠叶》的原文,可扫码阅读。

【六·三】赵孟为客,礼终乃宴。

【宴】补 参见文四·四。

○杨 赵文子作为上宾,享礼完毕就开始饮宴。享重在行礼,并不吃喝;宴时宾主方能尽欢。例如,享时敬酒不用酒而用醴,且不能饮尽;而宴时可以不限杯数地敬酒(无算爵)。享礼若隆重,如九献、七献,则为时较长,宴礼隔日举行。此次郑君享赵文子,只用一献,用时不长,故享、宴同日连续举行。

穆叔赋《鹊巢》。赵孟曰:"武不堪也。"

【穆叔赋《鹊巢》】正 杨《毛诗·召南》有《鹊巢》。叔孙穆子取"维鹊有巢,维鸠居之",将赵文子比作鹊,将自己比作鸠,意谓由于赵文子辛劳为自己开脱,使得自己得以安居,免于被楚国讨戮。

[穆叔]又赋《采蘩fán》。[穆叔]曰:"小国为蘩,大国省穑(啬)而用之,其何实非命?"

【《采蘩》】补 见隐三·四·三。

【省穑】 正 补 节省爱惜。

【其何实非命?】 正 哪里敢不从命?

○ 补 赵文子主动要求只有一献的享礼,是体恤爱惜郑国,所以叔孙穆子这样说。

子皮赋《野有死麕 jūn》之卒章。赵孟赋《常棣 dì》,且曰:“吾兄弟比以安,尨 máng 也可使无吠。”穆叔、子皮及曹大夫兴,拜,举兕 sì 爵,曰:“小国赖子赵文子,知免于戾矣。”

【子皮……卒章】 正 补《毛诗·召南·野有死麕》卒章为“舒而脱脱兮,无感我帨兮,无使尨也吠”,可译为“轻点慢点,别动我围裙,别惹狗儿叫”。罕虎表示希望赵文子以道义安抚诸侯,不要行非礼之事。**【麕】** 补 獐(*Hydropotes inermis*),偶蹄目鹿科小型食草兽类。

【赵孟赋《常棣》】 正 补《毛诗·小雅》有《常棣》。赵文子取首章“凡今之人,莫如兄弟”,表示希望亲近郑、鲁、曹等姬姓兄弟之国。常棣见僖二十四·二·二·一。

【比】 杨 亲密。

【尨】 补 家犬的一个品种,这里指楚。

【兴】 杨 古人跪坐于席上,起立曰“兴”。

【兕爵】 杨 补 杨注认为是用兕角制成的饮酒器。一说认为是有兕形装饰的饮酒器。兕见宣二·一·三。

【戾】 补 罪。

饮酒乐。赵孟出,曰:“吾不复此矣。”

○ 补 **传世文献对读:**《毛诗·召南·鹊巢》《毛诗·小雅·常棣》的原文,可扫码阅读。

【七·一】 天王周景王使刘定公劳赵孟赵文子于颍 yǐng,馆于雒(洛)

汭 ruì。

【天王……雒汭】[正][补]赵文子在郑短期顺访之后，取道周王畿返回晋国。周景王因而使刘定公在颍邑慰劳赵文子，让他住在雒汭的客馆。**【颍】**[杨][补]在今河南登封东南。周邑，后属郑。参见《图集》24—25④4。**【雒汭】**[杨][补]雒水入黄河处。在今河南巩义东北。周地。

刘子刘定公曰："美哉禹夏禹功！明德远矣。微禹，吾其鱼乎！吾与子弁 biàn 冕、端委以治民、临诸侯，禹之力也。子盍(何不)亦远绩禹功而大庇民乎？"

【美哉禹功】[正][补]美好啊，夏禹的功绩！刘定公见河水、雒水而缅怀夏禹治水之功。杜甫《壮游》"禹功亦命子"典出于此。

【微禹，吾其鱼乎】[补]如果没有夏禹，我们恐怕要变成鱼了吧！杜甫《赠李八秘书别三十韵》"百姓免为鱼"典出于此。

【弁冕】[正][杨]古代卿大夫礼帽。**【端委】**[正][杨]古时礼服。端，正。委，垂。古布宽二尺(周尺)二寸，为衣不裁剪，故称"端"。文服袖长，故称"委"。此种礼服称"端委"。

【绩】[杨]继。

[赵孟]对曰："老夫罪戾是惧，焉能恤远？吾侪 chái 偷食，朝不谋夕，何其长也？"

【老夫罪戾是惧】[补]即"老夫惧罪戾"，可译为"老夫唯恐犯错得罪"。

【恤】[补]忧。

【吾侪……长也】[正][杨][补]我等苟且度日，早上尚且不能谋划晚上的事，哪里能够作长远考虑呢？

【七·二】刘子归，以语 yù 王周景王曰："谚所谓'老将知(智)而耄

mào 及之'者，其赵孟之谓乎！[赵孟]为晋正卿，以主诸侯，而侪于隶人。朝不谋夕，弃神、人矣。神怒、民叛，何以能久？赵孟不复年矣。神怒，不歆 xīn 其祀；民叛，不即其事。祀、事不从，又何以年？"

【老将知而耄及之】 正 杨 补 年老了会多智慧，不过昏聩也会跟着来。古代八十为"耄"。赵文子此时年未满五十，而言谈像八十岁的昏聩老翁。

【而侪于隶人】 正 杨 补 却[把自己]等同于[那些朝不谋夕的]隶人。侪，等。

【赵孟不复年矣】 正 补 赵文子不能活到明年了。

【歆】 补 见僖十一僖十一・三。

【不即其事】 杨 补 不去做他们应做的事，即怠工。即，就。

○ 正 下启本年赵文子卒（昭元・十）。

【八】叔孙叔孙穆子归。曾夭御季孙季武子以劳之，旦及日中，[叔孙]不出。

【曾夭】 杨 补 姒姓，曾氏，名夭。鄫太子巫（襄五・四・春秋）之后。季氏家臣。**【御】** 补 为……驾车。

【旦及日中不出】 正 杨 季武子早上[到叔孙穆子家外，]等到中午，[叔孙穆子仍]不出来[接见]。叔孙穆子恨季武子伐莒，使自己在虢之会上差点被戮辱。

曾夭谓曾阜 fù 曰："旦及日中，吾知罪矣。鲁以相忍为国也。忍其外，不忍其内，焉用之？"

【曾阜】 正 杨 补 姒姓，曾氏，名阜。鄫太子巫之子。叔孙氏家臣。

【鲁以相忍为国也】 补 鲁依据互相容忍的原则治理国家。为，治。考之史事，成季杀共仲、僖叔，却容忍二人后代在鲁继续发展成为卿族叔孙氏、孟氏；东门襄仲杀叔仲惠伯，却容忍其后代在鲁继续发展成为大夫族叔仲氏；季文子驱逐东门襄仲继承人公孙归父，却容忍公孙归父之弟仲婴齐成为卿官，这些都是“鲁以相忍为国”的证据。

皁曾皁曰：“[叔孙]数月[劳]于外，[吾子]一旦[待]于是，庸何伤？贾gǔ而欲赢，而恶wù嚣乎？”

【庸何伤】 杨 补 [对季孙]有什么伤害？庸何，近义词连用，与襄二十五·一·三·二“将庸何归”同。

【贾而欲赢，而恶嚣乎】 正 补 [商人]做生意要赢利，还能讨厌[市场的]喧闹么？曾皁意谓，季武子先前既然趁叔孙穆子出使期间伐莒牟利，就不能现在厌恶在叔孙氏门外吃闭门羹。

皁谓叔孙曰：“可以出矣。”叔孙指楹曰：“虽恶wù是，其可去乎？”乃出见之。

【楹】 正 杨 厅堂前大柱，在两阶之间，房屋赖以支撑。叔孙穆子用以比喻季武子。

昭公元年·二

地理 郑、吴见昭地理示意图1。

人物 徐吾犯、徐吾犯之妹、游楚、公孙黑（襄十五·四·一）、公孙侨（襄八·三）、郑简公（襄七·八·二·二）、游吉（襄二十二·七·二）、周公旦（隐八·二）、管叔鲜（襄二十一·五·四·三）、蔡叔度（襄二十一·五·四·三）

左传 【一】郑徐吾犯之妹美，公孙楚游楚聘之矣，公孙黑又使强qiǎng委禽焉。犯徐吾犯惧，告子产公孙侨。子产曰：“是国无政，非子之患也。唯[女]所欲与。”

【徐吾犯】正 杨 徐吾氏,名犯。郑大夫。

【公孙楚】正 补 游楚。姬姓,游氏,名楚,字南。公子偃(成三·一)(字游)之子,郑穆公(僖三十·三·五)之孙。郑大夫。昭元年被放逐至吴。其名(楚)、字(南)相应,楚为南方之国。【聘】补 此处之"聘"应该相当于昏礼(参见隐七·七·二)之"下达",即夫家请媒人到妇家提亲。

【委禽】正 补 相当于昏礼之"纳采",为"下达"之后一步,应是提亲得到允许后,夫家再请媒人向妇家纳"采择之礼"。纳采之礼用雁,故又称"委禽"。此处公孙黑是强迫为之,疑其是跳过提亲而直接送纳采之礼。

【唯所欲与】杨 补 [她]愿意嫁谁就嫁谁。

【二】犯徐吾犯请于二子,请使女择焉。[二子]皆许之。子皙公孙黑盛饰入,布币而出。子南游楚戎服入,左右射,超乘 chéng 而出。女自房观之,曰:"子皙信美矣,抑子南,夫也。夫夫妇妇,所谓顺也。"[女]适子南氏。

【二子】补 公孙黑、游楚。

【布币】正 杨 [在堂上]陈设见面礼。币,贽币,见面礼,男方用玉帛或禽鸟。

【超乘而出】杨 补 游楚射毕,一跃登上门外之车而出。超乘,参见《知识准备》"车马"。

【信】杨 诚,确实。

【抑】补 转折连词,可是。

【夫夫妇妇】正 补 丈夫像丈夫[,应当刚强],妻子像妻子[,应当温婉]。

【三】子皙公孙黑怒,既而櫜 gāo 甲以见子南游楚,欲杀之而取其妻。子南知之,执戈逐之,及冲,击之以戈。子皙伤而归,告大夫曰:"我好见之,不知其有异志也,故伤。"

【櫜甲】正 杨 即衷甲，衣内穿着皮甲。
【冲】正 杨 补 十字路口。

【四】大夫皆谋之。子产公孙侨曰："直钧(均)，幼贱有罪。罪在楚游楚也。"

【直钧】杨 补［双方各有说辞，］曲直相当。若根据《左传》所述事情真相，则公孙黑欲夺游楚已聘之妻，既不得逞，又欲杀游楚而夺其妻，而游楚则不过自卫而伤公孙黑，因此自然是公孙黑曲而游楚直。不过，这些真相应该是在昭二年公孙黑被杀之后才披露出来。本年事件发生时，双方各执一词，公孙黑一方说自己是想去与游楚和好而被砍伤，游楚一方则说自己砍伤公孙黑是因为他前来抢人。公孙侨所谓"直钧"，说的就是本年这种"公说公有理，婆说婆有理"的状态。

乃执子南游楚，而数 shǔ 之，曰："国之大节有五，女(汝)皆奸 gān 之。畏君之威，听其政，尊其贵，事其长 zhǎng，养其亲，五者所以为国也。今君郑简公在国，女(汝)用兵焉，不畏威也。［女］奸 gān 国之纪，不听政也。子皙公孙黑，上大夫，女(汝)，嬖 bì 大夫，而［女］弗下之，不尊贵也。［女］幼而不忌，不事长也。［女］兵其从兄公孙黑，不养亲也。君曰：'余不女(汝)忍杀，宥 yòu 女(汝)以远。'勉，［尔］速行乎，无重 zhòng 而(尔)罪！"

【数】杨 数其罪。
【奸】正 犯。
【嬖大夫】补 因为得到君主宠信而得到官职的大夫。
【忌】杨 敬。
【从兄】杨 补 公孙黑、游楚皆为郑穆公之孙，故二人为从兄弟。公孙黑年长，故为从兄。
【余不女忍杀】杨 即"余不忍杀女"。

【宥女以远】 杨 补 用［驱逐到］远方来宽恕你［的死罪］。

【五】五月庚辰二日，郑放游楚于吴。将行子南，子产咨于大（太）叔游吉。大（太）叔曰：

【行】 杨 使……行。

【子产咨于大叔】 杨 补 游吉一方面是郑正卿，有维护国家礼法之责；另一方面又是游氏族长，有庇护族人（包括比自己高一辈的游楚）之责。公孙侨已经确定要驱逐游楚之后，又向游氏族长游吉征询意见，实际上是要求游吉针对这个家国难以两全的困难情况表明自己的立场。

“吉游吉不能亢身，焉能亢宗？彼，国政也，非私难 nàn 也。子图郑国，利则行之，又何疑焉？

【吉不……亢宗】 正 补 我连自己都保全不了，又怎能保全宗族？亢，捍蔽，保卫。从下文来看，游吉此言并不是向公孙侨抱怨，而是在公孙侨试图重振礼治、整治大族之际表明自己的立场：国家礼法至上，即使是我自己触犯了也要被惩处，又怎能枉顾礼法而庇护我的族人？游吉此番表态是对公孙侨的巨大支持，也奠定了两人长期合作、公孙侨去世后将政权交予游吉的基础。

周公周公旦杀管叔管叔鲜而蔡（𨐋）蔡叔蔡叔度，夫 fú 岂不爱，王室故也。吉若获戾，子将行之，何有于诸游？”

【周公……故也】 正 杨 补 周公旦杀死管叔鲜，放逐蔡叔度，难道［周公旦］不爱［他的兄弟］，这是为了王室的缘故。管叔鲜、蔡叔度之事见襄二十一·五·四·三。蔡，流放。

【戾】 杨 罪。

【何有于诸游】 杨 补 游氏族人又算得了什么？

○ 正 下启昭二年郑杀公孙黑（昭二·二）。

昭公元年·三

地理秦、晋见昭地理示意图1。秦(雍)、晋(绛)、河水见昭地理示意图2。

人物秦景公(襄九·四·一)、后子(成十三·一·四)、秦桓公(宣十五·四·二·一)、后子之母、晋平公(襄十六·一·春秋)、女齐(襄二十六·六·一·一)、赵文子(成八·五·一)

春秋夏,秦伯秦景公之弟鍼qián,后子出奔晋。

左传【一】秦后子有宠于桓秦桓公,如二君于景秦景公。其母曰:"[女]弗去,惧选。"癸卯二十五日,鍼后子适晋,其车千乘shèng。[《春秋》]书曰"秦伯之弟鍼出奔晋",罪秦伯也。

【如二君于景】正 补[后子与秦景公]在秦景公时期如同两君并列。

【弗去,惧选】杨 补[你]不离开,恐怕[国君]要放逐[你]。选,遣。

【适】补往。

【书曰……伯也】正 补《春秋》书"秦伯之弟鍼出奔晋",强调"秦伯之弟",是表达对秦景公先不能教导、后不能包容其弟的怪罪。后子不能自我克制、逼迫其君,自然也有罪过,因此《春秋》书"出奔"。

【二】后子享晋侯晋平公:[后子]造舟于河;十里舍shè车,自雍及绛;归取酬币,终事八反(返)。

【享】补见桓九—桓十·一·二。

【造舟于河】正 杨 补在河水上排列船只造浮桥。后子造浮桥处应在今陕西大荔东的朝邑镇境内。

【十里舍车,自雍及绛】正 杨 每隔十里就停放一批车辆,从秦都雍绵延到晋都绛。秦都雍(僖十三·二)与晋都绛(成六·五·一·二)道路相距千里,后子之车共有一千辆,如此则每十里停放十辆车。

【归取酬币，终事八反】正 杨 补［举行享礼时，后子的随从］到后面车队去取酬币，到享礼结束时一共往返［取］了八次。酬时，主人向宾客赠送礼物以劝酒，称为“酬币”。后子享晋平公，用最隆重的九献之礼，需要酬币九次。第一次酬币，礼物取自后子自己所乘车辆。余下八次酬币，则须到后面车队去取礼物再返回，故曰“终事八反”。

司马侯女齐问焉，曰：“子之车，尽于此而已乎？”

【司马】补 见僖二十七—僖二十八·二十四·一。

对曰：“此之谓多矣。若能少此，吾何以得见［子］？”

【若能……得见】正 补 如果能比这些少，我怎么能见到［您］呢？后子意思是，自己在秦国时如果能小心谦退，不积聚如此多的车辆资财，也许不至于被秦景公猜忌，也就不会奔晋而得以与女齐相见。

女 rǔ 叔齐女齐以告公晋平公，且曰：“秦公子后子必归。臣闻君子能知其过，必有令图。令图，天所赞也。”

【令图】杨 补 善谋。

【赞】补 助。

○补 下启昭五年后子复归于秦（昭五·九）。

【三】后子见赵孟赵文子。

赵孟曰：“吾子其曷 hé 归？”

【曷】正 何时。

［后子］对曰：“鍼后子惧选于寡君秦景公，是以在此，将待嗣君。”

赵孟曰:“秦君秦景公何如?”

[后子]对曰:“[秦君]无道。”

赵孟曰:“[秦]亡乎?”

[后子]对曰:“何为? 一世无道,国未艾 yì 也。国于天地,有与立焉。不数世淫,弗能毙也。”

【艾】 正 绝。

【国于天地,有与立焉】 正 杨 补 国家建立在天地之间,一定有[众多]支持辅助它的力量。

赵孟曰:“[秦君]夭乎?”

【夭】 杨 短命。

[后子]对曰:“有焉。”

赵孟曰:“其几何?”

[后子]对曰:“鍼闻之,‘国无道而年谷和熟,天赞之也’。鲜 xiǎn 不五稔 rěn。”

【赞】 正 佐助。

【鲜不五稔】 正 补 很少不到五年。五稔见僖二·五·二。

○ 补 下启昭五年秦景公卒(昭五·七)。

赵孟视荫,曰:“朝夕不相及,谁能待五?”

【荫】 正 日影。

后子出，而告人曰："赵孟将死矣。[赵孟]主民，玩岁而愒 kài 日，其与(欤)几何？"

【玩岁而愒日】杨 补 既对于年岁流逝感到习厌，而又对来日无多感到急迫。玩，习厌。愒，急。

【其与几何】正 杨 补 即"其几何欤"，可译为"还能[活]多久"。

○补 下启本年赵文子卒(昭元・十)。

昭公元年・四

地理 郑见昭地理示意图 1。郑、邾见昭地理示意图 3。

人物 邾悼公(襄十八・三・春秋)、游楚(昭元・二・一)、郑简公(襄七・八・二・二)、罕虎(襄二十九・七・一)、公孙侨(襄八・三)、公孙段(襄二十七・三・二・十一)、印段(襄二十二・四・一)、游吉(襄二十二・七・二)、驷带(襄三十・九・六)、公孙黑(襄十五・四・一)、太史

春秋 六月丁巳九日，邾子华邾悼公卒。

○正 此条《春秋》无对应《左传》。

左传 郑为游楚乱故，六月丁巳九日，郑伯郑简公及其大夫盟于公孙段氏。罕虎、公孙侨、公孙段、印段、游吉、驷带私盟于闺门之外(实薰隧)。公孙黑强与 yù 于盟，使大(太)史书其名，且曰"七子"。子产公孙侨弗讨。

【闺门】补 郑都内宫北门。

【实薰隧】正 补 [闺门之外]就是[《左传》昭二年里说到的]薰隧。薰隧，闺门外道路，见昭二・二・一"薰隧之盟"。

【大史】补 太史，见襄二十五・二・三。

【子产弗讨】正 补 公孙黑强行参加六卿私盟，而且迫使太史在盟誓

上加上自己的名字，统称“七子”，也就是自命为卿，郑国出现了短暂的“七卿”局面。公孙黑这样要求的理由，很可能是襄二十七年宋之盟后郑六卿加上候补卿公孙段一同会见晋执政卿赵文子，而赵文子统称这七位高级官员为“七子”（参见襄二十七·三·二·十一）。公孙侨应该是在表面上采纳了公孙黑的理由，因此没有制止此事，也没有惩处公孙黑。

○补 襄二十七年郑六卿会见赵文子时，游吉位次在印段之上，本年游吉在印段之下，可能是游吉因族人游楚之事而有所贬黜所致。本年游楚被放逐、游吉又被降级、公孙黑又成功挤入卿官行列，这一切都使得公孙黑更加坚信自己可以为所欲为，殊不知这正是公孙侨为了最终铲除公孙黑而设下的圈套。

昭公元年·五

地理 晋见昭地理示意图1。晋、大卤见昭地理示意图2。

人物 中行穆子（襄十九·一·二）、魏献子（襄二十三·六·二·一）

春秋 晋荀吴中行穆子帅师败狄于大卤。

【狄】 补 此为晋东狄。**【大卤】** 正 杨 补 在今山西太原西南约25里。晋地。参见《图集》22—23④9。

左传 **【一】** 晋中行穆子败无终及群狄于大(太)原，崇卒也。

【无终】 见襄四·八。**【大原】** 正 即大卤。

【崇卒也】 杨 补 这是由于重视步兵的缘故。

【二】 将战，魏舒魏献子曰：“彼徒我车，所遇又厄ài。[彼]以什[卒]共[我一]车，[彼]必克[我]；困诸(之于)厄，[彼]又克[我]。请皆卒，自我始。”

【厄】正 地形险厄[，不便于兵车通行]。

【以什……又克】补 [狄人]用十个[步兵]共同[对付我军一辆]兵车，[狄人]必然能够战胜[我军]；困在险厄之处，[狄人]就更可能战胜[我军]。

[魏舒]乃毁车以为行，五乘shèng为三伍。荀吴中行穆子之嬖bì人不肯即卒，[魏舒]斩[嬖人]以徇xùn。

【乃毁……三伍】正 杨 补 于是放弃兵车编制而组建步兵部队，每五辆兵车[上的十五个车兵]改编为[步兵的]三个伍。毁，弃。伍，步兵最小战斗单位，每伍五人。晋先前有专门的步兵部队"行"，僖二十八年晋文公曾"作三行以御狄"。僖三十一年晋文公罢三行而该设二新军，可能晋从此只有战车部队"军"而无步兵部队"行"。现在由于对狄战争需要，又临时组建步兵部队。

【嬖人】补 宠臣。【即卒】杨 加入步兵行列。即，就。

【徇】杨 巡行示众。

[晋人]为五陈(阵)以相离(丽)，两于前，伍于后，专为右角，参(三)为左角，偏为前拒，以诱之狄人。翟(狄)人笑之。[翟人]未陈而[晋人]薄之，大败之。

【为五……诱之】杨 补 晋人设置五阵互相连缀，十人在前，二十五人在后，五人在右，十五人在左，五十人为前锋，以[此小型军阵]引诱狄人。离，附丽。两，两伍。伍，五伍。专，独，即一伍。参，三伍。偏，五十人。

【翟人笑之】补 狄人见晋人人数少，认为不堪一击，故笑之。

【未陈而薄之，大败之】杨 补 [狄人进入伏击圈之后，还]没有来得及摆开阵势[，晋师]就压上[进攻]，大败狄人。薄，迫。

昭公元年·六

地理 齐、吴、鲁见昭地理示意图1。莒、齐、鲁、郓(东郓)见昭地理示意图 4。

人物 公子去疾（宣四·三·二）、公子展舆（襄三十一·五·一）、子叔敬子（襄三十·八·春秋）、公子锄（襄二十一·三）、务娄、瞀胡、公子灭明

春秋 秋，莒 jǔ 去疾公子去疾自齐入于莒。莒展舆公子展舆出奔吴。

叔弓子叔敬子帅师疆郓 yùn 田。

○**正** **补** 本年初鲁人取郓于莒，此时趁莒内乱出师勘定所取郓田疆界。

左传【一】莒展舆公子展舆立，而夺群公子秩。公子召去疾公子去疾于齐。秋，齐公子锄纳去疾[于莒]，展舆奔吴。"叔弓帅师疆郓田"，因莒 jǔ 乱也。于是莒务娄、瞀 mào 胡及公子灭明以大厖 máng 与常仪靡奔齐。

【秩】 **杨** 俸禄。

【公子召去疾于齐】 **杨** **补** 襄三十一年公子展舆弑君而自立，公子去疾奔齐。此时群公子怨公子展舆夺其俸禄，因此从齐召回公子去疾。

【纳】 **补** 见隐四·二·四·一。

【展舆奔吴】 **正** **杨** **补** 公子展舆为吴女所生（参见襄三十一·五），故奔吴。

【大厖】【常仪靡】 **正** **杨** 两地均在今山东莒县西北。本为莒邑。昭元年后地入于齐。

【二】君子曰："莒展公子展舆之不立，弃人也夫！人可弃乎？《诗》曰'无竞维人'，善矣。"

【弃人也夫】 **正** 公子展舆立而夺群公子秩，故曰"弃人"。

【无竞惟人】正 杨 补《毛诗・周颂・烈文》有此句,可译为"要强大只有靠人才"。无,发语词,无义。竞,强。

昭公元年・七

地理 郗见昭地理示意图 4。

人物 郗悼公(襄十八・三・春秋)

春秋 葬郗悼公。

昭公元年・八

地理 晋、郑、秦见昭地理示意图 1。

人物 晋平公(襄十六・一・春秋)、郑简公(襄七・八・二・二)、公孙侨(襄八・三)、羊舌肸(襄十一・二・五・三)、实沈、台骀、帝喾(文十八・三・二)、阏伯(襄九・一・二)、唐尧(文十八・三・二)、唐叔虞(商)、周武王(桓元—桓二・三・二)、邑姜、唐叔虞(周)(僖十五・九・三・一)、周成王(僖二十五—僖二十六・四・二)、少皞(文十八・三・二)、昧、允格、台骀、颛顼(文十八・三・二)、公孙挥(襄二十四・十)、公孙黑(襄十五・四・一)、秦景公(襄九・四・一)、医和、赵文子(成八・五・一)

左传【一・一】晋侯晋平公有疾。郑伯郑简公使公孙侨如晋聘,且问疾。

【聘】补 见隐七・四・春秋。

叔向羊舌肸问焉,曰:"寡君晋平公之疾病,卜人曰:'实沈、台骀 dài 为祟。'史莫之知。敢问此何神也?"

【疾病】补 病危。

【卜人】补 见闵元・四・一・二。

【祟】补神祸。

【史莫之知】补即"史莫知之"。

○补下文提到，此次对话完毕，羊舌肸出门，郑行人公孙挥送之，则此次羊舌肸与公孙侨的对话，应该发生在郑使团客馆之内。

子产公孙侨曰：

"昔高辛氏帝喾有二子，伯曰阏è伯，季曰实沈。[二人]居于旷林，不相能也，日寻干戈，以相征讨。后帝唐尧不臧[二人]，迁阏伯于商丘，主辰，商人是因，故辰为商星；迁实沈于大夏，主参shēn，唐人是因，以服事夏、商。其季世曰唐叔虞。

【不相能也】杨补即"不相得"，不能和睦相处。

【寻】正用。

【后帝不臧】正杨补唐尧认为[他们二人]不善。臧，善。

【迁阏……商星】正杨补[唐尧]把阏伯迁移到商丘，主祀辰星，商人[在相土时居于商丘，]沿袭阏伯故地，所以辰星成了商星。辰，即大火星(心宿二)，参见庄二十九·五。阏伯居商丘、主祀大火星，以及大火星为商星之事皆参见襄九·一·二。

【迁实……夏、商】补把实沈迁移到大夏，主祀参星，唐人沿袭实沈故地，以归服事奉夏朝、商朝。从此之后，参星即为唐人主祀之星。

【大夏】杨补在今山西西南部，参见隐五·二"晋"。

【参】杨补参宿为西方白虎七宿之第七宿。这里所指的是参宿三颗主星(参即叁)，还是其中某颗星，疑不能明。

【季世】正末世。【唐叔虞】正杨补此为唐末期君主，刘累(昭二十九·四·二)之后，祁姓，服事商，与晋始封君唐叔虞不是一人。一说，此唐叔虞就是晋始封君、周成王弟唐叔虞，因为周成王弟叔虞的确就是唐国最后一任国君，他的儿子燮父才改唐为晋。

"当武王周武王邑姜方震(娠)大(太)叔唐叔虞，梦帝谓己：'余命而

(尔)子曰“虞”，将与之唐，属诸(之于)参，而蕃育其子孙。’及[大叔]生，有文在其手曰‘虞’，[武王]遂以命之。及成王周成王灭唐，而封大(太)叔焉。故参为晋星。由是观之，则实沈，参神也。

【邑姜】 正 补 齐女，姜姓。齐太公(僖三—僖四·五)之女，周武王(桓元—桓二·三·二)后，周成王(僖二十五—僖二十六·四·二)、唐叔虞(僖十五·九·三·一)(晋始封君)之母。有学者认为，邑姜本为周武王之兄伯邑考之妻，伯邑考去世后，周人为了巩固姬姜联盟，使周武王以收继婚形式娶邑姜为妻。

【震】 正 杨 怀孕。**【大叔】** 补 参见隐元·四·二。

【遂以命之】 杨 补 于是就[将太叔]命名为“虞”。

【故参为晋星】 正 补 唐叔虞初封时国号仍为唐，其子燮父改国号为晋。晋国沿袭唐国故地，所以参星成了晋星。

○ 补 商星(心宿二)与参星(以参宿三星为准)在天球上的赤经相差约 180 度，人们不能在天空同时看到它们，正如同阏伯、实沈二人不能和睦相处。李白《上留田行》“参商胡乃寻天兵”、杜甫《送高三十五书记》“又如参与商”、《赠卫八处士》“人生不相见，动如参与商”典出于此。

“昔金天氏少皞有裔子曰昧，为玄冥师，生允格、台骀。台骀能业其官，宣汾、洮，障大泽，以处大原。帝颛顼用嘉之，封诸(之于)汾川，沈、姒 sì、蓐 rù、黄，实守其祀。今晋主汾而灭之矣。由是观之，则台骀，汾神也。

【裔子】 正 补 久远的后代。裔，远。

【玄冥师】 正 水官之长。

【业】 正 杨 世，继承其世业。

【宣】 正 杨 疏通。**【汾】** 补 见桓二—桓三·六。**【洮】** 正 杨 补 水名，今名冷水峪河，源出于今山西绛县南横岭关北侧，从东南往西北流，在郝家窑村附近汇入涑水河。春秋时洮水参见《图集》22—23⑩16。

【障大泽，以处大原】 正 杨 补 筑堤防拦住大泽[之水]，使[民众]安居在大原。**【大原】** 杨 补 应为山西南部汾水、洮水流域的平坦地区。

【用】 杨 因。

【汾川】 杨 汾水流域。

【沈、姒、蓐、黄】 正 补 四国，嬴姓。始封君为少皞苗裔台骀之后。昭元年前被晋所灭。

【今晋主汾而灭之矣】 正 杨 如今晋主宰汾水流域，已灭掉了沈、姒、蓐、黄四国。

"抑此二者，不及君晋平公身。山川之神，则水旱疠lì疫之灾，于是乎禜yǒng之。日月星辰之神，则雪霜风雨之不时，于是乎禜之。若君身，则亦出入、饮食、哀乐之事也。山川、星辰之神，又何为焉？

【抑此二者，不及君身】 杨 补 然而[实沈、台骀]这两位神灵，并不涉及贵国君主的身体。抑，转折连词。

【山川之神】 补 包括汾神台骀。

【禜】 正 杨 聚草木而束之，设为祭处，以祭品享日月山川星辰之神，以求去祸祈福。

【日月星辰之神】 正 包括参神实沈。

【亦】 补 语助词，无义。**【出入】** 正 补 指国君每日公私之事。出，即下文所谓"朝以听政，昼以访问"；入，即下文所谓"夕以修令，夜以安身"。

"侨公孙侨闻之，君子有四时：朝zhāo以听政，昼以访问，夕以修令，夜以安身。于是乎节宣其气，勿使有所壅闭湫qiū底以露(léi，羸)其体，兹心不爽，而昏乱百度。今[君]无乃壹之，则生疾矣。

【修令】杨 补 修治政令。

【于是……百度】正 杨 补 在这期间依照四时之节散发体内的元气，不要让[它]壅堵闭塞聚集停滞而使身体虚弱，因此心志不明，从而使百事的节度昏乱。宣，散。湫，集。底，滞。露，使……虚弱。兹，是以。爽，明。

【今无乃壹之】正 杨 补 如今[贵国君主]恐怕把体气集中用到了一处[，四时不分]。

“侨又闻之，‘内官不及同姓，[同姓]其生不殖’。美先尽矣，则相生疾，君子是以恶wù之。故《志》曰：‘买妾不知其姓，则卜之。’

【内官】正 补 国君妻妾。

【美先尽矣，则相生疾】正 杨 补 美丽先到了穷尽的程度，就容易让人生病。依礼，男女同姓不婚。如今晋平公违礼而娶同姓女子为妾，则所娶女子必定有过人美貌。

“违此二者，古之所慎也。男女辨姓，礼之大司也。今君内实有四姬焉，其无乃是也乎？若由是二者，弗可为也已。四姬有省犹可，无[省]，则必生疾矣。”

【二者】正 补 一为四时不分，二为娶同姓美女。二者实际上紧密联系，因宠幸同姓美女，故造成昼夜昏乱。

【司】杨 补 主管。

【内实】杨 内宫妻妾。【四姬】正 杨 四位姬姓妻妾。据襄二十六·十，卫归卫姬于晋，或为四姬之一，其他三人为谁则不可考。

叔向曰：“善哉！肸xī，羊舌肸未之闻也。此皆然矣。”

叔向出，行人挥公孙挥送之。叔向问郑故焉，且问子皙公孙黑。[挥]对曰："其与(欤)几何？[子皙]无礼而好陵人，怙hù富而卑其上，弗能久矣。"

【行人】补见襄十一・二・春秋。

【故】杨事。

【其与几何】正杨补即"其几何欤"，可译为"能维持多久"。

【怙】杨仗恃。

○正下启昭二年郑杀公孙黑(昭二・二)。

[一・二] 晋侯闻子产之言，曰"博物君子也"，重贿之。

【重贿之】杨补此即聘礼末尾的"赠贿"，参见隐七・四・春秋。

[二] 晋侯晋平公求医于秦，秦伯秦景公使医和视之。

【医】补见成十・五・二。

[医和]曰："疾不可为也。是谓'近女室，疾如蛊。非鬼非食，惑以丧志。良臣将死，天命不佑'。"

【为】补治。

【是谓近女室，疾如蛊】正杨补这说的就是"接近女色房事，引起的疾病如同中了蛊虫的毒"。参见下引《国语・晋语八》"是谓'远男而近女，惑以生蛊'"。

【非鬼非食，惑以丧志】正杨[疾病]不是[由于]鬼神，也不是[由于]饮食，而是被[女色]迷惑丧失意志。

○补医和观察患者之后，给出一段押韵的诊断文辞，与卜人烧灼、观察龟甲、对照卜书之后给出一段押韵繇辞相似(参见庄二十二・三・四・一)。此外，《左传》中医人称谓皆为"医＋名"，而卜人称谓皆为"卜＋名"。"医卜同源"，可见一斑。

公晋平公曰："女不可近乎？"

[医和]对曰：

"节之。

"先王之乐，所以节百事也，故有五节，迟速本末以相及，中声以降。五降之后，不容弹矣。于是有烦手淫声，慆 tāo 堙 yīn 心耳，乃忘平和，君子弗听也。物亦如之，至于烦，乃舍也已，无以生疾。君子之近琴瑟，以仪节也，非以慆心也。

【五节】 正 补 五声之节。五声见僖二十四·二·二·一。

【迟速……以降】 正 补 五声有快有慢、从本至末一路相连，达到中和之声，然后降息（完成乐曲一部分，称为"一降"）。

【五降之后，不容弹矣】 正 补 五次降息之后，［全曲结束，］就不应再弹了。

【于是……德也】 正 杨 补 这时候如果再弹，就有了繁复手法和靡靡之音，使人心耳淫荡堵塞，忘记了平正和谐，因此君子是不听的。慆，淫。堙，塞。

【琴瑟】 杨 补 既指乐器，又暗指女色。《毛诗·周南·关雎》有"窈窕淑女，琴瑟友之"，《毛诗·小雅·常棣》有"妻子好合，如鼓琴瑟"，即可为证。

【仪节】 补 使节度成为仪式。

【慆心】 补 使心志放荡过度。

"天有六气，降生五味，发为五色，征为五声，淫生六疾。六气曰阴、阳、风、雨、晦、明也，分为四时，序为五节，过则为灾：阴淫寒疾，阳淫热疾，风淫末疾，雨淫腹疾，晦淫惑疾，明淫心疾。女，阳物而晦时，淫则生内热惑蛊之疾。今君晋平公不节、不时,能无及此乎?”

【五味】补见僖三十·五·一。

【发】杨表现。【五色】补见桓二—桓三·三·二。

【征】正验。【五声】补见僖二十四·二·二·一。

【淫】正杨过度。

【分为四时,序为五节】杨补分为朝、昼、夕、夜四时,而序为五味、五色、五声之节。

【末疾】正补四肢病。

【女,阳物而晦时】正杨补女阴激发男阳,故曰“阳物”。男女同寝在夜晚,故曰“晦时”。

【不节】杨补谓晋平公沉溺女色无节度。【不时】杨补谓晋平公沉溺女色不分晦明(昼夜)。

○补五味与饮食相关,五色、五声与感官哀乐相关,表明饮食、哀乐正常与否可以影响六气。医和举五味、五色、五声以序六气,正与公孙侨所谓“若君身,则亦出入、饮食、哀乐之事也”相契合。

[医和]出,告赵孟赵文子。

赵孟曰:“谁当良臣?”

[医和]对曰:“主赵文子是谓矣。主相xiàng晋国,于今八年。晋国无乱,诸侯无阙quē,可谓良矣。和医和闻之,‘国之大臣,荣其宠禄,任其大节。有灾祸兴,而[大臣]无改焉,必受其咎’。今君晋平公至于淫以生疾,将不能图恤社稷,祸孰大焉?主不能御,吾是以云也。”

【任其大节】补承担国家大事。

【有灾……其咎】正杨补[国]有灾祸兴起,而[大臣]不能改变[君主]行为[以救灾],则必然要承受灾祸。医和意谓晋平公好色,而赵文子却不能纠正。

【图恤】补图谋忧虑。

【御】杨禁。

○补下启本年赵文子卒(昭元·十)。

赵孟曰:"何谓蛊?"

[医和]对曰:"淫溺惑乱之所生也。于文,皿虫为'蛊'。谷之飞亦为'蛊'。在《周易》,女惑男、风落山谓之《蛊》䷑。皆同物也。"

【于文,皿虫为'蛊'】正补从文字上看,器皿里的毒虫是"蛊"。

【谷之飞亦为'蛊'】正补谷物中的飞[虫]也是"蛊"。

【在《周……之《蛊》䷑】正补《蛊》䷑,《巽》☴下《艮》☶上。《巽》为长女,为风;《艮》为少男,为山。因此,《蛊》有长女迷惑少男(少男不应配长女,因此说"迷惑"),大风吹落山上树木的意象,故曰"女惑男,风落山"。这里医和主要取泛指的"女惑男",以比附四姬迷惑晋平公逾越礼法而荒淫无度,并非说四姬年纪比晋平公大。

赵孟曰:"良医也。"厚其礼而归之。

○补如果以《左传》版本为准的话,笔者认为医和、晋平公、赵文子之间的心理战情形如下:

医和在前往晋前很可能接到了秦景公的指令,要求他在诊治疾病之外牵扯政治,意图试探晋君臣反应,从而了解晋政局内情。医和到晋之后,通过间接打听和与赵文子的直接接触,已经知道赵文子气血衰竭、命不久矣。于是,医和首先在宣布自己对晋平公诊断时故意多嘴说"贤良大臣即将死去,天命将不保佑他",以试探晋平公的反应。没想到晋平公虽然大病,心志仍然清明(从他称赞和赏赐公孙侨就可看出),他知道医和是在试探自己,于是不动声色地接着请教"女色不可以接近吗",直接岔开了话题,没有暴露自己对于赵文子的态度。

医和出来之后，又把包括“贤良大臣即将死去”在内的话告诉赵文子，想要试探赵文子的反应。没想到赵文子虽然气血衰竭，但脑子仍然清醒：赵文子首先装傻问“谁对应那位贤良大臣”，在医和说出一大段刺激赵文子的话之后，仍然不反驳、不辩解，而是不动声色接着请教“什么叫蛊”，最终说“真是好医生啊”，把一直想挑事的医和客客气气地送了出去。

○杨 补 **传世文献对读**：《国语·晋语八》记载医和视晋平公疾之事，与《左传》有所不同，可扫码阅读。

○补 从昭四年晋平公想要不允许楚灵王会合诸侯、再与楚竞争（昭四·一），以及昭九年晋平公想要借知悼子去世机会废知氏（昭九·四）来看，晋平公可能从未放弃奋发有为的理想，其纵淫除了“乐以慆忧”（昭三·三·二），甚至有可能是故意自污以麻痹六卿。详细分析请见专著《虎变：晋国大族兴衰启示录》（出版中，暂定书名）相关章节。

昭公元年·九

地理 楚、晋、郑、秦见昭地理示意图1。楚、晋、郑、犨、栎（近郑）、郏见昭地理示意图5。

人物 郑敖（襄二十九·三·二·一）、王子比、王子围（襄二十六·五·一）、王子黑肱（襄二十七·三·二·二）、伯州犁（成十五·七·一·一）、公孙侨（襄八·三）、伍举（襄二十六·八·一）、王子幕、王子平夏、楚共王（成二·四·四）、羊舌肸（襄十一·二·五·三）、后子（成十三·一·四）、赵文子（成八·五·一）、史佚（僖十五·八·一·七）、楚灵王（襄二十六·五·一）、薳罢（襄二十七·五·一）、薳启强（襄二十四·五·一·一）、游吉（襄二十二·七·二）

春秋 冬十有（又）一月己酉四日，楚子麇jūn，郏敖卒。

〇正 补 郏敖实为王子围所弑，楚人以染疾而卒来告，《春秋》因而书之。参见襄七·八·春秋。据下文《左传》，则楚人告辞中应有“共王之子围为长”之辞。

楚公子比王子比出奔晋。

【公子比】补 王子比，后为訾敖。芈姓，熊氏，名比，字干。楚共王（成二·四·四）庶子，楚康王（襄十四·九）、楚灵王（襄二十六·五·一）之弟。即君位前为楚大夫，任右尹。昭元年奔晋。昭十三年自晋归于楚即位为君（訾敖），同年自杀。王子比名（比）、字（干）相应，二者相合恰为商朝贤臣比干。

左传【一】楚公子围王子围使公子黑肱王子黑肱、伯州犁lí城犨chōu、栎lì、郏jiá。郑人惧。子产公孙侨曰：“不害。令尹王子围将行大事，而先除二子也。祸不及郑，何患焉？”

【犨】正 杨 补 在今河南鲁山张官营镇西北前城村已发现其遗址（详见下）。本为郑邑，此时地已入于楚。参见《图集》29—30③5。

【栎】补 见桓十五—桓十六·春秋。【郏】正 杨 补 在今河南郏县。本为郑邑，此时地已入于楚。参见《图集》29—30③5。

【令尹】补 见庄四·二·二。

【二子】正 王子黑肱、伯州犁。

〇补 **犨城故城遗址：** 城址分为内城和外城，外城平面呈斜方形，南北长约 1 200 米，东西宽约 1 000 米。内城位于外城西北部，面积约 18 万平方米。

【二·一】冬，楚公子围王子围将聘于郑，伍举为介。［公子围］未出竟（境），闻王郏敖有疾而还。伍举遂聘。十一月己酉四日，公子围至，入问王疾，缢而弑之，遂杀其二子幕王子幕及平夏王子平夏。右尹子干王子比出奔晋，宫厩尹子皙王子黑肱出奔郑。[公子围]杀大(太)宰伯州犁于郏 jiá。

【聘】补见隐七·四·春秋。

【介】补副手。

【缢而弑之】杨据《韩非子·奸劫弑臣》，王子围“因入问病，以其冠缨绞王而杀之”。

【右尹】补见成十六·三·四·二。

【宫厩尹】补见襄十五·三·一。

【大宰】补见成九—成十·二。

【二·二】[公子围]葬王于郏，谓之郏敖。

【二·三】[楚]使赴(讣)于郑。伍举问[使者]应为后之辞焉。[使者]对曰：“寡大夫围王子围——”伍举更之曰：“——共 gōng 王楚共王之子围王子围为长 zhǎng。”

【伍举问应为后之辞焉】正 补伍举查问[讣告使者]关于楚王位继承人的措辞。

【寡大夫围】补若如此开头，则是在暗示此次事件是臣下篡权。

【共王之子围为长】正 补楚共王的儿子围是长子。楚共王五位庶子，其中庶长子楚康王已去世。剩下四子之中，王子围为庶长子。伍举如此改动的目的，是为了回避臣弑君的嫌疑，而强调王子围是庶长子，依照宗法理应嗣位。

【三·一】子干王子比奔晋，从车五乘 shèng。叔向羊舌肸使[子干]与秦公子后子同食，皆百人之饩 xì。赵文子曰：“秦公子富。”叔向曰：“底 zhǐ 禄以德，德钧(均)以年，年同以尊，公子以国，不闻以富。且夫后子以千乘去其国，强御已甚。《诗》曰：‘不侮鳏 guān

寡，不畏强御。'秦、楚，匹也。"

【叔向……之饩】正 补 羊舌肸让王子比与后子享受相同食禄，都是一百人的规模。饩，食物。

【厎禄以德】正 补 根据德行致送俸禄。厎，致。

【公子以国】杨 补［对于来奔的］公子根据其祖国［的强弱授予俸禄］。

【强御】杨 补 强势。【已甚】杨 补 太过分。

【不侮鳏寡，不畏强御】正 杨 补《毛诗·大雅·烝民》有此句，而"鳏"作"矜"。可译为"不欺侮鳏寡，不畏惧强势"。

【秦、楚，匹也】杨 补 秦、楚为匹敌之国［，因此秦公子与楚子干应享受同等待遇］。

○正 补 **传世文献对读：**《国语·晋语八》记载羊舌肸均二人俸禄之事，可扫码阅读。

【三·二】［晋人］使后子与子干王子比齿。［后子］辞曰："鍼qián，后子惧选，楚公子王子比不获，是以皆来，亦唯命。且臣与羁齿，无乃不可乎？史佚有言曰：'非羁，何忌？'"

【齿】杨 并列。

【惧选】补 害怕被驱逐。

【不获】杨 补 不得［君主］宠信。《孟子·离娄上》"居下位而不获于上"，获字用法与此相同。亦可作"得"，《孟子·离娄上》"不得乎亲"、《孟子·万章上》"不得于君"可证。

【且臣……可乎】正 杨 补 而且臣下与羁旅［之臣］并列，恐怕不可以吧？后子先来，已为晋臣。王子比初至晋，仍属羁旅之臣。羁旅见庄二十二·三·二。

【史】补 太史，见僖十五·八·一·七。

【非羁，何忌】正 补 既不是羁旅之臣，又何必［对他表示］恭敬？后子意思是自己已非羁旅之臣，不需优待，而王子比为羁旅之客，则应受到优待。忌，敬。

【四】楚灵王即位，薳wěi罢pí为令尹，薳启强为大(太)宰。

【五】郑游吉如楚，葬郑敖，且聘立君楚灵王。[游吉]归，谓子产公孙侨曰："具行器矣。楚王楚灵王汏tài，泰侈而自说(悦)其事，必合诸侯。吾往无日矣。"子产曰："不数年，[楚]未能也。"

【聘】补 见隐七·四·春秋。

【具行器矣】正 杨 准备盟会用的行装。

【汏】杨 补 骄横。【侈】补 自多以陵人。

【吾往无日矣】杨 我们不过几天就要前往[楚]了。

○正 下启昭四年楚合诸侯于申(昭四·三)。

昭公元年·十

地理 晋、郑见昭地理示意图 1。晋、郑、温、雍、南阳见昭地理示意图 2。

人物 赵文子(成八·五·一)、郑简公(襄七·八·二·二)

左传【一】十二月，晋既烝zhēng，赵孟赵文子适南阳，将会guì，禬孟子余赵成子。甲辰朔，[赵孟]烝于温。庚戌，[赵孟]卒。

【烝】补 见桓五·四。

【南阳】正 补 见僖二十五·二·三。【会】杨 会福祭。

【甲辰】正 杨 十一月有己酉，己酉与甲辰距离 56 日，如此则十二月不得有甲辰。【朔】补 见桓三·五·春秋。

【温】补 见隐三·四·二。此时为赵氏宗邑，有赵成子之庙。

【庚戌】在甲辰后第六天。

【二】郑伯郑简公如晋吊，及雍乃复。

【雍】杨见僖二十四·二·二·一。

○正补郑简公前往晋国吊唁赵氏，到雍地就返回。郑简公返回的原因可能是由于赵氏推辞不敢受。郑君亲往吊晋臣丧，足见赵氏之强。

昭公二年·一

地理 晋、鲁、齐、卫见昭地理示意图1。

人物 晋平公(襄十六·一·春秋)、韩宣子(襄七·六·一)、子叔敬子(襄三十·八·春秋)、周公旦(隐八·二)、鲁昭公(襄三十一·三·五·一)、季武子(襄六·五·春秋)、公孙灶(襄二十八·九·二)、栾施、公孙虿(襄八·八·一·二)、高强、晏平仲(襄十七·六)、卫襄公(襄三十一·七·一·一)、北宫文子(襄三十·十二·一)、韩贞子、陈桓子(庄二十二·三·四·三)、少姜

春秋 二年,春,晋侯晋平公使韩起韩宣子来聘。

【聘】补 见隐七·四·春秋。

夏,叔弓子叔敬子如晋。

左传【一·一】二年,春,晋侯晋平公使韩宣子来聘,且告为政,而来见,礼也。

【且告为政】正 补 同时告知[自己已代替赵文子]执掌国政。

【一·二】[宣子]观书于大(太)史氏,见《易》《象》与《鲁春秋》,曰:"周礼尽在鲁矣。吾乃今知周公周公旦之德与周之所以王wàng也。"

【大史】补 太史,见文十八·三·二。

【《易》】杨《周易》(参见《知识准备》"筮")。韩宣子所见应为六十四卦及卦辞、爻辞。"十翼"应为战国至西汉时期作品,韩宣子无缘得见。【《象》】杨 补 即《象魏》(参见哀三·三·一),鲁历代法令,因其挂于公宫象魏而得名。象魏参见庄十九—庄二十—庄二十一·九·一,是公宫外双阙上悬挂法令使国人知晓之处。据《周礼·大

宰》,正月初一周王室在象魏公布政治法令,此法令称为《治象》;地官亦悬挂教育法令,称为《教象》;夏官悬挂军政法令,称为《政象》;秋官悬挂司法法令,称为《刑象》。公布十日,然后藏之。鲁《象》的功能和用法应该与周王室相似。这些法令主要是用于宣喻教化民众的原则性规定,与昭六年郑人所铸刑鼎上详细的、直接用于定罪量刑的刑律不同(参见昭六·三·一)。**【《鲁春秋》】** 正 杨《春秋》为列国史书通称,因此《鲁春秋》即为鲁官方史书。韩宣子所见《鲁春秋》,必自周公旦叙起,因此韩宣子言"吾乃今知周公之德与周之所以王也"。今本《春秋》一般认为是孔子修治过的,起于鲁隐公,终于鲁哀公,自鲁惠公之上皆无存。

【吾乃……王业】 补 我如今才算是知道了周公的大德,以及周朝能够成就王业的原因。周公是鲁国始封君,《鲁春秋》中应该是记录了许多不广泛为他国所知的周公事迹,因此韩宣子会有如此感慨。

○补 周代时期列国史书为何命名为《春秋》有多种说法,其中杜预认为,这类史书的特点在于编年记事,古人在一年春夏秋冬四季当中交错举出"春""秋"来代表一年,进而《春秋》就成了编年史书的代称。有学者在分析殷商甲骨文基础上指出,殷商时一年可能只有春、秋两季,用"春秋"指代一年可能不是错举而是全举,而周代史官继承殷商概念,称按年编写的历史为《春秋》。

【一·三】 公鲁昭公享之。季武子赋《绵》之卒章。韩子韩宣子赋《角弓》。季武子拜,曰:"敢拜子之弥缝敝邑,寡君鲁昭公有望矣。"武子季武子赋《节》之卒章。

【享】 补 见桓九—桓十·一·二。

【季武……卒章】 正 杨 补《毛诗·大雅·绵》卒章为"虞芮质厥成,文王蹶厥生。予曰有疏附,予曰有先后,予曰有奔奏,予曰有御侮",

可译为“虞、芮不再相争，文王感化它们。我有率下亲上之臣，我有相道前后之臣，我有喻德宣誉之臣，我有抵御侵略之臣”。季武子赋此章，是把晋平公比作周文王，把韩宣子比作文王辅臣。

【韩子赋《角弓》】 正 补《毛诗·小雅·角弓》见襄八·八·二。韩宣子取“兄弟昏姻，无胥远矣”，表示姬姓兄弟国家应该亲近。韩宣子故意把季武子所赋《绵》之卒章不理解成对他自己的称赞，而是理解成说明晋、鲁都是周王室的得力臣子，然后赋《角弓》表明，晋、鲁这两个国家之间应该加强友好。

【弥缝】 正 补合。

【武子赋《节》之卒章】 正 补《毛诗·小雅·节南山》卒章为“家父作诵，以究王讻。式讹尔心，以畜万邦”，可译为“家父作诗吟诵，追究王室祸殃。但愿君心回转，蓄养天下万邦”。季武子表示晋之德可以畜养万邦。

【一·四】既享，宴于季氏。[季氏]有嘉树焉，宣子韩宣子誉之。武子曰：“宿季武子敢不封殖此树，以无忘《角弓》。”[武子]遂赋《甘棠》。宣子曰：“起韩宣子不堪也，无以及召公召康公。”

【宴】 补 参见文四·四。

【封殖】 杨 补 培土养育。参见襄三十·十一·二。

【遂赋《甘棠》】 正 补《毛诗·召南·甘棠》见襄十四·四·七。诗人思念召康公，因而赋《甘棠》，劝人不要砍伐召康公生前曾在下休息的甘棠树。季武子愿封殖嘉树，则是把韩宣子比作召康公。

○ 补 鲁人款待韩宣子，享礼在公宫举行，而宴礼在季氏举行，鲁公室衰微可见一斑。参见襄二十九年鲁公室设享礼款待晋卿范献子，公臣凑不足三耦之事（襄二十九·八·二）。

○ 补 杜甫《冬日有怀李白》“更寻嘉树传，不忘《角弓》诗”典出于此。

【二】宣子韩宣子遂如齐纳币。[宣子]见子雅公孙灶。子雅召子旗栾施，使见宣子。宣子曰："[子旗]非保家之主也，不臣。"[宣子]见子尾公孙虿。子尾见(现)强高强，宣子谓之如子旗。大夫多笑之。唯晏子晏平仲信之，曰："夫子韩宣子，君子也。君子有信，其有以知之矣。"

【纳币】正 补 参见隐七·七·二。晋平公将娶齐女，故韩宣子至齐纳币。

【子旗】正 补 栾施。姜姓，栾氏，名施，字旗。公孙灶(襄二十八·九·二)之子，公子坚(字栾)之孙。昭十年奔鲁。其名(施)、字(旗)相应，《说文》："施，旗貌。"

【强】正 补 高强。姜姓，高氏，名强，字良。公孙虿(襄八·八·一·二)之子，公子祁(字高)之孙。昭十年奔鲁。遂至晋，成为中行文子辅臣。定十四年被晋人所杀。据《墨子·所染》，"中行寅染于籍秦、高强"，可知高强是中行文子最重要的两位辅臣之一。

【其有以知之矣】补 他是有所依据而得到这个见解的。

○正 下启昭十年栾施、高强奔鲁(昭十·二)。

○补 韩宣子在鲁聘问期间与鲁诸卿非常和睦，但是到齐后却直言上卿公孙灶、公孙虿嗣子非保家之主，两家前途堪忧，除了出于君子的质直之外，可能是因为韩宣子认同的晋对齐外交策略是"原则上友好，但时时加以敲打"，因为齐是晋联盟成员国中最不安分、时刻准备挑战晋霸主地位的国家。

【三】[宣子]自齐聘于卫。卫侯卫襄公享之。北宫文子赋《淇澳》。宣子韩宣子赋《木瓜》。

【享】补 见桓九—桓十·一·二。

【北宫文子赋《淇澳》】正 补《毛诗·卫风》有《淇奥》。北宫文子赋此诗，意在赞美韩宣子有君子之德行威仪。

【宣子赋《木瓜》】正 补《毛诗·卫风》有《木瓜》。韩宣子赋此诗，意在表示想要报答卫君臣善意，永以为好。

○补 **传世文献对读：**《毛诗·卫风·淇奥》《毛诗·卫风·木瓜》的原文，可扫码阅读。

【四】夏，四月，韩须韩贞子如齐[为君]逆女。齐陈无宇陈桓子送女，致少姜。少姜有宠于晋侯晋平公，晋侯谓之"少齐"。[晋人]谓陈无宇非卿，执诸(之于)中都。少姜为之请，曰："送从逆班。[齐]畏大国也，犹有所易，是以乱作。"

【韩须】 正 杨 补 韩贞子。姬姓，韩氏，名须，谥贞、平。韩宣子(襄七·六·一)之子。晋大夫，官至卿位。昭二年已任公族大夫，昭二十八年可能已任下军佐(卿职)，昭二十九年可能已任下军帅(卿职)。昭三十二年前已告老或去世。

【少姜】 补 齐女，姜姓，排行季。齐后庄公嫡女，晋平公妾。昭二年归于晋，同年卒。

【晋侯谓之少齐】 正 依礼，出嫁妇人应该称母家姓。如今晋平公不称"少姜"，而另起别号"少齐"，是宠爱少姜的表现。

【中都】 正 晋邑。

【送从……乱作】 正 杨 补 送亲人班次地位应与迎亲人地位相当。由于害怕大国，还作了一些改变，因此才出了乱子。少姜意谓，齐因为惧怕大国(晋)，所以改易了"送从逆班"的礼制，派出了比迎亲人(公族大夫韩贞子)地位高的送亲人(上大夫陈桓子)，由此导致了祸乱的发生(指陈桓子被扣留)。少姜此番言论，看似在谢罪，实际上是提醒晋人，齐人是在应有礼数之上更加恭敬，所以晋人完全没有理由扣留其上大夫。

○补 晋平公一方面与齐联姻，宠爱少姜，一方面又以礼数不周为由下令扣押陈桓子(从昭二—昭三·二可知这次是晋平公下的命令)，可能是因为晋平公认同的对齐外交策略是"原则上友好，但时时加以敲打"，因为齐是晋联盟成员国中最不安分、时刻准备挑战晋霸主地位的国家。

【五・一】叔弓子叔敬子聘于晋，报宣子韩宣子也。

【五・二】晋侯晋平公使郊劳。[叔弓]辞曰："寡君鲁昭公使弓子叔敬子来继旧好，固曰'女(汝)无敢为宾'。[弓]彻命于执事，敝邑弘矣。敢辱郊使？请辞。"[晋人]致馆。[叔弓]辞曰："寡君命下臣子叔敬子来继旧好，好合使成，臣之禄也。敢辱大馆？"

【郊劳】 补 见隐七・四・春秋"聘礼"第七条。

【辞】 补 辞让。

【彻命】 正 传达使命。

【弘】 补 大。

【敢辱郊使】 补 怎敢玷辱[贵国]郊劳的使者？

【致馆】 杨 补 [晋人]请[子叔敬子]入住宾馆。

【好合使成】 杨 补 友好缔结，使命完成。

【禄】 杨 福。

○ 补 半年前的早些时候，齐派出比韩贞子官阶高的陈桓子送少姜，对晋恭敬有加，却仍然被晋人找借口扣留。如今鲁派出比晋执政卿韩宣子官阶低的子叔敬子回访晋，还真的就是礼数不周，虽然知道晋对鲁态度比对齐态度要友善，但仍然担心发生意外，因此指示子叔敬子不得遵循常礼，而是要刻意卑让以求安全过关。

【五・三】叔向羊舌肸曰："子叔子子叔敬子知礼哉！吾闻之曰：'忠信，礼之器也。卑让，礼之宗也。'辞不忘国，忠信也。先国后己，卑让也。《诗》曰：'敬慎威仪，以近有德。'夫子子叔敬子近德矣。"

【宗】 正 主。

【敬慎威仪，以近有德】 正 杨 补 《毛诗・大雅・民劳》有此句，可译为"恭敬而谨慎地使用威仪，以接近有德的人"。

昭公二年·二

地理 郑见昭地理示意图1。

人物 公孙黑(襄十五·四·一)、游吉(襄二十二·七·二)、公孙侨(襄八·三)、良霄(襄十一·二·春秋)、印、郑简公(襄七·八·二·二)

春秋 秋,郑杀其大夫公孙黑。

○正 补《春秋》常例,诸侯之臣,唯卿书名氏。公孙黑本非郑卿,昭元年郑六卿私盟于薰隧,公孙黑强行参与盟誓,公孙侨不讨,则已默认公孙黑为卿。据文六·四·三及文七·二·三,则《春秋》书国杀,又书被杀卿大夫之名氏,则表明公孙黑有罪于郑。公孙黑之罪详见下文《左传》。

左传【一】秋,郑公孙黑将作乱,欲去游氏游吉而代其位,伤疾作而不果。驷氏与诸大夫欲杀之公孙黑。

【秋,郑……不果】 杨 补 昭元年公孙黑与游楚争夺徐吾犯之女,公孙黑被游楚用戈击伤,郑放游楚于吴。同年郑六卿私盟于薰隧,公孙黑强行参加,从而得以跻身郑卿之列。郑本无七卿,故公孙黑虽为郑卿,却空有官衔,而无实职。游氏族长游吉为郑六卿之一,公孙黑因其与游氏有旧怨,欲作乱除去游吉而夺其职权,以坐实自己的卿位,因旧伤发作而未能得逞。

【驷氏与诸大夫欲杀之】 正 杨 补 驷氏与多位大夫都想杀了公孙黑。驷氏本为公孙黑之族,然而也厌恶公孙黑,担心此人会祸害驷氏,想要动用家族私刑除掉他。

○补 公孙黑此时已成为"公敌",众叛亲离,如此则公孙侨"因而毙之"时机已经成熟。驷氏用私刑处死公孙黑的好处在于,可以借此与公孙黑彻底切割,把这件事包装成"驷氏大义灭亲"之类的正能量案例,从而一方面除掉公孙黑这个家族败类,另一方面又最大限度地维护驷氏的家族声誉。公孙侨决心要阻止驷氏动用私刑，而是用国家名义公开处死他，敲打包括驷氏在内的各大卿族，把这件事情打造成一次比放逐游楚更具有震慑和教育意义的“整肃大族典型案例”。

子产公孙侨在鄙，闻之，惧弗及，乘遽而至。[子产]使吏数shǔ之公孙黑，曰：“伯有良霄之乱，以大国之事，而未尔讨也。尔有乱心无厌，国不女(汝)堪。专伐伯有，而(尔)罪一也。昆弟争室，而(尔)罪二也。薰隧之盟，女(汝)矫君位，而(尔)罪三也。[尔]有死罪三，何以堪之？[尔]不速死，大刑将至！”

【遽】补见僖三十二—僖三十三·四。

【伯有之乱】正事见襄三十·九。

【而未尔讨也】补即“而未讨尔也”，可译为“因而没有讨伐你”。

【无厌】补不能满足。

【国不女堪】补即“国不堪女”，可译为“国家不能容忍你”。

【昆弟争室】正杨补指昭元年公孙黑与游楚争夺徐无犯女之事。公孙黑与游楚皆为郑穆公之孙，所以二人为从兄弟。

【薰隧之盟，女矫君位】正补指昭元年公孙黑强迫郑诸卿让自己参与薰隧之盟，并迫使太史书“七子”，由此挤入卿官行列。卿官本应由君主任命，故曰“女矫君位”。

[公孙黑]再拜稽qǐ首，辞曰：“[我]死在朝夕，[子]无助天为虐。”

【再拜稽首】补见僖五·二·二·一。

【死在朝夕】杨公孙黑表示自己旧伤复发，不久将死去。

子产曰：“人谁不死？凶人不终，命也。[汝]作凶事，为凶人。[我]不助天，其助凶人乎？”

[公孙黑]请以印为褚 zhǔ 师。子产曰："印也若才，君郑简公将任之；[印]不才，将朝夕从女(汝)。女(汝)罪之不恤，而又何请焉？[女]不速死，司寇将至！"

【印】正 补 姬姓，名印。公孙黑(襄十五·四·一)之子。

【褚师】正 补 郑外朝官，职掌市场税收。

【女罪……请焉】补 你不担忧自己的罪过，而又[为你儿子]请求什么？

【司寇】补 郑外朝官，掌刑罚及纠诘盗寇。

【二】七月壬寅初一，[公孙黑]缢。[郑人]尸诸(之于)周氏之衢 qú，加木焉。

【周氏之衢】正 杨 周氏，郑都内地名。衢，大街。桓十五·四·二有周氏之汪，两者应同在一个区域。

【加木焉】正 补 把[写着罪状的]木牌放在尸体上。

○补 昭元年公孙黑与游楚相争，公孙侨数游楚之罪而逐之。昭二年公孙黑欲作乱，公孙侨又数其罪而杀之。公孙侨所作所为，都是遵循其"大人之忠俭者，从而与之；泰侈者，因而毙之"(参见襄三十·十三·三·一)的总策略，即利用卿族之间和卿族内部的矛盾冲突，借力打力，达到打击卿族中强横分子的目的。

○补 笔者对于公孙侨整治大族谋略的渊源有详细分析，请见专著《救世：子产的为政之道》(出版中，暂定书名)相关章节。

昭公二年—昭公三年(昭公三年·一)

地理 鲁、晋、齐、郑见昭地理示意图1。鲁、晋、齐、郑、河水见昭地理示意图3。

人物 鲁昭公(襄三十一·三·五·一)、季武子(襄六·五·春秋)、少姜(昭二·一·四)、晋平公(襄十六·一·春秋)、士文伯(襄三十·三·一·一)、羊舌肸(襄十一·二·五·三)、陈桓子(庄二十二·三·四·三)、韩贞子(昭二·一·四)、印段(襄二十二·四·一)、梁丙、张趯、游吉(襄二十二·七·二)、晋文公(庄二十八·二·一)、晋襄公(僖三十三·三·一)

春秋 冬,公鲁昭公如晋,至河乃复。

【河】补 见闵二·五·三。

季孙宿季武子如晋。

左传【一】晋少姜卒。公鲁昭公如晋,及河。晋侯晋平公使士文伯来辞,曰:"[少姜]非伉俪也,请君无辱。"公还。季孙宿季武子遂致服焉。

【非伉俪也,请君无辱】正 杨 补 [少姜]不是正室夫人,所以请鲁君不必屈尊[前来凭吊]。实际上,依礼制,即使晋平公夫人去世,诸侯也无须亲自前来。伉俪见成十一成十一·四·二。

【致服】正 补 致送[少姜下葬用的]衣物(襚)。

【二】叔向羊舌肸言陈无宇陈桓子于晋侯晋平公曰:"彼何罪?君使公族韩贞子逆之,齐使上大夫陈桓子送之,犹曰不共(恭),君求以(已)贪。[我]国则不共(恭),而执其使。君刑已颇,何以为盟主?且少姜有辞。"冬,十月,陈无宇归。

【以贪】杨 以同已，太贪婪。

【已颇】杜 杨 太偏颇。

【且少姜有辞】杜 杨 指少姜生前曾请晋平公释放陈桓子（昭二·一·四）。

【三】十一月，郑印段如晋吊[少姜]。

【四】三年，春，王正月，郑游吉如晋，送少姜之葬。梁丙与张趯 tì 见之。

【梁丙】正 补 嬴姓，梁氏，名丙。晋大夫。【张趯】正 补 姬姓，张氏，名趯，排行孟。张君臣（襄十六·一·一）之子。晋大夫。

梁丙曰："甚矣哉，子之为此来也！"

子大(太)叔游吉曰："将得已乎？昔文晋文公、襄晋襄公之霸也，其务不烦诸侯，令诸侯三岁而聘，五岁而朝，有事而会，不协而盟。君薨 hōng，大夫吊，卿共(供)葬事；夫人[薨]，士吊，大夫送葬——足以昭礼、命事、谋阙 quē 而已，无加命矣。今嬖 bì 宠之丧，不敢择位，而数于守適(嫡)。唯惧获戾，岂敢惮烦？少姜有宠而死，齐必继室。今兹吾又将来贺，不唯此行也。"

【已】正 止。

【聘】补 诸侯卿大夫来晋聘问。聘礼参见隐七·四·春秋。

【朝】补 诸侯国君来晋朝见晋侯。朝礼见隐四·二·七·一。

【不协而盟】杨 补 有不和睦之事则举行盟誓。盟礼参见隐元·二·春秋。

【谋阙】杨 谋议补救阙失。

【嬖宠】杨 补 指少姜。嬖，得宠。

【不敢……守適】正 杨 补 [来凭吊的人]不敢[按礼制以及旧例]选

择[适当]职位[的人]，[凭吊少姜的]礼数[超过]了嫡夫人。数，礼数。守適，指国君嫡夫人为守内宫之长。据上文所言，"夫人[薨]，士吊，大夫送葬"，如此则郑人使卿来吊丧，是礼数已经超过了嫡夫人。

【戾】补罪。

【继室】正再嫁女子给晋君。

【今兹】补今年。

○正 补据昭三十·二·二游吉之言："先王之制：诸侯之丧，士吊，大夫送葬。"据本年游吉之言，则晋文公、晋襄公时期，"君薨，大夫吊，卿共葬事"。而到了春秋中晚期，晋、楚之君去世，其他诸侯国君甚至亲往送葬(参见成十一成十一鲁成公送晋景公葬，襄二十九·三鲁襄公、陈哀公、郑简公、许悼公送楚康王葬)。礼制古今之变，由此可见一斑。

○补下启昭三年晋平公继室以齐女(昭三·三)，及郑罕虎至晋贺夫人(昭三·六·二)。

张趯曰："善哉！吾得闻此数也。然自今，子其无事矣。譬如火焉：火中，寒暑乃退。此其极也，能无退乎？晋将失诸侯，诸侯求烦不获。"

【数】杨礼数。

【火中，寒暑乃退】正 杨 补大火星(心宿二，参见庄二十九·五)在天空中，寒气或者暑气就要消退。夏末黄昏时大火星出现在天空中，暑气从此逐渐消退；冬末天明时大火星出现在天空中，寒气从此逐渐消退。

二大夫退。

子大(太)叔告人曰："张趯有知(智)，其犹在君子之后乎！"

【君子之后】杨君子之类。

昭公三年・二

地理 滕见昭地理示意图 4。

人物 滕成公(襄五・八・春秋)

春秋 三年,春,王正月丁未九日,滕子原滕成公卒。

左传 “丁未,滕子原卒”。同盟,故[《春秋》]书名。

○补 同盟诸侯讣告书名之例已见于隐七・二。

昭公三年・三

地理 齐、晋见昭地理示意图 1。

人物 齐景公(襄二十五・一・四)、晏平仲(襄十七・六)、晋平公(襄十六・一・春秋)、齐后庄公(襄元・二・三)、少姜(昭二・一・四)、齐太公(僖三—僖四・五)、齐丁公(襄二十五・一・二・一)、韩宣子(襄七・六・一)、羊舌肸(襄十一・二・五・三)、唐叔虞(僖十五・九・三・一)、箕伯、直柄、虞遂、伯戏、胡公满(襄二十五・四・一)、太姬

左传【一】齐侯齐景公使晏婴晏平仲请继室于晋,曰:

“寡君齐景公使婴晏平仲曰:

“‘寡人愿事君晋平公朝夕不倦,将奉质(贽)币以无失时,则国家多难 nàn,是以不获。不腆先君之适(嫡)少姜以备内官,焜 kūn 耀寡人之望,则又无禄,早世殒命,寡人失望。

【将奉质币以无失时】 杨 补 想要捧着财礼以不失时节[地来晋朝

聘]。将,欲。质币,近义词连用,都是礼物的意思。

【不腆】杨 补 腆,厚。“不腆”是常见谦辞,可译为“不美好”。

【先君之適】正 杨 先君齐后庄公嫡夫人之女,指少姜。

【备内官】杨 补 充作内宫女官。此为谦辞,实指成为晋平公妃。

【焜】杨 明。【耀】杨 照。

【无禄】杨 不幸。

“君若不忘先君之好,惠顾齐国,辱收寡人,徼 yāo 福于大(太)公齐太公、丁公齐丁公,照临敝邑,镇抚其社稷,则犹有先君之適(嫡)及遗姑姊妹若而人。君若不弃敝邑,而辱使董振择之,以备嫔嫱 qiáng,寡人之望也。’”

【辱】补 表敬副词,相当于“屈尊”。

【徼】正 杨 求。

【遗姑姊妹】补 齐景公祖父齐顷公的女儿,齐景公父亲的姊妹,齐景公的大姑小姑。【若而人】杨 若干人。

【董振】正 杨 董,正。振,整。董振就是慎重的意思。

○ 补 隐元年鲁惠公原配夫人孟子死,继室以其姊妹声子,声子为妾。襄二十三年臧宣叔原配之妻铸女死,继室以其妹,其妹为妾。此处则晋平公之妾少姜死,继室以姜氏,姜氏为夫人。

韩宣子使叔向羊舌肸对曰:“寡君晋平公之愿也。寡君不能独任其社稷之事,未有伉俪。在缞 cuī(衰)绖 dié 之中,是以未敢请。君齐景公有辱命,惠莫大焉。[君]若惠顾敝邑,抚有晋国,赐之内主,岂唯寡君举群臣实受其贶 kuàng,其自唐叔唐叔虞以下实宠嘉之。”

【在缞……敢请】正 杨 补 缞绖,丧服,见僖六—僖七·三。晋人向齐人表示,晋平公由于正在为少姜服丧,所以没有向齐提出娶夫人的请求。杜注认为,晋平公是由于宠爱少姜,于是为这位宠妾服夫人之丧。

【抚有晋国】补 拥有晋国。此为外交辞令，非实指。

【内主】杨 夫人为内宫之主。

【举】补 与。【贶】补 赐。

【唐叔】正 晋始封君。

〔二〕既成昏(婚)，晏子晏平仲受礼。叔向羊舌肸从之宴，相与语。

【成昏】正 补 此处是婚事已定的意思。

【晏子受礼】正 晏平仲受晋人宾享之礼。

【宴】补 参见文四·四。

叔向曰："齐其何如?"

晏子曰：

"此季世也，吾弗知齐其为陈氏矣。公齐景公弃其民，而归于陈氏。

【季世】补 见昭元·八·一·一。

【弗知】杨 古人成语，相当于"难保"。

"齐旧四量，豆、区 ōu、釜 fǔ、钟。四升为豆，各自其四，以登于釜。釜十则钟。陈氏三量皆登一焉，钟乃大矣。[陈氏]以家量贷，而以公量收之。山木如市，弗加于山；鱼、盐、蜃 shèn、蛤 gé，弗加于海。

【四量】杨 四种容积单位及量器。据下文"四升为豆"，则齐实有五量，升、豆、区、釜、钟。战国时陈氏代齐之后的齐升、豆、区、釜形制见昭器物图1。

【四升……则钟】正 四升为一豆，四豆为一区，四区为一釜，十釜为一钟。

【陈氏……大矣】 正 补 陈氏[所用的私家量具中的豆、区、釜]三种量具都[比同种类的公家量具]增加四分之一，于是钟的容量就大了。相关讨论详见下。

【以家……收之】 正 补 [陈氏]依据[较大的]私家量具[从私家粮库]借贷[粮食给民众]，而根据[较小的]公家量具收取[民众偿还的粮食]。此举是陈氏变相向民众施舍。

【山木……于海】 正 杨 补 山上的木材运到市场，[销售价格]与山上[采伐时的成本]相比没有增加；海边的鱼、盐、大蛤、蛤蜊[运到市场]，[销售价格]与在海上[捕捞时的成本]相比也没有增加。据《韩非子・外储说右上》，此举是陈氏以补贴商贾的方式控制物价，使民众得利。

○ 正 补 据杜注原文，则陈氏私量是五升为一豆，五豆为一区，五区为一釜，十釜为一钟。不过，这样一来的话，那么私量一豆是五升，比公量一豆（四升）大一升；私量一区是二十五升，比公量一区（十六升）大九升；私量一釜是一百二十五升，比公量一釜（六十四升）大六十一升。虽然陈氏用私量借贷是为了收买人心，但是如此操作的话增加得也太多。而且有意思的是，杜注最后又说，一釜是八十升，并不是按其注文所说计算出来的一百二十五升。

陆德明说他见到的旧本杜注写的是五升为一豆，四豆为一区，四区为一釜，十釜为一钟。这样一来的话，那么私量一豆是五升，比公量一豆（四升）大一升，或者说大四分之一；私量一区是二十升，比公量一区（十六升）大四升，或者说大四分之一；私量一釜是八十升，比公量一釜（六十四升）大十六升，或者说大四分之一。这样的话，每一级的陈氏私量都比同级的公量大四分之一，与《左传》原文可以对上，私量比公量增加的幅度比较合理，而且陈氏只是在四量的基准——豆上做了调整，没有改变豆—区—釜—钟之间的换算关系，不会造成实施上的混乱。笔者认为这才是正确的理解。

根据考古发现的战国时期齐国量具测算，则陈氏代齐之后的齐国量制能够确定的是五升为一豆，二十豆为一釜，十釜为一钟。至于豆—区和区—釜之间的换算关系，则应该是一个为四进制，一个为五进制，还不能确定。

昭器物图 1.1　山东临淄齐故城遗址博物馆藏陶升，容量二〇九毫升，战国时期（《山东临淄新发现的战国齐量》，1996 年）

昭器物图 1.2　山东淄博市临淄区永流乡刘家庄出土铜升（右，容量二〇五毫升）和铜豆（左，一千〇二十五毫升），战国时期（《山东临淄新发现的战国齐量》，1996 年）

昭器物图 1.3　国家博物馆藏陶豆，容量一千三百毫升，战国时期（《中国古代度量衡图集》，1984 年）

昭器物图 1.4　国家博物馆藏陶区，容量四千八百四十七毫升，战国时期（《中国古代度量衡图集》，1984 年）

昭器物图 1.5　山东胶县灵山卫出土陈纯铜釜，容量二〇五八〇毫升，战国时期（《中国古代度量衡图集》，1984 年）

“民参(三)其力，二入于公，而衣食其一。公聚朽蠹，而三老冻馁。国之诸市，屦 jù 贱踊贵。

【民参……其一】 正 杨 参，三。民力如果分成三份，则二份归于公室，而民众自己仅依靠一份生存。这是指齐景公赋敛过重，使民众生活艰难。

【公聚】 补 公室聚敛[的粮食财货]。

【三老】 杨《礼记・乐记》：“食三老、五更于大学。”《礼记・文王世子》："遂设三老、五更，群老之席位焉。"据郑玄注，则三老、五更各为一人，都是年老致仕的长者，周王将其当作父兄加以尊养，以向天下昭示孝悌大义。诸侯亦有此制度，即此处之三老。**【馁】**补饥饿。

【屦贱踊贵】正杨补鞋子便宜，[供受刖刑之人使用的]假足贵。这是说齐景公滥用刑罚，受刖刑的人多。"屦"见桓元—桓二·三·二。杨注说，"踊"有假足、拐杖二说，但若真为拐杖，其制作并不会复杂，不应产生供不应求的状况，以假足说更为可靠。

"民人痛疾，而或陈氏燠 yù 休之，其爱之如父母，而归之如流水。[陈氏]欲无获民，将焉辟(避)之？箕伯、直柄、虞遂、伯戏，其相 xiàng 胡公胡公满、大(太)姬，已在齐矣。"

【民人……休之】杨补民众有痛苦疾病，而有人(指陈氏)则重重地赏赐他们。燠，厚。休，赐。

【箕伯……伯戏】正四人皆为虞舜之后，陈氏祖先。

【相】正随。**【胡公、大姬】**正补陈始封君及其夫人。参见襄二十五·四·一。

○补前三八六年，陈(田)氏篡齐，迁齐康公于海上，是晏平仲此言之验。

○补**传世文献对读：**《晏子春秋·内篇·问下》记晏平仲之言与《左传》略同，不过在"或燠休之"和"其爱之如父母"间另有一段，可扫码阅读。

叔向羊舌肸曰：

"然。虽吾公室，今亦季世也：

"戎马不驾，卿无军行 háng。

○[杨][补]国君戎车之马已经不再驾车，诸卿已不再率领公室军队。

“公乘shèng无人，卒列无长zhǎng。

【卒】[正]百人为“卒”。【列】[杨]军队行列。

“庶民罢(疲)敝，而宫室滋侈。

【滋】[正]益。【侈】[补]奢侈。

“道殣jìn相望，而女富溢尤。

【殣】[正]道中死人。【尤】[补]甚，过度。

○[正][补]路上死人一个接一个，而[公室聚敛的]美女财富却多得溢出来。

“民闻公命，如逃寇仇。

“栾、郤xì、胥、原、狐、续、庆、伯，降在皂、隶。

【栾、郤……庆、伯】[正][补]此八氏都是姬姓，属于晋(远支)公族(详见下)。其中，栾、郤、胥、原(先)、狐五氏先祖都曾经担任过卿，而续、庆、伯三氏先祖都曾经担任过大夫。

【皂、隶】[补]见隐五·一。

“政在家门，民无所依。

【政在家门】[正][杨][补]国政[已经不在公室，而]在各卿族之家。指韩、赵等诸卿族专擅国政。

“君晋平公日不悛quān，以乐慆tāo忧。

【悛】[正]改。【慆】[杨]过。

○[正][杨][补]国君一天天不知悔改，只知道以享乐来度过忧愁。参见昭元·八所述晋平公沉溺女色之事。

“公室之卑,其何日之有?

○正 补 公室的卑微,还会是别的哪个日子?

“《谗鼎之铭》曰:‘昧旦丕显,后世犹怠。’况日不悛,其能久乎?”

【谗鼎】 杨 应即鬵鼎,鬵、谗古音相近通假。鼎上大下小如甑者曰“鬵”。

【昧旦丕显,后世犹怠】 正 杨 补 [先辈]凌晨[就起床],[功业]伟大显赫,后代尚且[不能继承,日渐]懈怠。昧旦,天将明未明之时,这里指早起。丕,大。

晏子曰:“子将若何?”

叔向曰:“晋之公族尽矣。肸 xī,羊舌肸 闻之,公室将卑,其宗族枝叶先落,则公从之。肸之宗十一族,唯羊舌氏在而已。肸又无子。公室无度,[肸]幸而得死,岂其获祀?”

【晋之公族尽矣】 补 公族的本义是族长为国君(公)后代的家族,包括近支公族和远支公族。近支公族是指国君儿子(公子)担任现任族长的家族,远支公族是指公孙及更远的国君后代担任现任族长的家族。据宣二·三·六·一,骊姬之乱后,由于历代国君都遵守“不蓄群公子”的禁令,所以晋从晋献公时期起就已经没有了近支公族,剩下的都是远支公族,见于文献记载的有韩氏、栾氏、郤氏、胥氏、原(先)氏、狐氏、续氏、庆氏、伯氏、羊舌氏、籍氏、贾氏、解氏、祁氏十四家,其中韩氏、栾氏、郤氏、胥氏、原(先)氏、狐氏六家是族长担任过卿官的卿族。宣二年赵宣子弑晋灵公之后,在晋建立了一种新公族,新公族就是族长为现任卿官的家族。这种新公族就是实际掌控国家政权的卿族，是一种完全政治性的概念，至于这个新公族在血缘上是远支公族还是非公族是无关紧要的。羊舌肸在这里说的“公族”，指的是跟羊舌氏一样的远支公族，而不是新公族，因为新公族此时非常强盛，完全谈不上“尽矣”。远支公族十四家中，韩氏成为六大持续掌权的卿族之一，恐怕已经不再被羊舌氏算作他所说的“公族”；羊舌氏、祁氏还有相当的实力，昭二十八年两家被灭时，羊舌氏采邑被分成三个县、祁氏采邑被分为七个县就是明证；籍氏到定十三年时还有籍秦担任上军司马；解氏、贾氏在文献中已找不到记载，估计已经衰微；栾氏、郤氏、胥氏、原(先)氏、狐氏、续氏、庆氏、伯氏，按羊舌肸的说法，已经沦为庶民。所以，羊舌肸在这里说“晋之公族尽矣”，是一种宣泄悲观情绪、略带夸张的说法，不能按字面意思理解为晋的远支公族已经真的全部灭绝了。

【肸又无子】 杨 补 据昭二十八·四·四，则羊舌肸实有子杨食我。据昭五·四·二，则昭五年时杨食我已经可以在五卿、八大夫的辅佐下讨伐楚，则年纪不应太小。此处羊舌肸说“肸又无子”，究竟为何意，疑不能明。

【幸而得死，岂其获祀】 正 补 [我能够]寿终就是侥幸，难道还[指望能够]获得后人的祭祀？

○ 补 下启昭二十八年晋灭羊舌氏(昭二十八·四)。

○ 补 笔者对羊舌肸言论所反映出的晋内政现状有详细分析，请见专著《虎变：晋国大族的兴盛与衰亡》(出版中，暂定书名)相关篇章。

【三·一】初，景公齐景公欲更晏子晏平仲之宅，曰：“子之宅近市，湫jiǎo、隘、嚣、尘，不可以居。请更诸(之于)爽垲kǎi者。”

【湫、隘、嚣、尘】 正 杨 卑下潮湿、狭小、喧闹、尘土飞扬。

【爽垲】 正 补 明亮、地高干燥之处。爽，明亮。垲，地势高而干燥。据《韩非子·难二》(详见下)，则齐景公所指爽垲之处为豫章之圃。

[晏子]辞曰："君之先臣容焉，臣不足以嗣之，于臣侈矣。且小人近市，朝夕得所求，小人之利也。敢烦里旅？"

【臣不……侈矣】 杨 臣下不足以继承祖业，[住在祖宅里边]对臣下来说已经算过分了。

【里旅】 杨 齐外朝官，掌管卿大夫家宅。

公齐景公笑曰："子近市，识贵贱乎？"

[晏子]对曰："[臣]既利之，敢不识乎？"

公曰："何贵何贱？"

于是景公繁于刑，有鬻 yù 踊者，故[晏子]对曰："踊贵，屦 jù 贱。"

【鬻】 正 卖。

[晏子]既已告于君齐景公，故与叔向羊舌肸语而称之。景公为是省于刑。

君子曰："仁人之言，其利博哉！晏子一言，而齐侯齐景公省刑。《诗》曰'君子如祉 zhǐ，乱庶遄 chuán 已'，其是之谓乎！"

【君子如祉，乱庶遄已】 杨 见宣十七·一·八。

○ 杨 补 **传世文献对读：**《韩非子·难二》论及此事，可扫码阅读。

【三·二】 及晏子如晋，公更其宅。[晏子]反（返），则成矣。[晏子]既拜，乃毁之，而为里室，皆如其旧，则使宅人反（返）之。[晏子]

曰："谚曰：'非宅是卜，唯邻是卜。'二三子先卜邻矣，违卜不祥。君子不犯非礼，小人不犯不祥，古之制也。吾敢违诸(之)乎？"卒复其旧宅：公弗许，[晏子]因陈桓子以请，[公]乃许之。

【公更其宅】 补 齐景公更换了晏平仲的住宅。一种可能是，齐景公是在原来低湿之处拆毁邻居房屋而为晏平仲扩展了住宅。另一种可能是，齐景公是在高燥之处拆毁原住户房屋而为晏平仲新建的住宅。

【既拜……反之】 正 杨 补 晏平仲拜谢之后，就毁坏了[齐景公拆毁原住户房屋而为他兴建的]新居，并且重建了[被拆毁的原住户的]房屋，恢复成原来的样子，然后让原住户返回他们的房屋[居住]。

【唯邻是卜】 补 杜甫《寄赞上人》"卜邻南山幽"典出于此。

【二三子】 正 补 诸位住户。

【卒复其旧宅】 补 [晏平仲]最终恢复了旧宅。

昭公三年・四

地理 郑、晋见昭地理示意图1。郑、晋、州、温见昭地理示意图2。

人物 郑简公(襄七・八・二・二)、公孙段(襄二十七・三・二・十一)、晋平公(襄十六・一・春秋)、公子平(襄七・八・二・一)、栾豹、范宣子(成十六・三・七)、赵文子(成八・五・一)、韩宣子(襄七・六・一)、赵获

左传 【一・一】 夏，四月，郑伯郑简公如晋。公孙段相 xiàng[郑伯]，甚敬而卑，礼无违者。晋侯晋平公嘉焉，授之以策，曰："子丰公子平有劳于晋国，余闻而弗忘。[余]赐女(汝)州田，以胙 zuò 乃旧勋。"伯石公孙段再拜稽 qǐ 首，受策以出。

【策】 正 赐命之书。

【子丰有劳于晋国】[正][补]据襄七·八·二·一，襄三年公子平曾陪同太子髡顽至晋朝见。除此以外，公子平对晋国还能有什么值得赐予土田的大功劳，则不可知。**【子丰】**[正]公孙段之父。

【州】[杨]见隐十一·三·一。

【以胙乃旧勋】[杨][补]以酬报你们旧日的勋劳。

【再拜稽首】[补]见僖五·二·二·一。

【一·二】君子曰："礼，其人之急也乎！伯石之汏 tài(泰)也，一为礼于晋，犹荷 hè 其禄，况以礼终始乎？《诗》曰'人而无礼，胡不遄 chuán 死'，其是之谓乎！"

【伯石之汏也】[杨]公孙段骄横而又要掩饰的情事，参见襄三十·十三·二·一。

【人而无礼，胡不遄死】[杨][补]《毛诗·鄘风·相鼠》(见襄二十七·二·二)有此句，可译为"做人而不讲礼仪，为什么不快点死?"。遄，速。

【二·一】初，州县，栾豹之邑也。及栾氏亡，范宣子、赵文子、韩宣子皆欲之。

【栾豹】[正][补]姬姓，栾氏，名豹。栾怀子族人。

【及栾氏亡】[杨]见襄二十三·六。

文子赵文子曰："温，吾县也。"

○[正][杨][补]温见隐三·四·二。此时为晋县。温在今河南温县南，州在今温县北。温、州本为两个城邑，地入于晋之后，曾合并为一个县，此时已再次分为两个县。此处赵文子指出温为赵氏封县，是把这个作为自己要求取得州县的理由。

二宣子曰："[温、州]自郤 xì 称以别，三传矣。晋之别县不唯州，谁获治之?”

【自郤称以别,三传矣】 正 杨 补 自从郤称把[温和州]分开[并接受州作为封县]后,[州县已经单独]传了三家了。郤氏为第一家,栾氏为第三家,中间第二家《左传》则无明文。

【晋之……治之】 正 杨 补 晋将一个县划为两部分,[这种情况]不止州县,谁能够[按划分前的情况]去[占有]治理它?

文子病之,乃舍之。二宣子曰:“吾不可以正议而自与也。”皆舍之。

【文子病之】 杨 补 赵文子为自己先前提出牵强理由要求州县被范宣子、韩宣子反驳而感到苦恼。

【二·二】及文子为政,赵获曰:“可以取州矣。”

【赵获】 正 补 嬴姓,赵氏,名获。赵文子(成八·五·一)长子。

文子曰:“退!二子之言,义也。违义,祸也。余不能治余县,又焉用州?其以徼 yāo 祸也?君子曰:‘弗知实难。’知而弗从,祸莫大焉。有言州,必死!”

【二子】 杨 范宣子、韩宣子。

【徼】 补 求。

【弗知实难】 正 补 难的是不知[祸乱产生的原因]。

【二·三】丰氏故主韩氏。伯石公孙段之获州也,韩宣子为请之,为其复取之之故。

【丰氏故主韩氏】 正 杨 补 列国大夫到其他国家,或住在国家宾馆;或以某个关系密切的卿族为主人,住在这家的私宅。丰氏原来以韩氏为其在晋时的主人,至晋时住韩氏私馆。参见定六·五·三·二“昔吾主范氏”“今子主韩氏”。**【丰氏】** 杨 公子平(字丰)之后,此时族长为公孙段。

【**为其复取之之故**】正 补 这是为了日后[如果郑人归还州县,]韩氏可以再次取得州县的缘故。

○正 下启昭七年郑公孙侨代表丰氏归州田于韩宣子(昭七·七·三)。

昭公三年·五

地理 鲁见昭地理示意图 1。鲁、滕见昭地理示意图 4。

人物 子叔敬子(襄三十·八·春秋)、滕成公(襄五·八·春秋)、子服惠伯(襄二十三·八·八·二)、子服懿伯

春秋 夏,叔弓子叔敬子如滕。

五月,葬滕成公。

左传 五月,"叔弓如滕","葬滕成公",子服椒子服惠伯为介。及郊,遇懿伯子服懿伯之忌,敬子子叔敬子不入。惠伯子服惠伯曰:"公事有公利,无私忌。椒子服惠伯请先入。"乃先受馆。敬子从之。

【**懿伯**】杨 补 子服懿伯。姬姓,孟氏,谥懿,排行伯。孟献子(文十四·十二·三)之子,子服惠伯(襄二十三·八·八·二)之父。昭三年前已卒。【**忌**】杨 忌日,亲人逝世纪念日。

○补 大国(鲁)之卿供小国(滕)国君之葬,于礼为厚。可能由于襄三十一年滕成公亲自前来会葬鲁襄公,故鲁亦厚报之。

昭公三年·六

地理 晋、齐、郑、楚见昭地理示意图 1。

人物 韩宣子(襄七·六·一)、公孙虿(襄八·八·一·二)、少姜(昭二·一·四)、罕虎(襄二十九·七·一)、楚灵王(襄二十六·五·

一)、郑简公(襄七·八·二·二)、羊舌肸(襄十一·二·五·三)、晋平公(襄十六·一·春秋)、张趯(昭二—昭三·四)、游吉(襄二十二·七·二)

左传【一】晋韩起韩宣子如齐[为君]逆女。公孙虿chài为少姜之有宠也,以其子更公女,而嫁公子。人谓宣子韩宣子:"子尾公孙虿欺晋,晋胡受之?"宣子曰:"我欲得齐,而远其宠,宠将来乎?"

【以其……公子】 正 杨 [公孙虿]以己女替换齐景公之女[嫁到晋],并把齐景公之女嫁[给他人]。

【而远其宠】 正 杨 补 而疏远齐景公的宠臣(公孙虿)。指如果不接受公孙虿的女儿,就会如此。

【二·一】秋,七月,郑罕虎如晋,贺[晋侯娶]夫人,且告曰:"楚人日征敝邑以不朝立王楚灵王之故。敝邑之往,则畏执事其谓寡君郑简公'而(尔)固有外心';其不往,则宋之盟云,[敝邑]进退罪也。寡君使虎罕虎布之。"

【征】 杨 问。**【立王】** 正 补 新立之楚王。

【其不往,则宋之盟云】 正 补 如果不去朝见楚君,那么宋之盟又说["晋、楚之从交相见"]。郑如今为晋从属国,按宋之盟约定应朝于楚。

【布】 正 陈。

宣子韩宣子使叔向羊舌肸对曰:"君郑简公若辱有寡君晋平公,在楚何害,修宋盟也。君苟思盟,寡君乃知免于戾矣。君若不有寡君,虽朝夕辱于敝邑,寡君猜焉。君实有心,何辱命焉?君其往也!苟有寡君,在楚犹在晋也。"

【君若辱有寡君】 杨 补 贵国君主如果屈尊[心里]有我国君主。

【戾】 补 罪。

【猜】[正]疑。

【有心】[正]有事晋之心。

【二·二】张趯tì使谓大(太)叔游吉曰:"自子之归也,小人粪除先人之敝庐,曰'子其将来'。今子皮罕虎实来,小人失望。"大(太)叔曰:"吉游吉贱,不获来,畏大国,尊夫人也。且孟张趯曰'而(尔)将无事',吉庶几焉。"

【粪除】[补]近义词连用,都是扫除的意思。"粪"的造字本义详见下。

【子其将来】[杨][补]您大概会来的。本年春,游吉曾对张趯说"今兹吾又将来贺",故张趯有此期盼。

【吉贱】[正]游吉非上卿,故曰"贱"。

【且孟……几焉】[正][补]而且孟说"您将要没事了",我差不多真没事了。本年春,张趯曾对游吉说"然自今,子其无事矣"。

○[补]**古文字新证:**"粪(糞)"字字形演变情况如昭字形图 1 所示。商代甲骨文"粪"字象以一手持帚扫垃圾,另一手持箕除去之形。商以后字形演变情况在此不再详述。总之,从古文字证据看,"扫除"应为"粪"之造字本义。春秋时大便称为"矢",参见文十七—文十八·七"埋之马矢之中"。

1 商.後下 8.14《甲》	2 戰.璽彙 5290	3 秦.睡 14.86《篆》	4 西漢.居延簡甲 1802《篆》	5 漢.西陲簡 49.14《篆》

昭字形图 1(《说文新证》,2014 年)

昭公三年·七

[地理]鲁、曹见昭地理示意图 1。小邾、鲁、曹、滕、邾见昭地理示意图 4。

人物 小邾穆公（襄七・三・春秋）、季武子（襄六・五・春秋）、叔孙穆子（成十六・六・二）

春秋 秋，小邾子小邾穆公来朝。

【朝】补 见隐四・二・七・一。

左传 小邾穆公来朝。季武子欲卑之。穆叔叔孙穆子曰："不可。曹、滕、二邾，实不忘我好。[我]敬以逆之，犹惧其贰；又卑一睦小邾，焉逆群好也？其如旧而加敬焉。《志》曰'能敬无灾'，又曰'敬逆来者，天所福也'。"季孙季武子从之。

【季武子欲卑之】正 补 季武子想要以低于正常规格的礼仪接待他。

【二邾】补 邾、小邾。

【贰】补 有二心。

【一睦】正 补 一个睦邻，指小邾。

【焉】补 如何。

昭公三年・八

地理 鲁见昭地理示意图1。

春秋 八月，[我]大雩yú。

【雩】补 见桓五・四・春秋。

左传 "八月，大雩"，旱也。

昭公三年・九

地理 齐、北燕见昭地理示意图1。

人物 齐景公（襄二十五・一・四）、卢蒲嫳（襄二十七・四・二）、公

孙虿(襄八・八・一・二)、公孙灶(襄二十八・九・二)

左传 齐侯齐景公田于莒 jǔ，卢蒲嫳 piè 见，泣且请，曰："余发如此种种，余奚能为？"公齐景公曰："诺，吾告二子。"[公]归而告之。子尾公孙虿欲复之，子雅公孙灶不可，曰："彼其发短而心甚长，其或寝处我矣。"九月，子雅放卢蒲嫳于北燕。

【田】补 打猎。【莒】正 杨 齐邑，位于东部边境。

【卢蒲嫳见】正 补 卢蒲嫳为庆封党羽，襄二十八年被放逐至齐北方边境地区，此时趁齐景公田猎之机进见。

【余发……能为】正 补 我的头发如此短少，我还能有什么作为？种种，短貌。李白《留别西河刘少府》"秋发已种种"典出于此。

【二子】正 公孙灶、公孙虿。

【子尾欲复之】补 公孙虿想要让卢蒲嫳返回国都。

【彼其】杨 彼之。

【其或寝处我矣】杨 补 [如果让卢蒲嫳回国，]他恐怕要睡在我[的皮上]了。先前卢蒲嫳"譬之如禽兽，吾寝处之矣"(襄二十八・九・二)，把公孙虿、公孙灶二人比作禽兽，并声称把他们的皮剥掉，睡在上面。此处公孙灶正以卢蒲嫳之言回绝公孙虿之请。

昭公三年・十

地理 鲁见昭地理示意图 1。

春秋 冬，[我]大雨 yù 雹。

昭公三年・十一

地理 北燕、齐见昭地理示意图 1。

人物 燕简公

春秋 北燕伯款燕简公出奔齐。

【北燕伯款】补 燕简公。姬姓,燕氏,名款,谥简。昭三年奔齐。昭六年齐景公护送其返国复位而不成。昭十二年齐高武子护送其归于唐(北燕地)。

左传 燕简公多嬖bì宠,欲去诸大夫,而立其宠人。冬,燕大夫比以杀公燕简公之外嬖。公惧,奔齐。[《春秋》]书曰"北燕伯款出奔齐",罪之燕简公也。

【嬖】补 得宠。

【比】杨 勾结。【外嬖】杨 宠臣。

【书曰……之也】补《春秋》书"北燕伯款出奔齐",不书大夫逐之而书出奔,表明燕简公有罪。

○补 下启昭六年齐景公伐北燕(昭六—昭七)。

昭公三年·十二

地理 郑、楚见昭地理示意图1。郑、楚、江水、云梦泽见昭地理示意图5。

人物 郑简公(襄七·八·二·二)、公孙侨(襄八·三)、楚灵王(襄二十六·五·一)

左传 十月,郑伯郑简公如楚,子产公孙侨相xiàng。楚子楚灵王享之,赋《吉日》。既享,子产乃具田备,王楚灵王以田江南之梦。

【楚子享之,赋《吉日》】正 补《毛诗·小雅》有《吉日》。《吉日》是描述周宣王田猎的诗。楚灵王赋此诗,意思是希望与郑简公一同打猎。享礼参见桓九—桓十·一·二。

【田备】杨 打猎用具。

【江南之梦】正 补 传统说法认为是指云梦泽在江水以南部分。云梦泽参见宣四·五·五·一。有学者认为，此处之“江”不是指江水，而是指睢水（昭地理示意图 5“睢水?”），“江南之梦”是与“云梦”不同的一个“梦”（草泽），位于汉晋南郡的“江南”地区，即今湖北钟祥西北境，在昭地理示意图 5“睢水?”以南、“汉水”以西。

○补 **传世文献对读**：《毛诗·小雅·吉日》的原文，可扫码阅读。

昭公三年·十三

地理 齐见昭地理示意图 1。

人物 公孙灶（襄二十八·九·二）、司马灶、晏平仲（襄十七·六）、栾施（昭二·一·二）

左传 齐公孙灶卒。司马灶见晏子晏平仲，曰：“又丧子雅公孙灶矣。”晏子曰：“惜也！子旗栾施不免[于难]，殆哉！姜族弱矣，而妫 guī 将始昌。二惠竞爽犹可，又弱一个焉，姜其危哉！”

【司马灶】 正 补 齐大夫，名灶。

【子旗】 杨 公孙灶之子。

【姜族】 补 指齐公族。**【妫】** 正 杨 指齐卿族陈氏。参见庄二十二·三·四关于陈氏的预言。

【二惠】 正 指公孙灶、公孙虿，因两人皆为齐惠公之孙。

【竞】 正 强。**【爽】** 正 明。

○补 本段宜与昭三·九连读。下启昭十年栾施奔鲁（昭十·二）。

昭公四年·一

地理 楚、郑、晋、齐、鲁、卫、曹、宋见昭地理示意图1。郑、晋、卫、曹、宋、三涂山、阳城山、太室山、中南山见昭地理示意图2。许1、郑、晋、齐、鲁、卫、曹、邾、宋、三涂山、阳城山、太室山见昭地理示意图3。许1、楚、郑、晋、鲁、卫、曹、邾、宋、三涂山、阳城山、太室山、荆山、江水见昭地理示意图5。

人物 许悼公(襄二十八·十二·一·一)、楚灵王(襄二十六·五·一)、郑简公(襄七·八·二·二)、伍举(襄二十六·八·一)、晋平公(襄十六·一·春秋)、女齐(襄二十六·六·一·一)、公孙无知(庄八—庄九—庄十·春秋)、齐桓公(庄八—庄九—庄十·春秋)、里克(闵二·七·一)、丕郑(僖九·二·一·一)、晋文公(庄二十八·二·一)、商纣(庄十一·二·二·二)、周文王(僖五·八·一)、羊舌肸(襄十一·二·五·三)、公孙侨(襄八·三)

左传【一】四年,春,王正月,许男许悼公如楚。楚子楚灵王止之,遂止郑伯郑简公,复田江南,许男与yù焉。

【复田江南】 正 昭三年楚灵王已与郑简公在江南之梦进行过田猎,故曰“复田江南”。

【二】[楚子]使椒举伍举如晋求诸侯,二君待之。椒举致命曰:“寡君楚灵王使举曰:‘日君晋平公有惠,赐盟于宋,曰“晋、楚之从交相见也”。以岁之不易,寡人楚灵王愿结欢于二三君’,使举请间xián。君若苟无四方之虞,则愿假宠以请于诸侯。”

【二君】 正 郑简公、许悼公。

【日君有惠,赐盟于宋】 正 杨 补 昔日承蒙贵国君主的恩惠,在宋赐给盟誓。宋之盟参见襄二十七·三·二。

【二三君】 补 诸位国君。

【使举请间】 杨 补 派我请示您何时得空。间,空闲。

【君若……诸侯】 正 杨 补 贵国君主如果没有四方边境的忧虑，则[我国]希望借[您的]尊荣来请求诸侯[参与会盟]。虞，戒备，忧虑。楚灵王请求晋平公允许长期属于晋联盟的中原诸侯参与楚举行的会盟，实际上就是请求晋平公同意自己成为诸侯盟主/霸主。

晋侯晋平公欲勿许。司马侯女齐曰："不可。楚王楚灵王方侈，天或者欲逞其心，以厚其毒，而降之罚，未可知也。其使能终，亦未可知也。晋、楚唯天所相 xiàng，[晋]不可与[楚]争。君晋平公其许之，而修德以待其归。若[楚子]归于德，吾犹将事之，况诸侯乎？若[楚子]适淫虐，楚将弃之，吾又谁与争？"

【司马】 补 见僖二十七—僖二十八・二十四・一。

【侈】 补 自多以陵人。

【终】 杨 善终。

【晋、楚唯天所相】 正 补 晋、楚[相争谁能胜利]就看上天帮助谁。相，助。参见成元—成二・十四・二"齐、晋亦唯天所授"。

【归】 杨 归宿。**【适】** 补 往。

公晋平公曰："晋有三不殆，其何敌之有？国险而多马，齐、楚多难 nàn。有是三者，何乡(向)而不济？"

【三不殆】 正 补 三个可以免于危殆的因素。国险，一不殆。多马，二不殆。齐、楚多难，三不殆。

【济】 补 成功。

[司马侯]对曰：

"恃险与马，而虞邻国之难，是三殆也。

【虞】 补 望，觊觎。

“四岳、三涂、阳城、大(太)室、荆山、中南，九州之险也，是不一姓。冀之北土，马之所生，无兴国焉。恃险与马，不可以为固也，从古以(已)然。是以先王务修德音以亨(享)神、人，不闻其务险与马也。

【四岳】正 补 即隐十一·二·五所述姜姓宗族神四岳所居之山，可能是陕西陇县境内群山。杜注认为，此处所述“四岳”，是总称东岳泰山、西岳华山、南岳衡山、北岳恒山四山。

【三涂】正 杨 补 山名，在今河南嵩县西南古山岭村附近。周地。参见《图集》22—23⑦9。

【阳城】正 杨 补 山名，在今河南登封东北。周地。参见《图集》22—23⑪18。

【大室】正 杨 补 太室。山名，即今嵩山东峰，在今河南登封北。周地。参见《图集》22—23⑪18。

【荆山】正 杨 补 山名，在今湖北南漳西北，汉江西岸。楚地。参见《图集》29—30⑤3。《图集》标注不准确，本书示意图根据考证成果标注。

【中南】正 杨 补 山名，即今终南山，在今陕西西安南。秦地。参见《图集》22—23⑧4。

【九州】补 参见襄四·八。

【是不一姓】正 杨 补 这些[险地中的每一个都]并不[一直属于]某一姓[族群所有]。女齐意谓，上述险要所在的地方，国号更迭，国姓轮替，所以险要并不能保佑某姓国家长存不灭。

【冀】杨 补 即《尚书·禹贡》所述九州之中的冀州(参见襄四·八)，晋所在之州。

【德音】补 行为和言论。德，行为。音，言论。

“邻国之难，不可虞也。或多难以固其国，启其疆土；或无难以丧其国，失其守宇。若何虞难？齐有仲孙公孙无知之难，而获桓公齐桓公，至今赖之。晋有里里克、丕丕郑之难，而获文公晋文公，是以为盟主。卫、邢无难，敌亦丧之。故人之难，不可虞也。

【守宇】 正 杨 补 守卫的疆土。宇，本义为屋檐，这里指四面边境，其实也就是指边境内的疆土。

【仲孙之难】 正 见庄八—庄九—庄十。

【赖之】 补 以之为利。

【里、丕之难】 正 补 见僖九·二、僖十—僖十一。

【卫、邢……丧之】 正 狄入卫见闵二·五，卫灭邢见僖二十四—僖二十五。

“恃此三者，而不修政德，亡于不暇，又何能济？

【亡于不暇】 杨 补 即“不暇于（救）亡”，可译为“挽救危亡还来不及”。

“君晋平公其许之！纣商纣作淫虐，文王周文王惠和，殷是以陨，周是以兴，夫岂争诸侯？”

○ 补 **传世文献对读：**《史记·孙子吴起列传》记载了战国名将吴起劝谏魏文侯的言论，恰可发明本段大义，且吴起为《左传》重要传人，而魏国居于晋国旧地，可扫码阅读。

[公]乃许楚使。使叔向羊舌肸对曰：“寡君晋平公有社稷之事，是以不获春秋时见。诸侯，君楚灵王实有之，何辱命焉？”

【寡君……时见】 正 补 我国君主有国家大事，因此不能在春、秋[朝聘]时节[与贵国君主]会见。此为外交辞令，表明晋君将不会亲自前往楚灵王召集的盟会。

【诸侯……命焉】 杨 补 诸侯，贵国君主本来就拥有他们，何必还要屈尊[来请求我国发布]命令？

椒举遂请昏(婚),晋侯许之。

○补 晋平公和女齐这番争论下所掩盖的,是晋霸业衰颓的严峻现实。正如一年前晋羊舌肸与齐晏平仲谈话时所说的(参见昭三·三·二),宋之盟后,晋公室三军"戎马不驾,卿无军行。公乘无人,卒列无长",已经逐渐废弛。不再需要团结一致与楚争霸的晋六大卿族都忙着建设自己的私家军,扩大自己的领地,在治理晋内政问题上钩心斗角,在维持晋霸业问题上得过且过。

晋平公实际上想做的是拒绝楚灵王的请求,从而挑起与楚灵王的争端,然后以此为抓手,倒逼六卿重视公室军队建设、投入人力物力,从而重振晋霸业。他提出"三不殆",其实是在为自己的"主战"主张尽力鼓吹,强调现在与楚争霸还是具备有利条件的(多马,齐、楚多难),即使不幸战败,晋"表里山河"的险要地势也能保证国家本身没有危险。女齐实际上是一位同情晋平公的大夫,正是因为如此,他不希望晋平公去做这种没有意义的尝试,因为六卿如今的关注重点是发展他们各自的家族。然而,他也不想直接指责六卿而引火上身,因此强调天命不明确、三因素不可靠,总之就是在不直指六卿过失的前提下,辩称晋国现在不能与楚国争霸,告诫晋平公不要折腾,老老实实地继续"修明德行"。晋平公、女齐都有意绕开六卿说事,正说明六卿不愿支持公室重振霸业才是问题的关键,也就是下文公孙侨所说的"其大夫多求,莫匡其君"。

不过,晋毕竟在过去将近一百年都是中原霸主,虽然六卿无心再团结起来与楚武力争霸,但也都不愿意让楚灵王完全得逞。如果楚灵王真的办成一个不仅有原楚联盟的南方国家参与,还有原晋联盟的各中原诸侯国参与的诸侯大会,那么仅就参与诸侯的广度而言,楚灵王的霸业就比历代晋侯还要更伟大。因此,在回答楚使者伍举时,晋人一方面说"诸侯,君实有之,何辱命焉",好像是答应了楚人的请求,但是另一方面又说"寡君有社稷之事,是以不获春秋时见",也就是表示晋将不会派代表参加申之会。晋人实际上是向晋联盟的其他诸侯国发出了这样的信号,那就是:你们的老盟主虽然为了维护和平允许楚王会合诸侯,但实际上并不认可此次会盟,你们谁要是参加,那就是"楚本来就拥有的国家",也就是对晋有二心,晋都会记下的!晋楚停战能维持多久可说不好,因此,你们是不是要参加,自己掂量着办吧!

【三】楚子楚灵王问于子产公孙侨曰:"晋其许我诸侯乎?"

[子产]对曰:"许君。晋君晋平公少安,[其志]不在诸侯。其大夫多求,莫匡其君晋平公。在宋之盟又曰如一。[晋君]若不许君,将焉用之?"

【晋君少安,不在诸侯】 正 补 晋国君主安于眼前小事,[志向]不在于[复兴霸业会合]诸侯。少,小。从上文可知,晋平公其实有志复兴霸业、与楚重新开始竞争,"其大夫多求,莫匡其君"才是问题的关键。

【在宋之盟又曰如一】 补 宋之盟又约定[晋、楚友好]如同一国。

【若不许君,将焉用之】 正 补 [晋君]如果不答应君王,又在哪里能用得着在宋订立的盟约?

王楚灵王曰:"诸侯其来乎?"

[子产]对曰:"必来。[诸侯]从宋之盟,承君之欢,不畏大国,何故不来?不来者,其鲁、卫、曹、邾乎!曹畏宋,邾畏鲁,鲁、卫逼于齐而亲于晋,唯是不来。其余,君之所及也,谁敢不至?"

【大国】 正 指晋。

【曹畏宋】 补 晋实际上不愿支持楚召集诸侯举行申之会。宋为晋的可靠盟国(参见定八・三・一"诸侯唯宋事晋"),本不愿违逆晋而出席申之会,但碍于首倡弭兵、促成晋楚讲和,因此打个折扣,派太子佐参加(见下文),但绝不会允许其所能威慑的曹也参与。

【鲁、卫……于晋】 补 齐虽然早已不是霸主,却仍以东方大国自居,自认为鲁、卫是其势力范围，因此也不愿鲁、卫去参加申之会。此外，鲁、卫又是晋联盟中与晋亲近的成员国，从服从晋的意志角度来说也不会参与申之会。

王曰："然则吾所求者，无不可乎？"

[子产]对曰："求逞于人，不可。与人同欲，尽济。"

【尽济】补都能成功。

○补笔者对楚灵王和公孙侨上述言论有详细分析，请见专著《救世：子产的为政之道》（中华书局 2021 年版）以及《不服周：楚国的奋斗与沉沦》（出版中，暂定书名）相关篇章。

昭公四年·二

地理 鲁见昭地理示意图 1。

人物 季武子（襄六·五·春秋）、申丰（襄二十三·八·一·一）

春秋 四年，春，王正月，[我]大雨 yù 雹。

左传【一】"大雨雹。"

【二】季武子问于申丰曰："雹可御乎？"

【御】正止。

[申丰]对曰：

"圣人在上，无雹。虽有，不为灾。

“古者，日在北陆而藏冰，西陆朝觌 dí 而出之。

【日在北陆而藏冰】 正 补 北陆，指北方玄武七宿中的虚、危二宿。太阳运行到北陆之时，当夏正十二月、极冷之时。古人在此时到深山水泽凿冰，储藏在地窖中。

【西陆朝觌而出之】 正 补 西陆，指西方白虎七宿中的昂、毕二宿。西陆早晨出现（朝觌）之时，当夏正三月、开春之时。据此处及下文综合推断，则古人实际上在夏正二月就开启冰窖，国君先用；夏正三月则正式取出藏冰，大夫以上官员广泛使用。

“其藏冰也，深山穷谷，固阴沍 hù 寒，于是乎取之。其出之也，朝之禄位，宾、食、丧、祭，于是乎用之。

【深山穷谷】 补 杜甫《君不见简苏徯》“深山穷谷不可处”典出于此。

【沍】 杨 凝。

【朝之禄位】 正 指卿、大夫。

“其藏之也，黑牡、秬 jù 黍，以享司寒。其出之也，桃弧、棘矢，以除其灾。

【其藏……司寒】 正 补 藏冰之时，用黑色公羊和黑黍祭祀司寒之神。司寒之神，即冬神玄冥。玄，黑；冥，阴。故祭品皆用黑。

【其出……其灾】 正 补 取冰之时，用桃木弓、棘箭袚除储冰室凶灾。桃，古人取其与“逃”谐音，使凶邪逃散。棘，赤心而外有刺，古人认为它可刺凶邪。

“其出入也时：祭寒而藏之，献羔而启之，公始用之，火出而毕赋。

【祭寒】 正 补 指夏正十二月祭祀司寒之神。

【献羔】 正 指夏正二月奉献羔羊及韭菜祭祀祖宗。

【公始用之】 正 国君［在夏正二月］优先用冰。

【火出而毕赋】 正 杨 补 ［夏正三月，］大火星（心宿二，参见庄二十九·五）在黄昏时出现，冰到此时全部分配完毕。

○ 补 通行本中，“祭寒而藏之……火出而毕赋”原在下节“…大夫命妇，丧浴用冰”之后，“自命夫命妇至于老疾…”之前。“其出入也时”为总起之句，之后应紧接如何按照时令（以时）藏冰（入）与用冰（出），亦即“祭寒而藏之……火出而毕赋”一句所述内容。据上述理由，因而有此调整。

“食肉之禄，冰皆与 yù 焉；大夫命妇，丧浴用冰。自命夫命妇至于老疾，无不受冰。

【食肉之禄】 正 补 俸禄中包括工作餐肉食的人，指大夫及以上官员。参见庄八—庄九—庄十·九·二。

【大夫命妇】 正 大夫之妻。

【丧浴用冰】 正 补 丧浴，指始死之日，将尸体放置在床上，用水泼洗尸身并擦干，并用淘米水为尸体洗头，其仪式详见《礼记·丧大记》。大夫丧浴若值气温较高的仲春至仲秋之间，则丧浴之后，在尸床之下置夷盘（木质大盆），内放冰以防腐。

“山人取之，县人传之，舆人纳之，隶人藏之。

【山人】 正 补 即虞人，见定八·七·三。

【县人】 补 鲁外朝地方官，掌管县（国都以外行政区划单位）中行政事务。

【舆人】 补 见僖二十五·三。

【隶人】 正 补 负责藏冰的役徒。

“夫冰以风壮，而以风出。其藏之也周，其用之也遍，则冬无愆 qiān 阳，夏无伏阴，春无凄风，秋无苦雨，雷出不震，无灾霜雹，疠 lì 疾不降，民不夭札。今［我］藏川池之冰，弃而不用，风不越而杀，雷不发而震。雹之为灾，谁能御之？

【夫冰……风出】 正 补 冰由于[冬]风而坚硬，由于[春]风而取出[使用]。

【周】 正 密。

【遍】 正 即上文所述“自命夫命妇至于老疾，无不受冰”。

【冬无愆阳】 正 补 冬季没有过度的温暖。愆，过。杜甫《雷》“愆阳不犹愈”典出于此。

【夏无伏阴】 正 补 夏季没有隐伏的阴寒。

【雷出不震】 正 补 雷鸣而不出霹雳[为害]。

【无灾霜雹】 正 补 没有造成灾害的霜冻和冰雹。

【疠疾】 杨 流行病。

【夭】 杨 短命而死。**【札】** 杨 患流行病而死。

【风不……而震】 正 风不以理舒散，而暴杀[生灵]；雷不徐缓动发，而震击[为害]。越，散。

“《七月》之卒章，藏冰之道也。”

○ 正《毛诗·豳风·七月》末章有“二之日凿冰冲冲”，指夏正十二月取冰；“三之日纳于凌阴”，指夏正正月将冰藏于冰室；“四之日其蚤，献羔祭韭”，指夏正二月早初开冰室，献于祖庙。

昭公四年·三

地理 楚、蔡 1、陈、郑、徐、宋、齐、吴、鲁、卫见昭地理示意图 1。楚、蔡 1、陈、郑、许 1、徐、滕、顿、胡、沈、小邾、宋、淮夷、吴、赖、鲁、卫、曹、邾、申(县)、武城、朱方、鄅见昭地理示意图 5。

人物 楚灵王(襄二十六·五·一)、蔡灵公(襄三十·五)、陈哀公(襄五·八·春秋)、郑简公(襄七·八·二·二)、许悼公(襄二十八·十二·一·一)、徐子、滕悼公、顿子、胡子、沈子、小邾穆公(襄七·三·春秋)、太子佐(襄二十六·六·二·一)、庆封(成十八·二·一)、鲁昭公(襄三十一·三·五·一)、卫襄公(襄三十一·七·一·一)、伍举(襄二十六·八·一)、夏启、商汤(庄十一·二·二·二)、周武王(桓元—桓二·三·二)、周成王(僖二十五—僖二十六·四·二)、周康王、周穆王、齐桓公(庄八—庄九—庄十·春秋)、晋文公(庄二十八·二·一)、向戌(成十五·六·三)、公孙侨(襄八·三)、夏桀(庄十一·二·二·二)、商纣(庄十一·二·二·二)、周幽王、华费遂、屈申、齐后庄公(襄元·二·三)、齐景公(襄二十五·一·四)、楚共王(成二·四·四)、郏敖(襄二十九·三·二·一)、赖子、楚成王(庄十四·三·二)、许僖公(僖五·五·春秋)、斗韦龟、王子弃疾(昭元·一·三)、申无宇(襄三十·十一·二)

春秋 夏,楚子楚灵王、蔡侯蔡灵公、陈侯陈哀公、郑伯郑简公、许男许悼公、徐子、滕子滕悼公、顿子、胡子、沈子、小邾子小邾穆公、宋世子佐太子佐、淮夷会于申。

【滕子】补 滕悼公。姬姓,名宁,谥悼,滕成公(襄五·八·春秋)之子。昭四年即位,在位二十五年。昭二十八年卒。

【淮夷】补 见僖十二—僖十三·四。此处应为淮水以南之夷。

【申】补 申县,见隐元·四·一。

○补 据昭十三·二·一,则参会国还有越,越方代表有大夫常寿过。

○补 参加申之会的诸侯国中,蔡、陈、郑、许是长期在晋、楚之间摇摆的“二心国”,滕、小邾是两个无关紧要的中原小国,剩下的徐、顿、胡、沈都是一直跟随楚国的南方国家。公孙侨明说不会来的鲁、卫、曹、邾四国都没来,而公孙侨暗示不会来的晋、齐也都没有来(参见昭四·一·三)。出席的国家绝大多数都是“君实有之”“君之所及也”,也就是楚势力范围内的诸侯国。真正有分量的中原“新面孔”只有宋,这很可能因为宋是宋之盟的倡导国。然而,宋也考虑了自己传统盟主晋的感受,因此只派了太子佐前来,而且还迟到,在礼数上“缺斤短两”。

楚子楚灵王执徐子。

秋，七月，楚子楚灵王、蔡侯蔡灵公、陈侯陈哀公、许男许悼公、顿子、胡子、沈子、淮夷伐吴。执齐庆封，杀之。遂灭赖。

【赖】正 补 周时国，子爵，姬姓。在河南息县包信镇傅庄村、王庄村一带已发现其遗址（详见下）。昭四年被楚所灭，其民迁于鄢（昭四·三·七）。

○补 据下文《左传》，则参与此次伐吴的还有宋、郑大夫。

○补 **赖国故城遗址：**遗址位于闾河南岸。城址平面呈正方形。城内有台基，东西长113米，南北宽112米。

左传【一】夏，诸侯如楚。鲁、卫、曹、邾不会：曹、邾辞以难 nàn，公鲁昭公辞以时祭，卫侯卫襄公辞以疾。郑伯郑简公先待于申。六月丙午十六日，楚子楚灵王合诸侯于申。

【二·一】椒举伍举言于楚子楚灵王曰："臣闻诸侯无归，礼以为归。今君始得诸侯，其慎礼矣。霸之济否，在此会也。夏启有钧台之享，商汤商汤有景亳 bó 之命，周武周武王有孟津之誓，成周成王有岐阳之蒐 sōu，康周康王有酆 fēng 宫之朝，穆周穆王有涂山之会，齐桓齐桓公有召陵之师，晋文晋文公有践土之盟。君其何用？宋向戌、郑公孙侨在，诸侯之良也，君其选焉。"王楚灵王曰："吾用齐桓。"

【夏启】正 补 夏君（后）。姒姓，号启。夏禹之子。

【钧台之享】正 补 指夏启召集各路方国在钧台举行大型享礼，宣告自己正式继承君位。【钧台】正 杨 补 即夏桀囚禁商汤的夏台，在河南禹州市区西北角隅。参见《图集》9—10⑦13。

【景亳之命】补 指商汤在景亳向诸侯发布命令，号召共同讨伐夏桀。

【景亳】正 杨 在今河南商丘北五十里，山东曹县南。

【孟津之誓】杨 补 周武王曾两次会诸侯于孟津，此处指第二次。武王九年第一次会后，周武王认为时机不到，故使诸侯暂归。武王十一年第二次会时，周武王作《大誓》，号召诸侯共同讨伐商纣。**【孟津】**杨 补 即盟津，在今河南孟州南十八里。参见《图集》22—23⑪17。

【岐阳之蒐】正 补 指周成王东征之后，自奄归于宗周，在岐山南面检阅诸侯军队。**【岐阳】**正 杨 补 岐山南面，在今陕西岐山境。

【康】正 补 周康王。姬姓，名钊，谥（一说生号）康。周成王（僖二十五—僖二十六·四·二）之子。在位二十六年。

【酆宫之朝】正 补 指周康王在丰宫接受诸侯朝见。**【酆宫】**正 杨 即丰宫，为周文王庙，在今陕西户县东五里。

【穆】正 补 周穆王。姬姓，名满，谥（一说生号）穆。周昭王（僖三—僖四·五）之子。在位五十五年。

【涂山之会】正 指周穆王在涂山会合诸侯。**【涂山】**正 杨 补 山名，在今安徽蚌埠禹会区北部，淮河东岸。参见《图集》29—30④9。参见哀七·四·一"禹合诸侯于涂山"。

【召陵之师】正 补 指僖四年齐桓公率诸侯伐楚，师于召陵，后与楚讲和而盟于召陵。参见僖三—僖四。

【践土之盟】正 补 指僖二十八年晋文公率诸侯与楚战于城濮，得胜后盟于践土。在僖二十七—僖二十八。

○补 楚灵王选择齐桓公之礼，是想要向天下宣称他是直接接续春秋时期第一位、也是最为人称颂的中原霸主齐桓公的法统，因此与百年中原霸主晋是并列关系，而不是传承关系。

【二·二】王楚灵王使问礼于左师向戌与子产公孙侨。

【左师】补 见僖九·三。

左师曰："小国习之，大国用之，敢不荐闻？"[左师]献公合诸侯之礼六。

【敢不荐闻】正 杨 补 岂敢不进献所听闻[的礼仪]？荐，进献。

【献公合诸侯之礼六】正 杨 补 [向戌]进献公爵诸侯会合低爵位诸

侯的六项礼仪。西周初期周公制礼时，还没有霸主，因此周礼中与霸主会合诸侯之礼最相近的就是公合诸侯之礼，后来到了春秋时期霸主会合诸侯时就直接用它。宋为公爵，所以备有公合诸侯之礼。然而，宋只是一个普通诸侯国，春秋早期宋襄公称霸又失败，因此公合诸侯之礼从未实行，所以向戌说“荐闻”。

子产曰：“小国共(供)职，敢不荐守？”[子产]献伯、子、男会公之礼六。

【敢不荐守】[杨][补]岂敢不进献所职守[的礼仪]？

【献伯……礼六】[正][杨][补][公孙侨]进献伯爵、子爵、男爵诸侯会见公爵诸侯的六项礼仪。周礼里面最接近于诸侯会见霸主的礼仪就是“伯、子、男会公之礼”，所以春秋时就直接用它。郑为伯爵，所以备有伯、子、男诸侯会公之礼。郑居于晋、楚两个争霸大国之间，时常须行此礼，所以公孙侨说“荐守”。

○[杨]向戌所献为盟主主持盟会之礼，公孙侨所献为伯、子、男等诸侯会见盟主之礼，两者相合则完备。

君子谓：“合左师向戌善守先代，子产善相 xiàng 小国。”

【二·三】王楚灵王使椒举伍举侍于后以规过。卒事，[椒举]不规。王问其故，[椒举]对曰：“礼，吾所未见者有六焉，又何以规？”

【规过】[杨]纠正楚灵王行礼时的过失。

【三】宋大(太)子佐太子佐后至，王楚灵王田于武城，久而弗见。椒举伍举请辞焉。王使往，曰：“属 zhǔ 有宗祧 tiāo 之事于武城，寡君楚灵王将堕 huī 币焉，敢谢后见。”

【武城】[补]见僖六—僖七·三。

【椒举请辞焉】[正][补]椒举请求楚灵王就迟迟不见一事对太子佐有

所辞谢解释。

【属有……后见】正 补 恰好在武城有宗庙祭祀之事，我国君王将要[向先祖]进献礼物[不能缺席]，谨敢为不能及时接见您而致歉。属，适。依此句意思，则楚王室在武城应有别庙。

〇正 补 宋太子佐参与了申之会，所以此事应该是发生在申之会前。宋是参会国中唯一有分量的中原诸侯，然而此次宋只派太子佐前来参会，太子佐还迟到，宋所威慑的曹也没来。楚灵王“久而弗见”，很可能是表达对宋的不满，是“楚子示诸侯侈”的表现。

【四】徐子，吴出也。[王]以[徐子]为贰焉，故执诸(之于)申。

【吴出也】杨 其母为吴女。

〇正 补 徐子参与了申之会，所以此事应该是发生在申之会后。自成七年吴入州来以来，吴一直以楚为敌，为害日甚。楚灵王以徐子为吴女所生，便疑其有二心并将其扣留，是把怀疑当事实而加罪于诸侯，也是“楚子示诸侯侈”的表现。

【五·一】楚子楚灵王示诸侯侈。椒举伍举曰：“夫六王、二公之事，皆所以示诸侯礼也，诸侯所由用命也。夏桀为仍之会，有缗mín叛之；商纣为黎之蒐，东夷叛之；周幽周幽王为大(太)室之盟，戎狄叛之：皆所以示诸侯汏tài(泰)也，诸侯所由弃命也。今君以(已)汏(汰)，无乃不济乎！”王楚灵王弗听。

【侈】补 自多以陵人。

【六王、二公之事】正 补 即上文所述夏启、商汤、周武王、周成王、周康王、周穆王(六王)，齐桓公、晋文公(二公)主持的著名盟会。

【仍】正 杨 补 即任，见僖二十一—僖二十二·一。

【有缗】正 杨 补 即缗，见僖二十二—僖二十三·春秋。有为语助词。

【黎】杨 见宣十五·三·二。

【周幽为大室之盟】正 补 据今本《竹书纪年》，幽王十年，周幽王与诸侯在太室山下会盟。同年,周王室军队讨伐西申。幽王十一年,西申、鄫、犬戎联军攻入宗周,杀幽王及郑桓公。因此,此次太室之盟的目的应该是周幽王在讨伐西申之前,想要通过盟会争取中原诸侯的支持。**【周幽】**补周幽王。姬姓,名宫涅,谥幽。周宣王(僖二十四·二·二·一)之子。隐元年前五十九年即位,在位十一年。隐元年前四十九年被西申、犬戎、鄫联军所杀。

【以汏】杨补太骄横。

【五·二】子产公孙侨见左师向戌曰:“吾不患楚矣。[楚王]汏(泰)而愎谏,不过十年。”左师曰:“然。[楚]不十年侈,其恶不远。远恶而后弃。善亦如之,德远而后兴。”

【愎谏】杨补固执不听劝谏。

【远】杨既指时间上的久远,亦指地域上的远播。

○正下启昭十三年楚灵王自缢而死(昭十三·二)。

【六·一】秋,七月,楚子楚灵王以诸侯伐吴。宋大(太)子太子佐、郑伯郑简公先归,宋华费遂、郑大夫从。[楚子]使屈申围朱方,八月甲申,克之,执齐庆封而尽灭其族。

【华费遂】补子姓,华氏,名费遂。宋大夫,官至卿位。昭二十一年已任司马(卿职)。

【屈申】正补芈姓,屈氏,名申,屈荡(宣十二·一·十一)之子。楚大夫,任莫敖。昭五年被楚灵王所杀。

【朱方】正杨见襄二十八·九·九·一。襄二十八年庆封奔吴,吴赐之朱方。

【甲申】正据杜预所推春秋历,八月己丑朔,全月无甲申。由于《左传》上有七月,下有九月,月不得有误,因此应该是日误。

○补楚灵王率诸侯执齐罪人庆封而灭其族,是想要模仿中原霸主“讨罪”。

○补下启本年吴伐楚(昭四·六)。

【六·二】[王]将戮庆封。椒举伍举曰："臣闻无瑕者可以戮人。庆封唯逆命，是以在此，其肯从于戮乎？[若君之事]播于诸侯，焉用之？"

【播于诸侯】 正 杨 补 [如果您的弑君篡位之事]在诸侯中宣扬。播，扬。

王楚灵王弗听，负之庆封斧钺，以徇 xùn 于诸侯，使[庆封]言曰："无或如齐庆封，弑其君齐后庄公，弱其孤齐景公，以盟其大夫！"

【负之斧钺】 杨 补 让庆封背着大斧。钺，大斧。

【徇】 杨 巡行示众。

【无或……大夫】 正 杨 补 襄二十五年崔武子弑齐后庄公，庆封为崔武子党羽，故曰"弑其君"。齐后庄公死后，崔氏、庆氏专权，齐景公如同傀儡，故曰"弱其孤"。崔武子弑齐后庄公之后，立齐景公，并与庆封在太宫和诸大夫盟誓，故曰"以盟其大夫"。上述诸事，都是崔武子为主，如今全归在庆封身上，有夸大之嫌。

庆封曰："无或如楚共 gōng 王庶子围王子围/楚灵王，弑其君——兄楚康王之子麇 jūn，郏敖——而代之，以盟诸侯！"

【无或……诸侯】 正 杨 补 楚灵王弑郏敖之事见昭元·九。当时楚通告其他诸侯国文书中，称"共王之子围为长"，只言王子围（楚灵王）为长子，为其篡位寻找依据。而庆封则直言王子围实为庶子，揭露此前通告掩盖事实。

王使速杀之。

【七】[楚子]遂以诸侯灭赖。赖子面缚、衔璧，士袒、舆榇 chèn 从之，造于中军。王楚灵王问诸（之于）椒举伍举，[椒举]对曰："成王楚成王克许，许僖公如是。王楚成王亲释其缚，受其璧，焚其榇。"

王从之。[楚人]迁赖于鄢yān。楚子楚灵王欲迁许于赖，使斗韦龟与公子弃疾王子弃疾城之赖而还。

【面缚、衔璧】 补 见僖六—僖七·三。

【士袒】 补 士人袒露上身。表示准备接受楚灵王的鞭笞。**【舆榇】** 补 见僖六—僖七·三。

【成王……其榇】 正 见僖六—僖七·三。

【鄢】 正 杨 补 在今湖北宜城西南九里，鄢水北岸。楚邑。参见《图集》29—30⑤4。

【斗韦龟】 正 补 芈姓，斗氏（若敖氏大宗），名韦龟。斗弃疾（昭六·十·一）之子，斗榖於菟（庄三十·二）玄孙。

○ 补 下启同年彭生罢赖之师（昭四·六）。

○ 补 笔者对楚灵王迁赖人于鄢、又欲迁许人于赖的目的有详细分析，请见专著《不服周：楚国的奋斗和沉沦》（出版中，暂定书名）相关章节。

[八] 申无宇曰："楚祸之首，将在此矣。召诸侯而来，伐国而克，城竟（境）莫校jiào。王心不违，民其居乎？民之不处，其谁堪之？不堪王命，乃祸乱也。"

【城竟莫校】 正 杨 补 在边境筑城而没有诸侯敢违抗。以地理论之，则申、息为楚国边防重镇，而汝水为楚与中原天然分界线（参见哀十七·四·二）。赖位于息县、汝水之间，正在楚边境地区，故曰"城竟"。

【王心不违，民其居乎】 正 杨 补 君王心愿无人违背[，为所欲为]，民众还能安居么？此次楚灵王迁赖于鄢，又欲迁许于赖，便是使民不得安居。

【处】 杨 即居，亦为安居之意。**【堪】** 补 承受。

昭公四年·四

地理 鲁见昭地理示意图1。鲁、莒、鄫见昭地理示意图4。

人物 莒著丘公（襄三十一·五·一）

春秋 九月，[我]取鄫zēng。

【鄫】正 补 见僖十四·二。此时为莒邑。

左传 “九月，取鄫”，[《春秋》书“取”，]言易也。莒jǔ乱，著丘公莒著丘公立而不抚鄫，鄫叛而来，故[《春秋》书]曰“取”。凡克邑不用师徒曰“取”。

昭公四年·五

地理 郑见昭地理示意图1。

人物 公孙侨（襄八·三）、公子发（成五·五）、浑罕

左传【一】郑子产公孙侨作丘赋。国人谤之，曰：“其父公子发死于路，己为虿chài尾，以令于国，国将若之何？”子宽浑罕以告。子产曰：“何害？苟利社稷，死生以之。且吾闻为善者不改其度，故能有济也。民不可逞，度不可改。《诗》曰：‘礼义不愆qiān，何恤于人言？’吾不迁矣。”

【作丘赋】杨 补 类似于成元年鲁推行的“作丘甲”改革（成元·二·春秋），即扩大军赋征收范围，就是公室废除先前只向国人征收军赋的旧制，除了继续向国人征召士人当兵，还将征收其他军赋的任务直接分解落实到有野人聚居的整个郊野地区，无论公邑还是卿大夫私邑，按照每丘交纳一定数量的军需物资、提供一定数量的兵员（主要是步兵）的方式进行征收。这样做的目的是为了迅速扩大军队规模，

加强郑的军事力量。

【其父死于路】 杨 公孙侨父公子发之死见襄十・七。

【虿尾】 正 杨 补 蝎子尾刺，比喻公孙侨丘赋重，毒害民众。虿见僖二十二・六・一。

【子宽】 正 补 浑罕。浑氏，名罕，字宽。郑大夫。

【苟利社稷，死生以之】 杨 补 如果对国家有利，死生都由他去。以，由。

【度】 正 法。

【有济】 补 有成。

【逞】 杨 纵。

【礼义……人言】 正 杨 补 逸诗，可译为"在礼义上没有过错，为什么要担心别人说的话？"。《荀子・正名》有"长夜漫兮，永思骞兮。大古之不慢兮，礼义之不愆兮，何恤人之言兮"，疑为此诗较完整的版本。

【迁】 正 杨 移，变更。

〔二〕浑罕曰："国氏其先亡乎！君子作法于凉，其敝犹贪。作法于贪，敝将若之何？姬在列者，蔡及曹、滕其先亡乎，逼〔于大国〕而无礼。郑先卫亡，逼〔于大国〕而无法。政不率法，而制于心。民各有心，何上之有？"

【国氏】 杨 补 公孙侨之族。公孙侨之父公子发字"国"，虽然此时公孙侨尚不称"国侨"，但郑人已经根据"以始祖之字为氏"的规矩称其氏族为"国氏"。

【凉】 正 杨 薄，不厚道。

【敝】 杨 终，后果。

【政不率法，而制于心】 杨 补 政策不遵循旧法，而根据自己的心意来制订。

【民各有心，何上之有】 杨 补 民众各有各的心意，哪还有什么上级？浑罕意谓，公孙侨根据自己的心意来制定政策，民众心意各不相同，如果效仿公孙侨，各自根据自己的心意心事，那就会架空居于上位的执政者。

○正补昭二十年公孙侨去世后，其子事迹不见于《春秋》《左传》。昭三十二年其孙国参始见于《春秋》，为郑卿。国参最后一次在《左传》中出现在哀二十七年。因此浑罕“国氏其先亡乎”的预言并未应验。蔡于前五三一年第一次被楚所灭（后复国），曹于前四八七年被宋所灭，滕于前四一四年被越所灭（后复国），郑于前三七五年被韩所灭，卫于前二〇九年被秦所灭，五国被灭顺序为蔡—曹—滕—郑—卫。则浑罕关于五国灭亡顺序的预言，全部得到应验。

○补笔者对公孙侨“作丘赋”新政有详细分析，请见专著《救世：子产的为政之道》（中华书局 2021 年版）相关章节。

昭公四年·六

地理吴、楚见昭地理示意图 1。吴、楚、钟离、巢、州来、棘、栎（近蔡）、麻、赖（此时已为邑）、夏汭见昭地理示意图 5。

人物沈尹射、鍼宜咎（襄二十四·七·春秋）、薳启强（襄二十四·五·一·一）、然丹（襄十九·六·一·一）、彭生

左传冬，吴伐楚，入棘、栎 lì、麻，以报朱方之役。楚沈尹射 yè 奔命于夏汭 ruì，葴尹宜咎鍼宜咎城钟离，薳 wěi 启强城巢，然丹城州来。东国水，不可以城。彭生罢赖之师。

【棘】杨见襄二十六·八·二。**【栎】**正杨补在今河南新蔡栎城乡栎城村。楚邑。参见《图集》29—30④6。《图集》标注不准确，本书示意图依据《图志》标注。**【麻】**正杨在今安徽砀山东北二十五里。楚邑。

【沈尹】补见宣十二·一·六。**【夏汭】**杨补夏肥水（西淝河）入淮水处，在今安徽凤台西南。参见《图集》29—30④8。

【葴尹】 补 见宣四·五·五·二。

【东国】 正 杨 补 楚都东部地区，具体说来是指伏牛山—桐柏山—大别山以东地区，其主体是淮水流域，包括钟离、巢、州来、赖。相关地理形势参见僖地形示意图 2（僖三—僖四·六，可扫码阅读）。

【彭生】 正 楚大夫。**【赖之师】** 正 补 斗韦龟与王子弃疾率领的、在赖地筑城的楚师。

○ 补 此次楚东部淮水流域洪水波及范围甚广，使楚人不能修筑钟离、巢、州来城墙以防备吴人，又不得不放弃正在进行的赖城修筑工程。

○ 补 下启昭五年楚灵王以诸侯及东夷伐吴（昭五·八）。

昭公四年—昭公五年(昭公五年·一)

地理 鲁、齐见昭地理示意图1。鲁、齐、庚宗见昭地理示意图4。

人物 叔孙穆子(成十六·六·二)、庚宗之妇人、孟丙、仲壬、叔孙宣伯(文十一·四·一)、竖牛、公孙明、国姜、莱书、鲁昭公(襄三十一·三·五·一)、杜泄、叔孙昭子、叔仲昭伯(襄七·三·一)、南遗(襄七·三·一)、季武子(襄六·五·春秋)、周灵王(襄五·二)、孟孝伯(襄二十三·八·二·一)、孔子(僖二十七—僖二十八·二十五·三)、周任(隐六·四·三)、叔孙庄叔(文元·二·四)、卜楚丘(闵二·三·四·一)

春秋 冬,十有(又)二月乙卯二十八日,叔孙豹叔孙穆子卒。

五年,春,王正月,[我]舍中军。

左传【一】初,穆子叔孙穆子去叔孙氏,[穆子]及庚宗,遇妇人,[穆子]使[妇人]私为食而宿焉。[妇人]问其行,[穆子]告之故,[妇人]哭而送之。

【穆子去叔孙氏】 正 杨 补 成十六年,叔孙穆子之兄叔孙宣伯图谋驱逐季文子及孟献子,事败奔齐,后奔卫。叔孙穆子大概是预料到叔孙宣伯将遭祸患,害怕被牵连,所以在成十六年之前离开叔孙氏出奔齐。去,离开。

【庚宗】 正 杨 补 在今山东泗水东。鲁地。参见《图集》26—27④4。

【问其行】 杨 补 [妇人]问叔孙穆子此行缘由。

○ 补 叔孙穆子应该是孤身逃亡而非依照礼制出奔,身边没有一支像样的从亡团队,不然不至于投宿郊野妇人之家。

【二】[穆子]适齐,娶于国氏,生孟丙、仲壬。[穆子]梦天压己,弗胜。顾而见人,黑而上偻 lóu,深目而豭 jiā 喙。[穆子]号 háo 之曰

“牛！助余！”，乃胜之。[穆子]旦而皆召(占)其徒，无之。[穆子]且曰“志之”。

【孟丙】 补 姬姓，名丙，排行孟。叔孙穆子(成十六·六·二)在齐时所生之嫡长子，国姜所生。后归于鲁。昭四年被竖牛所谮杀。

【仲壬】 补 姬姓，名壬，排行仲。叔孙穆子在齐时所生之嫡次子，孟丙同母弟，国姜所生。后归于鲁。昭四年被竖牛所谮奔齐。昭五年自齐归于鲁，遂被竖牛之徒所杀。

【黑而……豭喙】 正 杨 补 肤色黑，肩颈向前弯，深眼窝，公猪嘴。

【召】 补 日本藏《玉篇》古写本残卷“占”字条下有引文作：“《左氏传》：‘皆占其徒，无之’。野王案：‘《方言》：占，视也。凡相候谓之占，占犹瞻也。’”可见《玉篇》作者所见古本作“占”。另外，日本金泽文库本《春秋经传集解》此处“召”字旁注异文“占”，说明批注者曾见过作“占”的古本。很可能此处本作“占”，即意为“察看”，后因下文多次出现“召”而在传抄过程中讹误为“召”。《史记·殷本纪》“……武丁夜梦得圣人，名曰‘说’。以梦所见视群臣百吏，皆非也……”，与此处“旦而皆占其徒，无之”几乎相同。成十七·十·一·二“公使觇之，信”之“觇”，为“窥视”之意，与此处之“占”可通，“觇”可能是“占”加注意符“见”的分化字。

【志之】 正 杨 补 记住我说的这个梦中人的样貌。

【三】及宣伯叔孙宣伯奔齐，[穆子]馈之。宣伯曰：“鲁以先子之故，将存吾宗，必召女(汝)。召女(汝)，何如？”[穆子]对曰：“愿之久矣。”鲁人召之，[穆子]不告而归。

【宣伯奔齐】 正 见成十六·八。

【馈之】 正 补 [叔孙穆子]为[其兄]叔孙宣伯送食物。

【鲁以……召女】 正 补 鲁人因为我们叔孙氏先人[有功于鲁]的缘故，将保存我们的宗族，必将召你[回国做族长]。叔孙宣伯本为族长，成十六年奔齐之后，叔孙氏一时处于无主的危险状态。

【四】[穆子]既立，所宿庚宗之妇人献以雉 zhì。

【既立】正 补[叔孙穆子]已经立[为叔孙氏族长、鲁卿]之后。

【献以雉】正 杨 古礼，士执雉。妇人向叔孙穆子献雉，表示自己有个儿子。**【雉】**补 环颈雉（*Phasianus colchicus*），鸡形目雉科鸟类，古代田猎重要猎物。

[穆子]问其姓。[妇人]对曰："余子竖牛长矣，能奉雉而从我矣。"

【问其姓】正 杨 问其子。姓，子。

【余子】补 竖牛。叔孙氏家臣。姬姓，名牛。叔孙穆子之子，孟丙、仲壬之兄。昭五年被孟丙、仲壬之子所杀。

[穆子]召而见之，则所梦也。[穆子]未问其名，号之曰："牛！"[牛]曰："唯"。[穆子]皆召其徒，使视之，遂使[牛]为竖。

【曰："唯"】杨 补 据《礼记·曲礼上》："父召无'诺'，'唯'而起。"《礼记·玉藻》亦云："父命呼，唯而不诺。"牛以"唯"应，则是以子应父，叔孙穆子已经清楚此人是自己的儿子。然而"唯"也适用于一般的下位者回应上位者，因此现场其他人并不知晓其中隐情。

【竖】正 补 鲁卿大夫家臣，是供使唤的小吏。由于叔孙穆子与牛并未相认，因此虽然此人是当年梦中的救命恩人，但由于他出身低贱，因此也只能给他竖的职务。

[牛]有宠。[牛]长 zhǎng，[穆子]使[牛]为政。

【为政】正 补 治理家政。从下文描述看，竖牛的职位并不是家宰（家宰是杜泄），但是得到叔孙穆子宠信，掌握与族长直接相关的关键家政事务，比如贴身照顾叔孙穆子起居，负责人报消息、出宣命令等。

【五】公孙明知叔孙叔孙穆子于齐。[穆子]归，未逆国姜，子明公孙明取之。故[穆子]怒，其子孟丙、仲壬长 zhǎng 而后[穆子]使逆之[于齐]。

【公孙明】 正 补 姜姓,名明。齐大夫。**【知】** 正 补 相知为友。

【国姜】 正 补 齐国氏女,姜姓。先为叔孙穆子之妻,后为公孙明之妻,孟丙、仲壬之母。

○ 补 总结起来,到叔孙穆子病倒之前,叔孙穆子家中有三拨儿子,最年长的私生子竖牛,是叔孙穆子逃亡期间与庚宗妇人一夜情所生,然而并未公开相认;第二拨嫡长子孟丙、嫡次子仲壬,是叔孙穆子在齐期间与嫡妻国姜所生;第三拨包括叔孙昭子在内的其他庶子,是叔孙穆子回国之后与在鲁所纳之妾所生。由于竖牛是私生子,而且身份没有公开,因此不可能成为继承人,所以当时第一顺位继承人就是嫡长子孟丙,第二顺位是嫡次子仲壬,然后是其他庶子。

【六·一】［穆子］田于丘莸 yóu,遂遇疾焉。竖牛欲乱其室而有之,强与孟孟丙盟,［孟］不可。

【田】 补 打猎。

【强与孟盟,不可】 正 补 ［竖牛］强迫孟丙与自己盟誓［表示顺从］,［孟丙］不答应。

○ 补 昭三年秋小邾穆公来朝之时,叔孙穆子尚在正常任职(昭三·七),而到了昭四年十二月底时,叔孙穆子已去世。因此,叔孙穆子病倒、竖牛作乱都在昭三年冬至昭四年之间。

【六·二】 叔孙叔孙穆子为孟钟,曰:“尔未际,飨大夫以落之。”［礼备］既具,［孟］使竖牛请日［于叔孙］。［竖牛］入,弗谒 yè［叔孙］;［竖牛］出,命之日。

【叔孙为孟钟】 正 补 叔孙穆子为孟丙铸了一口钟。

【尔未……落之】 正 杨 补 卧病的叔孙穆子希望立他与国姜所生的长子孟丙为继承人,考虑到孟丙还没有和诸大夫开始交际往来,便要求孟丙邀请诸位鲁大夫来叔孙氏家参加以大钟落成为主题的飨礼,以此确立孟丙的继承人地位。际,指卿的嫡长子与诸大夫应有的交际应酬。飨,见桓九—桓十·一·二。参见季武子饮诸大夫酒而立季悼子(襄二十三·八·一·一)。

【既具……之日】 正 杨 补 [孟丙将飨礼]准备好之后,让竖牛[去向叔孙穆子]请示飨礼日期。[竖牛]进入[叔孙穆子寝室],没有禀告[这件事];出来之后,[假传叔孙穆子之言]定下飨礼日期。

及宾至,[叔孙]闻钟声。牛竖牛曰:"孟有北妇人国姜之客。"[叔孙]怒,将往,牛止之。宾出,[叔孙]使拘[孟]而杀诸(之于)外。

【及宾至,闻钟声】 杨 补 等到宾客[按照竖牛所定日期]来到[叔孙氏参加飨礼],[叔孙穆子在居室里]听到了[飨礼上敲击新落成钟的]钟声。

【宾出……诸外】 正 补 宾客离开后,[叔孙穆子]派人捉住孟丙拖出去杀死。

【七·一】 牛竖牛又强与仲仲壬盟,[仲]不可。

【七·二】 仲与公御莱书观于公鲁昭公,公与之环。[仲]使牛入示之叔孙穆子。[牛]入,不示[叔孙];[牛]出,命[仲]佩之。

【公御】 补 鲁昭公御者(驾车人)。**【观于公】** 正 在鲁昭公宫室游观。

【环】 补 见桓元·一·春秋。

【使牛……佩之】 正 杨 补 [仲壬]让竖牛[把玉环拿]进去给叔孙穆子看。[竖牛]进去以后,没有[把玉环]给叔孙穆子看;出来之后,[假传叔孙穆子之言]命令仲壬把玉环佩戴在身上。

牛谓叔孙叔孙穆子:"[主]见 xiàn 仲[于公]而何?"叔孙曰:"何为?"[牛]曰:"[主]不见 xiàn[仲],[仲]既自见[公]矣。公与之环而佩之矣。"[叔孙]遂逐之仲壬,[仲]奔齐。

【见仲而何】 正 杨 补 [您发令]让仲壬去见[国君,确立他的继承人地位,]如何?

【八】[叔孙]疾急，命召仲仲壬。牛竖牛许而不召。

杜泄见，[叔孙]告之饥渴，授之戈[以杀牛]。[杜泄]对曰："求之而至，又何去焉？"

【杜泄】 正 补 杜氏，名泄。叔孙氏家宰。昭五年既葬叔孙穆子而出奔。

【授之戈】 正 补 [叔孙穆子]把戈交给杜泄[，让他去杀掉竖牛]。

竖牛曰"夫子叔孙穆子疾病，不欲见人"，使[杜泄]置馈于个而退。牛弗进，则置虚，命彻。

【使置馈于个而退】 正 补 [竖牛]使[杜泄]把送来的食物放在厢房然后就退出去。据《礼记·月令》，"天子居青阳右个""天子居明堂左个""天子居明堂右个""天子居总章左个""天子居总章右个""天子居玄堂左个""天子居玄堂右个"，这些"个"都是东西厢房。

【牛弗……命彻】 正 补 竖牛不[把食物]进献[给叔孙穆子吃]，而是[把食物倒掉，]使盛具空虚，[表示叔孙穆子已食用，]然后命人把空器具撤去。

十二月癸丑二十六日，叔孙叔孙穆子不食。乙卯二十八日，[叔孙]卒。牛立昭子叔孙昭子而相 xiàng 之。

【昭子】 正 补 叔孙昭子。姬姓，叔孙氏，名婼，谥昭。叔孙穆子庶子。鲁大夫，官至执政卿（继季武子）。昭二十三年被晋人所执。昭二十四年自晋归于鲁。

○ 补 竖牛可以有很多手段了结叔孙穆子的生命，而偏偏选择最为拖沓的断水断食，很可能是为了报复叔孙穆子当年对他母亲的始乱终弃，要让叔孙穆子在临终时也尝一尝他们母子曾经历过的饥寒交迫的痛苦。

【九】公鲁昭公使杜泄葬叔孙叔孙穆子。竖牛赂叔仲昭子叔仲昭伯与南遗，使恶 wù 杜泄于季孙季武子而去之杜泄。

杜泄将以路葬，且尽卿礼。南遗谓季孙曰："叔孙未乘路，葬焉用之？且冢卿无路，介卿以[路]葬，不亦左乎？"

【杜泄……卿礼】正 补 杜泄准备用[襄二十四年周灵王赐给叔孙穆子的]大路车作为陪葬，而且全都按照卿礼来安葬。

【冢卿】正 补 大卿，指执政卿季武子。

【介卿】补 次卿，指叔孙穆子。

【左】杨 邪，不正。

季孙曰"然"，使杜泄舍 shě 路。[杜泄]不可，曰：

"夫子叔孙穆子受命于朝而聘于王周灵王，王思旧勋而赐之路。[夫子]复命，而致之君鲁襄公。君不敢逆王命而复赐之叔孙穆子，使三官书之：吾子季武子为司徒，实书名；夫子叔孙穆子为司马，与工正书服；孟孙孟孝伯为司空以书勋。

【夫子……之路】正 事见襄二十四・八。

【司徒】补 鲁外朝官，卿职，常兼领执政，分管徒役，其职掌事务有：一、主持制订田赋与军制；二、作为主帅带兵出征；三、掌乡里政事；四、负责立储；五、主管公室礼仪；六、主持赏罚，参与书写功臣赐命；七、代表鲁参与各种外交事务或涉外礼仪活动。

【书名】补 在鲁君册命中书写将授予功臣的名位。这里说的"名位"可能包括爵号和命数，其中命数参见僖三十三・五・二・二"襄公以三命命先且居将中军，以再命命先茅之县赏胥臣……，以一命命郤缺为卿"，昭十二・十・一・二"季悼子之卒也，叔孙昭子以再命为卿。及平子伐莒克之，更受三命"。

【司马】补 鲁外朝官，卿职，分管军政，其职掌事务有：一、主持征收军需人员物资；二、主持军政，率师征伐；三、参与书写功臣册命；四、代表鲁参与各种外交事务或涉外礼仪活动。

【工正】 补 鲁外朝官，司马属官，职掌各种官营手工业，并参与书写功臣赐命。**【书服】** 正 补 在鲁君册命中书写将赐予功臣的服物。服是"用"的意思，服物也就是各种享用之物。周代铜器铭文中所见的服物形形色色，从甲胄、服饰、旗帜、金（铜）、贝、车马，到兵器、玉器、礼器、乐器，到臣民、田邑，直到畜、兽、禽、鱼。

【司空】 补 见隐二・三。**【书勋】** 正 补 在鲁君册命中书写功臣的勋劳。

"今[夫子]死而弗以[路葬]，是弃君命也。[三官所]书在公府而[夫子]弗以[路葬]，是废三官也。若命服，生弗敢服，死又不以[葬]，将焉用之？"

【公府】 补 公室档案库。

【三官】 补 司徒、司马、司空。

【命服】 补 国君命令使用的车服。

[季孙]乃使[杜泄]以[路]葬[叔孙]。

○ 补 据成元—成二・六・二，孔子强调，"唯器与名，不可以假人，君之所司也"。本段司马、工正所书的"服"就是对应"器"，而司徒所书的"名"即对应"名"。

【十・一】 季孙季武子谋去中军。竖牛曰："夫子叔孙穆子固欲去之。"

○ 正 补 襄十一年，作三军，三分公室，季氏掌左军，孟氏掌右军，叔孙氏掌中军。然而，到昭四年时，形势已经发生了很大的变化。季武子想要废除中军的原因大概有四层：

一、从国家利益层面来看，季武子想要通过"废中军"来适应已经显著缓和的国际形势。

二、从卿族政治层面来看，季武子想要通过"废中军"打击三桓中与季氏、孟氏不和的叔孙氏。

三、从季氏私利层面来看，季武子想要借“废中军”之机重新瓜分公室，将更多公邑据为己有，从而确立季氏在三桓中的统治地位。

四、从三桓—公室博弈层面看，季武子想要借“废中军”“四分公室”之机将公邑/公民完全私有化，将公室/国君变成依靠三桓生存的傀儡，从而确保三桓在鲁国的统治地位。

【十・二】“五年，春，王正月，舍中军”，卑公室也。[三桓]毁中军于施氏，成诸臧氏。

【毁中……臧氏】杨 在施氏家中[讨论]废除中军[事宜]，在臧氏家中立约。诸，于。

【十・三】初，作中军，[三桓]三分公室，而各有其一：季氏尽征之，叔孙氏臣其子弟，孟氏取其半焉。

【初，作……半焉】补 三桓作中军、三分公室之事分析见襄十一・一。

及其舍之也，[三桓]四分公室，季氏择二，二子各一。[三桓]皆尽征之，而贡于公鲁昭公。

【及其……于公】正 补 如今，舍弃叔孙氏中军，保留季氏左军、孟氏右军，叔孙氏只剩下私家军队。同时，三家将名义上属于公室的公民/公邑重新分为四份，季氏取得一半，孟氏、叔孙氏各取得四分之一。三家都向其所属公民征收军赋和田税，而后贡献一部分以维持公室运转。

○补 襄十一年三桓作中军、三分公室时，“季氏使其乘之人以其役、邑入者无征，不入者倍征；孟氏使半为臣，若子若弟；叔孙氏使尽为臣，不然，不舍”是最开始的试行政策，后来在实施中遇到了一些问题，在昭五年“四分公室”之前早已经调整为“三分公室，而各有其一：

季氏尽征之，叔孙氏臣其子弟，孟氏取其半焉”的稳定政策。在这个稳定政策下：

一、分给季氏的公民须将军赋和田税全部交给季氏，即所谓“季氏尽征之”。在这种政策下，分给季氏的公民实际上已经成了季氏的私民，因为他们与公室的经济联系已经被彻底切断了。

二、分给孟氏的公民将田税交给公室，军赋交给孟氏，而且子弟辈青壮年公民男丁的一半需要承担孟氏私家臣隶的工作，即所谓“[叔孙氏臣其子弟，]孟氏取其半焉”。在这种政策下，分给孟氏的公民还部分保留了公民的特性，因为他们仍在为公室输送经济利益。

三、分给叔孙氏的公民将田税交给公室，军赋交给叔孙氏，而且全部子弟辈青壮年公民男丁需要承担叔孙氏私家臣隶的工作，即所谓“叔孙氏臣其子弟”。在这种政策下，分给叔孙氏的公民还部分保留了公民的特性，因为他们仍在为公室输送经济利益。

这三家中，季氏的做法对公民/公邑赋税的剥夺最彻底，私家投入资源最少，而且直接沿用既有赋税征收制度因而管理最为简便。不过，季氏并没有能够说服其他两家采用自己这种最为激进的做法。由于采取了“尽征之”的做法，季氏相对于孟氏、叔孙氏不断壮大，到昭五年时实力已经明显超过孟氏、叔孙氏，因而在昭五年“四分公室”时取得一半，而孟氏、叔孙氏各得四分之一。孟氏、叔孙氏吸取教训，也不再畏手畏脚，而是都按季氏的方法来做，也就是要求所分得公邑的公民将全部军赋、田税都交给孟氏或叔孙氏。从昭五年之后，公民的全部赋税都被三家瓜分，三家再贡献一些维持公室基本运转。

需要补充说明的是，鲁国除了三桓，还有其他卿大夫家族，它们也承担军赋任务（参见襄二十二·一），应该是将军赋分别交给他们所属的三桓卿族。

襄十一年“作三军”“三分公室”后，公室军队（至少在名义上）从两军扩大到三军，而公室仍有来自孟氏、叔孙氏所分公民的田税收入进账，仍然部分地拥有公民/公邑；昭五年“废中军”“四分公室”后，公室军队缩回到两军，而公室并没有因此收回更多赋税收入，而是丧失了来自公邑的所有田税，从而也完全丧失了公民/公邑。在本年“四分公室"之后，公邑与公室再无直接的赋税关系，在实质上转变为私邑；公民向各自从属的私家缴纳赋税，在实质上转变为私民，从此这些民众完全仰仗三家生存，所以下文晋大夫女齐说(昭五·三·一)，鲁"四分公室"之后，"民食于他，思莫在公"。

正是由于公室在本年之后彻底地失去了公邑、公民和所有的赋税收入，所以襄十一年《左传》对"三分公室"并无讥评，而昭五年"四分公室"后《左传》却发出了"卑公室也"的讥评。

笔者对"废中军""四分公室"的原因、内容、后果有详细分析，请见专著《陵迟：鲁国的困境与抗争》(出版中，暂定书名)相关篇章。

【十·四】[季孙]以书使杜泄告于[叔孙之]殡，曰："子叔孙穆子固欲毁中军，既毁之矣，故告。"杜泄曰："夫子叔孙穆子唯不欲毁也，故盟诸僖闳 hóng，诅诸五父 fǔ 之衢 qú！"[杜泄]受其书而投之，帅士而哭之。

【殡】正 补 叔孙穆子灵柩。殡参见隐元·五。

○补 季武子让叔孙氏家臣杜泄在叔孙穆子殡前说"子固欲毁中军"，依据的就是上文竖牛所编造的谎言"夫子故欲去之"。季武子这样做的目的是掩盖自己趁叔孙氏家乱而废中军的图谋，推卸自己违背当年盟诅废中军的责任，把这件事说成是叔孙穆子本有此意、自己只是顺水推舟而已。叔孙穆子家臣杜泄不能忍受季武子如此颠倒是非，于是说出叔孙穆子后来支持作三军、并以盟誓加以约定的立场，将书信扔在地上，率领家臣为死去的族长哭泣。

【十一】叔仲子叔仲昭伯谓季孙季武子曰："带叔仲昭伯受命于子叔孙叔孙穆子曰：'葬鲜者自西门。'"

【葬鲜者自西门】正 杨 补 埋葬不以寿终之人[不从朝廷出发，]从国都西门[出城]。据《尚书大传》，"西方者，何也？鲜方也"。葬鲜者自西门出，可能取义于此。叔孙穆子去世时虽然已经七十岁左右，在当时已算高寿，但他是饥渴而死，没有活到他应该活的岁数，所以仍然算是不以寿终。下面杜泄说"卿丧自朝,鲁礼也",因此可知此处叔仲昭伯建议的叔孙穆子葬礼应该是不经朝廷,直接从国都西门出城。

季孙命杜泄。杜泄曰:"卿丧自朝,鲁礼也。吾子季武子为国政,未改礼,而又迁之。群臣惧死,不敢自也。"

【卿丧自朝,鲁礼也】 正 杨 补 卿的丧礼从朝廷出城,这是鲁的礼制。依鲁礼制,卿之灵柩从朝廷出公宫正门,沿着上朝的道路,从国都南门出城。

【未改礼,而又迁之】 正 杨 补 [季孙]没有[按照程序正式]修改礼制,而又[根据自己的意愿]随意变更它。迁,变更。

【自】 正 从。

[杜泄]既葬[叔孙]而行。

【十二】仲仲壬至自齐,季孙季武子欲立之。南遗曰:"叔孙氏厚,则季氏薄。彼实家乱,子勿与yù知,不亦可乎?"南遗使国人助竖牛,以攻诸(之于)大库之庭,司宫射之仲壬,中目而死。竖牛取东鄙三十邑以与南遗。

【国人】 补 见《知识准备》"国野制"。

【大库之庭】 正 杨 杜注认为此大库即是"大庭氏之库"(昭十八·三·一),有学者进一步认为"大库之庭"可能是"大庭之库"的误导。杨注认为,"大库之庭"自六朝抄本以来皆无异文,且文自可通,应该就是指大库堂前的庭院。

【司宫】 杨 补 季氏或叔孙氏家臣。

【邑】 补 这里所说的"邑"参见成元—成二·六·一。

【十三·一】昭子叔孙昭子即位,朝其家众,曰:"竖牛祸叔孙氏,使乱大从，杀適(嫡)立庶；又披其邑，将以赦罪，罪莫大焉。必速杀之！”竖牛惧，奔齐。孟孟丙、仲仲壬之子杀诸(之于)塞关之外，投其首于宁风之棘上。

【大从】 正 杨 大顺，和顺。

【杀適立庶】 补 竖牛杀適立庶之事见昭四—昭五·六及昭四—昭五·七。

【又披其邑】 正 补 又分裂叔孙氏的采邑。指竖牛取邑与南遗之事(昭四—昭五·十二)。披，析，分裂。

【塞关】 正 齐、鲁界上关口。

【投其……棘上】 正 杨 补 把竖牛的头颅扔在宁风祭所用的柴堆上[作为祭品]。杜注、杨注认为，宁风为齐边境地，整句话的意思就是把竖牛的头颅扔在宁风的荆棘丛上，然而此举目的不明，殊为怪异。现代学者通过研究甲骨卜辞发现，殷代祓禳于四方神，表示祓禳义的词为“宁”，具体名目中有“宁风”(据昭十八·六·一)，此处“宁风”可能就是传承自殷代的“宁风”祀典。根据甲骨卜辞和传世文献的记载，“宁风”祭可能就是平息大风的祭祀，其祭品用狗，将狗斩碎扔在柴堆上，燔烧以祭祀上天的神灵。因此此处孟丙、仲壬将竖牛的头颅扔在宁风祭的柴堆上，实际上是把他当作狗来用。

【十三·二】 仲尼孔子曰：“叔孙昭子之不劳[竖牛]，不可能也。周任rén有言曰：‘为政者不赏私劳，不罚私怨。’《诗》云：‘有觉德行，四国顺之。’”

【叔孙……能也】 杨 补 叔孙昭子不感念[竖牛立自己为新族长的]功劳，这是[一般人]做不到的。

【有觉德行，四国顺之】 补 见襄二十一·五·四·二。

【十四】 初，穆子叔孙穆子之生也，庄叔叔孙庄叔以《周易》筮shì之，遇《明夷》☷☲之《谦》☷☶，以示卜楚丘。楚丘曰：

【《明夷》䷣之《谦》䷎】[正][杨][补]此筮例为本卦一爻变，得之卦，而主要以《周易》本卦变爻爻辞占之。《明夷》䷣，本卦，《离》☲下《坤》☷上。《明夷》䷣初九阳爻变为初六阴爻，故《明夷》䷣变为《谦》䷎。《谦》䷎，之卦，《艮》☶下《坤》☷上。主要以《明夷》初九爻辞占之。

【卜】[补]见闵二·三·四·一。

“是(叔孙穆子)将行，而归为子(叔孙庄叔)祀。以谗人入，其名曰‘牛’，卒以馁死。

【是将行，而归为子祀】[正][补]这个孩子将要出行他国，而又能回来[继承宗族]为您祭祀。叔孙庄叔在生叔孙穆子时，已经有嫡长子叔孙宣伯，按理说继承宗族的应该是叔孙宣伯，以及叔孙宣伯的子嗣，而与叔孙穆子无关。也就是说，占筮出来的结果预示，叔孙氏的族长之位在以“父子相传”的方式传给叔孙宣伯之后，将会以“兄弟相传”的方式传给叔孙穆子。

【馁】[杨]饥饿。

○[补]下面解说“为子祀”。

“《明夷》，日也。日之数十，故有十时，亦当十位。自王已下，其二为公，其三为卿。日上其中，食日为二，旦日为三。《明夷》之《谦》，明而未融，其当旦乎，故曰‘为子祀’。

【《明夷》，日也】[正][杨][补]《明夷》，是太阳[的意象]。《明夷》中，下《离》为日，上《坤》为地。因此，《明夷》有日（太阳）在地中的意象。

【日之……十位】[正][杨][补]日的数目是十（此句含义详见下文“十日和十二辰”），因此一日（昼夜）有十时，对应人世十种等级地位。一日之十时按时间顺序为：鸡鸣（夜向晨、鸡初鸣）、昧爽（昧旦）、旦（旦日、日出、见日、质明）、大昕（食日、昼日）、日中（日之方中）、日昃（日下昃）、夕、昏（日旰、日入）、宵（夜）、夜中（夜半）。据昭七·二·一·二，则人世十种地位按尊卑顺序为：王、公、大夫、士、皂、舆、隶、僚、仆、台。

【自王……为三】[正][补]人世十种地位之中，其一为王，其二为公，其三为卿。日上其中，即日中，太阳到达中天，盛明到了极点，是一，也就是王。食日，即大昕，太阳已经在天上，还没有到达中天，是二，也就是公。旦日，即旦，太阳刚出来，光明已现，却尚未明朗，是三，也就是卿。

【《明夷》……子祀】[正][杨][补]《明夷》有日在地中的意象，又变为《谦》，谦道卑退，因此整体呈现光明已现，却尚未明朗之意，正是平旦，所以说“其当旦乎”。根据上文，则平旦对应卿位，也就是说叔孙穆子将为卿。叔孙庄叔为鲁卿，其子叔孙穆子若为卿，则必然为叔孙庄叔继承人，将奉承叔孙氏宗祀，所以说“为子祀”。融，朗。

○[正]此处卜楚丘将《明夷》解释为日出之前在地中，而《周易·象》叙《明夷》之象则云“初登于天，照四国也。后入于地，失则也”，则将《明夷》解释为日入之后在地中。同为日在地中之象，而解释截然相反。

○[杨][补]下面五句解说《明夷》初九爻辞“明夷于飞，垂其翼。君子于行，三日不食，有攸往，主人有言”，并解释上文“是将行”“以谗人入”。

“日之《谦》，当鸟，故曰‘明夷于飞’。

○[正][补]《离》为日（太阳），亦可为鸟。日高明，鸟微细，而两者都可在空中运行/飞行。日之《谦》，谦道卑退，因此要么如上文所述对应地中之日，要么对应微细之鸟。鸟飞行，所以说“明夷于飞（明夷飞行）”。

“明之未融，故曰‘垂其翼’。

○[正]《明夷》之《谦》，就日而言是“明之未融（光明却未明朗）”，就鸟而言则是“垂其翼（翅膀低垂）”。

"象日之动,故曰'君子于行'。

○补 比象太阳在天空中的运行,所以说"君子于行(君子在路上)"。

"当三在旦,故曰'三日不食'。

○正 补 旦对应三,又不是朝食的时间(食日),所以说"三日不食(三日不进食)"。

"《离》,火也;《艮 gèn》,山也。《离》为火,火焚山,山败。[《艮》]于人为言。败言为谗,故曰'有攸往,主人有言',言必谗也。

○正 补《离》为火,《艮》为山。《明夷》变成《谦》,上卦《坤》不变,下卦《离》变成《艮》,有火烧山,山毁坏的意象。《艮》对人来说就是言语。言语(《艮》)被《离》败坏就是谗言,所以说"有攸往,主人有言"(有所往,主人有话),这话一定是谗言。这句话预言,竖牛将会通过谗言成为真正的主人。

○补 下面解说"其名为牛"。

"纯《离》为牛。世乱谗胜,胜将适《离》,故曰'其名曰牛'。

○正 杨 补《明夷》中与《离》相耦的是《坤》,《坤》为牛,所以说"纯《离》为牛"(与《离》相耦的是牛)。《离》火焚《艮》山则《离》胜,比喻世道动乱,谗言得胜。胜前往《离》,而与《离》相耦的是牛,所以说"其名曰牛"。纯,耦。

○补 下面再次解说"而归为子祀"。

"谦不足,飞不翔;垂不峻,翼不广,故曰其为子后乎。

○正 补 谦道不足,所以能飞却不能远翔;下垂就是不高,所以有翅却不能飞得高远。既不能远去,则行必当归,所以说大约能成为您的继承人。峻,高。

○补下面总论叔孙穆子仕途，并预言其不得善终之事。

“吾子叔孙穆子，亚卿也，抑少不终。”

○杨补您的儿子，将为亚卿，但临死时稍有遗憾，不得善终。叔孙庄叔本为鲁亚卿，前面已经预言叔孙穆子“为子祀”“为子后”，即为叔孙庄叔继承人，所以说“吾子，亚卿也”。前面已经预言叔孙穆子“三日不食，卒以馁死”，所以说“抑少不终”。抑，转折连词，然而。

○补叔孙穆子于成十六年之前出奔齐，成十六年后回国接替其兄为叔孙氏族长并担任亚卿之职，晚年被竖牛谗言所迷惑，最终三日不食而死，皆为卜楚丘预言之验。

○正补**十日和十二辰：**《月令·章句》：“日，干也。辰，枝也。大桡探五行之情，占斗纲所建，于是始作甲乙以名日，谓之‘干’；作子丑以名辰，谓之‘枝’。枝干相配，以成六旬。”

“十日”是古代历法概念，在本段表述为“日之数十”，在昭七·二·一·二又表述为“天有十日”。“十日”起源于远古时期实行过的十日阳历，即根据一年中日出、日入方位的周期变化，将一年分为十个时节，每个时节称为“一日”。十日的名称后来就演变为十天干。这种一年由十个时节组成的历法，在我国最早的一部月令书《夏小正》中仍有遗存。

“十”在古代历法中遂成为与“日”紧密联系的数字。比如说“十日为旬”，这是说十个昼夜称为一旬；又比如说“日有十时”，这是说一个昼夜分为十时；这里面的“日”都已经不是远古的“时节”的意思，而是“一昼夜”的意思。

“十二辰”也是古代历法概念。据昭七·十一，“日月之会是谓辰”。日月之会就是日月合朔（桓三·五·春秋），标志着一个月相圆缺周期的开始。一个月相圆缺周期也就是古代历法中的一个月，即一年有十二辰，对应十二个月。十二辰的名称后来演变为十二地支。

昭公五年·二

地理 楚、吴、晋、郑见昭地理示意图1。楚、吴、晋、郑、氾、菟氏、邢丘见昭地理示意图5。

人物 屈申(昭四·三·六·一)、楚灵王(襄二十六·五·一)、屈生、薳罢(襄二十七·五·一)、郑简公(襄七·八·二·二)、晋平公(襄十六·一·春秋)、公孙侨(襄八·三)

春秋 楚杀其大夫屈申。

○正 补 据文六·四·三及文七·二·三,则《春秋》书国杀,又书被杀卿大夫之名氏,表示屈申有罪于楚。据下文,则屈申之罪在于对吴有二心。

左传 楚子楚灵王以屈申为贰于吴,乃杀之,以屈生为莫敖,使与令尹子荡薳罢如晋逆女。过郑,郑伯郑简公劳子荡薳罢于氾 fán,劳屈生于菟 tú 氏。晋侯晋平公送女于邢丘。子产公孙侨相 xiàng 郑伯会晋侯于邢丘。

【以屈……逆女】 补 昭四年伍举代表楚灵王向晋平公求婚得到允许,因此今年楚派令尹与莫敖到晋迎接晋女。

【屈生】 正 补 芈姓,屈氏,名生。屈建(襄二十二·六·二)之子。楚大夫,昭五年任莫敖。**【莫敖】** 补 见桓十一·二。

【令尹】 补 见庄四·二·二。

【郑伯……菟氏】 正 杨 补 一国使团经他国国境借道之礼,详见隐七·四·春秋"聘礼"第七条。如今郑国君主亲往慰劳楚国使臣,且对令尹、莫敖分别进行慰劳,则是在常礼之上对楚表示特别恭敬。

【氾】 杨 见僖二十四·二·五。**【菟氏】** 正 杨 补 在今河南尉氏县西北。郑地。参见《图集》24—25④5。

【晋侯送女于邢丘】 正 据桓三·六·二,各国嫁女,国君皆不自送。此次晋平公亲自送女至于晋南部边境(邢丘),亦是敬楚之举。**【邢**

丘】补见宣六·三。

昭公五年·三

地理 鲁、晋见昭地理示意图1。

人物 鲁昭公(襄三十一·三·五·一)、晋平公(襄十六·一·春秋)、女齐(襄二十六·六·一·一)、子家懿伯

春秋 公鲁昭公如晋。

左传【一】"公如晋",自郊劳至于赠贿,无失礼。

【自郊劳至于赠贿】补 参见僖三十三·二。此处是朝礼中的郊劳、赠贿。

晋侯晋平公谓女 rǔ 叔齐女齐曰:"鲁侯鲁昭公不亦善于礼乎?"

[女叔齐]对曰:"鲁侯鲁昭公焉知礼?"

公晋平公曰:"何为?[鲁侯]自郊劳至于赠贿,礼无违者,何故不知?"

[女叔齐]对曰:"是仪也,不可谓礼。礼所以守其国,行其政令,无失其民者也。今[鲁]政令在家,[鲁侯]不能取也;有子家羁子家懿伯,[鲁侯]弗能用也。[鲁]奸 gān 大国之盟,陵虐小国;利人之难 nàn,不知其私。公室四分,民食于他,思莫在公鲁昭公,不图其终;为国君,难 nàn 将及身,不恤其所。礼之本末将于此乎在,而[鲁侯]屑屑焉习仪以亟 jí。言[鲁侯]善于礼,不亦远乎?"

【政令在家】正 补 政令之权旁落卿大夫家。

【子家羁】[正][杨][补]子家懿伯。姬姓，子家氏，名羁，字驹，谥懿，排行伯。公孙归父（宣十·六·春秋）（字家）之后。昭二十五年随鲁昭公奔齐。其名（羁）、字（驹）相应，羁为马骆头，驹为少壮之马。

【奸大……小国】[正][杨][补]冒犯大国的盟约，欺凌虐待小国。奸，犯。指昭元年鲁昭公与其他诸侯会于虢以重温宋之盟，而季武子趁机伐莒取郓。宋之盟，晋、楚两大国约定诸侯弭兵修好，而莒相对于鲁为小国，故曰“奸大国之盟，陵虐小国”。

【利人之难，不知其私】[正][补]从别人的危难中牟取利益，却不知自己[还有更大的患难]。“利人之难”指昭四年鲁利用莒内乱而取鄫。

【公室……其终】[杨][补]公室[的直属土地]分成了四份[，而归“三桓”所有]，[从此所有]民众依靠他人（指三桓）来生活，没有人为鲁侯的利益而思虑，为他能有善终而谋划。参见昭四—昭五·十·三。

【不恤其所】[杨][补][鲁侯]也不担忧自己的归宿。

【屑屑】[杨][补]琐碎貌。**【亟】**[正]急。

【二】君子谓：“叔侯女齐于是乎知礼。”

> ○[补]笔者对此次鲁昭公朝见晋平公的真正目的，以及女齐批判鲁昭公的真正用意有详细分析，请见专著《陵迟：鲁国的困境与抗争》（出版中，暂定书名）相关章节。

昭公五年·四

[地理]晋、楚、郑见昭地理示意图 1。晋、楚、郑、索氏见昭地理示意图 5。

[人物]韩宣子（襄七·六·一）、羊舌肸（襄十一·二·五·三）、罕虎（襄二十九·七·一）、游吉（襄二十二·七·二）、楚灵王（襄二十

六·五·一)、薳启强(襄二十四·五·一·一)、赵景子、中行穆子(襄十九·一·二)、魏献子(襄二十三·六·二·一)、范献子(襄十四·四·五)、知悼子(襄十四·六)、祁午(襄三·四·一)、张趯(昭二—昭三·四)、籍谈、女齐(襄二十六·六·一·一)、梁丙(昭二—昭三·四)、张骼(襄二十四·五·四·二)、辅跞(襄二十四·五·四·二)、苗贲皇(宣十七·一·六)、韩襄(襄十六·一·一)、韩贞子(昭二·一·四)、箕襄、邢带、叔禽、叔椒、子羽、杨食我

左传【一】晋韩宣子如楚送女,叔向羊舌肸为介。郑子皮罕虎、子大(太)叔游吉劳诸(之于)索氏。

【索氏】正 杨 补 在今河南荥阳市北张楼村。郑地。参见《图集》24—25④4。

大(太)叔游吉谓叔向曰:"楚王楚灵王汏 tài(汰)侈已甚,子其戒之。"

【汏】补 骄横。【侈】补 自多以陵人。【已甚】杨 补 太过分。

叔向曰:"[楚王]汏侈已甚,身之灾也,焉能及人?[吾]若奉吾币帛,慎吾威仪;守之以信,行之以礼;敬始而思终,终无不复。[我]从而不失仪,敬而不失威;道(导)之以训辞,奉之以旧法,考之以先王,度 duó 之以二国,[楚王]虽汏侈,若我何?"

【敬始而思终,终无不复】正 补 敬重[一件事的]开始并且思考[如何能得到好的]结果,[好的]结果就没有不能重复的。

【从】正 顺。

【道之……二国】正 杨 补 用[先贤]教训之辞来引导两国外交活动,用故旧成熟之法来奉承两国外交活动,用先王[典范]来考校两国外交活动,用[晋、楚]二国[形势利害]来权衡两国外交活动。

【二】[宣子]及楚。楚子楚灵王朝其大夫，曰："晋，吾仇敌也。苟得志焉，无恤其他。今其来者，上卿韩宣子、上大夫羊舌肸也。若吾以韩起韩宣子为阍 hūn，以羊舌肸 xī 为司宫，足以辱晋，吾亦得志矣。可乎？"

【恤】杨顾虑。

【以韩起为阍】正补让韩起[受刑后]做看门人。【阍】正杨补看门人。杜注、孔疏认为，根据庄十八—庄十九・一・二鬻拳自刖后任大阍可知，楚灵王想要加给韩宣子的刑罚是刖刑。笔者认为，《周礼・秋官・掌戮》"墨者使守门，劓者使守关，宫者使守内，刖者使守囿，髡者使守积"，如此则也可能是墨刑或劓刑。

【以羊舌肸为司宫】正补让羊舌肸[受刑后]担任司宫。【司宫】正杨补楚内朝官，掌王宫内事，一般由受过宫刑的阉人担任。

大夫莫对。薳 wěi 启强曰：

"可。苟有其备，何故不可？

"耻匹夫不可以无备，况耻国乎？是以圣王务行礼，不求耻人。朝聘有珪，享頫 tiào 有璋；小有述职，大有巡功；设机(几)而不倚，爵盈而不饮；宴有好货，飧 sūn 有陪鼎；入有郊劳，出有赠贿，礼之至也。国家之败，失之道也，则祸乱兴。

【朝聘】补[国君]朝觐和[卿大夫]聘问。

【珪】正杨补即圭，见僖九・二・一・六。朝见国君时用。

【享頫】正补行享礼和进见。享礼参见桓九—桓十・一・二。

【璋】杨补据《说文》，"半圭为璋"。见王后、夫人时用。然而，考古发掘的周代高级墓葬中几乎看不到这种半圭状的璋。

【小有述职，大有巡功】杨小国到大国朝见，犹如诸侯到周王室述职；大国到小国聘问，犹如周王到诸侯国巡视。

【设机……不饮】正 杨 补 [享礼重在行礼，不是真的饮宴，因此]有几案而不倚靠，爵有酒而不饮。古人席地而坐，坐则屈膝而将臀置于足跟之上，将几置于体侧以倚靠。

【宴】补 参见文四·四。

【好货】正 补 [行宴礼时]为增进关系的友好而赠送的财礼。

【飧】正 熟食。【陪鼎】正 杨 补 [行宴礼时为了表示殷勤而]增加的食鼎。陪，加。据《仪礼·聘礼》，宾始入客馆，宰夫即设飧，有九鼎：牛鼎一、羊鼎一、豕鼎一、鱼鼎一、腊鼎一、肠胃鼎一、肤鼎一、鲜鱼鼎一、鲜腊鼎一。陪鼎又曰羞鼎，有三：牛羹鼎一、羊羹鼎一、豕羹鼎一。

【郊劳】【赠贿】补 见僖三十三·二。

【之道】正 补 此道，即朝聘宴好之道。

"城濮之役，晋无楚备，以败于邲 bì。邲之役，楚无晋备，以败于鄢 yān。自鄢以来，晋不失备，而加之以礼，重 zhòng 之以睦，是以楚弗能报，而求亲焉。[楚]既获姻亲，又欲耻之，以召寇仇，备之若何？谁其重 zhòng 此？[楚]若有其人，耻之可也。[楚]若其未有，君楚灵王亦图之。晋之事君，臣曰可矣：[君]求诸侯而[诸侯]麇 qún 至；[君]求昏(婚)而[晋]荐女，君晋平公亲送之，上卿韩宣子及上大夫羊舌肸致之。犹欲耻之，君其亦有备矣。

【城濮……于鄢】正 杨 补 城濮之役[晋胜楚之后]，晋不再防备楚，因此在邲之役中落败。邲之役[楚胜晋之后]，楚不再防备晋，因此在鄢陵之役中落败。城濮之役见僖二十七—僖二十八。邲之役见宣十二·一。鄢陵之役见成十六·三。

【是以……亲焉】杨 补 因此楚不得[借口以]报[鄢陵战败之耻]，而只能请求亲善。

【备之若何】正 杨 补 即"备之如何"，可解为"对接下来的祸乱准备得怎么样？"

【谁其重此】杨 补 谁来承担责任？重，任，承担。

【求诸侯而麇至】 正 杨 补［君王］请求诸侯［前来会盟，诸侯］就成群来到。麇，群。指昭四年晋答应让楚召集诸侯在申地会盟。

【荐】 正 补 进献。

“不然，奈何？韩起韩宣子之下，赵成赵景子、中行 háng 吴中行穆子、魏舒魏献子、范鞅范献子、知 zhì 盈知悼子；羊舌肸之下，祁午、张趯 tì、籍谈、女 rǔ 齐、梁丙、张骼、辅跞 lì、苗贲 fén 皇，皆诸侯之选也。韩襄为公族大夫；韩须韩贞子受命而使矣；箕襄、邢带、叔禽、叔椒、子羽，皆大家也。韩赋七邑，皆成县也；羊舌四族，皆强家也。晋人若丧韩起、杨肸羊舌肸，五卿、八大夫辅韩须、杨石杨食我，因其十家九县，长毂 gǔ 九百；其余四十县，遗守四千，奋其武怒，以报其大耻。伯华羊舌赤谋之，中行伯中行穆子、魏舒帅之，其蔑不济矣。

【韩起……知盈】 正 晋六卿，三军帅佐。**【赵成】** 正 补 赵景子。嬴姓，赵氏，名成，谥景，排行叔。赵文子（成八・五・一）之子，赵获（昭三・四・二・二）之弟。晋大夫，官至卿位。昭二年任中军佐（卿职）。昭二十二年可能已告老或去世。

【羊舌……贲皇】 杨 晋九大夫。**【籍谈】** 补 籍氏，名谈，排行叔。籍偃（成十八・三・一）之子。晋大夫，官至卿位。昭二十二年可能已任下军帅（卿职）。昭二十五年可能已告老或去世。

【诸侯之选】 杨 诸侯［应当］选拔［的良臣］。

【韩襄】 正 补 公族穆子（韩宣子兄）之子，韩氏族人。**【公族大夫】** 补 见宣二・三・六・一。

【韩须】 正 补 韩宣子嫡子，韩氏继承人。

【箕襄、邢带】 正 皆为韩氏族人。**【叔禽、叔椒、子羽】** 正 皆为韩宣子庶子。

【韩赋七邑】 正 韩襄、韩贞子、箕襄、邢带、叔禽、叔椒、子羽七人，每人一邑。

【成县】 正 杨 大县。据下文，则大县的军赋规模是一百乘兵车。

【羊舌四族】正 羊舌赤、羊舌肸、羊舌鲋、羊舌虎四族，四人均为羊舌职之子。襄二十一年羊舌虎被诛杀，而其族犹在。

【杨石】正 补 杨食我。姬姓，杨氏，出自羊舌氏，名食我，字石，排行伯。羊舌肸(襄十一·二·五·三)(杨肸)之子，羊舌氏继承人。昭二十八年被晋人所杀。食采于杨。

【十家】正 韩氏四家七家，羊舌氏四家，共十一家，十家为举其大数。

【九县】正 韩氏七县，羊舌氏二县，共九县。

【长毂九百】正 补 长车毂的重型兵车共九百乘，每县一百乘。

【遗守四千】正 补 留守兵车共四千乘，亦每县一百乘。

【蔑】补 无。

“君将以亲易怨，实无礼以速寇，而未有其备，使群臣往遗 wèi 之禽(擒)，以逞君心，何不可之有？”

【速】补 招致。

【使群臣往遗之禽】补 派群臣把自己送过去任由晋人擒拿。

【逞】补 使……快意。

王楚灵王曰：“不穀之过也，大夫无辱。”厚为韩子韩宣子礼。王欲敖(傲)叔向羊舌肸以其所不知，而不能，亦厚其礼。

【不穀】补 见僖二十三—僖二十四·七。

【三】韩起韩宣子反(返)，郑伯郑简公劳诸(之于)圉 yǔ。[韩起]辞不敢见，礼也。

【圉】正 杨 郑地，当在郑都附近。

○杨 补 韩宣子谦让，不敢接受郑简公亲劳，与昭六年楚王子弃疾不敢见郑简公同(昭六·八·二)，而与本年薳罢、屈生接受郑简公亲劳相反。

昭公五年·五

地理 郑、齐见昭地理示意图 1。

人物 罕虎(襄二十九·七·一)、公孙虿(襄八·八·一·二)、晏平仲(襄十七·六)、陈桓子(庄二十二·三·四·三)

左传 郑罕虎如齐,娶于子尾公孙虿氏。晏子晏平仲骤见之罕虎。陈桓子问其故,[晏子]对曰:“[子皮]能用善人,民之主也。”

【骤】杨 补 数,屡次。

【能用善人】正 补 指罕虎任用公孙侨,参见襄三十·十三·一。

○补 **传世文献对读:**《说苑·臣术》记载了孔子对于子皮能重用子产的高度评价,可扫码阅读。

昭公五年·六

地理 鲁、晋见昭地理示意图 1。莒、鲁、牟娄、防、兹、蚡泉见昭地理示意图 4。

人物 牟夷、鲁昭公(襄三十一·三·五·一)、子叔敬子(襄三十·八·春秋)、晋平公(襄十六·一·春秋)、范献子(襄十四·四·五)

春秋 夏,莒jǔ牟夷以牟娄及防、兹来奔。

【牟夷】补 邾大夫。【牟娄】杨 见隐四·一·春秋。

【防】正 杨 补 在今山东诸城石桥子镇附近。莒邑,昭五年地入于鲁。参见《图集》26—27③6。

【兹】正 杨 补 在今山东安丘东南。莒邑,昭五年地入于鲁。参见《图集》26—27③6。

○补 本段《春秋》的微言大义参见昭三十一·三·二。

秋，七月，公鲁昭公至自晋。

戊辰十四日，叔弓子叔敬子帅师败莒师于蚡 fén 泉。

【蚡泉】正 杨 补 在今山东沂南双堠镇盆泉村有温泉，即古蚡泉所在。参见《图集》26—27④5。

左传【一】“夏，莒牟夷以牟娄及防、兹来奔。”牟夷非卿而〔《春秋》〕书〔其名〕，尊地也。

【牟夷非卿而书，尊地也】正 补 牟夷不是卿，《春秋》却记载了他的名氏，是尊重他所献的土地。

【二】莒人诉于晋。晋侯晋平公欲止公鲁昭公。范献子曰：“不可。人朝而执之，诱也。讨不以师，而诱以成之，惰也。为盟主而犯此二者，无乃不可乎？请归之，间 xián 而以师讨焉。”〔晋人〕乃归公。“秋，七月，公至自晋。”

【止】杨 扣留。

【二者】补 诱、惰。

【间】正 补 空闲，作动词用，等有空闲的意思。

【三】莒人来讨，〔莒〕不设备。戊辰十四日，叔弓子叔敬子败诸（之于）蚡泉，莒未陈也。

昭公五年·七

地理 秦见昭地理示意图 1。

人物 秦景公（襄九·四·一）

春秋 秦伯秦景公卒。

〇补 **秦景公墓(疑似)**:1976年在雍城秦公陵园(见桓四·三·一)中发掘出一座双墓道"中"字形大墓,全长三百米,是中国发掘的先秦墓葬中最大的一个,称为"秦公一号大墓"。该墓虽经历史上近三百次的盗掘,墓内仍出土文物3 500余件,此外,在墓室内还发现殉人186具。据出土石磬上的文字和随葬器物年代综合判断,该墓墓主人应该就是秦景公。

昭公五年·八

地理 楚、蔡1、陈、徐、越、吴见昭地理示意图1。楚、蔡1、陈、许1、顿、沈、徐、越、吴、巢、繁阳、琐、鹊岸、雩娄、坻箕之山、夏汭见昭地理示意图5。

人物 楚灵王(襄二十六·五·一)、蔡灵公(襄三十·五)、陈哀公(襄五·八·春秋)、许悼公(襄二十八·十二·一·一)、顿子、沈子、薳射、常寿过、吴王夷末(襄二十九·九·春秋)、王子蹶由、沈尹赤、沈尹射(昭四·六)、薳启强(襄二十四·五·一·一)

春秋 冬,楚子楚灵王、蔡侯蔡灵公、陈侯陈哀公、许男许悼公、顿子、沈子、徐人、越人伐吴。

左传【一】冬,十月,楚子楚灵王以诸侯及东夷伐吴,以报棘、栎lì、麻之役。薳wěi射shè以繁扬之师会[楚子]于夏汭ruì,越大夫常寿过帅师会楚子于琐。闻吴师出,薳启强帅师从之,遽不设备,吴人败诸(之于)鹊岸。楚子楚灵王以驲rì至于罗汭。

【棘、栎、麻之役】 正 在昭四·六。

【薳射】 补 芈姓,薳氏,名射。楚大夫。定四年被吴人所获。**【繁扬】** 杨 补 即繁阳,见襄四·一·一。**【夏汭】** 补 见昭四·六。

【常寿过】 杨 补 姬姓,常寿氏,名过。虞仲雍(僖五·八·一)之后。

越大夫。

【琐】正 杨 补 在安徽霍邱东。楚地。参见《图集》29—30④8。

【遽】补 匆忙。

【鹊岸】正 杨 补 在今安徽无为南至铜陵市北沿长江北岸一带。楚地。参见《图集》29—30⑤9至⑥9。

【驲】补 见文十六·三·四。【罗汭】杨 补 楚地，为罗水入某水处，应当靠近薳启强战败的鹊岸。

〔二〕吴子吴王夷末使其弟蹶由王子蹶由犒师。楚人执之，将以衅鼓。

【蹶由】补 王子蹶由。姬姓，名蹶由。吴王寿梦（成七·六·三）之子，吴王夷末（襄二十九·九·春秋）之弟。昭五年被楚人所执。昭十九年自楚归于吴。【犒师】补 参见僖二十五—僖二十六·四·二。

【衅鼓】补 见僖三十三·三·三。

王楚灵王使问焉，曰："女（汝）卜来，吉乎？"

[蹶由]对曰：

"吉。

"寡君吴王夷末闻君楚灵王将治兵于敝邑，卜之以守龟，曰：'余亟jí使人犒师，请行以观王楚灵王怒之疾徐，而为之备，尚克知之！'龟兆告吉，曰'克可知也'。

【治兵】补 讲习武事。此处为外交辞令，实指作战。

【守龟】杨 补 龟为国家用以卜问决疑之神物。据《周礼·春官》，天子、诸侯所用之龟由龟人守之，可能是因此而称"守龟"。

【亟】杨急。
【疾徐】补急缓。
【尚】杨表希冀的副词。【克】补能。

“君若欢焉好逆使臣王子蹶由，滋敝邑休怠，而忘其死，[敝邑]亡无日矣。今君奋焉震电冯(凭)怒，虐执使臣，将以衅鼓，则吴知所备矣。敝邑虽羸 léi，若早修完，其可以息[楚]师。难 nàn 易有备，可谓吉矣。且吴社稷是卜，岂为一人？使臣获衅军鼓，而敝邑知备，以御不虞，其为吉孰大焉？

【滋敝……其死】正杨补增加我国的懈怠，使我国忘记危险。滋，益。休，懈。
【冯】正盛。
【息师】正补平息楚师[的愤怒]。此为外交辞令，实为打败楚师。
【难易有备】杨无论祸难或者平安都有所准备。
【且吴社稷是卜】补即“且吴卜社稷”。
【不虞】杨意外。虞，度。

“国之守龟，其何事不卜？一臧一否，其谁能常之？城濮之兆，其报在邲 bì。今此行也，其庸有报志？”

【一臧……常之】杨补一吉一凶，谁能确定其所指为何事？常，定。
【城濮之兆，其报在邲】正杨补城濮之役[前楚人占卜所得]的吉兆，它的应验是在邲之役。王子蹶由意谓，僖二十八年晋、楚城濮之役，楚必然是占卜吉利方才出征，然而楚却战败，因此这个吉兆对应的是宣十二年邲之役中楚得胜。
【今此……报志】杨补现在这一趟，[我来之前占卜所得的吉兆]应该也会[在某件事上]应验？王子蹶由意谓，自己原本占卜来犒劳楚师得吉兆，如果自己被杀，那么这个吉兆对应的应该是吴、楚交战而吴战胜。

[楚人]乃弗杀[蹶由]。

○补下启昭十九年楚人归蹶由(昭十九·十三)。

【三】楚师济于罗汭 ruì。沈尹赤会楚子楚灵王,次于莱山。薳射帅繁扬之师先入南怀,楚师从之,及汝清。吴不可入。楚子遂观兵于坻箕之山。

【沈尹】补见宣十二·一·六。

【莱山】补山名,应位于楚东界,靠近吴。

【南怀】清华简二《系年》作"南瀤"。应位于楚东界,靠近吴。

【汝清】补应位于楚东界,靠近吴。

【观兵】补见僖三—僖四·七。

【坻箕之山】杨补山名,即踟蹰山,在今安徽巢湖西南。楚地,位于楚东界,靠近吴。参见《图集》29—30⑤9。

【四】是行也,吴早设备,楚无功而还,以蹶由王子蹶由归。楚子楚灵王惧吴,使沈尹射待命于巢,薳启强待命于雩 yú 娄,礼也。

【雩娄】杨见襄二十六·五·一。

○补楚中央政府不应同时有两位沈尹,沈尹射、沈尹赤中可能有一位是以"沈尹"为族氏者。

○补此次楚伐吴是楚灵王时期一次大规模的军事行动,清华简二《系年》中将其称为"南瀤之行"。其过程可以分为四个阶段:

第一阶段:楚灵王率楚师、诸侯之师、东夷之师东进伐吴,先于薳射率领的繁阳之师在夏汭会合,然后渡过淮水进入淮南地区,与越大夫常寿过之师在琐会合,组成联合大军。

第二阶段:楚大夫薳启强之师原本驻扎在巢(参见昭四·六"薳启强城巢"),听闻吴师出动,于是与吴师交战,在鹊岸被击败。正在琐的楚灵王听闻了薳启强战败的消息,抛下联合大军,自己乘快车到达距离鹊岸不远的罗汭。联合大军随后赶到罗汭。

第三阶段：联合大军向东渡过罗汭，与薳启强之师中的沈尹赤部会合，驻扎在莱山。然后，联合大军的薳射率领繁阳之师攻入南怀，联合大军跟着出击，打到了汝清。楚军发现无法攻入吴国，于是楚灵王率联合大军在坻箕之山举行军事演习以炫耀武力。

第四阶段：楚灵王率楚师回国，一路上为了防止吴师跟踪追击，派沈尹射守巢，薳启强守雩娄断后。

昭公五年·九

地理 秦、晋见昭地理示意图 1。

人物 后子(成十三·一·四)、秦景公(襄九·四·一)

左传 秦后子复归于秦，景公秦景公卒故也。

○正 补 后子惧怕被秦景公驱逐，因此于昭元年出奔至晋。当时后子预言，须秦景公死后方能返国(参见昭元·三·三)。如今秦景公已死，后子果然得以返秦。

昭公六年·一

地理 鲁见昭地理示意图 1。杞、鲁见昭地理示意图 4。

人物 杞文公(襄二十四·五·春秋)

春秋 六年,春,王正月,杞伯益姑杞文公卒。

左传 六年,春,王正月,杞文公卒。[我]吊如同盟,礼也。

○ 正 补 据襄二十九·八·三,杞倚仗与晋的姻亲关系,迫使鲁归还其所侵杞田,杞、鲁之间应有怨仇。如今杞文公去世,鲁不废丧纪,吊如同盟,故曰“礼也”。

昭公六年·二

地理 秦见昭地理示意图 1。

人物 秦景公(襄九·四·一)

春秋 葬秦景公。

左传 大夫如秦,葬景公秦景公,礼也。

○ 正 据昭三十·二·二所载游吉之言,“先王之制:诸侯之丧,士吊,大夫送葬”。此处合于先王之制,故曰“礼也”。

昭公六年·三

地理 郑、晋见昭地理示意图 1。

人物 羊舌肸(襄十一·二·五·三)、公孙侨(襄八·三)、夏禹(庄十一·二·二·二)、商汤(庄十一·二·二·二)、周文王(僖五·八·一)、士文伯(襄三十·三·一·一)

左传【一】三月，郑人铸刑书。

【铸刑书】正 把刑律铸在鼎上，作为国家常法。参见昭二十九·五·一晋人铸刑鼎之事。

○补 清华简六《子产》（全文见昭二十·九·三·二）记载了子产在组织有关部门研习“三邦之刑”的基础上制定了“郑刑”“野刑”之事，其中提到的“郑刑”“野刑”很可能就是本年铸在鼎上的刑律，而里面提到的“三邦之刑”可能就是下文《左传》提到的夏代晚世的《禹刑》、商代晚世的《汤刑》和西周晚世的《九刑》。

【二】叔向羊舌肸使诒子产公孙侨书，曰：

【诒】正 补 遗，给予。

“始吾有虞于子，今则已矣。

【有虞】杨 补 抱有希望。虞，望。

【已】正 止。

“昔先王议事以制，不为刑辟bì，惧民之有争心也。[民]犹不可禁御，是故[先王]闲之以义，纠之以政，行之以礼，守之以信，奉之以仁。制为禄位，以劝其从；严断刑罚，以威其淫。[先王]惧其未也，故诲之以忠，耸之以行，教之以务，使之以和，临之以敬，莅之以强，断之以刚。[先王]犹求圣哲之上、明察之官、忠信之长zhǎng、慈惠之师。民于是乎可任使也，而不生祸乱。

【议事以制】正 杨 补 谋度事情轻重以断定［罪行］。议，谋。制，断。

【刑辟】正 杨 刑律。辟，法。

【闲】正 防。

【奉】正 养。

【从】正 补 顺从。

【淫】正 杨 放纵。

【耸之以行】杨 补 用善行来劝勉他们。耸，奖，劝勉。

【务】正 杨 补 专业知识技能。

【莅】正 临。

“民知有辟，则不忌于上，并有争心，以征于书，而徼 jiǎo 幸以成之，弗可为矣。夏有乱政，而作《禹刑》。商有乱政，而作《汤刑》。周有乱政，而作《九刑》。三辟之兴，皆叔世也。

【忌】杨 敬。

【并】杨 遍。

【以征于书】杨 补 征引刑书[上的条文作为自己行为的依据]。

【徼幸】补 侥幸。

【为】补 治。

【叔世】正 补 晚世。“叔世”尚优于“季世”（末世，参见昭元·八·一·一），季世之君已不能制作刑律。

“今吾子公孙侨相 xiàng 郑国，作封洫 xù，立谤政，制参（三）辟，铸刑书，将以靖民，不亦难乎？《诗》曰：‘仪式刑（型）文王周文王之德，日靖四方’，又曰‘仪刑（型）文王，万邦作孚 fú’。如是，何辟之有？民知争端矣，将弃礼而征于书，锥刀之末，将尽争之。乱狱滋丰，贿赂并行。终子之世，郑其败乎！

【作封洫】正 见襄三十·十三·三·一。

【立谤政】正 杨 昭四年子产作丘赋，郑人谤之，故称“谤政”。

【制参辟，铸刑书】正 杨 补 制定三类刑律，将其铸在鼎上。清华简六《子产》所记载的“郑刑”或者“野刑”可能都分为三类，分别基于“三邦之刑”制定而成。

【靖】杨 安。

【仪式……四方】杜 孔 杨 补《毛诗·周颂·我将》有此句，而“德”

作“典”。可译为“效法周文王的德行，每日平定四方”。仪、式、刑三字为近义词，都是效法的意思。

【仪刑文王，万邦作孚】 补 见襄十三·三·二。

【锥刀之末】 杨 补 铸刑鼎须先刻字于陶范（模具），锥刀乃刻字工具。“锥刀之末”，指刑书的每字每句。杜甫《述古三首》“于利竞锥刀”、《遣遇》“刻剥及锥刀”典出于此。

【滋】 补 益。**【并】** 杨 遍。

【终子之世，郑其败乎】 补 您的生命终结时，郑就要发生祸败了吧！

“肸 xī，羊舌肸闻之，‘国将亡，必多制’，其此之谓乎！”

[子产]复书曰：“若吾子羊舌肸之言。侨公孙侨不才，不能及子孙，吾以救世也。[侨]既不承命，敢忘大惠？”

【若吾子之言】 正 补 的确如您所说的那样。若，如。

【不能及子孙】 杨 应羊舌肸“终子之世，郑其败乎”之言。

【三】士文伯曰：“火见(现)，郑其火乎！火未出，而[郑]作火以铸刑器，藏争辟焉。火如象之，不火何为？”

【火见】 正 杨 补 大火星（心宿二，参见庄二十九·五）在黄昏出现，其时为夏正三月，周正五月。

【火未出】 杨 补 此时是夏正正月，周正三月，大火星（心宿二）尚未出现。

【争辟】 杨 补 引发争斗的法令。

【火如象之】 正 补 大火星（心宿二）如果象征火灾。

○ 正 补 据襄九·一·二，则大火星（心宿二）出现后，人间方可用大火从事器物烧造等活动。士文伯认为，本年大火星（心宿二）尚未出现时，郑就用火铸造包藏争端的刑鼎，等到大火星（心宿二）出现时，则将相互感应而导致火灾。

○ 补 下启本年郑灾（昭六·七）。

○补 笔者对“铸刑书”新政的背景、内容、影响有详细分析，请见专著《救世：子产的为政之道》（中华书局 2021 年版）相关章节。

昭公六年·四

地理 鲁、晋见昭地理示意图 1。鲁、晋、莒见昭地理示意图 5。

人物 季武子（襄六·五·春秋）、晋平公（襄十六·一·春秋）、韩宣子（襄七·六·一）、鲁昭公（襄三十一·三·五·一）

春秋 夏，季孙宿季武子如晋。

左传【一】“夏，季孙宿如晋”，拜莒 jǔ 田也。

○正 补 昭五年鲁接受莒叛臣牟夷所献土田，霸主晋放过鲁而未加讨伐。因此今年季武子如晋拜谢。

【二】晋侯晋平公享之，有加笾 biān。武子季武子退，使行人告曰：“小国之事大国也，苟免于讨，不敢求贶 kuàng。得贶不过三献。今豆有加，下臣弗堪，无乃戾也？”

【享】 补 见桓九—桓十·一·二。

【有加笾】 正 补 笾［、豆］的数目［于常礼外］有所增加。笾、豆参见僖二十二—僖二十三·五·一。

【行人】 补 见宣十二·一·八。

【贶】 正 赐。

【戾】 正 罪。

韩宣子曰：“寡君晋平公以［加笾］为欢也。”

[武子]对曰："寡君鲁昭公犹未敢，况下臣季武子，君鲁昭公之隶也，敢闻加贶？"

[武子]固请彻加，而后卒事。晋人以[武子]为知礼，重 zhòng 其好货。

【彻加】补 撤去增加[的笾、豆]。

【好货】正 补 享礼上为增进友好关系而赠送的财礼。

昭公六年・五

地理 杞见昭地理示意图 4。

人物 杞文公（襄二十四・五・春秋）

春秋 葬杞文公。

昭公六年・六

地理 宋、卫见昭地理示意图 1。

人物 华合比、寺人柳、太子佐（襄二十六・六・二・一）、宋平公（成十五・三・春秋）、华亥、向戌（成十五・六・三）

春秋 宋华合比出奔卫。

【华合比】补 子姓，华氏，名合比。宋大夫，官至卿位。任右师（卿职）。昭六年被宋平公所逐，奔卫。

左传【一】宋寺人柳有宠，大(太)子佐太子佐恶 wù 之。华合比曰："我杀之。"柳寺人柳闻之，乃坎、用牲、埋书，而告公宋平公曰："合比华合比将纳亡人之族，既盟于北郭矣。"公使视之，有焉，遂逐华合比。合比奔卫。

【寺人】补 见襄二十六·六·二·一。

【乃坎、用牲、埋书】正 杨 补 于是挖坑、杀牲、把盟书放在牲上而埋好。这些举动都是为了伪造盟誓现场。参见僖二十五·三秦人伪造盟誓现场之事。

【亡人之族】正 指襄十七年奔陈的华臣以及跟随出奔的族人。

○补 襄二十六年寺人惠墙伊戾曾用此伎俩使宋平公杀太子痤而立公子佐为太子,之后宋平公得知真相而烹惠墙伊戾(襄二十六·六·二)。本年寺人柳故技重施竟又得手,宋平公之健忘昏庸可见一斑。

【二·一】于是华亥欲代右师,乃与寺人柳比,从为之征,曰"闻之久矣"。公宋平公使[华亥]代之华合比。

【华亥】正 补 子姓,华氏,名亥。华合比(昭六·六·春秋)、华轻(昭二十·六·五·一)之弟。宋大夫,官至执政卿(继向戌)。昭六年任右师(卿职)。昭二十年奔陈。昭二十一年自陈入于宋都南里以叛。昭二十二年自宋都南里奔楚。

【右师】正 补 参见文七·二·一,华合比所任官职。

【乃与……之征】杨 补 于是和寺人柳勾结,从而为他作伪证。征,证。

○补 **传世文献对读:**《论语·为政》"子曰:'君子周而不比,小人比而不周'",正可用以注解此事。

【二·二】[华亥]见于左师向戌。左师曰:"女(汝)夫华亥也必亡。女(汝)丧而(尔)宗室,于人何有?人亦于女(汝)何有?《诗》曰'宗子维城,毋俾bǐ城坏,毋独斯畏',女(汝)其畏哉!"

【左师】补 见僖九·三。

【女丧……何有】补 即"女丧而宗室,何有于人?人亦何有于女?",

可译为“你使你的宗室丧亡，[你]对他人来说算什么？他人对你来说又算什么？”向戌说这话想表达的意思是：你做了这种使族长丧亡的恶行，你对于他人来说，要么成了被敌视的仇人（对于华合比等受害者而言），要么成了被鄙视的恶人（对于利益没有直接受损害的族人和外人而言）；他人对你来说，要么成了对你的利益构成直接威胁的复仇者，要么成了贬损你声誉的非议者，你为什么要做这种损人害己的事？

【宗子……斯畏】 正 补《毛诗・大雅・板》有此句，可译为“宗子就是城墙，不要使城墙毁坏，不要使自己孤立而恐惧”。俾，使。斯，此。○正 下启昭二十年华亥出奔陈（昭二十・六）。

昭公六年・七

地理 郑见昭地理示意图 1。

左传 六月丙戌七日，郑灾。

【灾】 补 见桓十四・二・春秋。

昭公六年・八

地理 楚、晋、郑见昭地理示意图 1。

人物 王子弃疾（昭元・一・三）、韩宣子（襄七・六・一）、罕虎（襄二十九・七・一）、公孙侨（襄八・三）、游吉（襄二十二・七・二）、郑简公（襄七・八・二・二）、楚灵王（襄二十六・五・一）、晋平公（襄十六・一・春秋）、羊舌肸（襄十一・二・五・三）

左传【一】 楚公子弃疾王子弃疾如晋，报韩子韩宣子也。

○正 补 王子弃疾此行乃为回报昭五年韩宣子如楚致送晋女（参见昭五・四・二）。

【二】[公子]过郑,郑罕虎、公孙侨、游吉从郑伯郑简公以劳诸(之于)柤zhā,[公子]辞不敢见。[郑人]固请,[公子]见之。[公子]见[郑伯]如见王楚灵王,以其乘shèng马八匹私面;见子皮罕虎如上卿,以马六匹;见子产公孙侨,以马四匹;见子大(太)叔游吉,以马二匹。[公子]禁[楚人]刍、牧、采、樵,[令楚人]不入田,不樵树,不采蓺(艺),不抽屋,不强丐,誓曰:"有犯命者,君子废,小人降!"舍shè不为暴,主不慁hùn宾。往来如是。郑三卿皆知其将为王也。

【柤】正 杨 郑地,靠近郑都。

【乘马】补 驾乘车之马。

【私面】杨 外臣以私人身份会见途经国之君。

【刍】补 割草。【牧】补 放牧。【采】补 采摘。【樵】补 砍柴。

【不樵树】正 不砍树当柴火。

【不采蓺】正 杨 不采摘种植的菜果。蓺,今作艺(藝),种植。

【不抽屋】杨 不抽拔房屋[木材]。

【不强丐】正 不强讨[财物]。

【君子废,小人降】杨 官员撤职,仆役降等。仆役亦有等级,参见昭七·二·一·二"皂臣舆,舆臣隶,隶臣僚,僚臣仆,仆臣台"。

【慁】正 患。

○正 补 公子弃疾赠郑简公、罕虎、公孙侨、游吉马匹之数,正合襄二十六·三·一所言"自上以下,降杀以两"的礼制。

○补 下启昭十三年楚平王即位(昭十三·二·七)。

【三】韩宣子之适楚也,楚人弗逆。公子弃疾王子弃疾及晋竟(境),晋侯晋平公将亦弗逆。叔向羊舌肸曰:"楚辟pì,我衷,若何效辟?《诗》曰:'尔之教矣,民胥效矣。'从我而已,焉用效人之辟?《书》曰:'圣作则。'无宁以善人为则,而则人之辟乎?匹夫为善,民犹则之,况国君乎?"晋侯说(悦),乃逆之。

【楚人弗逆】杨 补 楚人没有到边境迎接。

【辟】正邪。

【衷】正正。

【尔之教矣，民胥效矣】正 杨 补《毛诗·小雅·角弓》有此句，可译为“你的教导，民众都要仿效”。胥，皆。

【圣作则】正 补 此为逸《书》，可译为“圣人作出法则”。

【无宁】正 杨 宁。无为语首助词，无义。

【则】补 效法。

昭公六年·九

地理 鲁见昭地理示意图 1。

春秋 秋，九月，[我]大雩 yú。

【雩】补 见桓五·四·春秋。

左传“秋，九月，大雩”，旱也。

昭公六年·十

地理 楚、吴、鲁、徐见昭地理示意图 1。楚、吴、鲁、徐、豫章、乾溪、房钟见昭地理示意图 5。

人物 薳罢(襄二十七·五·一)、子叔敬子(襄三十·八·春秋)、太子仪楚、楚灵王(襄二十六·五·一)、薳泄、斗弃疾

春秋 楚薳 wěi 罢 pí 帅师伐吴。

冬，叔弓子叔敬子如楚。

左传【一】徐仪楚太子仪楚聘于楚。楚子楚灵王执之，[仪楚]逃归。[楚子]惧其叛也，使薳泄伐徐。吴人救之徐。令尹子荡薳罢帅师伐

吴，师于豫章，而次于乾溪。吴人败其师于房钟，获宫厩尹弃疾斗弃疾。子荡归罪于薳泄而杀之。

【仪楚】杨 补 太子仪楚，后为徐王仪楚（详见下）。嬴姓，名仪楚。

【聘】补 见隐七·四·春秋。

【薳泄】正 补 芈姓，薳氏，名泄。楚大夫。昭六年被薳罢所杀。

【令尹】补 见庄四·二·二。

【豫章】杨 补 即豫章泽，属于湖泊洼地密布的水泽地貌，东起自今安徽霍邱、六安、霍山，经河南固始、光山，大致对应桐柏山—大别山以北、淮水以南的广大地域。楚地。参见《图集》29—30⑤7 至⑤8。《图集》标注不准确，本书示意图依据杨注标注。豫章相关地理形势参见昭地形示意图 1，可扫码阅读。

【乾溪】正 杨 补 在今安徽亳州城父镇南。楚地。参见《图集》29—30③7。

【房钟】正 杨 补 在今安徽利辛阚疃镇。吴地。参见《图集》29—30④8。

【宫厩尹弃疾】正 补 斗弃疾。芈姓，斗氏（若敖氏大宗），名弃疾。斗克黄（宣四·五·五·二）之子。楚大夫，任宫厩尹。昭六年被吴人所获。【宫厩尹】补 见襄十五·三·一。

○杨 补 出土徐国铜器有徐王义楚盥盘、徐王义楚觯、徐王义楚剑、徐王义楚之元子剑，一般认为铜器铭文中之“徐王义楚”与此处“仪楚”应为一人，由此推断此时仪楚是以太子身份访问楚国。

【二】冬，叔弓子叔敬子如楚聘，且吊败也。

昭公六年—昭公七年(昭公七年·一)

地理 齐、北燕、晋见昭地理示意图1。北燕、虢、濡水见昭地理示意图2。

人物 齐景公(襄二十五·一·四)、士文伯(襄三十·三·一·一)、范献子(襄十四·四·五)、晋平公(襄十六·一·春秋)、燕简公(昭三·十一·春秋)、晏平仲(襄十七·六)、公孙皙、燕姬

春秋 齐侯齐景公伐北燕。

七年,春,王正月,[燕]暨齐平。

○ 正 补 昭七·七·四·一称昭七年正月为"齐、燕平之月",由此可知此处是燕暨齐平,承上条《春秋》"齐侯伐北燕"省略"燕",而不是鲁暨齐平。

左传【一】十一月,齐侯齐景公如晋,请伐北燕也。士丐士文伯相 xiàng 士鞅范献子逆诸(之于)河,礼也。晋侯晋平公许之。

【相】 正 补 辅相,担任……副手。**【河】** 补 见闵二·五·三。

【二】十二月,齐侯齐景公遂伐北燕,将纳简公燕简公。晏子晏平仲曰:"[简公]不入。燕有君矣,民不贰。吾君齐景公贿,左右谄 chǎn 谀,作大事不以信,未尝可也。"

【将纳简公】 正 补 昭三年燕简公奔齐,到今年齐景公试图送他回国复位。纳见隐四·二·四·一。

【谄谀】 补 阿谀奉媚。

【三·一】"七年,春,王正月,[燕]暨齐平。"齐求之也。

【三·二】癸巳十八日，齐侯齐景公次于虢 guó。燕人行成，曰："敝邑知罪，敢不听命？先君之敝器，请以谢罪。"公孙皙曰："受服而退，俟衅而动，可也。"二月戊午十四日，盟于濡上。燕人归燕姬，赂以瑶瓮、玉椟、斝 jiǎ 耳。[齐师]不克而还。

【虢】正 杨 补 在今河北任丘市西北。北燕地。参见《图集》28③5。

【行成】补 求和。

【公孙皙】正 补 姜姓，名皙，字韩。齐大夫。

【俟】补 等待。【衅】补 瑕隙，空子。

【濡上】杨 在河北任丘市西北，濡水岸边。北燕地，与齐师驻地不远。【濡】正 补 水名，即今源出今河北顺平县西北的祁河及其下游的方顺河、石桥河。春秋时濡水参见《图集》28③4 至③5。

【燕姬】正 杨 补 北燕女，姬姓。齐景公（襄二十五·一·四）夫人。昭七年归于齐。

【瑶瓮】正 杨 玉制盛酒器。【玉椟】正 杨 用玉装饰的柜子。【斝耳】正 有耳玉斝。【斝】补 考古报告中的"斝"是一种形似爵的三足杯状铜温酒器，始见于二里头文化，流行于商至西周早期，而后即不见。斝之名称并非铜器自名，而是宋人所定，因此不能确定考古报告中的"斝"是否即是东周传世文献中提到的斝。

昭公七年·二

地理 鲁、楚、郑见昭地理示意图 1。鲁、楚、郑见昭地理示意图 5。

人物 鲁昭公（襄三十一·三·五·一）、楚灵王（襄二十六·五·一）、申无宇（襄三十·十一·二）、申无宇之阍、周文王（僖五·八·一）、楚文王（庄六·二·一）、周武王（桓元—桓二·三·二）、商纣（庄十一·二·二·二）、薳启强（襄二十四·五·一·一）、鲁成公（成元·〇）、王子婴齐（宣十一·二·一）、公衡（成二·七·二）、楚共王（成二·四·四）、鲁襄公（襄元·〇）、梓慎（襄二十八·一·二）、周公旦（隐八·二）、子服惠伯（襄二十三·八·八·二）、郑简公

（襄七·八·二·二）、孟僖子

春秋 三月，公鲁昭公如楚。

左传【一·一】楚子楚灵王之为令尹也，为王旌以田。芋尹无宇申无宇断之，曰："一国两君，其谁堪之？"

【令尹】补 见庄四·二·二。

【王旌】杨 补 楚王旌旗。旌见桓十六—桓十七·一·一。

【田】补 打猎。

【芋尹无宇断之】正 杨 补 据《礼纬》，周王之旌十二旒（飘带），旒长九仞（七尺为仞），下端与地平齐；诸侯之旌九旒，长七仞，下端与车轸（见《知识准备》"车马"）平齐；卿大夫之旌七旒，长五仞，下端与车较（车两旁横木，见《知识准备》"车马"）平齐。楚旌旗制度虽不一定与此相同，但楚王之旌比楚卿大夫之旌有更长的飘带则应无疑。申无宇见令尹王子围身为卿大夫用楚王旌旗，不合礼制，便将其过长飘带斩断。参见昭十·二·二。【芋尹】杨 补 楚外朝官，职掌田猎野兽。《左传》所见，陈亦有芋尹（见哀十五·二·二）。

【一·二】及[楚子]即位，为章华之宫，纳亡人以实之。无宇申无宇之阍 hūn 人焉。无宇执之，有司弗与，曰"执人于王宫，其罪大矣"，执[无宇]而谒 yè 诸王楚灵王。王将饮酒。无宇辞曰：

【章华之宫】补 楚离宫，其中有高台，即下文提到的"章华台"。章华宫地望有争议，详见下。

【亡人】补 逃亡之人。

【阍】补 看门人。

【有司】补 见僖十二—僖十三·二·一。

○补 **章华宫地望：** 传统观点认为章华宫在今湖北潜江龙湾镇东的龙湾遗址内。龙湾遗址分为东、西两区。东区位于龙湾镇东约四公里，面积约六十三平方公里，以龙湾镇放鹰台宫殿基址群为主体，由二十二个周代夯土台基组成龙湾楚宫殿基址群。根据考古资料结合历史地理文献资料考证，有学者认为龙湾楚宫殿基址群就是《左传》提到的楚章华宫遗址。

然而，三国以前的传世文献都指出章华宫位于乾溪（昭六·十·一）附近，也就是在安徽亳州城父镇附近。又据新出土文献《楚居》（桓二·三），“到灵王时，从为郢迁徙到秦溪之上居住，在章华之台建筑居所”，秦溪应该就是乾溪。有学者认为，楚灵王执政十二年间，大多数时间在侵略扩张的前线，乾溪说实更有理。笔者倾向于乾溪说。

笔者对楚灵王在乾溪兴建章华宫的用意有详细分析，请见专著《不服周：楚国的奋斗与沉沦》（出版中，暂定书名）相关章节。

“天子经略，诸侯正封，古之制也。封略之内，何非君土？食土之毛，谁非君臣？故《诗》曰：‘普天之下，莫非王土；率土之滨，莫非王臣。’

【经略】 正 补 经营天下。经，治。略，界。天子以四海为界。

【正封】 杨 补 治理国内。正，治。封，界。诸侯以国境为界。

【食土之毛，谁非君臣】 杨 补 吃着国土上出产的农作物[的民众]，谁不是国君的臣子？

【普天……王臣】 正 杨 《毛诗·小雅·北山》有此句，而“普”作“溥”。率，循。滨，涯。

“天有十日，人有十等，下所以事上，上所以共(供)神也。故王臣公，公臣大夫，大夫臣士，士臣皂，皂臣舆，舆臣隶，隶臣僚，僚臣仆，仆臣台，马有圉，牛有牧，以待百事。

【天有十日】 杨 补 天文历法中有十日（对应十天干）。参见昭四—

昭五·十四"十日与十二辰"。

【人有十等】 正 人间有十个贵贱等级。指下文所说王、公、大夫、士、皂、舆、隶、僚、仆、台、圉、牧。

【皂】 杨 没有爵位但在编制之内的卫士。**【舆】** 杨 既没有爵位又不在编制之内的卫士。**【隶】** 杨 罪人。**【僚】** 杨 承担重活的隶。**【仆】** 杨 由隶沦落为奴的人。**【台】** 杨 本为仆，曾经逃亡，又被抓获的人。**【圉】** 正 养马人。**【牧】** 正 养牛人。

"今有司曰：'女(汝)胡执人于王宫？'[吾若不执人于王宫，]将焉执之？周文王之法曰'有亡，荒阅'，所以得天下也。吾先君文王楚文王作仆区 ōu 之法，曰'盗所隐器，与盗同罪'，所以封汝也。若从有司，是无所执逃臣也。[臣]逃而舍之，是无陪台也。王事无乃阙 quē 乎？

【胡】 补 为何。

【有亡，荒阅】 正 补 有逃亡的，要大搜捕。荒，大。阅，搜。

【仆区】 正 补 窝藏。仆，隐。区，匿。

【盗所隐器，与盗同罪】 正 补 隐藏盗贼的赃物，与盗贼同罪。

【所以封汝也】 正 补 [楚文王严格执行仆区之法，]所以能[开拓]封疆[，北至]汝水。**【汝】** 补 见成十五—成十六·二。

【逃而……台也】 正 杨 补 [臣隶]逃亡就赦免他，那就[都逃走，]没有臣隶了。陪台，即上文之"台"。

"昔武王周武王数 shǔ 纣商纣之罪以告诸侯，曰'纣为天下逋 bū 逃主，萃渊薮 sǒu'，故夫致死焉。君王始求诸侯而则纣，无乃不可乎？若以二文之法取之，盗有所在矣。"

【纣为……渊薮】 正 杨 补 商纣是天下逃亡之人的主子，[就像鱼、兽]聚集于深水、草泽[一样]。萃，集。

【故夫致死焉】 正 因此人们拼死[讨伐商纣]。

【则纣】 补 效法商纣。

【二文】 杨 周文王、楚文王。

王曰："取而(尔)臣以往。盗有宠,未可得也。"遂赦之。

【取而臣以往】 正 杨 补 领了你的臣下(指申无宇的看门人)离开。往,去,离开。

【盗有宠,未可得也】 正 杨 补 正得[上天]恩宠的盗贼,是抓不到的。盗,楚灵王自谓。申无宇在楚灵王为令尹之时曾制止他的僭越行为,如今又将楚灵王比作商纣,楚灵王因此知道保守忠臣申无宇必定不认同自己弑郏敖夺君位的行为,因此自嘲为窃国之"盗"。不过,楚灵王强调自己有天命恩宠,没有人能奈何得了自己,进一步说明他虽然以篡弑得君位,但很可能认为自己以强代弱是顺应天命,内心并无愧疚(参见昭元・一・五・二"强以克弱而安之")。

○ 补 笔者对楚灵王收容流亡者的真实目的有详细分析,请见《不服周:楚国的奋斗与沉沦》(出版中,暂定书名)相关章节。

【二・一】楚子楚灵王成章华之台,愿与诸侯落之。大(太)宰薳wěi启强曰:"臣能得鲁侯鲁昭公。"

【落之】 正 杨 补 举行落成典礼。参见昭四—昭五・六・二"飨大夫以落之"。

【大宰】 补 见成九—成十・二。

○ 杨 补 按照下引《国语・楚语上》的说法,楚人此前邀请其他诸侯前来都没有成功,因此能言善辩的薳启强亲自出马去召请鲁昭公。

【二・二】薳启强来召公鲁昭公,辞曰:

"昔先君成公鲁成公命我先大夫婴齐王子婴齐曰:'吾鲁成公不忘先

君之好，将使衡父 fǔ，公衡照临楚国，镇抚其社稷，以辑宁尔民。'婴齐王子婴齐受命于蜀，奉承以来，弗敢失陨，而致诸(之于)宗祧 tiāo。

【昔先……尔民】 补 鲁成公绝不可能在被楚人逼迫盟誓的情形下说出这样一番凌驾于楚人之上的话，这应该是薳启强的捏造。**【辑】** 杨 安。

【奉承以来】 补 尊奉着[鲁成公之命]回来。

【而致诸宗祧】 正 补 而将鲁成公送公衡到楚作人质的言语祭告给楚宗庙中供奉的先君。

○ 补 薳启强这段外交辞令的史事背景是：成二年楚师侵鲁，迫使鲁成公在蜀地与楚王子婴齐会盟，条件之一是鲁公族成员公衡到楚作人质。同年，楚师回国到达宋时，公衡逃脱，回到鲁。参见成二·七。

"日我先君共 gōng 王楚共王引领北望，日月以冀。传序相授，于今四王矣。嘉惠未至，唯襄公鲁襄公之辱临我丧。孤郏敖与其二三臣悼心失图，社稷之不皇(遑)，况能怀思君德？

【日】 正 往日。**【领】** 补 颈。**【冀】** 补 期盼。

【四王】 正 楚共王、楚康王、郏敖、楚灵王。

【嘉惠未至】 补 美好的恩惠没有到来。实指鲁没有兑现承诺，派公衡来楚作人质。

【唯襄公之辱临我丧】 正 补 只有鲁襄公屈尊莅临我国君王的丧事。指襄二十八年鲁襄公至楚参加楚康王葬礼（参见襄二十八·十二以及襄二十九·一）。

【孤】 杨 补 指郏敖。称"孤"之例见桓十二—桓十三·二·二。襄二十八年楚康王卒，郏敖在服丧期间称"孤"。

【二三臣】 补 诸位大臣。

【悼心失图】 正 杨 补 [因楚康王丧事]心情哀痛，失掉了主意。

【不皇】 正 补 不得空闲。皇，暇。

“今君鲁昭公若步玉趾，辱见寡君楚灵王，宠灵楚国，以信(伸)蜀之役，致君之嘉惠，是寡君既受贶kuàng矣，何蜀之敢望？其先君鬼神实嘉赖之，岂唯寡君？君若不来，使臣薳启强请问行期，寡君将承质(贽)币而见于蜀，以请先君鲁成公之贶。”

【玉趾】补参见僖二十五—僖二十六·四·二。

【辱】补表敬副词，相当于“屈尊”。

【宠】补尊。【灵】杨福。

【以信蜀之役】杨补以伸张蜀之盟[时约定的两国友好的精神]。

【贶】补赐。

【何蜀之敢望】正补即“何敢望蜀”，可译为“怎敢再指望[践行]蜀之盟[时关于人质的约定]？”。

【行期】正杨表面上指楚王前往蜀地与鲁君相见的动身日期，实指楚王兴师伐鲁之期。

【质币】补近义词连用，都是礼物的意思。

○杨补成二年楚王子婴齐侵卫遂侵鲁，师于蜀。鲁请盟，承诺以公衡为质。公衡同年逃归(详见成二·七)。如今楚抓住鲁未能兑现承诺送来公衡做人质这件事不放，要求鲁昭公前来朝见楚灵王。楚人意思是，只要鲁昭公能来，就算是伸张了蜀之盟誓言的精神，送上了鲁君当年承诺的美好恩惠，楚人也就不再计较蜀之盟的具体约定，不再追究公衡没来的问题。由于鲁襄公在楚康王去世时已经亲自来过楚国，楚人于是诡辩说，当时新君郏敖和诸大臣都处在哀痛之中，没有心情去感受鲁君的恩惠，实际上是说，鲁襄公那次不是专程前来朝见楚王，不能算数，还得鲁昭公再专程来一次才行。

【二·三】公将往，梦襄公鲁襄公祖。梓zǐ慎曰：“君不果行。襄公之适楚也，梦周公周公旦祖而行。今襄公实祖，君其不行。”子服惠伯曰：“行。先君鲁襄公未尝适楚，故周公祖以道(导)之。襄公适楚矣，而祖以道(导)君。[君]不行，何之？”

【祖】正 杨 又称道、軷,指出行上路之前祭祀路神。

【不行,何之】补 不出发[前往楚],又要去哪里?之,往。

○杨 补 从子服惠伯的逻辑推断,如果鲁襄公去过楚才有资格引导鲁昭公,那么周公旦也肯定是去过楚才有资格引导鲁襄公。也就是说,当时人相信周公旦曾经到过楚。《逸周书·作雒解》谓"武王崩,周公立,相成王,二年作师旅,凡所征熊、盈族十有七国",熊为楚人之氏,盈(嬴)为淮夷之姓。《史记·鲁周公世家》:"及成王用事,人或谮周公,周公奔楚。"这些都是周公曾到过楚的传世文献证据。

【二·四】"三月,公如楚。"郑伯郑简公劳[公]于师之梁。孟僖子为介,不能相xiàng仪。及楚,[僖子]不能答郊劳。

【三月,公如楚】杨 补 按照下引《国语·楚语上》的说法,参加章华之台落成典礼的中原诸侯仅有鲁。

【师之梁】补 见襄九·五·一。

【孟僖子】正 杨 补 姬姓,孟氏,名貜,谥僖。孟献子(文十四·十二·三)或孟孝伯(襄二十三·八·二·一)之子。鲁大夫,官至卿位。任司空(卿职)。昭二十四年卒。【介】补 副手。

【相仪】补 辅助[鲁襄公]行礼仪。

【郊劳】补 此为朝礼之郊劳。参见隐七·四·春秋"聘礼"第七条"郊劳"。

○正 下启本年孟僖子使其二子师事孔子以学礼(昭七·九)。

○补 **传世文献对读:**《国语·楚语上》叙伍举论章华台之事,可扫码阅读。

昭公七年·三

地理 鲁、齐见昭地理示意图1。

人物 叔孙昭子(昭四—昭五·八)

春秋 叔孙婼chuò,叔孙昭子如齐莅盟。

【莅盟】补 见隐七·七·一·二。

○正 补 杜注、孔疏认为,鲁昭公前往楚朝见楚灵王后,可能是担心齐会前来讨伐,于是派使者前往齐结盟修好。楚灵王此时正在积极谋求称霸,而曾率先称霸的齐一直以东方大国自居,对于自己势力范围下的鲁前往楚朝见感到不满、甚至前来讨伐问罪是完全有可能的,杜注、孔疏的说法符合当时的政治情势。

昭公七年·四

地理 晋、鲁、卫见昭地理示意图1。

人物 晋平公(襄十六·一·春秋)、士文伯(襄三十·三·一·一)、卫襄公(襄三十一·七·一·一)、季武子(襄六·五·春秋)

春秋 夏四月甲辰朔初一,日有食之。

【朔】补 见桓三·五·春秋。

【日有食之】补 见隐三·一·春秋。

左传【一】"夏四月甲辰朔,日有食之。"

【二】晋侯晋平公问于士文伯曰:"谁将当日食?"

[士文伯]对曰:"鲁、卫恶è之。卫[恶]大,鲁[恶]小。"

【鲁、卫恶之】正 鲁、卫受其凶恶。

公晋平公曰:"何故?"

[士文伯]对曰:"[日]去卫地,如鲁地,于是有灾,鲁实受之。其大

咎，其卫君乎！鲁将上卿。”

【去卫……受之】正 杨 据分野学说（参见襄二十八·一·二），十二星次中，娵訾为卫分野，而降娄为鲁分野。此次日食从娵訾（卫）末尾开始，日行至降娄（鲁）开头然后复现，所以卫将有大祸，而鲁承受余祸。

【咎】补 灾祸。

○正 下启本年八月卫襄公卒（昭七·八），及十一月季武子卒（昭七·十一）。

公曰：“《诗》所谓‘彼日而食，于何不臧’者，何也？”

【彼日而食，于何不臧】正 杨 补《毛诗·小雅·十月之交》有此句，而“彼”作“此”，可译为“那个日子发生日食，是什么地方不好？”。

［士文伯］对曰：“不善政之谓也。国无政，不用善，则自取谪 zhé 于日月之灾，故政不可不慎也。务三而已：一曰择人，二曰因民，三曰从时。”

【谪】正 谴责。

【因民】补 依靠民众。因，依。**【从时】**补 顺从时令。

昭公七年·五

地理 晋、鲁、楚见昭地理示意图 1。鲁、杞、成、桃见昭地理示意图 4。

人物 季武子（襄六·五·春秋）、谢息、孟僖子（昭七·二·二·四）、鲁昭公（襄三十一·三·五·一）

左传 晋人来治杞田，季孙季武子将以成与之。

【晋人来治杞田】正 补 襄二十九年晋女齐来要求鲁归还先前所获杞田，鲁没有全部归还。从下文“君之在楚，于晋罪也”推断，可能是因为本年鲁昭公前去朝见楚灵王，晋人不满，因此再次前来要求鲁人归还杞田，名为主持正义，实为惩戒鲁。

【成】正 杨 见桓六·三·春秋。本为杞田，此时为孟氏邑。

谢息为孟孙孟僖子守[成]，不可，曰："人有言曰：'虽有挈 qiè 瓶之知(智)，守不假器，礼也。'夫子孟僖子从君鲁昭公[如楚]，而守臣谢息丧邑，虽吾子季武子亦有猜焉。"

【谢息为孟孙守，不可】杨 补 谢息为孟氏成邑宰，不认可[季武子的计划]。邑宰见襄七·三·一。

【虽有……礼也】正 补 即使仅有垂瓶汲水之类小智慧[的仆役]，[也知道]看守好水瓶不借给别人是合于礼的。挈，垂。假，借。

【虽吾子亦有猜焉】正 即使是您(季武子)也会猜疑[我对主子不忠]的。

季孙曰："君之在楚，于晋罪也。[若]又不听晋，鲁罪重 zhòng 矣，晋师必至。吾季武子无以待之，不如[以成]与之，间 jiàn 晋而取诸(之于)杞。吾与子谢息桃。成反(返)，谁敢有之？是得二成也。鲁无忧，而孟孙益邑，子何病焉？"

【君之在楚，于晋罪也】正 补 国君身在楚，对于晋来说就有罪过。由此可见，虽然襄二十七年弭兵之盟约定"晋、楚之从交相见也"，晋对于其盟国去楚朝见实际上仍保持猜疑甚至反对的态度。

【待】杨 抵御。参见宣十二·一·十二"待诸乎"。

【间晋而取诸杞】正 补 等待晋有机可乘，再从杞取回成邑。间，寻找机会。

【桃】杨 见襄十七·四·春秋。

【病】补 困扰。

[谢息]辞以[桃]无山。[季孙]与之莱、柞 zuò，[谢息]乃迁于桃。晋人

为杞取成。

【莱、柞】正 杨 皆为山名，在今山东莱芜境。鲁地。

昭公七年・六

地理 楚、鲁、齐、晋、越见昭地理示意图 1。楚、鲁、晋、越见昭地理示意图 5。

人物 楚灵王（襄二十六・五・一）、鲁昭公（襄三十一・三・五・一）、薳启强（襄二十四・五・一・一）

左传 楚子楚灵王享公鲁昭公于新台，使长鬣 liè 者相 xiàng，好以大屈。既而[楚子]悔之。薳 wěi 启强闻之，见公。

【享】补 见桓九—桓十・一・二。

【新台】正 补 即新落成的章华台。

【长鬣者】正 杨 长须髯之人。一说鬣通儠，长壮貌。

【好以大屈】正 补 增进友好关系[而赠送的礼物]是大屈之弓。

公语 yù 之，[薳启强]拜贺。

公曰："何贺？"

[薳启强]对曰："齐与晋、越欲此大屈久矣。寡君楚灵王无适 dì 与也，而传诸（之于）君鲁昭公。君其备御三邻，慎守宝矣，敢不贺乎？"

【适】杨 专，主。

【传】杨 授。

【三邻】正 补 齐、晋、越。不过，当时越并不与鲁接壤，称"邻国"并不恰当。

公惧，乃反(返)之。

○补参见僖十八年楚成王赐予郑文公铜料而又后悔之事(僖十八·二)。

昭公七年·七

地理 郑、晋见昭地理示意图1。郑、晋、州、原见昭地理示意图2。

人物 公孙侨(襄八·三)、晋平公(襄十六·一·春秋)、韩宣子(襄七·六·一)、唐尧(文十八·三·二)、鲧(僖三十三·五·一·二)、丰施、公孙段(襄二十七·三·二·十一)、乐大心、良霄(襄十一·二·春秋)、驷带(襄三十·九·六)、公孙泄、良止、游吉(襄二十二·七·二)、赵景子(昭五·四·二)、郑穆公(僖三十·三·五)、公子去疾(宣四·三·二)、公孙辄(襄八·三)、罕虎(襄二十九·七·一)、罕朔、罕魋

左传【一】郑子产公孙侨聘于晋。

【聘】补见隐七·四·春秋。

【二·一】晋侯晋平公有疾。

韩宣子逆客，私焉，曰："寡君晋平公寝疾，于今三月矣。并走群望，[君疾]有加而无瘳 chōu。今[寡君]梦黄熊入于寝门，其何厉鬼也?"

【逆】补迎。

【私焉】正补私下与公孙侨交谈。

【并走群望】正杨补所有[晋祀典中应该]望祭[的山川]都奔走[祭祀]过了。并，遍。

【瘳】杨病愈。

【寝门】补 寝宫门。

[子产]对曰："以君晋平公之明，子为大政，其何厉之有？昔尧唐尧殛 jí 鲧 gǔn 于羽山，其神化为黄熊，以入于羽渊。[鲧]实为夏郊，三代祀之。晋为盟主，其或者未之祀也乎？"

【殛】杨 诛。

【羽渊】杨 羽山流水汇成的深渊。

【实为夏郊，三代祀之】正 补 [鲧]是夏朝郊祭[时配祭的对象]，[夏、商、周]三代都祭祀他。鲧为夏禹之父，所以夏朝郊祭天时，以鲧配祭。商、周二代自以其祖配天，虽然在郊祭时不再以鲧配祭，但因鲧有治水之功，又通在众神行列，所以仍然加以祭祀，故曰"三代祀之"。

【晋为……也乎】补 晋现在是中原盟主，[而晋侯被鲧之神化成的黄熊所折磨，]大概可能是没有祭祀[鲧]吧？这段话的深意详见下面结合《国语・晋语八》相应段落进行的分析。

【二・二】韩子韩宣子祀夏郊。晋侯有间 jiàn，赐子产公孙侨莒 jǔ 之二方鼎。

【晋侯有间】杨 晋平公病渐痊愈。

【方鼎】正 补 鼎三足则圆，四足则方。著名的后母戊鼎（据裘锡圭先生考证应为姒戊鼎）即为方鼎。

○补 无论是《左传》还是《国语》版本，公孙侨想表达的意思是很清楚的：晋是中原诸侯实际上的共主，其地位相当于西周时的周王室，因此鲧的神灵黄熊会找上门来，通过以病痛折磨晋平公来要求晋祭祀它。这看起来是在煞有介事地通过解梦来诊断晋平公的病因，实际上是在用一种非常曲折的方式吹捧晋：虽然表面上晋还要打着"尊奉周王室"的旗号来召集诸侯，但是鲧的神灵可是不受周礼约束的，它只管找和三代王室相匹敌的、真正能好好祭祀它的国家求食。也就是说，晋接替周王室作为天下共主的政治地位，在神灵看来是毋庸置疑的，而且在当下是仍然有效的。

如果我们坚持无神论的立场，不相信晋平公生病真是因为鲧的神灵折磨他的话，那么最合理的解释可能是：晋平公的体病是由于心病引起的，而他的心病就是楚灵王霸业日渐昌盛，而晋内政日渐分裂、霸业遭遇危机。公孙侨的这番分析，一方面给了黄熊之梦一个有理有据的解释，一方面还给晋平公加油打气，告诉他虽然实际形势很不乐观，似乎楚马上要取代晋成为霸主，但全知全能的神灵仍然认定晋是接替周王室的天下共主，并没有抛弃晋而选择楚。人在生病时特别容易相信神鬼之事（直到今天仍是如此），晋平公听到这么一番说到点子上的宽心话，心病自然得到缓解，体病好转也就是情理之中的事了。

○正补**传世文献对读：**《国语·晋语八》也记载了公孙侨（公孙成子）为晋平公解梦之事，言辞有所不同，可扫码阅读。

【三·一】子产公孙侨为丰施归州田于韩宣子，曰："日君晋平公以夫fú公孙段为能任其事，而赐之州田。今[公孙段]无禄早世，不获久享君德。其子丰施弗敢有，不敢以闻于君，私致诸（之于）子韩宣子。"

【丰施】正杨补姬姓，丰氏，名施，字旗。公孙段（襄二十七·三·二·十一）之子，公子平（襄七·八·二·一）之孙。昭七年公孙段去世后继位为郑大夫，官至卿位。

【日君……州田】正事见昭三·四·一。

【今无禄早世】正杨补如今[公孙段]不幸早死。据昭七·七·四·一，公孙段在昭七年正月二十七日去世。

宣子韩宣子辞。子产曰："古人有言曰：'其父析薪，其子弗克负荷hè'。施丰施将惧不能任其先人之禄，其况能任大国之赐？

纵吾子韩宣子为政而可，后之人若属 zhǔ 有疆埸 yì 之言，敝邑获戾，而丰氏受其大讨。吾子取州，是免敝邑于戾，而建置丰氏也。敢以为请。”

【其父……负荷】 杨 补 父亲劈柴，儿子背不动。克，能。这是比喻父亲勤劳创立的家业，儿子不能保有。

【任】 杨 补 负荷，承受。

【属】 杨 适，碰巧。**【疆埸之言】** 正 补 关于疆界［领土］的言论。指后代卿大夫否定前代政策，用郑丰氏占有晋州田为理由来怪罪郑。

【戾】 补 罪。

【三・二】 宣子韩宣子受之，以告晋侯晋平公。晋侯以［州田］与宣子。宣子为初言，病有之，以［州田］易原县于乐大心。

【宣子……大心】 正 杨 补 韩宣子由于以前的话，担心拥有州田会再次引发争议，于是用州田与乐大心调换了原县。“初言”，指韩宣子、范宣子与赵文子争夺州来的言论，见昭三・四・二。**【原县】** 补 即原，见隐十一・三・一。**【乐大心】** 正 补 子姓，乐氏，名大心。乐婴齐（宣十五・二・一）之后。居于宋都桐门。宋大夫，官至执政卿（继华亥）。昭二十二年任右师（卿职）。定十年被宋人所逐，奔曹。定十一年自曹入于萧。

○ 补 州、原本皆为晋县。昭三年晋人将州赐予郑卿公孙段，而此前亦将原县赐予宋卿乐大心，可见当时晋国有将本国城邑赐予盟国卿大夫的做法。

○ 补 据《史记・韩世家》记载，“［韩］宣子徙居州”“［韩］贞子徙居平阳”，则本年韩宣子得到原县之后，后面还是得到了州县，并且将韩氏宗邑迁到州县。后来，韩宣子之子韩贞子又将宗邑迁徙到平阳，平阳成为后来韩国的第一个都城。

○ 补 笔者对“韩宣子智取州县事件”的可能真相有详细分析，请参阅拙文《韩宣子智取州县：两千多年前的“资产运作”案》。

【四·一】铸刑书之岁昭六年，二月，或梦伯有良霄介而行，曰："壬子昭六年三月二日，余将杀带驷带也。明年昭七年壬寅正月二十七日，余又将杀段公孙段也。"郑人相惊以伯有，曰"伯有至矣"，则皆走，不知所往。及壬子，驷带卒，国人益惧。齐、燕平之月昭七年正月，壬寅二十七日，公孙段卒，国人愈惧。其明月，子产公孙侨立公孙泄及良止以抚之，乃止。

【介】正 杨 身着甲胄。

【余将杀带也】正 补 襄三十年驷氏族长驷带帅国人帮助驷氏族人公孙黑攻打良霄（参见襄三十·九·六），因此良霄鬼魂（实为良霄余党）宣称要杀死驷带作为报复。

【余又将杀段也】正 补《左传》中没有描述丰氏如何公开参与攻打良霄，因此不清楚为何丰氏族长公孙段被良霄鬼魂（实为良霄余党）认定为报复的对象。不过，襄三十·九·三说"罕、驷、丰同生，伯有汏侈，故不免"，而且良霄死后，公孙段即成为仅次于罕虎、公孙侨的郑卿，这些都提示，丰氏在灭良氏过程中所起到的作用可能比我们从《左传》中读到的要大，有些信息是良霄鬼魂（实为良霄余党）知道而后人不知道的。

【走】补 跑。

【子产……乃止】正 补 公孙侨立了公孙泄和良止［为大夫，延续二家本已断绝的宗祀］，来安抚公子嘉、良霄的鬼魂，这场风波才停了下来。

【公孙泄】正 补 姬姓，名泄。公子嘉（襄八·八·一·二）之子，郑穆公（僖三十·三·五）之孙。昭七年任大夫。公子嘉被杀之事见襄十九·六。

【良止】正 补 姬姓，良氏，名止。良霄（襄十一·二·春秋）之子。昭七年任大夫。

○补 通行本中，"郑人相惊以伯有……不知所往"原在本小节（昭七·七·四·一）首，"铸刑书之岁二月"前。本段开篇即叙郑人相惊以良霄之事，之前毫无铺垫，甚为突兀。以事理度之，应是先有良霄托梦之言流行民间之事，后有郑人惊走之事，当时民心已惧。正因为如此，所以驷带卒后，“国人益惧”；公孙段卒后，“国人愈惧”。据上述理由，因而有此调整。

子大(太)叔游吉问其故。子产曰：“鬼有所归，乃不为厉。吾为之归也。”

【鬼有……归也】 杨 补 鬼有所归宿，这才不会成为恶鬼。我[立良霄之子良止为大夫，延续本已断绝的良氏宗祀，]是为良霄之鬼找了个归宿。

大(太)叔游吉曰：“公孙泄何为？”

【公孙泄何为】 正 补 [公子嘉之鬼并不为厉，立其子]公孙泄是为了什么？

子产曰：“说也。为身无义而图说。从政有所反之，以取媚也。不媚，不信。不信，民不从也。”

【说也……从也】 正 杨 补 [这是为了]给个说法。此举本身不合于义，而是图谋[给民众一个]说法。为政者有时需要[在礼义方面]有所违反，来求得[民众的]爱戴。不求得[民众的]爱戴，就不能[建立]信用。没有信用，民众就不会跟从。说，取悦。媚，爱。

○ 补 从无神论角度分析，驷带、公孙段之死不可能是因为良霄鬼魂作祟所致。上文所述良霄鬼魂“克死”驷带、公孙段的事，如果不是杜撰、又不是巧合的话，就只能理解为良霄余党事先散布伯有鬼魂将要杀人的谣言，然后按谣言上所说的日期杀死了驷带、公孙段，可以说是一次先秦版本的“恐怖主义行动”。当时人普遍相信横死之人可以变为厉鬼害人，而很难猜想到这是一场人为的“定点清除行动”，因此“良霄鬼魂杀人”在民众中造成了很大的恐慌，而且此时正是公孙侨“铸刑书”力推新政的第二年，很有可能酿成政治动荡，必须设法迅速制止。公孙侨于是立了良霄的儿子良止，因为无论此事是良霄余党策划实施(这应该是真相),来逼迫当局重新任用良氏后代为官;还是真的因为良霄鬼魂作祟(如同当时大部分民众相信的那样),如此安排都能满足人/鬼的需求,从而迅速平息此事。

但是,如果只立良霄的儿子良止,则会使民众相信政府害怕厉鬼,这将会为图谋不轨者打开用鬼怪之事胁迫执政者的恶劣门路,为日后的国家治理埋下巨大后患。于是公孙侨同时将公子嘉(襄十九年因罪被诛杀的卿)的儿子公孙泄也立为大夫,这就是要给民众一个说法,使民众认为执政者立良止为大夫并非害怕良霄鬼魂胁迫,而是感念良霄鬼魂作祟之事,出于仁慈而体恤被诛杀卿大夫的后代,不仅安抚闹事的良霄鬼魂,也一并安抚并未闹事的公子嘉鬼魂。这样做一方面让民众感受到执政者的仁慈,从而更加爱戴拥护现政权;另一方面又没有直接向良霄余党的暴行低头示弱,最大限度地保住了执政者的尊严。

良霄和公子嘉都是因罪被诛的卿大夫,根据礼制的规定,他们的后代应不得立为大夫。此次公孙侨立两人的儿子为大夫,虽然违背了礼法的教条,但这样做迅速平息了事件,获得了民众的爱戴,又保持了执政者的尊严,可以说是一次非常成功的“危机公关”,深得为政大体。

【四·二】及子产适晋,赵景子问焉,曰:“伯有犹能为鬼乎?”

子产曰:

“能。

“人生始化曰魄。既生魄,阳曰魂。用物精多,则魂魄强。是以有精爽,至于神明。

○正 补 人有身体之质,称为“形”;有嘘吸之动,称为“气”。人出生后有了形体，形体之灵为“魄”。有魄之后，体内自有阳气，阳气之神为“魂”。简言之，附形之灵为魄，附气之神为魂。生时衣食用度精美丰富，魂魄就会不断强大。因此有初级阶段称为“精爽”，以至于高级阶段称为“神明”。精，尚不显著的神。爽，尚不昭彰的明。

“匹夫匹妇强死，其魂魄犹能冯(凭)依于人，以为淫厉，况良霄，我先君穆公郑穆公之胄，子良公子去疾之孙，子耳公孙辄之子，敝邑之卿，从政三世矣。郑虽无腆，抑谚曰‘蕞zuì尔国’，而[良霄]三世执其政柄，其用物也弘矣，其取精也多矣；其族又大，[良霄之魂魄]所冯(凭)厚矣，而强死。[良霄]能为鬼，不亦宜乎？”

【强死】杨不得善终。

【胄】杨后代。

【无腆】正(国力)不厚。

【抑】补发语词。**【蕞尔国】**正补弹丸小国。蕞，小貌。

【弘】杨多。

○补如果从郑国内政治的层面去理解，大族实力雄厚、族长被杀后能变成“厉鬼”来继续害人，正是良霄余党与执政者继续斗争的绝妙隐喻。如果从外交辞令的层面去理解，公孙侨表面上是论证良霄这样的“弹丸小国”罪臣死后尚且能变成厉鬼继续害人，实际上是强调郑这个“弹丸小国”不可以被轻视，应该得到晋的尊重。公孙侨言辞艺术的高超，在此可见一斑。

【五·一】子皮罕虎之族饮酒无度，故马师氏与子皮氏有恶wù。齐师还自燕之月二月，罕朔杀罕魋tuí。罕朔奔晋。

【马师氏】正补郑马师之族，公子喜(字罕)之后。下文所述杀人之罕朔为其族长。**【子皮氏】**正补郑当国罕虎之族，公子喜(字罕)之后。下文所述被杀之罕魋为其族人。

【罕朔】正 补 姬姓，罕氏，名朔。公孙锄(襄三十·九·十二·二)(任马师)之子，公子喜(成十·三·二)(字罕)之孙。郑大夫，任马师。昭七年奔晋，任大夫。【罕魋】正 补 姬姓，罕氏，名魋。公孙舍之(襄八·八·一·二)之子，公子喜(字罕)之孙，罕虎(襄二十九·七·一)(字皮)之弟。昭七年被罕朔所杀。

○正 公孙锄为公孙舍之之弟，故罕朔(公孙锄之子)与罕魋(公孙舍之之子)为从父兄弟。

【五·二】韩宣子问其罕朔位于子产公孙侨。子产曰："君晋平公之羁臣，苟得容以逃死，何位之敢择？卿违，从大夫之位；罪人以其罪降，古之制也。朔罕朔于敝邑，亚大夫也；其官，马师也。[朔]获戾而逃，唯执政所置之。[朔]得免其死，为惠大矣，又敢求位？"

【羁臣】杨 补 羁旅之臣，见庄二十二·三·二。

【何位之敢择】补 即"何敢择位"。

【卿违……制也】正 杨 补 卿[以礼]离开本国[至他国]，降位一等为大夫；有罪之臣[逃至他国，]则根据其罪行决定降等多少，这是古代的制度。

【马师】补 见襄三十·九·六。

【戾】补 罪。

【五·三】宣子韩宣子为子产之敏也，使[罕朔]从嬖 bì 大夫。

【敏】杨 补 审慎恰当。

【从】杨 补 随，随其班位，实即担任。

【嬖大夫】补 见昭元·二·四。

○正 补 罕朔本为亚大夫，奔晋后为嬖大夫，即下大夫，实降一等，并未按其罪行降等。这是韩宣子因为公孙侨答对得当而特别优待罕朔。

昭公七年·八

地理 卫、晋、周见昭地理示意图 1。卫、晋、周、戚见昭地理示意图 3。

人物 卫襄公(襄三十一·七·一·一)、范献子(襄十四·四·五)、韩宣子(襄七·六·一)、齐恶(昭元·一·春秋)、周景王(襄三十·六·春秋)、郕简公、高圉、亚圉

春秋 秋,八月戊辰二十六日,卫侯恶卫襄公卒。

左传【一】秋,八月,卫襄公卒。

【二】晋大夫言于范献子曰:"卫事晋为睦,晋不礼焉,庇其贼人孙文子而取其地,故诸侯贰。《诗》曰'鹏jí鸰líng在原,兄弟急难',又曰'死丧之威,兄弟孔怀'。兄弟之不睦,于是乎不吊,况远人,谁敢归之?今又不礼于卫之嗣,卫必叛我,是绝诸侯也。"献子范献子以告韩宣子。宣子韩宣子说(悦),使献子如卫吊,且反(返)戚田。

【庇其贼人而取其地】 正 杨 补 庇护卫的贼人并强取卫的土地。贼人指孙文子。襄二十六年孙文子以戚邑叛如晋,晋庇护孙文子,接纳戚邑,并将卫西鄙懿氏邑六十赐给孙文子(参见襄二十六·六·一·一)。

【鹏鸰在原,兄弟急难】 正 杨 补《毛诗·小雅·常棣》(见昭元·一·六·三)有此句,而"鹏鸰"作"脊令"。可译为"脊令流落平原,兄弟着急救难"。**【鹏鸰】** 正 杨 补 白鹡鸰(*Motacilla alba*)或灰鹡鸰(*M. cinerea* Tunstall),雀形目鹡鸰科鸟类,鸣声如"急""急",或"急令""急令"。

【死丧之威,兄弟孔怀】 正 杨 补《毛诗·小雅·常棣》有此句,可译为"死丧威胁可怕,兄弟甚为牵挂"。威,畏。孔,甚。怀,思。

【不吊】 正 不相吊恤。

【戚】补见文元·三·春秋。

【三】卫齐恶告丧于周，且请命。王周景王使郕简公如卫吊，且追命襄公卫襄公曰：“叔父卫襄公陟 zhì 恪（格），在我先王之左右，以佐事上帝。余敢忘高圉 yǔ、亚圉？”

【郕简公】正 补姬姓，成氏，谥简。成肃公（成十三·一·三·一）之后。周王室卿士。

【叔父】补参见僖八—僖九·三·二。【陟恪】正 杨 补升天，即逝世。陟，登。恪，至，此处指至于天庭（详见下）。

【余敢忘高圉、亚圉】正高圉为周先祖公刘玄孙之孙，亚圉为高圉之子。二圉皆为商代诸侯，杜注认为他们死后应曾接受商王追命，因此周景王追命卫襄公，说“不敢忘高圉、亚圉”。

○杨此为追命，与庄元·四·春秋周庄王使荣叔来赐鲁桓公命同类。

○补古文字新证：“各”字字形演变情况如昭字形图 2 所示。商代甲骨文“各”字象人足从外来到半穴居住所，会“至、来到”之意。商以后字形演变情况在此不再详述。“各”为“格”之初文。总之，从古文字证据看，“至”应为“各（格）”之造字本义。

1 商.甲 256《甲》	2 商.菁 4.1《甲》	3 周中.豆閉簋《金》	4 春.秦公簋《秦》
5 戰.齊.陶彙 3.469	6 戰.燕.璽彙 3355	7 戰.楚.天卜《楚》	8 西漢.老子甲後《篆》

昭字形图 2（《说文新证》，2014 年）

昭公七年·九

地理 鲁、楚、宋见昭地理示意图 1。

人物 鲁昭公（襄三十一・三・五・一）、孟僖子（昭七・二・二・四）、孔子（僖二十七—僖二十八・二十五・三）、弗父何、宋厉公、正考父、宋戴公（庄十二—庄十三・二）、宋武公（隐元・一・一）、宋宣公（隐三・六・一・一）、臧武仲（成十八・十・二）、南宫敬叔、孟懿子

春秋 九月，公鲁昭公至自楚。

左传【一】“九月，公至自楚。”

【二・一】孟僖子病不能相 xiàng 礼，乃讲学之，苟能礼者从之。及其将死也，召其大夫，曰：

【病】补 以……为羞。

【及其将死也】正 补 孟僖子卒于昭二十四年（参见昭二十四・二・春秋），此处《左传》为探后而终言之。孔子生于襄公二十二年，在孟僖子去世时三十三岁。《史记・孔子世家》言“孔子年十七（即昭七年），鲁大夫孟釐子病且死……”，认为孟僖子卒于昭七年，应该是误读本段《左传》所致。

“礼，人之干也。无礼，无以立。

“吾闻将有达者曰孔丘孔子，圣人之后也，而[其先]灭于宋。

【圣人……于宋】正 杨 补 [孔子是]明哲之人的后代，而[他的先祖孔父]在宋灭亡了。圣人，明哲之人，指孔子先祖弗父何及正考父。桓二年孔子六世祖孔父嘉被华父督所杀，其后代奔鲁，故曰“灭于宋”。

“其祖弗父 fú 何，以有宋而授厉公宋厉公。

【弗父何】正 补 子姓，名何，字弗。宋前闵公嫡长子。

【以有宋而授厉公】正 弗父何为嫡嗣，依礼应为宋君，却让给其弟，也就是宋厉公。【厉公】正 补 宋厉公。子姓，名鲋祀(或曰名鲂祀)，谥厉。宋前闵公之子，弗父何之弟。

“及正考父 fǔ，佐戴宋戴公、武宋武公、宣宋宣公，三命兹(滋)益共(恭)。故其鼎铭云：‘一命而偻 lóu，再命而伛 yǔ，三命而俯。循墙而走，亦莫余敢侮。饘 zhān 于是，鬻(粥)于是，以糊余口。’其共(恭)也如是。

【正考父】正 补 子姓，名考，字正。弗父何曾孙。宋大夫，官至卿位。

【三命兹益共】正 杨 补 接受三命[做上卿]而更加谦恭。三命参见僖三十三·五·二·二。滋益是近义词连用，都是“更加”的意思。

【偻】补 低头。【伛】正 补 弯腰。伛比偻更谦恭。

【俯】正 补 把腰深深弯下。俯比伛更谦恭。

【循墙……敢侮】正 杨 补 沿着墙根快步走，也没人敢欺侮我。循墙，避道中央，是谦恭的表现。走，急趋，表谦恭。“亦莫余敢侮”，即“亦莫敢侮余”。

【饘于……余口】正 杨 补 用这鼎煮稠粥，用这鼎煮稀粥，来糊我的口。糊口参见隐十一·二·五。

“臧孙纥 hé，臧武仲有言曰：‘圣人有明德者，若不当世，其后必有达人。’今其将在孔丘乎？我若获没，必属(嘱)说 yuè，南宫敬叔与何忌孟懿子于夫子孔子，使事之，而学礼焉，以定其位。”

【当世】正 杨 当国君。

【达人】正 通达之人。

【获没】正 得以寿终。

【说】正 补 南宫敬叔。姬姓，南宫氏，出自孟氏，名说，谥敬，排行叔。孟僖子(昭七·二·二·四)之子，孟懿子同母弟。昭十二年生。

【何忌】 正 补 孟懿子。姬姓，孟氏，名何忌，谥懿，排行叔。孟僖子之子。昭十二年生。鲁卿，任司空。哀十四年卒。

故孟懿子与南宫敬叔师事仲尼孔子。

○杨 补 据《左传》及杜注，则弗父何本应继位为君，而将君位让与其弟。然而据《史记·宋世家》记载，“湣公共卒，弟炀公熙立。炀公即位，湣公子鲋祀弑炀公而自立，曰‘我当立’，是为厉公”。也就是说，《史记》版本认为宋厉公是自立为君，而并非接受弗父何让位。《毛诗正义·商颂·那》诗序孔疏试图调和《左传》与《史记》的歧异，提出如下说法：弗父何是宋闵公太子，本应即位。宋闵公之弟熙篡位，是为宋炀公。弗父何之弟鲋祀杀宋炀公，将立弗父何为君，而弗父何又将君位让给鲋祀，最终鲋祀即位，是为宋厉公。孔疏说法虽出于臆测，然而并非没有可能，比如文十四年便有其齐公子商人杀齐君舍后，将要立其异母兄公子元为君，而公子元又将君位让与公子商人之事（参见文十四·六）。

【二·二】仲尼孔子曰：“能补过者，君子也。《诗》曰‘君子是则是效’，孟僖子可则效已矣。”

【君子是则是效】 正 杨 补《毛诗·小雅·鹿鸣》（见襄四·二·二）有此句，而“效”作“傚”，可译为“君子取法这个效仿这个”。则、效为近义词，都是仿效的意思。

○补 **传世文献对读：**《孔子家语·正论解》记载了孔子上述评论的一个更长的版本，《孔子家语·观周》记载了南宫敬叔陪同孔子至周王室访学之事，应该就在昭二十四年孟僖子去世后不久，可扫码阅读。

昭公七年·十

地理 周见昭地理示意图1。周、单见昭地理示意图2。

人物 单献公、单襄公(成元·一·一)、单顷公(襄三·五·春秋)、单成公

左传 单献公弃亲用羁。冬,十月辛酉二十日,襄单襄公、顷单顷公之族杀献公单献公而立成公单成公。

【单献公】正 补 姬姓,单氏,谥献,单靖公(襄十·八·二)之子,单顷公(襄三·五·春秋)之孙,单襄公(成元·一·一)重孙。周王室卿士。昭七年被单襄公、单顷公之族所杀。

【羁】正 补 羁旅之臣。羁旅参见庄二十二·三·二。

【成公】正 补 单成公。姬姓,单氏,谥成。单靖公之子,单献公之弟。昭七年任周王室卿士。昭十一年卒。

昭公七年·十一

地理 鲁、晋见昭地理示意图1。

人物 季武子(襄六·五·春秋)、晋平公(襄十六·一·春秋)、士文伯(襄三十·三·一·一)

春秋 冬,十有(又)一月癸未十三日,季孙宿季武子卒。

左传【一】十一月,季武子卒。

【二】晋侯晋平公谓伯瑕士文伯曰:"吾所问日食,从矣。可常乎?"

【吾所问日食,从矣】正 补 我问的关于日食的事情,应验了。指卫襄公、季武子之死,都与士文伯预言吻合。

【可常乎】杨 补 可以常态化[地通过日食预知未来]么?

[伯瑕]对曰："不可。六物不同，民心不壹，事序不类，官职不则，同始异终，胡可常也？《诗》曰'或燕燕居息，或憔悴事国'，其异终也如是。"

【则】杨 等。

【或燕……事国】正 补《毛诗·小雅·北山》有此句，而"憔悴"作"尽瘁"。可译为"有人舒舒服服地安居休息，有人精疲力竭地为国操劳"。燕燕，安息貌。

公晋平公曰："何谓六物？"

[伯瑕]对曰："岁、时、日、月、星、辰，是谓也。"

【岁】正 补 一年。古人认为岁星（木星）运行一个星次即为一年。岁星纪年法参见襄九·五·五。

【时】正 四时，即春、夏、秋、冬。【日】正 补 十日，以天干纪之，自甲至癸。参见昭七·二·一·二。【月】正 十二月。【星】正 二十八宿。

【辰】正 补 有多种意义，详见下。士文伯认为此处"辰"意义为日月之会，即日月合朔（参见桓三·五·春秋），一年十二次，以地支纪之，从子至亥。

公曰："多语 yù 寡人'辰'，而莫同。何谓辰？"

○正 杨 补 晋平公有此问，是因为"辰"在当时有多种含义。如《论语·为政》中的"北辰"，指北极星。桓元—桓二·三·二"三辰"，指日、月、星。僖五·八·二"龙尾伏辰"，则指日月合朔。成九·十·二"浃辰之间"之"浃辰"及昭九·四·二"辰在子、卯"，指从子至亥十二地支。昭元·八·一·一"辰为商星"之"辰"，指大火星（心宿二，参见庄二十九·五）。士文伯所说的"辰"是指日月合朔。

[伯瑕]对曰："日月之会是谓辰，故以配日。"

○正 杨 补 士文伯回答说，日月相会（即日月合朔）称为"辰"，因此用十二辰与十日相配。十二辰（以地支标识，从子至亥）与十日（以天干标识，从甲至癸）相配，春秋时用以纪日，如甲子、戊戌、辛亥之类。参见昭四—昭五・十四"十日和十二辰"。

昭公七年・十二

地理 卫见昭地理示意图1。

人物 卫襄公（襄三十一・七・一・一）、宣姜、婤姶、公孟縶、孔成子（成十四・五・一）、康叔封（僖三十一・五・二）、公子元/卫灵公、孔顷子、孔文子、史文子（襄二十九・九・四）、史朝、韩宣子（襄七・六・一）、周武王（桓元—桓二・三・二）

春秋 十有（又）二月癸亥二十三日，葬卫襄公。

左传【一・一】卫襄公夫人姜氏宣姜无子。嬖 bì 人婤 zhōu 姶 è 生孟縶 zhí，公孟縶。孔成子梦康叔康叔封谓己："立元公子元，余使羁孔顷子之孙圉 yǔ，孔文子与史苟史文子相 xiàng 之。"史朝亦梦康叔谓己："余将命而（尔）子苟史文子与孔烝 zhēng 鉏，孔成子之曾孙圉相元。"史朝见成子孔成子，告之梦，梦协。

【姜氏】正 补 宣姜。姜姓，谥宣。卫襄公夫人。

【嬖人】补 得宠妾。【婤姶】补 卫襄公（襄三十一・七・一・一）妾，公孟縶、卫灵公之母。"婤姶"二字都是美好的意思，不是姓。

【孟縶】补 公孟縶。姬姓，名縶，排行孟。卫襄公庶子，婤姶所生。昭二十年被齐豹所杀。其后为公孟氏。

【康叔】杨 卫始封君。

【元】正 补 公子元，后为卫灵公。姬姓，名元，谥灵。卫襄公庶子，公孟絷同母弟，婤姶所生。昭二年生。昭八年即位。昭二十年自卫都出奔至卫邑死鸟，同年复归。在位四十二年。哀二年卒。

【羁】 正 补 孔顷子。姞姓，孔氏，名羁，谥顷。孔成子（成十四·五·一）之子。卫大夫，官至卿位。

【圉】 杨 补 孔文子。姞姓，孔氏，名圉，谥文，排行叔。孔顷子之孙。卫大夫，官至卿位。《论语·公冶长》："子贡问曰：'孔文子何以谓之"文"也？'子曰：'敏而好学，不耻下问，是以谓之"文"也。'"可见孔子对此人颇为欣赏。

【史朝】 补 姬姓，史氏，名朝。卫大夫。**【协】** 正 合。

〔一·二〕晋韩宣子为政聘于诸侯之岁昭二年，婤姶生子，名之曰"元"。孟絷公孟絷之足不良能行。孔成子以《周易》筮之，曰"元尚享卫国，主其社稷"，遇《屯 zhūn》䷂；又曰"余尚立絷公孟絷，尚克嘉之"，遇《屯》䷂之《比》䷇。［成子］以［卦］示史朝。

【孟絷之足不良能行】 正 杨 补 公孟絷的腿脚不能够正常行走，也就是跛足。良能，近义词连用，都是能够的意思。

【尚】 杨 表希冀的副词。

【《屯》䷂】 正 补 此筮例应为本卦《屯》六爻皆为不变之爻，全卦为不变之卦，故以《周易》本卦卦辞占之。《屯》䷂，《震》☳下《坎》☵上。以《屯》卦卦辞占之。

【尚】 杨 犹。**【尚】** 杨 表希冀的副词。**【克】** 补 能。

【《屯》䷂之《比》】 正 补 此筮例为本卦一爻变，得之卦，而主要以《周易》本卦变爻爻辞占之。《屯》䷂，本卦，《震》☳下《坎》☵上。《屯》䷂初九阳爻变为初六阴爻，故《屯》䷂变为《比》䷇。《比》䷇，之卦，《坤》☷下《坎》☵上。主要以《屯》初九爻辞占之。

史朝曰："'元亨'，又何疑焉？"

○ 正 杨 补 《屯》卦卦辞为"元亨利贞，勿用有攸往，利建侯"。史朝认为"元亨"之"元"为人名，若如此解，则公子元吉利。

成子孔成子曰："[元]非长 zhǎng 之谓乎？"

○正 杨 补孔成子则认为"元亨"之"元"指年长，若如此解，则长子公孟絷吉利。

[史朝]对曰：

"康叔康叔封名之，[公子元]可谓'长 zhǎng'矣。孟公孟絷非人也，将不列于宗，不可谓'长 zhǎng'。且其繇 zhòu 曰'利建侯'。嗣吉，何建？建，非嗣也。

【康叔名之，可谓'长'矣】正 杨 补据昭十二·十·二·二，"元，善之长也"。卫康叔命名为"元"，史朝认为，这说明卫康叔以公子元为善之长，故曰"可谓'长'矣"。

【孟非……谓'长'】正 补公孟絷不是[健全]人，不能[担任国君从而在去世后与历代先君]并列在宗庙里，不能说是"长"。

【且其……嗣也】杨 补而且[您为]公孟絷[占筮所得的《屯》之《比》对应的《屯》初九]爻辞说"利于建立诸侯"。如果嗣子吉利，还建立什么[诸侯]？建立，[就意味着]不是嗣子[即位]。据襄三十一·三·五·一，若嫡夫人无子，则依礼制应立庶长子。如果庶长子公孟絷嗣位吉利的话，那就不需刻意建立，"利建侯"无所指。既然说"建侯"，那就不应是公孟絷嗣位，而是刻意以公孟絷之弟公子元为诸侯。

"二卦皆云，子其建之公子元。康叔命之，二卦告之，筮 shì 袭于梦，武王周武王所用也，弗从何为？

【二卦皆云，子其建之】杨 补两次卦象都这么说，您还是拥立[公子元]比较好。为公子元筮得《屯》，卦辞为"元亨"，且曰"利建侯"，预示公子元吉利，且预示公孟絷不能嗣位。另外为公孟絷筮得《屯》之《比》，《屯》初九爻辞亦曰"利建侯"，也预示公孟絷不能嗣位。因此这两卦都预示公子元将为君。

【筮袭……用也】〔正〕〔补〕占筮结果承袭梦中所见，这是周武王采用的。《国语・周语下》所引《大誓》周武王之辞曰“朕梦协朕卜，袭于休祥，戎商必克”，可译为“我的梦与卜相符，承袭吉祥的预兆，讨伐殷商必能取胜”。

“弱足者居。侯主社稷，临祭祀，奉民人，事鬼神，从会朝，又焉得居？各以所利，不亦可乎？”

【弱足者居】〔正〕〔杨〕〔补〕腿脚不好只适合闲居。此处用《屯》初九爻辞“磐桓利居”。磐桓即蹒跚，跛行貌。

【各以所利】〔正〕〔补〕各人按照他所有利的[去做]。指公孟挚弱足利于闲居，公子元身体健全利于为君。

故孔成子立灵公卫灵公。

【二】十二月癸亥，“葬卫襄公”。

昭公八年·一

地理 晋见昭地理示意图1。晋、魏榆见昭地理示意图2。

人物 晋平公(襄十六·一·春秋)、师旷(襄十四·七)、羊舌肸(襄十一·二·五·三)

左传【一】八年,春,石言于晋魏榆。

【魏榆】正 杨 补 在今山西榆次西北。晋地。参见《图集》22—23④9。

【二】晋侯晋平公问于师旷曰:"石何故言?"[师旷]对曰:"石不能言,或冯(凭)焉。不然,民听滥也。抑臣又闻之曰:'作事不时,怨讟dú动于民,则有非言之物而言。'今宫室崇侈,民力彫(凋)尽,怨讟并作,莫保其性。石言,不亦宜乎?"于是晋侯方筑虒sī祁之宫。

【师】补 见桓二—桓三·一·二。

【石不能言,或冯焉】正 杨 补 石头不能说话,有别的东西依凭着它[说话]。

【民听滥也】正 补 民众听错了。滥,失。

【抑】补 转折连词,然而。

【不时】杨 补 不避农时。

【莫保其性】正 杨 补 没有人能保有他[由天地赋予]的本性。参见襄十四·七师旷所言"若困民之主(性)""天生民而立之君,使[君]司牧之,勿使[民]失性""天之爱民甚矣,岂其使一人肆于民上,以从其淫,而弃天地之性?"。杜注将"性"解为"命",整句可译为"没有人能保有他的性命"。杨注将"性"解为"生",整句可译为"没有人能确保自己的生活"。

【虒祁之宫】正 杨 补 晋别宫,在晋都新田遗址范围内。有学者认为晋都新田遗址(参见成六·五·二)台神古城外以西的三座大型夯土台基就是虒祁宫的遗迹。

【三】叔向羊舌肸曰:"子野师旷之言,君子哉！君子之言,信而有征,故怨远 yuàn 于其身。小人之言,僭 jiàn 而无征,故怨咎及之。《诗》曰'哀哉不能言,匪舌是出,唯躬是瘁。哿 gě 矣能言,巧言如流,俾 bǐ 躬处休',其是之谓乎？是宫也成,诸侯必叛,君晋平公必有咎,夫子师旷知之矣。"

【君子之言,信而有征】 补 君子的话,[本身合于道理,使人当时就觉得]可信,且有[典籍、事例或日后应验等]征验[支持]。也就是我们今天所说的"有理有据"。

【僭】 杨 不可信。

【哀哉……处休】 正 杨 补《毛诗·小雅·雨无正》有此句,而"唯"作"维",可译为"不会说话多么可悲,话从他舌头上出来,只有劳累他自己。会说话多么美好,漂亮话好像流水,使他自己安居休息"。匪,彼。哿,嘉。俾,使。躬,自身。

○ 正 下启昭十年晋平公卒(昭十·四·春秋)。

昭公八年·二

地理 陈、鲁、晋、楚、郑见昭地理示意图 1。

人物 陈哀公(襄五·八·春秋)、公子招(昭元·一·春秋)、悼太子偃师(襄二十五·二·二)、子叔敬子(襄三十·八·春秋)、干征师、公子留、郑姬、公子胜、公子过、游吉(襄二十二·七·二)、郑简公(襄七·八·二·二)、史赵(襄三十·三·一·一)、游吉(襄二十二·七·二)

春秋 八年,春,陈侯陈哀公之弟招公子招杀陈世子偃师悼太子偃师。

夏,四月辛丑三日,陈侯溺陈哀公卒。

○正 补 此事，《春秋》书辛丑（三日），而《左传》书辛亥（十三日），相距十日。一说，《春秋》根据陈国讣告所载时间，而《左传》所书为实际发生时间。

叔弓子叔敬子如晋。

楚人执陈行人干征师杀之。

【行人】补 陈外朝官，掌外交事务。

【干征师】补 干氏，名征师。陈大夫，曾任行人。昭八年被楚人所杀。

陈公子留出奔郑。

【公子留】补 妫姓，名留。陈哀公（襄五・八・春秋）之子。昭八年被公子招、公子过立为国君。同年奔郑。

左传【一・一】陈哀公元妃郑姬生悼大（太）子偃师，二妃生公子留，下妃生公子胜。二妃嬖 bì，留公子留有宠，［哀公］属（嘱）诸（之于）司徒招公子招与公子过。哀公陈哀公有废（癈）疾。

【郑姬】正 补 郑女，姬姓。陈哀公夫人，悼太子偃师（襄二十五・二・二）之母。

【公子胜】补 妫姓，名胜。陈哀公庶子。

【嬖】补 得宠。

【司徒】补 见襄十七・二。【公子过】正 补 妫姓，名过。陈成公（宣十一・五・一）之子，陈哀公之弟。昭八年被公子招所杀。

【废疾】杨 补 不愈之疾。

【一・二】三月甲申十六日，公子招、公子过杀悼大（太）子偃师，而立公子留。夏，四月辛亥十三日，哀公陈哀公缢。干征师赴（讣）于楚，且告有立君公子留。公子胜诉之公子留于楚。楚人执[干征师]而杀之。公子留奔郑。[《春秋》]书曰“陈侯之弟招杀陈世子偃师”，罪在招公子招也；“楚人执陈行人干征师杀之”，罪不在行人也。

【哀公缢】 补 陈哀公将公子留嘱托给公子招、公子过的本意应该是防止自己过世后，爱子公子留受到那时已为国君的太子偃师的排挤迫害。然而，他的两个弟弟却自作主张杀了太子偃师，引发内乱。陈哀公悔恨不已，于是自缢。

【书曰……招也】 正 补《左传》言公子招、公子过共杀悼太子偃师，而《春秋》记载成“陈侯之弟招杀陈世子偃师”，是表明二人中，公子招为罪魁。据本处及昭八—昭九，则公子昭与公子过一同杀悼太子偃师。公子胜至楚控诉、干征师被杀后，公子招见楚人有讨伐之意，于是将全部罪过推给公子过，并将其杀害。同年楚灭陈时，很可能是因为公子招将已死的公子过推为罪魁，而楚人相信了他的说法，因此只是将公子招流放至越。如果按照楚人的观点，应该将公子过列为罪魁。然而《春秋》作者认为公子招杀太子在先，诬陷公子过在后，其罪行最大，将其定为罪魁，因此只书公子招来表明观点。此外，此处不书“公子招”而书“陈侯之弟招”，杜注将其与隐元·四“郑伯克段于鄢”的“段不弟，故不言‘弟’”对比，认为公子招杀陈侯太子行为的罪过比公子段谋害其兄的罪过轻，所以仍然称“弟”。

【“楚人……人也】 正 补《春秋》记载成“楚人执陈行人干征师杀之”，强调干征师为外交使者（行人），表明其不应被杀。

【二·一】“叔弓如晋”，贺虒 sī 祁也。游吉相 xiàng 郑伯郑简公以如晋，亦贺虒祁也。

【贺虒祁也】 正 祝贺虒祁之宫[落成]。

【二·二】史赵见子大（太）叔游吉，曰：“甚哉，其相蒙也！可吊也，而又贺之？”子大（太）叔曰：“若何吊也？其非唯我贺，将天下实贺。”

【史】补见宣二·三·四·一。【蒙】正欺。

【若何……实贺】正 杨 补为什么吊唁呢？不仅我国祝贺，天下都会来祝贺。游吉这句话的表面意思是，不仅郑会来祝贺，其他各国也畏惧晋，因此都会前来祝贺。除此表面意思之外，游吉此言实为讽刺。

昭公八年·三

地理鲁、宋、卫见昭地理示意图1。鲁、宋、卫、根牟、红见昭地理示意图4。

春秋秋，[我]蒐sōu于红。

【蒐】补见僖二十七—僖二十八·三。

【红】正 补在今山东泰安岱岳区洪沟店村附近。鲁地，在鲁北境。

左传秋，[我]大蒐于红，自根牟至于商、卫，革车千乘shèng。

【根牟】正 杨 补见宣九·三·春秋。此时为鲁邑，在鲁东境。

【商】正 杨即宋。鲁西南边境与宋毗邻。可能此文记载于鲁定公之时，为避鲁定公讳（鲁定公名宋），因此不曰“宋”而曰“商”。

【卫】正 杨鲁西北边境与卫毗邻。

○杨 补此为全国性大阅兵，以北部鲁齐边境的红邑为中心，东部鲁莒边境、西北鲁卫边境、西南鲁宋边境各地皆出兵车参与，共千乘。

昭公八年·四

地理齐、鲁见昭地理示意图1。

人物公孙虿（襄八·八·一·二）、栾施（昭二·一·二）、梁婴、公子固、公子铸、子渊捷、高强（昭二·一·二）、陈桓子（庄二十二·三·四·三）、康叔封（僖三十一·五·二）、齐顷公（宣十·十三·春秋）、

齐灵公(成十·三·春秋)

左传【一】七月甲戌八日,齐子尾公孙虿卒。子旗栾施欲治其室。丁丑十一日,[子旗]杀梁婴。八月庚戌十四日,[子旗]逐子成公子固、子工公子铸、子车子渊捷,皆来奔,而立子良高强氏之宰。其臣曰:"孺子高强长 zhǎng 矣,而[子旗]相 xiàng 吾室,欲兼我也。"授甲,将攻之栾施。陈桓子善于子尾,亦授甲,将助之子良氏。

【梁婴】正 补 梁氏,名婴。公孙虿家宰。昭八年被栾施所杀。

【子成、子工、子车】正 三人皆为公孙虿属大夫。【子成】正 杨 补 公子固。姜姓,名固,字成(后文《左传》作城,应为正字)。齐顷公(宣十·十三·春秋)之子。昭八年被栾施所逐奔鲁。昭十年自鲁归于齐。其名(固)、字(城)相应,城墙以坚固为要。【子工】正 杨 补 公子铸。姜姓,名铸,字工(后文《左传》作公)。齐顷公之子,公子固之弟。昭八年被栾施所逐奔鲁。昭十年自鲁归于齐。【子车】正 杨 补 子渊捷。姜姓,子渊氏,名捷,字车。公子湫(字渊)之子,齐顷公之孙。昭八年被栾施所逐奔鲁。昭十年自鲁归于齐。其名(捷)、字(车)相应。捷,疾。车尚迅疾。

【子良】正 公孙虿之子高强。【宰】补 见襄二十五·一·三·一。

【其臣】补 公孙虿家臣。

【孺子……我也】正 补 继承人[子良]已经长大,而[子旗却要来]相治我们的家事,这是[栾氏]想要兼并我们[高氏]。孺子见僖十五·八·一·八。

【授甲】杨 补 分发甲胄兵器。

○补 公孙灶(子雅)和公孙虿(子尾)皆为齐惠公之孙,彼此为从兄弟关系。昭三年公孙灶(子雅)卒,其嗣子栾施(子旗)立为族长,主持栾氏(子旗氏)家政。本年公孙虿卒,其嗣子高强(子良)立为族长,主持高氏(子良氏)家政。栾施认为高氏家宰梁婴及其属大夫皆有罪,希望替高强清理门户,整肃家政,于是在公孙虿去世之后杀梁婴而逐公子固、公子铸、子渊捷。高氏家臣认为栾施的意图是趁机兼并高氏,于是分发兵甲，而欲攻打栾施。与高氏关系好的陈氏得知此事，也分发兵甲要去帮助高氏攻打栾氏。

【二】或告子旗栾施，子旗不信，则数人告。[子旗]将往[子良氏]，又数人告于道。[子旗]遂如陈氏。桓子陈桓子将出矣，闻之而还，游服而逆之。

【或告子旗】补 有人告诉栾施[，说高氏准备攻打栾氏]。

【游服而逆之】正 杨 补 [陈桓子脱下戎服，]换上燕游便服迎接栾施。

○补 陈桓子本来的盘算是以帮助关系好的高氏攻打仇家为名，先联合高氏灭了栾氏，然后再想办法灭掉高氏，从而壮大自己的势力。如今栾氏前来，马上就要带着亲兵出门的陈桓子知道自己没有理由在高氏还没有公开发难时，就跟毫无过节的栾施打起来，于是赶紧取消行动，回到寝室中换上燕游便服，再出来迎接栾施。

[子旗]请命。[桓子]对曰："闻强高强氏授甲将攻子，子闻诸(之乎)？"

【请命】补 [栾施]询问[陈桓子]。

[子旗]曰："弗闻。"

[桓子曰：]"子盍(何不)亦授甲？无宇陈桓子请从。"

○补 陈桓子随机应变，从联合高氏攻打栾氏改为向栾施告密试图激怒他，并主动请缨联合栾氏攻打高氏。对陈桓子而言，他的策略是怂恿帮助一家灭另一家，无论哪家被灭对于陈氏壮大都有好处。

子旗曰："子胡然？彼高强，孺子也。吾诲之，犹惧其不济，吾又宠秩之——其若先人何？子盍(何不)谓之？《周书》曰'惠不惠，茂(懋)不茂'，康叔康叔封所以服弘大也。"

【吾诲……人何？】 正 杨 补 我教导他，还恐怕他不能成功，我又格外宠爱他——[为他立了家宰。我如果如你所说，与子良互相攻打]——将如何面对[我们两家共同的]先祖？栾氏、高氏同出于齐惠公，所以栾施这样说。

【子盍谓之】 正 杨 补 您为何不去跟子良说说？栾施请陈桓子从中说和，避免两家刀兵相见。

【惠不惠，茂不茂】 正 杨 补《尚书·康诰》（见定三—定四·五·四）有此句，而"茂"作"懋"。根据上下文可译为"施惠于那些不感激施惠的人，劝勉那些不勉力的人"。茂，勉。

【康叔所以服弘大也】 正 杨 补 这就是康叔封之所以能够从事大业的原因。服，事。弘，大。这是诠释《康诰》下文"汝惟小子，乃服惟弘"，原意是"你这小子呀，你的职务非常重大"。

桓子稽颡 sǎng 曰："顷齐顷公、灵齐灵公福子栾施，吾犹有望。"

【桓子稽颡】 杨 补 稽颡见僖五·二·二·一。陈桓子对栾施行此大礼，是发现自己挑拨栾氏与高氏关系的话没有奏效，于是赶紧做出一副被栾施高风亮节深深感动的姿态。

【顷、灵福子，吾犹有望】 正 杨 补 齐顷公、齐灵公[在天之灵]赐福于您[使您以和为贵、包容高氏]，我还是有希望[享受到您的德政带来的和平安宁]。齐惠公生齐顷公（齐灵公之父）、公子栾（栾施之祖）、公子高（高强之祖）。因此，齐顷公为栾施、高强从祖父，而齐灵公为栾施、高强伯父。

【三】 [桓子]遂和之如初。

○ 正 补 [陈桓子]就让栾氏、高氏两家和好如同以前一样。陈桓子见挑拨两家争斗不成，于是又以自己本来跟高氏关系就好、又跟栾氏有过会晤为由，做起了两家的"和事佬"，从而收得调停大族争端的美名。

昭公八年—昭公九年(昭公九年·一)

地理 陈、鲁、楚、越、宋、晋、齐、郑、卫见昭地理示意图1。陈、鲁、楚、越、许1(叶)、许2(夷)、宋、晋、郑、卫、州来、方城、淮水、濮水见昭地理示意图5。

人物 公子过(昭八·二·一·一)、孔奂(襄二十七·三·春秋)、陈哀公(襄五·八·春秋)、子叔敬子(襄三十·八·春秋)、楚灵王(襄二十六·五·一)、王子弃疾(昭元·一·三)、太孙吴、戴恶、袁克、穿封戌(襄二十六·五·一)、晋平公(襄十六·一·春秋)、史赵(襄三十·三·一·一)、颛顼(文十八·三·二)、幕、瞽瞍、虞舜(僖三十三·五·二·一)、虞遂(昭三·三·二)、胡公满(襄二十五·四·一)、华亥(昭六·六·二·一)、游吉(襄二十二·七·二)、赵懿子、伍举(襄二十六·八·一)、然丹(襄十九·六·一·一)

春秋 陈人杀其大夫公子过。

○正 补 据文七·二·三,则《春秋》书被杀卿大夫之名氏,表明公子过有罪。公子过之罪在于与公子招一起杀害悼太子偃师。

[我]大雩yú。

【雩】补 见桓五·四·春秋。

○正 此条《春秋》无对应《左传》。

冬,十月壬午十七日,楚师灭陈。[楚人]执陈公子招,放之于越。[楚人]杀陈孔奂huàn。

○正 补 孔奂应为公子招、公子过党,故楚人杀之。

葬陈哀公。

九年,春,叔弓子叔敬子会楚子楚灵王于陈。

许迁于夷。

【许】补 见隐十一·二·春秋，此前都城在叶（见宣三·八·二·三）。【夷】杨 补 即城父，见僖二十二—僖二十三·八·一。楚有两城父，此为夷城父，取自陈；另有北城父，见昭十九·七。

○正 补 许不堪诸侯（尤其是郑）侵伐，故于成十六年南迁于叶，位于楚方城防御体系以东，而紧靠方城。《春秋》书“许人迁夷”，是许人自行迁徙至夷的意思。据下文《左传》，则此次实为楚人迁之。杜注认为，此次应该是许畏惧郑侵袭，因此请求楚人将其迁至夷，因此《春秋》依照许人自行迁徙来书写。若是楚人强行迁徙许人，则《春秋》应书“楚人迁许”，如同庄八—庄九—庄十·春秋“宋人迁宿”、闵二·一·春秋“齐人迁阳”。从地理形势来看，夷距离郑比叶距离郑要遥远，杜注有理。

左传【一·一】陈公子招归罪于公子过而杀之。

九月，楚公子弃疾王子弃疾帅师奉孙吴太孙吴围陈，宋戴恶会之。冬，十一月壬午十七日，灭陈。

【孙吴】正 杨 补 太孙吴，后为陈惠公。妫姓，名吴，谥惠。悼太子偃师（襄二十五·二·二）之子，陈哀公（襄五·八·春秋）之孙。昭十三年，楚平王封陈而立陈惠公，在位二十四年。定四年卒。

【戴恶】正 补 子姓，戴氏，名恶。宋大夫，官至卿位。

【冬，十一月壬午】正 杨《春秋》作“冬，十月壬午”。据杜预及王韬所推春秋历，应为“冬，十月壬午”，《左传》有误。

舆嬖 bì 袁克杀马毁玉以葬[哀公]。楚人将杀之，[袁克]请置之。既，[袁克]又请私。[袁克]私于幄，加绖 dié 于颡 sǎng 而逃。

【舆嬖】杨 职掌国君车乘的嬖大夫。

【楚人将杀之，请置之】杨 补 楚人要杀掉袁克，[袁克]请求[暂时]

留他[不杀]。置，赦。袁克所用的理由应该是让他先完成安葬陈哀公的仪式。

【私】杨小便。**【加绖于颡而逃】**杨补把首绖缠在头上逃走了。加首绖，表示为陈哀公服丧。绖参见僖六—僖七·三。

○补参见宣十一年楚庄王以平陈乱为由入陈、因而灭陈置县、后听从申叔时建议而复封陈之事（宣十一·五）。

【一·二】[楚子]使穿封戌为陈公，曰"城麇 jūn 之役，[彼]不谄 chǎn"。

【城麇之役，不谄】正补城麇之役，[他]没有谄媚之举[，所以我现在重用他]。襄二十六年城麇之役，楚灵王（时为王子围）与穿封戌争夺郑囚皇颉，穿封戌据理力争，不谄媚王子围（参见襄二十六·五·一）。楚灵王不以为怨，反而因此敬重穿封戌，故此时命其为陈公。

[穿封戌]侍饮酒于王楚灵王。王曰："城麇之役，女（汝）知寡人之及此，女（汝）其辟（避）寡人乎？"

[穿封戌]对曰："若知君之及此，臣必致死礼以息楚国。"

【若知……楚国】正补如果当年知道您将会到这个地步（指成为君王），那么我[将不仅只是执戈追赶您而已，而是]将杀死您以使楚安宁。穿封戌已臣事楚灵王，为楚大县之公，楚灵王在上文也已明确表示对他刚正性格的欣赏。因此，穿封戌在君臣饮酒正欢之际出此言，并非表示对楚灵王仍有敌意，而是为表明自己为人臣子的原则：襄二十六年时，己为楚康王之臣，故为楚康王尽忠。既为楚康王尽忠，若早知王子围篡位之心，则将致死命而杀之。如今已事楚灵王，则将为楚灵王尽忠，若他人有不臣之心，己亦将致死命而杀之。因此，穿封戌此言，看似不忘旧怨，实为表达忠心，因此孔疏评论说"此对是谄，非悖也"。参见下引述上博简相关文字。

○补 **出土文献对读：**上博简六《陈公臣灵王》所叙即襄二十六·五·一及本年王子围与穿封戌之事，可扫码阅读。

【二】晋侯晋平公问于史赵曰："陈其遂亡乎？"

【史】补 见宣二·三·四·一。

[史赵]对曰："未也。"

公晋平公曰："何故？"

[史赵]对曰：

"陈，颛 zhuān 顼 xū 之族也。岁在鹑火，[颛顼氏]是以卒灭。陈将如之。今[岁]在析木之津，[陈]犹将复由（甹）。

【陈，颛顼之族也】正 陈始封君胡公满为虞舜之后，虞舜为颛顼之后，故曰陈为"颛顼之族"。

【岁在……如之】正 补 岁星（木星）运行到鹑火星次时，[颛顼氏]因此最终灭亡。陈的命运也将和颛顼氏一样[，最终灭亡将在岁在鹑火之年]。岁星纪年法参见襄九·五·五。岁星为天之贵神，所在的天区必定昌盛。鹑火（参见僖五·八·二）得岁而火益盛，火盛则水灭。颛顼为水德，因此在这年灭亡。

【今在……复由】正 杨 补 本年[楚灭陈时，岁星]运行到析木星次内的银河，[而并不在鹑火星次，因此陈]仍将复兴。由，即《说文》之"甹"，木生枝条。

"且陈氏得政于齐而后陈卒亡。[陈之先祖]自幕至于瞽 gǔ 瞍 sǒu 无违命。舜虞舜重 zhòng 之以明德，置德于遂虞遂。遂世守之，及胡公不淫胡公满，故周赐之姓，使祀虞帝虞舜。臣闻盛德必百世祀。虞之世数未也，继守将在齐，其兆既存矣。”

【且陈……卒亡】正 补 而且陈氏得到了齐政权之后陈才会最后灭亡。据庄二十二·三·四·二，周史曰“物莫能两大。陈衰，此其昌乎”，与此处相呼应。

【幕】正 颛顼之后。**【瞽瞍】**正 幕之后。

【舜】正 瞽瞍之子。**【遂】**正 虞舜之后。

【胡公不淫】正 杨 补 即胡公满，虞遂之后，陈始封君。“不淫”是“不过度”的意思，与名“满”相应，可能就是胡公满的字。

【故周……虞帝】正 杨 补 因此周朝给胡公赐姓妫，让他祭祀虞舜。虞舜及其后代本为姚姓，据哀元·三·一·二，则虞舜后代虞思仍姓姚，至此时改姓妫。据襄二十五·四·一，则周武王在分封胡公满的同时还将长女太姬嫁给胡公满。

【虞之……存矣】正 杨 补 现在虞的世数还不满［一百］，它的封守将在齐继续下去，它的预兆已经有了。存，在，有。此前陈氏代姜氏有齐之兆见于庄二十二·三·四及昭三·三·二。

○补 下启昭十三年陈复国（昭十三·二·九·一及昭十三·四）。

【三】九年，春，叔弓子叔敬子、宋华亥、郑游吉、卫赵黡yǎn，赵懿子会楚子楚灵王于陈。

【赵黡】补 赵懿子。赵氏，名黡，谥懿。卫大夫。**【陈】**补 见隐四·二·春秋。此时为楚县。

【四】二月庚申，楚公子弃疾王子弃疾迁许于夷，实城父。取州来淮北之田以益之，伍举授许男许悼公田。然丹迁城父人于陈，以夷濮西田益之；迁方城外人于许。

【二月庚申】杨 据王韬所推春秋历，二月无庚申。

【实城父】补 ［夷］就是［现在的］城父。夷为旧名称，城父为本段成文时的名称。

【取州……益之】 正 杨 补 取淮水以北的州来土田来增加夷邑许人的土田。州来见成七·六·春秋，其邑本就在淮水以北，应是在淮水南北两岸都有土田。

【以夷濮西田益之】 正 补 取濮水以西的夷邑土田来增加陈县城父人的土田。夷邑在濮水东北，应是在濮水东西两岸都有土田。**【濮】** 杨 补 水名，即沙水，今已堙，其故道由今河南周口淮阳区境分古狼汤渠东出，至鹿邑县南，又东南经亳州市、涡阳县、蒙城县西南，循今茨河河道，至怀远县西南入淮水。春秋时濮水（沙水）参见《图集》29—30③6至④9。

【方城外人】 补 方城外见僖二十七—僖二十八·十一"入居于申"。方城外人，指方城以东之人。

○ 补 笔者对楚灵王灭陈以及后续的多地联动强制迁徙行动有详细分析，请见《不服周：楚国的奋斗与沉沦》（出版中，暂定书名）相关章节。

昭公九年·二

地理 周、晋见昭地理示意图1。周、甘、晋、阴戎、颍谷见昭地理示意图2。

人物 甘大夫襄、阎嘉、梁丙（昭二—昭三·四）、张趯（昭二—昭三·四）、周景王（襄三十·六·春秋）、詹桓伯、周武王（桓元—桓二·三·二）、周文王（僖五·八·一）、周成王（僖二十五—僖二十六·四·二）、周康王（昭四·三·一）、梼杌（文十八·三·二）、晋惠公（庄二十八·二·一）、后稷（僖二十四·三·一）、晋平公（襄十六·一·春秋）、羊舌肸（襄十一·二·五·三）、韩宣子（襄七·六·一）、晋文公（庄二十八·二·一）、赵景子（昭五·四·二）、宾滑左传【一】周甘人甘大夫襄与晋阎嘉争阎田。晋梁丙、张趯tì率阴戎伐颍yǐng。

【甘人】正 补 甘大夫襄。名襄。周甘邑大夫。昭九年被周人所执送于晋，晋人礼而归之。

【阎】杨 补 本为古国，距甘不远。西周初为卫朝宿邑，此时已入于晋。

【阴戎】正 杨 补 此部戎人，允姓，可能来源于西周中晚期与周朝长期征战的猃狁。始居于瓜州，在秦东、晋西之间的地区。很可能在僖二十二年前后被秦、晋驱使东迁至中原，分布在广义之阴地（参见宣二·二·二），故称"阴戎"。阴戎与陆浑之戎（参见僖二十二·三·二，在伊川）族姓相同，且境地相接，有学者认为阴戎是陆浑之戎分出的一支，也有学者认为两者不相统属。昭十七年陆浑之戎被晋所灭，阴戎此后便投靠晋对手楚，昭十九年楚人将阴戎迁至楚地下阴（参见昭十八—昭十九·二）。

【颍】正 杨 补 即颍谷，见隐元·四·六·二。此时为周地。

【二】王周景王使詹桓伯辞于晋，曰：

【詹桓伯】正 杨 补 姬姓，詹氏，谥桓，排行伯。詹父之后。周王室大夫。【辞】补 责让。

"我自夏以后稷，魏、骀tái、芮、岐、毕，吾西土也。

【自夏以后稷】正［我们周人］自夏代由于后稷［的功劳］。"后稷"参见文二·五·二·一。

【魏】补 见桓三·六。【骀】正 杨 补 又作"邰"，在今陕西武功西南八里故邰城。从后稷到公刘时为周族所在地。有学者认为，后稷始封之骀，可能在今山西闻喜、稷山一带。后周族西迁，将新居地亦命名为"骀"。武功之骀参见《图集》17—18②2。【芮】补 见桓三·六。【岐】正 杨 补 在今陕西岐山。从公亶父至灭商前为周国所在地。参见《图集》13—14④2(周1)。【毕】补 见僖二十四·二·二·一。

“及武王周武王克商，蒲姑、商奄，吾东土也；巴、濮、楚、邓，吾南土也；肃慎、燕亳bó，吾北土也。

【蒲姑】补见庄八—庄九—庄十·二“姑棼”，齐核心区。

【商奄】正补即奄，见昭元·一·四·三，鲁核心区。

【巴】补见桓九·二·一。【濮】杨即百濮，见文十六·三·一。

【楚】补见桓二·三。【邓】补见桓七·二·春秋。

【肃慎】正杨补东北夷，分布在长白山以北，黑龙江及松花江下游两岸以南，东至日本海。参见《图集》20—21②8至②9。

【燕亳】补商时国，在北京附近。周人灭燕亳之后，在其故地建立了北燕国（庄三十—庄三十一·一）。

“吾何迩封之有？文周文王、武周武王、成周成王、康周康王之建母弟，以蕃（藩）屏bǐng周，亦其废队（坠）是为，岂如弁biàn髦，而因以敝之？

【吾何迩封之有】正杨补［那时候］我们周王室哪有什么近处的封疆领土？

【文、武……敝之】正杨补周文王、周武王、周成王、周康王分封同母兄弟建立诸侯国，以作为周王室的藩篱屏障，也是为了［防止周室的］毁坏衰落，怎能像缁布冠和髦发一样，完事了就丢掉？詹桓伯意谓，晋不能像对待缁布冠和髦发一样对待周王室，在自己强大成为霸主之后就将其抛弃。弁，缁布冠。古代男子行冠礼（见成二·七·一·二），先用弁，次加皮弁，次加爵弁。三加之后，弃去弁不再用。髦，幼儿生三月剪发，剪去的头发称为“髦”。敝，弃。东、西虢始封君为周文王同母弟，管、蔡、郕、霍、鲁、卫、毛、聃始封君为周武王同母弟，晋始封君为周成王同母弟，惟周康王同母弟之封国不见于文献记载。

“先王居梼táo杌wù于四裔，以御螭chī魅。故允姓之奸，居于瓜州。伯父惠公晋惠公归自秦，而诱［戎］以来，使［戎］逼我诸姬，入我郊甸，则戎焉取之。戎有中国，谁之咎也？后稷封殖天下，今戎制之，不亦难 nàn 乎？

【先王……螭魅】正 补 据文十八·三·二，"舜臣尧，宾于四门，流四凶族，浑敦、穷奇、梼杌、饕餮，投诸四裔，以御螭魅"，本段只举四凶之一的梼杌，是以梼杌指代四凶族。"螭魅"即螭魅。

【允姓之奸】正 阴戎祖先。【瓜州】补 见襄十四·一·二·二。

【伯父……以来】正 补 指僖十五年晋惠公自秦归于晋，僖二十二年秦、晋迁陆浑之戎于伊川（参见僖二十二·三）。伯父见僖八—僖九·三·二。

【郊甸】补 见襄二十一·五·五。

【则戎焉取之】正 杨 补 戎人于是就占领了这些地方。焉，于是。

【戎有中国，谁之咎也】正 补 咎，罪过。詹桓伯意谓，戎狄占据中原土地，自然是代周天子管控天下的霸主晋的罪过。

【封殖】杨 补 原意为培土养育农作物（参见襄三十·十一·二），此处是养育的意思。与《国语·吴语》"天王（吴王）既封殖越国"类似。

"伯父晋平公图之。我周景王在伯父，犹衣服之有冠冕，木、水之有本、原（源），民人之有谋主也。伯父若裂冠毁冕，拔本塞原（源），专弃谋主，虽戎狄其何有余一人？"

【虽戎……一人】杨 补 即使是戎狄［，他们心里］哪会有我这个天子？周景王意思是，如果晋作为周王室藩屏之国，尚且目无天子，那么戎狄更将视天子为无物。"虽"字似显累赘，指出备考。余一人见成二·八。

叔向羊舌肸谓宣子韩宣子曰："文晋文公之伯也，岂能改物，翼戴天子而加之以共（恭）。自文以来，世有衰德，而暴蔑宗周，以宣示其侈。诸侯之贰，不亦宜乎？且王辞直，子其图之。"宣子说（悦）。

【文之……以共】正 杨 补 晋文公当了诸侯霸主，又怎能改变正朔、服色［等而称王］，还是继续辅佐拥戴天子，并且更加恭敬。翼，辅佐。戴，拥戴。

【贰】补 有二心。【直】杨 有理。

【三】王周景王有姻丧，［宣子］使赵成赵景子如周吊，且致阎田与襚 suì，反（返）颍 yǐng 俘。王亦使宾滑执甘大夫襄以说于晋，晋人礼而归之。

【姻丧】正 补 姻亲的丧事。【襚】补 见文九・四・春秋。

【王亦……于晋】补 周景王也使宾滑逮捕了甘大夫襄［并送交给晋人］来向晋人解说。周景王归于甘大夫襄的罪名应该是：是甘大夫襄自作主张与阎嘉争阎田。【宾滑】正 周王室大夫。

昭公九年・三

地理 郑、楚见昭地理示意图 1。郑、楚、陈（此时为楚县）见昭地理示意图 5。

人物 裨灶（襄二十八・八・二・二）、公孙侨（襄八・三）

春秋 夏四月，陈灾。

【灾】补 见桓十四・二・春秋。

左传【一】“夏四月，陈灾。”

【二】郑裨 pí 灶曰：“五年，陈将复封，封五十二年而遂亡。”子产公孙侨问其故。对曰：“陈，水属也。火，水妃（配）也，而楚所相 xiàng 也。今火出而火陈，逐楚而建陈也。妃（配）以五成，故曰‘五年’。岁五及鹑火，而后陈卒亡，楚克有之，天之道也，故曰‘五十二年’。”

【陈，水属也】正陈为水帝颛顼之后，因此属水。

【火，水……相也】正补火，是水的[雌性]配偶，也是楚所相治的。火畏水，因此是水妃。参见昭十七·五·二“水，火之牡也（水，是火的雄性配偶）”。楚祖先祝融为高辛氏火正，治火事。相，治。

【今火……陈也】正补现在大火星（心宿二，参见庄二十九·五）出现而陈发生火灾，[是水得到了它的配偶火，水将兴盛，]预示着上天终将逐出楚人而重建陈。

【妃以……五年】正补配合得五而成，所以说“五年”。据《周易·系辞》，“天一地二，天三地四，天五地六，天七地八，天九地十”“天数五，地数五，五位相得，而各有合”可见，天、地配合即以五成。

【岁五……二年】正补岁星五次到达鹑火星次后，陈将最终灭亡，楚将能够拥有陈地，这是上天之道，所以说“五十二年”。本年岁星（木星）在星纪，经五年行至大梁，届时陈将复国。陈复国之后，岁星自大梁经四年而行至鹑火，此为一及鹑火。再往后四十八年，还将四及鹑火，共五十二年。岁星为天之贵神，所在之天区必昌。岁在鹑火（参见僖五·八·二），火得岁星之助，火既盛则水衰。天数以五为纪，因此五及鹑火后，楚终将亡陈。岁星纪年法参见襄九·五·五。○正补下启昭十三年陈复国（昭十三·二·九·一及昭十三·四），及哀十七年楚灭陈（哀十七·四）。

昭公九年·四

地理晋、齐见昭地理示意图1。晋（绛）、齐、戏阳见昭地理示意图3。

人物知悼子（襄十四·六）、晋平公（襄十六·一·春秋）、屠蒯、工、嬖叔、知文子

左传【一】晋荀盈知悼子如齐[为己]逆女，还，六月，[荀盈]卒于戏阳。殡于绛，未葬。

【戏阳】 正 杨 补 在今河南内黄高堤乡北。卫地。参见《图集》24—25③5。

【殡】 补 参见隐元·五·春秋。

【绛】 补 晋都,见成六·五·一·二。

【二】晋侯晋平公饮酒,乐 lè。膳宰屠蒯 kuǎi 趋入,请佐公晋平公使尊。

【乐】 杨 补 快乐。长期隐忍的晋平公认为自己终于等到了可以削弱卿族的机会,虽不能明言,但内心欢乐。杨注认为读“yuè”,奏乐的意思。晋平公欢乐(lè)则使乐工奏乐(yuè),实则并不矛盾。

【膳宰】 补 晋内朝官,主管公室膳食。

【请佐公使尊】 杨 请佐助晋平公斟酒。

[公]许之,而[屠蒯]遂酌 zhuó 以饮 yìn 工,曰:“女(汝)为君耳,将司聪也。辰在子、卯,谓之疾日。君彻宴乐,学人舍业,为疾故也。君之卿佐,是谓股肱。股肱或亏,何痛如之?女(汝)弗[使君]闻而乐 lè,是[女使君]不聪也。”

【工】 杨 乐工。《礼记·檀弓下》作“师旷”。然师旷为乐太师,不应称“工”。

【辰在……疾日】 正 补 地支为子、卯的日子,称为忌日。详见下。据昭七·十一·二,“日月之会是谓辰,故以配日”,辰相当于地支,故称“辰在子、卯”。疾,恶。

【彻】 补 撤去。

【学人舍业】 杨 学习[音乐]之人停止练习奏乐。

【君之卿佐】 补 国君的卿官辅佐,这里指知悼子。

【股肱】 补 股,大腿;肱,大臂,比喻辅佐重臣。

【股肱或亏,何痛如之】 正 杨 补 股肱有了亏损,有什么哀痛能比得上呢?屠蒯意谓,国家重要卿佐去世,国君的哀痛应当胜过子、卯忌日。

○正补“辰在子、卯，谓之疾日”，一般解为“甲子、乙卯，称为忌日”。杜注、孔疏以为，商纣死于甲子，夏桀死于乙卯，古人戒之，以此二日为忌日。但《左传》原文，只提及地支子、卯，而非甲子、乙卯。杨注提到的《礼记·玉藻》“子、卯稷食菜羹”，可直译为“(诸侯)逢子、卯日，只食稷饭及菜羹”，亦非甲子、乙卯。且商纣、夏桀以甲子、乙卯亡，则周武王、商汤以此二日兴，只因商纣、夏桀定二日为忌日，似有可疑。

[屠蒯]又饮 yìn 外嬖 bì 嬖叔曰：“女(汝)为君目，将司明也。服以旌礼，礼以行事，事有其物，物有其容。今君之容，非其物也，而女(汝)不见，是[女使君]不明也。”

【外嬖】补宠大夫。**【嬖叔】**正《礼记·檀弓下》作“李调”。

【服以……其容】正补服饰用来表现礼仪，礼仪用来指导行事，事情有不同的类别，不同的类别有其相应的仪容要求。旌，表。物，类。

[屠蒯]亦自饮也，曰：“味以行气，气以实志，志以定言，言以出令。臣实司味，二御失官，而君弗命，臣之罪也。”

【味以……出令】[食物的]滋味用来通行气，气用来充实心志，心志用来确定言语，言语用来发出命令。

【二御】正指乐工与嬖叔。

公说(悦)，彻酒。

○正补**传世文献对读：**《礼记·檀弓下》亦载此事，与《左传》有诸多不同之处，可扫码阅读。

【三】初，公晋平公欲废知 zhì 氏而立其外嬖，为是悛 quān 而止。

秋，八月，[公]使荀跞 lì，知文子佐下军以说焉。

【悛】杨改。

【使荀跞佐下军以说焉】正 补 [晋平公]使知文子佐下军来向知氏解说。知悼子生前便为下军佐。晋平公使知文子接替其父之职，来表示自己并无废知氏之心。【荀跞】正 补 知文子。姬姓，知氏，出自荀氏，名跞，谥文。知悼子（襄十四·六）之子。晋大夫，官至执政卿（继范献子）。昭九年任下军佐（卿职），昭二十五年可能已任下军帅（卿职），昭二十八年可能已任上军佐（卿职），昭二十八年可能已任上军帅（卿职），定元年可能已任中军佐（卿职），定十三年已任中军帅（卿职）。哀元年可能已告老或去世。

○正 补 笔者认为，晋平公这次和外嬖嬖叔饮酒作乐跟知悼子的去世恐怕还真有直接关系，因为他想要庆祝自己终于等来了一个有可能再度干预六卿体系的机会。他的打算是趁着知悼子去世的机会突然出击，利用他还拥有的残存君权废掉六大卿族中最为弱势的知氏，然后任命他的外嬖接替知悼子担任下军佐。屠蒯在劝谏时强调卿官是国君的大腿、大臂，其真实用意并不是赞美知悼子等卿官辅佐国君如何有功（因为这与六卿专横、削弱公室的实际情况完全不符），而更多的是点醒晋平公，希望他意识到知氏和其他卿族实力雄厚，国君的细胳膊是掰不过这些大腿、大臂的，还是收起幻想、小心行事为好，不然的话很可能会重蹈晋灵公、晋厉公的覆辙。晋平公最终决定不再挣扎，于是在八月任命知文子接替知悼子担任下军佐，以此来为先前的失礼行为向知氏表示歉意。

昭公九年·五

地理 鲁、齐见昭地理示意图 1。

人物 孟僖子（昭七·二·二·四）

春秋 秋，仲孙貜 jué，孟僖子如齐。

左传 孟僖子如齐殷聘，礼也。

【殷聘】正 补 丰盛隆重的聘问。殷，盛。“聘”参见隐七·四·春秋。

○正 自襄二十年子叔敬子聘齐后，齐、鲁两国二十年不相聘问。如今修殷聘之礼，以无忘旧好，故曰“礼也”。

昭公九年·六

地理 鲁见昭地理示意图1。

人物 季平子、叔孙昭子（昭四—昭五·八）

春秋 冬，[我]筑郎囿 yòu。

【郎囿】正 补 囿，见庄十九—庄二十—庄二十一·一。郎，囿名，疑与隐九·四·春秋之“郎”有关。

左传 【一】“冬，筑郎囿。”[《春秋》]书，时也。

【书，时也】补 参见桓十六·二。

【二】季平子欲其速成也，叔孙昭子曰：“《诗》曰：‘经始勿亟 jí，庶民子来。’焉用速成？其以剿民也？无囿，犹可；无民，其可乎？”

【季平子】杨 补 姬姓，季氏，名意如，谥平。季悼子（襄二十三·八·一·一）之子。鲁大夫，官至执政卿（继叔孙昭子）。定五年卒。

【经始勿亟，庶民子来】正 补《毛诗·大雅·灵台》有此句，可译为“营造开始不要着急，庶民会像儿子们一样踊跃前来”。亟，急。

【剿民】正 补 使民众受累。剿，劳。

昭公十年·一

地理 郑、晋见昭地理示意图1。

人物 裨灶(襄二十八·八·二·二)、公孙侨(襄八·三)、晋平公(襄十六·一·春秋)、颛顼(文十八·三·二)、邑姜(昭元·八·一·一)、逢公

春秋 十年春王正月。

左传 [一] "十年,春,王正月",有星出于婺 wù 女。

【有星出于婺女】 正 杨 补 有一颗客星在女宿出现。婺女,已嫁之女,这里指女宿(北方玄武七宿之第三宿)。

○ 杨 补 客星是古代对新星的称呼。新星的特点是,天空中突然出现一颗很亮的星,在一到两天内亮度迅速增加,达到极大后又逐渐减弱,在几年或几十年后慢慢消失。据《古新星新表》,《左传》记载的此颗新星,位于宝瓶座,其位置为 α:20^h,40^m;β:$-10°$;ι:$-5°$;b:$-31°$。

[二] 郑裨 pí 灶言于子产公孙侨曰:

"七月戊子三日,晋君晋平公将死。

"今兹岁在颛 zhuān 顼 xū 之虚(墟),姜氏、任 rén 氏实守其地。[婺女]居其维首,而有妖星焉,告邑姜也。邑姜,晋之妣 bǐ 也。

【今兹】 杨 今年。

【颛顼之虚】 正 指星次玄枵。颛顼水德,位在北方。北方三次,玄枵在中间;玄枵有三宿,虚宿在中间,所以称玄枵为"颛顼之虚"。

【维】 杨 星次。

【妣】 杨 补 本义为去世的祖母(参见襄二·四·一·二),此处引申

为去世的先祖之母。

○正 杨 补 今年岁星(参见襄九·五·五)运行到星次玄枵,即所谓“今兹岁在颛顼之虚”。根据分野学说(见襄二十八·一·二),玄枵为齐(姜姓)、薛(任姓)分野,即所谓“姜氏、任氏实守其地”。女宿处于玄枵女、虚、危三宿之首,即所谓“[婺女]居其维首”。如今有妖星在对应已嫁之女的女宿出现,而岁星又在齐分野,故灾祸将与齐已嫁之女邑姜有关,即所谓“而有妖星焉,告邑姜也”。岁星为天之贵神,所在星次对应列国有福,因此灾祸将不降临齐,而将要归于邑姜后代所封之国。邑姜为晋始封君唐叔虞之母,故晋将有祸,即所谓“邑姜,晋之妣也”。本段解释“晋君将死”。

“天以七纪。

○正 补 上天以七记数。比如,二十八宿分布四方,每方七宿。本段解释“七月”。

“戊子,逢公以登,星斯于是乎出。

【逢】 正 补 商、周时国,姜姓。伯陵之后。今山东临朐西十里有逢山,山东淄博淄川区西北四十里有逢陵故城,商时逢国应在此区域。其地后为蒲姑国(参见庄八—庄九—庄十·二“姑棼”)所有,春秋时为齐核心地域。山东济阳刘台子村西周早期墓地中出土多件逢国铜器,有学者认为西周时逢国应在此地,可能是从临朐、淄川西迁而来。参见《图集》13—14②13。**【登】** 杨 登天,即去世。

○正 补 商代某年有妖星出于玄枵(是否在女宿不可知),而岁星应不在玄枵,妖星之灾直接降于玄枵对应的逢国(逢国旧地即属后来齐国),逢公死于戊子日。逢公死之年妖星之象与本年相似,因此以逢公死日推测晋侯死日。本段解释“戊子”。

“吾是以讥(bǔ,卟)之。”

【讥】 杨 卜以问疑。此处指根据星象预测晋平公死日。

○正 下启本年晋平公卒(昭十·四)。

昭公十年·二

地理 齐、鲁见昭地理示意图 1。齐、鲁、棘、夫于、高唐见昭地理示意图 4。

人物 栾施(昭二·一·二)、齐惠公(僖十七—僖十八·一)、陈桓子(庄二十二·三·四·三)、高强(昭二·一·二)、鲍文子(成十七·四·三·一)、晏平仲(襄十七·六)、齐景公(襄二十五·一·四)、王黑、子山、子商、子周、公子固(昭八·四·一)、公子铸(昭八·四·一)、子渊捷(昭八·四·一)、齐桓公(庄八—庄九—庄十·春秋)、穆孟姬(襄二十五·一·四)

春秋 夏,齐栾施来奔。

左传【一】齐惠齐惠公栾、高氏皆耆(嗜)酒,信内,多怨,强于陈、鲍氏而恶wù之。

【齐惠栾、高氏】 正 杨 实指栾氏族长栾施、高氏族长高强。栾氏、高氏皆出自齐惠公,以始祖之字为氏,故称“齐惠栾、高氏”。

【信内】 正 补 听信妇人之言。女为内宠。

【二】夏,有告陈桓子曰“子旗栾施、子良高强将攻陈、鲍”,亦告鲍氏。桓子陈桓子授甲而如鲍氏,遭子良醉而骋。[桓子]遂见文子鲍文子,则[文子]亦授甲矣。[桓子、文子]使视二子,则皆将饮酒。桓子曰:“彼虽不信,[二子]闻我授甲,则必逐我。及其饮酒也,先伐诸(之乎)?”陈、鲍方睦,遂伐栾、高氏。

【授甲】 补 分发甲胄兵器。

【遭子良醉而骋】 杨 补 遇到高强喝醉了并且[驾马车在路上]驰骋。

【二子】正 栾施、高强。

【彼虽不信】正 杨 补 传言者所说的即使不可信。陈桓子在路上已经看到高强醉酒，后来陈桓子、鲍文子派出的探子又发现栾氏、高氏都准备开始饮酒。至此，陈桓子、鲍文子二人已经意识到栾氏、高氏并无马上进攻陈氏、鲍氏之意，先前传言者所说的并不可信。

子良高强曰："先得公齐景公，陈、鲍焉往？"遂伐虎门。

【虎门】正 补 齐侯路寝门。路寝见庄三十二・四・春秋。

晏平仲端委立于虎门之外。四族召之，无所往。

【端委】正 杨 补 衣着朝服，表示不参与兵争。端委见昭元・一・七・一。

【四族】正 陈、鲍、栾、高。

其徒曰："助陈、鲍乎？"

[晏子]曰："何善焉？"

[其徒曰：]"助栾、高乎？"

[晏子]曰："庸愈乎？"

【庸愈乎】正 杨 补 难道[栾氏、高氏]能胜过[陈氏、鲍氏]？庸，岂。愈，胜。

[其徒曰：]"然则归乎？"

[晏子]曰："君齐景公伐，焉归？"

【君伐】杨 国君[被高强]攻伐。

公齐景公召之，而后[晏子]入[于公宫]。

公齐景公卜使王黑以灵姑銔pī率，吉。[王黑]请断三尺焉而用之。五月庚辰，战于稷，栾、高败。[公徒]又败诸(之于)庄。国人追之，又败诸(之于)鹿门。栾施、高强来奔。

【王黑】 正 补 王氏，名黑。齐大夫。**【灵姑銔】** 正 齐景公的旗帜。

【请断三尺焉而用之】 正 杨 补 [王黑]请求将旌旗之旒(飘带)截去三尺后再使用。诸侯旌旗之旒长七仞，下端与车轸(车后横木，见《知识准备》“车马”)平齐，大夫旌旗之旒长五仞，下端与车较(车旁横木，见《知识准备》“车马”)平齐。王黑以大夫身份奉齐景公命使用灵姑銔，因此不断两仞，而请断三尺，以向齐景公表示恭敬而已。

【五月庚辰】 杨 据王韬所推春秋历，五月无庚辰。

【稷】 正 杨 齐都临淄城西祭祀后稷之处。

【庄】 补 见襄二十八・九・三。

【鹿门】 正 杨 齐都东南门。

【三】陈、鲍分其室。晏子晏平仲谓桓子陈桓子：

“[子]必致诸(之于)公齐景公。让，德之主也。让之谓懿德。

【必致诸公】 杨 补 [您]一定要[将所分得的栾氏、高氏家产]上交给公室。

【让之谓懿德】 补 让出利益叫作美德。

“凡有血气，皆有争心，故利不可强，思义为愈。义，利之本也。

【愈】 补 胜，更好。

“蕴利生孽。姑使无蕴乎！可以滋长。”

○正 杨 补 积蓄财利就会产生妖孽。姑且让[财利]不要积蓄吧!可以[让财利]慢慢增长。蕴,积蓄。

桓子尽致诸(之于)公,而请老于莒 jǔ。

【莒】 杨 见昭三·九。

○补 陈氏、鲍氏攻打栾氏、高氏,原本只是卿族之间的武斗,本无正义不正义可言。然而,由于栾氏、高氏攻打公室,使得陈氏、鲍氏在胜利后可以将自己的行为解释为“讨伐栾氏、高氏的叛君罪行”,成为正义的一方。战斗结束后,鲍氏获得了栾、高家产的一部分,这样一来,鲍氏先前“为维护公室而战”的说辞就大打折扣;陈氏听取了晏平仲的意见,将分得的栾、高家产上交给公室,这就进一步巩固了先前“为维护公室而战”的说辞,大大提高了陈氏在齐国都城里的声望。

○补 **传世文献对读:**《晏子春秋·内篇·杂下》记晏平仲劝陈桓子之言与《左传》有所不同,可扫码阅读。

桓子陈桓子召子山,私具幄幕、器用、从者之衣屦 jù,而反(返)棘焉。子商亦如之,而反(返)其邑。子周亦如之,而与之夫于。[桓子]反(返)子城公子固、子公公子铸、公孙捷子渊捷,而皆益其禄。凡公子、公孙之无禄者,[桓子]私分之邑;国之贫约孤寡者,[桓子]私与之粟。[桓子]曰:“《诗》云‘陈锡载周’,能施也。桓公齐桓公是以霸。”公齐景公与桓子陈桓子莒之旁邑,[桓子]辞。穆孟姬为之桓子请高唐,陈氏始大。

【子山】【子商】【子周】 正 齐群公子,襄三十一年被公孙虿所逐。

【衣屦】 补 衣服鞋子。屦见桓元—桓二·三·二。

【棘】 正 杨 补 在今山东淄博临淄区朱台镇。齐邑。本为子山采邑。襄三十一年被公室收回。昭十年复为子山采邑。参见《图集》26—27③5。《图集》标注不准确,本书示意图依据《图志》标注。

【夫于】正 杨 补 在今山东邹平西董镇夫村。齐邑。昭十年后曾为子周采邑。参见《图集》26—27③4。《图集》标注不准确，本书示意图依据《图志》标注。

【子城、子公、公孙捷】正 昭八年三人被栾施所逐。

【栗】补 见僖十三・二，此处不能确定是狭义还是广义。

【陈锡载周】补 见宣十五・五・一・二“陈锡哉周”。“陈”本义为“散布”，这里陈桓子应该用的是双关手法，与其氏“陈”关联起来。

【高唐】补 见襄十九・二・四。

昭公十年・三

地理 鲁、齐见昭地理示意图 1。鲁、莒、齐、郠见昭地理示意图 4。

人物 季平子（昭九・六・二）、子叔敬子（襄三十・八・春秋）、孟僖子（昭七・二・二・四）、臧武仲（成十八・十・二）、周公旦（隐八・二）

春秋 秋，七月，季孙意如季平子、叔弓子叔敬子、仲孙貜 jué，孟僖子帅师伐莒 jǔ。

左传【一】秋，七月，平子季平子伐莒，取郠 gěng。［鲁人］献俘，始用人于亳 bó 社。

【郠】正 杨 补 在山东沂水西。莒邑。昭十年后地入于鲁。参见《图集》26—27④5。

【用人】正 补 杀人做祭品。【亳社】补 见闵二・三・四・一“间于两社”。

○补 春秋时献俘在太庙，于鲁为周公旦庙。献俘之后，鲁人将俘虏杀死作为祭品祭祀亳社。鲁有二社（参见闵二・三・四・一），一为周社（周朝之社），一为亳社（亡国殷商之社）。莒为东夷国，很可能有以活人祭社的习俗（参见僖十九・二・二・一）。周礼不许以人为祭品，而殷商盛行人祭，故鲁人在亳社行此夷礼，欲使莒人前来归服。此前宋襄公亦曾杀人祭社以求使东夷归服，参见僖十九·二·一。

〔二〕臧武仲在齐，闻之，曰："周公周公旦其不飨鲁祭乎！周公飨义，鲁无义。《诗》曰：'德音孔昭，视民不佻tiāo。'佻之谓甚矣，而壹用之，将谁福哉？"

【臧武仲在齐】补 襄二十三年臧武仲自鲁奔邾，遂至齐（参见襄二十三·八·八·一），此时犹在齐。

【飨】补 享用祭食。

【德音孔昭，视民不佻】正 杨 补《毛诗·小雅·鹿鸣》（在襄四·二·二）有此句，而"佻"作"恌"，根据上下文可译为"先王言行甚为昭明，以示天下之民，使民众行为不轻佻"。德音，参见昭四·一·二。孔，甚。视，示。

【佻之……福哉】杨 补 轻佻地对待民众已经很过分了，而现在竟然专门使用人［当作牺牲］，［上天］将会降福给谁？壹，专一，专门。

昭公十年·四

地理 晋、鲁、郑、齐、宋、卫、曹见昭地理示意图1。晋、鲁、郑、齐、宋、卫、许2、曹、邾、滕、薛、小邾、河水见昭地理示意图3。齐、宋、卫、曹、莒、邾、滕、薛、杞、小邾见昭地理示意图4。

人物 晋平公（襄十六·一·春秋）、叔孙昭子（昭四—昭五·八）、郑简公（襄七·八·二·二）、游吉（襄二十二·七·二）、国景子（成十八·二·一）、华定（襄二十九·八·春秋）、北宫贞子、罕虎（襄二十九·七·一）、公孙侨（襄八·三）、晋昭公、羊舌肸（襄十一·二·五·三）、公孙挥（襄二十四·十）、高强（昭二·一·二）、庆封（成十八·二·一）、公孙虿（襄八·八·一·二）、齐景公（襄二十五·一·四）

春秋 戊子，晋侯彪晋平公卒。

九月，叔孙婼 chuò，叔孙昭子如晋，葬晋平公。

左传【一】戊子三日，晋平公卒。郑伯郑简公如晋，及河，晋人辞之。游吉遂如晋。

【河】补 见闵二·五·三。

○正 杨 补 据昭二—昭三·四，则晋文、襄之霸时旧制，“君薨，大夫吊，卿共葬事”。如此则晋平公卒，诸侯国君不应亲往吊丧，故晋人辞之。晋人此次的守礼行为，已经在预示接下来晋人将会遵守礼制规定，不在葬礼期间与诸侯卿大夫会面。

【二·一】九月，叔孙婼叔孙昭子、齐国弱国景子、宋华定、卫北宫喜北宫贞子、郑罕虎、许人、曹人、莒 jǔ 人、邾人、滕人、薛人、杞人、小邾人如晋，葬平公晋平公也。

【北宫喜】补 北宫贞子。姬姓，北宫氏，名喜，谥贞。北宫成子（襄二十六·六·一·一）之子，北宫懿子（成十七·一·春秋）之孙。卫大夫，官至卿位。

【二·二】郑子皮罕虎将以币行。子产公孙侨曰：“丧焉用币？用币必百两（辆），百两（辆）必千人。千人至，将不行。不行，必尽用之。几千人而国不亡？”子皮固请以行。

【币】正 此为见新君的见面礼。

【丧焉用币】补 公孙侨根据先前郑简公前往晋被拒绝等信息，料定晋新君将遵守丧礼制度，拒绝在服丧期间与诸侯卿大夫以聘问新君之礼见面。既不见面，则吊丧本身根本不需要这么多财礼。

【用币……千人】正 杨 运载财礼一定要用到一百辆车，一百辆车一定要用一千人跟随。

【千人至，将不行】杨 补 一千人到达晋，一时将不能返回。郑人已经将财礼运到晋，大费周折、人尽皆知。如果被拒绝后又不作停留而原样运回郑，则不仅是彰显郑人自己判断严重失误，而且“宁可拉走也不送人”的做法也会得罪晋人，所以即使被拒绝，也不能马上启程回国。

【不行，必尽用之】 正 补 如果不回国，必定会将财礼全部用完。晋新君虽然会依礼拒绝见面礼，而晋卿大夫则没有理由不去见面打点，“晋政多门”（参见昭十三·三·九·三），谁也不能怠慢，方方面面打点一圈，财礼必然耗尽。

【几千人而国不亡】 正 补 这样千人送礼的奢华行动弄几次，国家不会灭亡？公孙侨作为执政，认为这样送礼劳民伤财，而且会形成晋人日后要求再送时可以援引的旧例，所以表示反对。

【子皮固请而行】 补 罕虎的判断是，晋人贪婪，晋新君将违背礼制与郑人会面，接受他带来的见面礼。他从晋郑关系对于郑的极端重要性出发，认为在这个关键时刻上要舍得送礼，超过其他带财礼较少的国家，为晋昭公时期的晋郑关系奠定一个良好的基础。

【三】既葬，诸侯之大夫欲因见新君晋昭公。叔孙昭子曰“非礼也”，[大夫]弗听。叔向羊舌肸辞之，曰：“大夫之事毕矣，而又命孤晋昭公。孤斩（懵）焉在衰 cuī 绖 dié 之中，其以嘉服见，则丧礼未毕；其以丧服见，是重 chóng 受吊也。大夫将若之何？”[大夫]皆无辞以见。

【新君】 补 晋昭公。姬姓，名夷，谥昭。晋平公（襄十六·一·春秋）之子。昭十一年即位，在位六年。昭十六年卒。

【孤】 杨 补 称孤之例在桓十二—桓十三·二·二。此处晋昭公在服丧期间，故自称“孤”。

【孤斩焉在衰绖之中】 杨 补 我哀痛地处在服丧期间。斩焉，哀痛貌。衰绖，见僖六—僖七·三。

【嘉服】 补 吉服。

【四】子皮罕虎尽用其币。[子皮]归，谓子羽公孙挥曰：“非知之实难，将在行之。夫子公孙侨知之矣，我则不足。《书》曰'欲败度，纵败礼'，我之谓矣。夫子知度与礼矣，我实纵欲而不能自克也。"

【欲败度，纵败礼】 正 杨 补 此为逸《书》，可译为"欲望败坏法度，放纵败坏礼义"。

【五】 昭子叔孙昭子至自晋。大夫皆见。高强见而退。昭子语 yù 诸大夫曰："为人子，不可不慎也哉！昔庆封亡，子尾公孙虿多受邑，而稍致诸(之于)君齐景公，君以为忠，而甚宠之。[子尾]将死，疾于公宫，辇 niǎn 而归，君亲推之。其子高强不能任，是以在此。忠为令德，其子弗能任，罪犹及之，难 nuó(奈何)不慎也？丧夫 fú 人公孙虿之力，弃德，旷宗，以及其身，不亦害乎？《诗》曰'不自我先，不自我后'，其是之谓乎！"

【诸】 补 于。

【昔庆……宠之】 补 事见襄二十八·十一·二·二。

【辇】 补 乘人力车。

【君亲推之】 正 补 国君亲自推了几次车[以表示尊崇]。参见定九·五·三·三"亲推之三"。

【令德】 补 善德。令，善。

【旷宗】 正 杨 补 使宗庙空旷[而无人祭祀]。旷，空。

【不自我先，不自我后】 正 杨 补《毛诗·小雅·正月》以及《毛诗·大雅·瞻卬》有此句，可译为"忧患的到来不在我前头，也不在我后头"。

○ 补 从叔孙昭子的这段言论可以看出，他虽然是三桓之一的叔孙氏族长，但政治立场却是维护君臣尊卑等级、提倡卿大夫忠心事奉国君，这就为他与季武子的不和埋下伏笔。

昭公十年—昭公十一年(昭公十一年·一)

地理 宋、鲁见昭地理示意图1。

人物 宋平公(成十五·三·春秋)、子叔敬子(襄三十·八·春秋)、宋元公(襄二十六·六·二·一)、寺人柳(昭六·六·一)

春秋 十有(又)二月甲子二日,宋公成宋平公卒。

十有一年,春,王二月,叔弓子叔敬子如宋。

葬宋平公。

○补 据隐元·五,诸侯五月而葬。宋平公三月而葬,于礼为速。

左传【一·一】冬十二月,宋平公卒。

【一·二】初,元公宋元公恶wù寺人柳,欲杀之。及丧,柳寺人柳炽炭于[公]位,[公]将至,[柳]则去之。比bì葬,[寺人柳]又有宠[于公]。

【初,元……杀之】正 补 参见昭六·六·一"宋寺人柳有宠,大子佐恶之",太子佐即后来的宋元公。

【及丧……去之】正 杨 补 到[宋元公]守丧之时,寺人柳在[宋元公]丧位烧炭加热,等到[宋元公]将到之时,寺人柳又将炭撤去[,留下温热之位以便宋元公跪坐]。寺人柳这样做,而不是在宋元公丧位放置炭火盆,一方面让宋元公在坐下那一刻享受到其他守丧之人所没有的温暖,另一方面又做得不留痕迹,不让其他人指摘宋元公明目张胆地搞特殊化,的确是非常贴心的安排。

【比】补 等到。

【二】十一年,春,"王二月,叔弓如宋",葬平公宋平公也。

昭公十一年・二

地理 楚、蔡1、周、晋见昭地理示意图1。楚、蔡1、周、晋、申(县)见昭地理示意图5。

人物 楚灵王(襄二十六・五・一)、蔡灵公(襄三十・五)、王子弃疾(昭元・一・三)、周景王(襄三十・六・春秋)、苌弘、蔡景公(成二・七・一・二)、韩宣子(襄七・六・一)、羊舌肸(襄十一・二・五・三)、太孙吴(昭八—昭九・一・一)、夏桀(庄十一・二・二・二)、商纣(庄十一・二・二・二)

春秋 夏,四月丁巳七日,楚子虔楚灵王诱蔡侯般蔡灵公,杀之于申。

【申】补 申县,见隐元・四・一。

楚公子弃疾王子弃疾帅师围蔡。

左传【一】景王周景王问于苌 cháng 弘曰:“今兹诸侯何实吉?何实凶?”[苌弘]对曰:

【苌弘】正 补 姬姓,苌氏,名弘,排行叔。周王室大夫。哀元年已为周王室卿士。哀三年被周人所杀。【今兹】补 今年。

“蔡凶。

“此蔡侯般蔡灵公弑其君蔡景公之岁也。岁在豕 shǐ 韦,弗过此矣。

○正 补 本年岁星就在蔡侯般杀死他的君父那年所在的星次。岁星在豕韦星次,[蔡侯般遭难]不会超过这一年了。襄三十年蔡太子般弑其父蔡景公,当年岁星在十二星次的豕韦。到今年,岁星再次在豕韦,据昭十一・五・二・二,“美恶周必复”,即无论为善或为恶,在岁星运行一周时必然会有报应，因此苌弘推测蔡的凶难不会超过今年。岁星纪年法参见襄九·五·五。

“楚将有之蔡，然壅[恶]也。

○正 补 楚将拥有蔡，然而[得到蔡只会促使楚]壅积[罪恶]。

“岁及大梁，蔡复，楚凶，天之道也。”

○正 补 岁星到达大梁时，蔡将复国，楚将有凶难，这是上天之道。昭元年王子围弑郏敖而立，当时岁星在十二星次的大梁。到昭十三年，岁星将再次在大梁，如上所述，“美恶周必复”，所以说到时蔡将复国，而楚将有凶难。

○补 下启本年楚灭蔡(昭十一·八)，昭十三年楚灵王自缢而死及蔡复国(昭十三·二及昭十三·四)。

【二】楚子楚灵王在申，召蔡灵侯蔡灵公。灵侯蔡灵公将往，蔡大夫曰：“王楚灵王贪而无信，唯蔡于感(憾)。今[楚]币重而言甘，诱我也，不如无往。”蔡侯蔡灵公不可。三月丙申十五日，楚子伏甲而飨蔡侯于申，醉[蔡侯]而执之。夏，四月丁巳七日，[楚子]杀之。刑其士七十人。公子弃疾王子弃疾帅师围蔡。

【唯蔡于感】 正 杨 补 即“唯感于蔡”，可译为“唯独怨恨蔡[还没有被吞并]”。感，恨。

【币】 补 财礼。

【飨】 补 见桓九—桓十·一·二。

○补 僖十—僖十一·四·二亦有“币重而言甘，诱我也”，可参看。

○补 2009年，考古工作者在今河南南阳(申县所在地)发掘了一批东周墓葬，其中M27出土了一件铜戈，上有铭文“蔡侯班之用戈”，蔡侯班应该就是《左传》中的蔡灵公(名般)，印证了上文所载的楚灵王杀蔡灵公于申的历史事件。

【三】韩宣子问于叔向羊舌肸曰："楚其克乎？"

[叔向]对曰：

"克哉！蔡侯蔡灵公获罪于其君蔡景公，而不能其民，天将假手于楚以毙之，何故不克？

【蔡侯获罪于其君】正 补 指蔡灵公为太子时弑其父蔡景公而自立。参见襄三十·五。
【不能】杨 不得。
【假】正 借。【毙】补 杀死。

"然肸xī，羊舌肸闻之，不信以幸，不可再也。楚王楚灵王奉孙吴太孙吴以讨于陈，曰'将定而(尔)国'。陈人听命，而[楚王]遂县之。今又诱蔡而杀其君蔡灵公，以围其国，虽幸而克，必受其咎，弗能久矣。

【不信以幸，不可再也】杨 补 不讲信用而侥幸得逞[而且没有后患]，[这样的事情]不可能发生第二次。
【楚王……县之】正 参见昭八—昭九。

"桀夏桀克有缗mín，以丧其国；纣商纣克东夷，而陨其身。楚小、位下，而亟qì暴于二王，能无咎乎？天之假助不善，非祚zuò之也：厚其凶恶，而降之罚也。且譬之如天其有五材，而将用之，力尽而敝之。[楚]是以无拯，不可没振。"

【有缗】补 即缗，见僖二十二—僖二十三·春秋。
【楚小……咎乎】正 杨 补 [与夏朝、商朝相比，]楚[疆域]小，地位低，却屡次表现得比[夏桀、商纣]二位君王还要残暴，能够没有灾祸吗？亟，数，屡次。
【天之……之也】杨 补 上天借力帮助不善[之人]，不是降福于他。

【五材】正 水、木、金、火、土。【斃】杨 弃。

【是以无拯,不可没振】正 杨 补 因此[楚]不可拯救,最后也不能振兴。没,终。

○补 下启本年楚灭蔡(昭十一·八),及昭十三年楚灵王自缢而死(昭十三·二)。

○补《老子》"天地不仁,以万物为刍狗"与本段"天其有五材,而将用之,力尽而斃之"相呼应。

○补 **传世文献对读:** 上博简九《灵王遂申》记载了楚灵王败蔡灵公的细节,可扫码阅读。

根据《左传》以及简文,则楚灵王在申县旁的吕县击败蔡灵公,而在申县杀了蔡灵公,同时要求申人掠取蔡人器物。申城公和他的儿子不满楚灵王所为,最终没有掠取蔡人器物。

昭公十一年·三

地理 鲁见昭地理示意图1。

人物 齐归(襄三十一·三·五·一)

春秋 五月甲申四日,夫人归氏齐归薨hōng。

[我]大蒐sōu于比蒲。

【蒐】补 见僖二十七—僖二十八·三。

左传 五月,齐归薨。"大蒐于比蒲",非礼也。

○补 昭十一·七·二·二羊舌肸论鲁事,点明"君有大丧,国不废蒐",据此可以理解本段为何称比蒲之蒐为"非礼"。羊舌肸又说"国不恤丧,不忌君也",可见此次大蒐实为三桓专权、蔑视公室之明证。

昭公十一年·四

地理 鲁见昭地理示意图 1。鲁、邾见昭地理示意图 4。

人物 孟僖子(昭七·二·二·四)、邾庄公、泉丘女、泉丘女之僚、孟懿子(昭七·九·二·一)、南宫敬叔(昭七·九·二·一)

春秋 仲孙貜 jué,孟僖子会邾子邾庄公,盟于祲 jìn 祥。

【邾子】补 邾庄公。曹姓,名穿,谥庄。邾悼公(襄十八·三·春秋)之子。昭二年即位,在位三十四年。定三年卒。

【祲祥】杨 可能在山东曲阜境。鲁地。

左传【一】孟僖子会邾庄公,盟于祲祥,修好,礼也。

【二·一】泉丘人有女泉丘女,梦以其帷幕孟氏之庙,遂奔僖子孟僖子,其僚从之。[二女]盟于清丘之社,曰:"有子,无相弃也!"僖子使[二女]助薳 wěi 氏之簉 zào。

【泉丘】正 杨 在今山东宁阳、泗水间。鲁邑。

【梦以其帷幕孟氏之庙】补 梦到用她的帷幕覆盖了孟氏的宗庙。

【僚】正 补 同伴。【清丘之社】杨 补 清丘的土地神坛。

【僖子使助薳氏之簉】正 杨 补 孟僖子让[两位女子]住在[孟僖子别邑]薳氏[做妾]。簉,妾。

【二·二】[僖子]反(返)自祲祥,宿于薳氏,生懿子孟懿子及南宫敬叔于泉丘人泉丘女。其僚无子,[僖子]使字敬叔南宫敬叔。

【字】正 养。

昭公十一年·五

地理 鲁、晋、齐、宋、卫、郑、曹、蔡 1、楚见昭地理示意图 1。鲁、齐、宋、卫、曹、杞见昭地理示意图 4。

人物 季平子(昭九·六·二)、韩宣子(襄七·六·一)、国景子(成十八·二·一)、华亥(昭六·六·二·一)、北宫文子(襄三十·十二·一)、罕虎(襄二十九·七·一)、中行穆子(襄十九·一·二)、公孙侨(襄八·三)、蔡灵公(襄三十·五)、楚灵王(襄二十六·五·一)、狐父

春秋 秋,季孙意如季平子会晋韩起韩宣子、齐国弱国景子、宋华亥、卫北宫佗北宫文子、郑罕虎、曹人、杞人于厥慭 yìn。

【厥慭】杨 卫地。

左传【一】楚师在蔡。晋荀吴中行穆子谓韩宣子曰:“[晋]不能救陈,又不能救蔡,物以无亲。晋之不能,亦可知也已!为盟主,而不恤亡国,将焉用之?”

【物以无亲】杨 补 诸侯因此不来亲附。物,人。

【恤】补 忧。

【二·一】秋,会于厥慭 yìn,谋救蔡也。

【二·二】郑子皮罕虎将行。子产公孙侨曰:“行不远,不能救蔡也。蔡小而不顺,楚大而不德。天将弃蔡以壅楚,盈[楚恶]而罚之,蔡必亡矣。且丧君蔡灵公而能守者鲜 xiǎn 矣。三年,王楚灵王其有咎乎!美恶周必复,王恶周矣。”

【行不……蔡也】补 蔡在南方,而中原诸侯并没有远行至南方,而是在中原卫地相会,表明晋只是召集诸侯协商做做样子而已,并无破坏宋之盟、率领诸侯在会后伐楚救蔡之意。

【盈而罚之】正 补 [使楚恶]满盈而后惩罚它。

【三年……周矣】正 杨 补 三年后，楚王会有灾祸吧！无论为善或为恶，[逢岁星行天]一周必有报应，楚王的罪恶到那时就满一周了。昭元年楚灵王弑郏敖而自立，其恶经一周（十二年）后，将于昭十三年报复在他自己身上。复，报。岁星纪年法参见襄九·五·五。○补 下启本年楚灭蔡（昭十一·八），及昭十三年楚灵王自缢而死（昭十三·二）。

【三】晋人使狐父 fǔ 请蔡于楚，[楚子]弗许。

【狐父】正 补 字狐。晋大夫。

昭公十一年·六

地理 周、晋见昭地理示意图 1。周、单、晋、戚见昭地理示意图 3。

人物 单成公（昭七·十）、韩宣子（襄七·六·一）、羊舌肸（襄十一·二·五·三）

左传【一】单子单成公会韩宣子于戚。[单子]视下，言徐。

【戚】补 见文元·三·春秋。

【视下，言徐】补 目光向下，言语缓慢。

【二】叔向羊舌肸曰："单子其将死乎！朝有著定，会有表；衣有襘 guì，带有结。会、朝之言必闻于表、著之位，所以昭事序也。视不过结、襘之中，所以道容貌也。言以命之，容貌以明之，失则有阙 quē。今单子为王官伯而命事于会，视不登带，言不过步：貌不道容，而言不昭矣。[貌]不道[容]，不共(恭)；[言]不昭，不从。[单子]无守气矣。"

【朝有著定】正 杨 门内、屏外之间的场地称为"著"。无论在周王或诸侯的朝廷，卿、大夫、士在门屏之间都有规定位置，即所谓"朝有著定”。

【会有表】正 杨 表，标识。无论周王或诸侯霸主在郊野与诸侯会盟，诸侯都依次设位，位有标识，即所谓“会有表”。

【衣有襘】正 杨 上衣有襘。襘，衣襟交会之处。

【带有结】正 杨 腰带有结。古人带交结处用纽，并以物穿纽，加以固定。

【会、朝……貌也】杨 补 会、朝时的言语一定要让在现场规定位置的人都听到，以此来昭明政事的次序；目光位于衣带结和衣襟交会处之间，以此来引导仪容外貌。《礼记·曲礼下》“天子视，不上于袷（即襘），不下于带”，与本句所叙相符。

【王官伯】杨 补 周王室官员之长，即卿士。

【命事于会】杨 补 在盟会上命令政事。

【视不登带，言不过步】正 杨 目光下视不高于衣带，语声细小到一步之外就听不到。

【貌不……昭矣】杨 补 [目光朝下，]外貌不能表现仪容；[语声细小，]言语不能[使在场人员]明了。

○正 下启本年单成公卒（昭十一·九）。

昭公十一年·七

地理 鲁、晋见昭地理示意图1。

人物 齐归（襄三十一·三·五·一）、鲁昭公（襄三十一·三·五·一）、史赵（襄三十·三·一·一）、羊舌肸（襄十一·二·五·三）

春秋 九月己亥二十一日，葬我小君齐归。

【小君】补 见庄二十二·二·春秋。

○杨 补 齐归本为鲁襄公妾，由于是鲁昭公生母，母以子贵，鲁襄公原配夫人去世后即升为夫人，因此本年丧葬用夫人礼。参见文四—文五·春秋。

左传【一】九月，葬齐归，公鲁昭公不戚。

【戚】补忧。

【二·一】晋士之送葬者，归以语 yù 史赵。

【史】补见宣二·三·四·一。

史赵曰："必为鲁郊。"

【必为鲁郊】正补[鲁侯]必然会[出居]到鲁都郊外[，不能拥有国家]。

侍者曰："何故？"

[史赵]曰："[鲁侯，]归姓也。不思亲，祖不归也。"

【归姓也】杨[鲁侯是]齐归之子。姓，子。

【不思亲，祖不归也】正不思念亲人，祖先就不会保佑。

【二·二】叔向羊舌肸曰："鲁公室其卑乎！君鲁昭公有大丧，国不废蒐 sōu；[君]有三年之丧，而无一日之感。国不恤丧，不忌君也；君无感容，不顾亲也。国不忌君，君不顾亲，能无卑乎？殆其失国。"

【忌】杨敬。

【殆】补恐怕。

○正下启昭二十五年鲁昭公逊于齐(昭二十五·五)。

○补**传世文献对读**：《论语·八佾》："子曰：'居上不宽，为礼不敬，临丧不哀，吾何以观之哉？'"此为"临丧不哀"之例。

昭公十一年·八

地理 楚、蔡1见昭地理示意图1。

人物 隐太子有、楚灵王(襄二十六·五·一)、申无宇(襄三十·十一·二)

春秋 冬,十有(又)一月丁酉二十日,楚师灭蔡,执蔡世子有隐太子有以归,用之。

【世子有】补 隐太子有。姬姓,名有,谥隐。蔡灵公(襄三十·五)之子。昭十一年被楚人所执,遂被杀。

【用之】正 杀隐太子有用作祭品。

左传【一】冬,十一月,楚子楚灵王灭蔡,用隐大(太)子隐太子有于冈山。

【二】申无宇曰:"不祥。五牲不相为用,况用诸侯乎!王楚灵王必悔之。"

【五牲不相为用】杨 补 祭祀时五种祭牲不能互相换用。也就是应该用某种祭牲的祭祀就不该用另外一种祭牲。参见僖十九·二·二·二"古者六畜不相为用"。【五牲】正 牛、羊、豕、犬、鸡。

昭公十一年·九

地理 周见昭地理示意图1。周、单见昭地理示意图2。

人物 单成公(昭七·十)

左传 十二月,单成公卒。

昭公十一年·十

地理 楚见昭地理示意图1。楚、陈(此时为楚县)、蔡1(此时为楚县)、东/西不羹(此时为楚县)见昭地理示意图 5。

人物 楚灵王(襄二十六·五·一)、王子弃疾(昭元·一·三)、申无宇(襄三十·十一·二)、郑庄公(隐元·四·春秋)、公子突(隐五·四·二·一)、郑昭公(隐三·四·一)、齐桓公(庄八—庄九—庄十·春秋)、管敬仲(庄八—庄九—庄十·三)、然丹(襄十九·六·一·一)、子游(庄十二—庄十三·一·二)、公孙无知(庄八—庄九—庄十·春秋)、卫献公(成十四·五·一)

左传【一】楚子楚灵王城陈、蔡、不羹 láng,使弃疾王子弃疾为蔡公。

【陈】补 见隐四·二·春秋。此时为楚县。

【蔡】补 见隐四·二·春秋。此时在上蔡,为楚县。

【不羹】正 杨 补 在今河南襄城宋庄尧城岗有西不羹(已发现其遗址),在今河南舞阳章化镇前、后古城村有东不羹(已发现其遗址),疑为一国先后徙都。本为周时国,嬴姓。现已为楚县。参见《图集》29—30③5。

○补 **西不羹故城遗址:** 遗址位于文化河东北侧,城址南北长 1 500 米,东西宽 1 000 米,遗址内发现多处春秋、战国、秦汉时期墓葬。

○补 **东不羹故城遗址:** 遗址位于沙河、灰河交叉处。城址平面呈三角形,周长 5 500 米。遗址内发现了仰韶、龙山以及周、秦、汉代等不同时期的文化遗存。

【二】王楚灵王问于申无宇曰:"弃疾王子弃疾在蔡,何如?"

[申无宇]对曰:"择子莫如父,择臣莫如君。郑庄公城栎 lì 而置子元公子突焉,使昭公郑昭公不立。齐桓公城谷而置管仲管敬仲焉,至于今赖之。臣闻:'五大不在边,五细不在庭。亲不在

外，羁不在内。'今弃疾王子弃疾在外，郑丹然丹在内，君楚灵王其少戒。"

【郑庄……不立】杨 补 郑庄公修筑栎邑并安置公子突（后为郑厉公），使郑昭公没能保住君位。郑庄公城栎而置公子突之事，不见于别处《左传》。桓十一年郑厉公立（即自栎邑入郑都）而郑昭公出奔，即所谓"使昭公不立"。

【齐桓……赖之】正 补 齐桓公修筑谷邑城墙而安置管仲，到今天齐还得到利益。齐桓公城谷而置管敬仲之事见庄三十二·一。管敬仲治理齐国，不仅使齐桓公得以成就霸业，也为齐国日后长期作为东方大国奠定了坚实基础，即所谓"至于今赖之"。

【五大不在边】正 杨 补 五种大人物不可以居住在国家边远地区。五种大人物，指太子、国君同母弟、贵宠公子、贵宠公孙、累世正卿等。以史征之，晋共太子申生（太子）居于曲沃，后被骊姬谮杀（见僖四·二）；郑庄公同母弟（国君同母弟）共叔段居于京，后背叛郑庄公（见隐元·四）；郑公子突（贵宠公子）居于栎，后杀郑子婴而自立（见庄十四·二）；齐公孙无知（贵宠公孙）居于渠丘，后弑齐襄公（见庄八—庄九—庄十）；卫正卿宁惠子（累世正卿）居于蒲、孙文子居于戚，后逐卫献公（见襄十四·五）。

【五细不在庭】正 杨 补 五种小人物不应在朝廷里。五种小人物，指贱者、少者、远者、新者、小者。

【羁】杨 补 羁旅之臣，见庄二十二·三·二。

【弃疾在外】补 王子弃疾即所谓不宜在边的"五大"中的贵宠公子。

【郑丹在内】正 杨 补 然丹即为上文所谓不宜在庭"五细"中的远者，也是不宜在内的羁旅之臣。襄十九年然丹自郑奔楚，为远来羁旅之臣，而楚人任命他作右尹，留在楚国国都。右尹参见成十六·三·四·二。

王曰："国有大城，何如？"

[申无宇]对曰："郑京、栎实杀曼wàn伯，宋萧、亳bó实杀子游，齐渠丘实杀无知公孙无知，卫蒲、戚实出献公卫献公。若由是观之，则害于国。末大必折，尾大不掉，君所知也。"

【郑京、栎实杀曼伯】 杨 补 曼伯应该就是庄十四年被盘踞在栎邑的郑厉公指使傅瑕杀害的郑子婴，下引《国语·楚语上》"叔段以京患庄公，郑几不克；栎人实使郑子(郑子婴)不得其位"可为佐证。郑子婴与《左传》下面提到的子游、公孙无知地位非常类似，都是内乱后被立、却死无谥号的君主。一说，曼伯是郑昭公，《左传》上文"郑庄公城栎而置子元焉，使昭公不立"可为佐证，而且郑昭公与《左传》下文提到的卫献公地位类似，都是由太子立的、有谥号的君主。然而，郑昭公实际上是被权臣高渠弥所杀，并不是郑厉公指使人所杀，说"郑庄公城栎而置子元焉，使昭公不立"则可，说"郑京、栎实杀昭公"则有些牵强。

【宋萧、亳实杀子游】 正 补 宋人自萧、亳反攻入都城杀子游之事见庄十二—庄十三。

【齐渠丘实杀无知】 正 补 齐渠丘(雍廪)人杀公孙无知之事见庄八—庄九—庄十·四。

【卫蒲、戚实出献公】 正 补 蒲，宁惠子采邑。戚，孙文子采邑。卫献公被宁惠子、孙文子所逐之事见襄十四·五。

【尾大不掉】 正 补 尾巴大了就摇不动。掉，摇。参见下引《国语·楚语上》"夫边境者，国之尾也。譬之如牛马，处暑之既至，虻蟹之既多，而不能掉其尾"。

○ 正 下启昭十三年陈、蔡作乱(昭十三·二)。

○ 正 杨 补 **传世文献对读：**《国语·楚语上》叙范无宇(即申无宇)之言更详，且与《左传》有所不同，可扫码阅读。

昭公十二年・一

地理 齐、北燕见昭地理示意图1。北燕、阳见昭地理示意图2。

人物 高武子(襄二十九・十三)、燕简公(昭三・十一・春秋)

春秋 十有(又)二年,春,齐高偃高武子帅师纳北燕伯燕简公于阳。

【纳】补 见隐四・二・四・一。

【阳】正 杨 补 在今河北唐县高昌镇南固城村附近。北燕地。参见《图集》28③4。

○正 补 昭三年北燕伯款出奔齐,此时齐人试图护送其归国复位。

左传 十二年,春,齐高偃高武子纳北燕伯款于唐,因其众也。

【唐】正 即阳。

【因其众也】正 补 这是依靠[愿意接纳他的]唐地的民众。

昭公十二年・二

地理 郑见昭地理示意图1。

人物 郑简公(襄七・八・二・二)、游吉(襄二十二・七・二)、公孙侨(襄八・三)

春秋 三月壬申二十七日,郑伯嘉郑简公卒。

左传【一】三月,郑简公卒。

【二・一】[郑人]将为葬除,及游氏之庙,将毁焉。子大(太)叔游吉使其除徒执用以立,而无庸毁,曰:"子产公孙侨过女(汝),而问何故不毁,乃曰:'不忍庙也。诺,将毁矣。'"既如是,子产乃使[除徒]辟(避)之。

【将为葬除】正 杨 补 将为[郑简公]下葬[队伍行进]清除[道路障碍]。

【子大……庸毁】正 补 游吉让清除道路的徒役拿着工具站着,而不用动手拆。庸,用。

【而】杨 如。

【不忍……毁矣】正 杨 补 不忍心[拆]家庙啊。好吧,准备要拆毁了。

【二·二】司墓之室有当道者。毁之,则朝 zhāo 而塴 bèng;弗毁,则日中而塴。子大(太)叔请毁之,曰:"无若诸侯之宾何!"子产曰:"诸侯之宾,能来会吾丧,岂惮日中?无损于宾,而民不害,何故不为?"遂弗毁[司墓之室],日中而葬。

【司墓之室】补 司墓的家。【司墓】正 补 郑外朝官,职掌规划、守卫公室族墓。

【塴】正 补 将棺椁放入墓穴。

【二·三】君子谓:"子产公孙侨于是乎知礼。礼,无毁人以自成也。"

昭公十二年·三

地理 宋、鲁见昭地理示意图1。

人物 宋元公(襄二十六·六·二·一)、华定(襄二十九·八·春秋)、叔孙昭子(昭四—昭五·八)

春秋 夏,宋公宋元公使华定来聘。

【聘】补 见隐七·四·春秋。

左传【一】夏，宋华定来聘，通嗣君宋元公也。[我]享之，为[华定]赋《蓼lù萧》。[华定]弗知，又不答赋。

【享】补 见桓九—桓十·一·二。

【《蓼萧》】补 见襄二十六·六·一·二。

【二】昭子叔孙昭子曰："[华定]必亡。宴语之不怀，宠光之不宣，令德之不知，同福之不受，将何以在？"

【宴语之不怀】正 补 即"不怀宴语"，可译为"不思念[诗中提到的]宴会笑语"。《蓼萧》首章有"燕笑语兮，是以有誉处兮"，可译为"宴饮谈笑，喜气洋洋"。怀，思。

【宠光之不宣】正 杨 补 即"不宣宠光"，可译为"不宣扬[诗中提到的]宠信和荣光"。《蓼萧》二章有"为龙为光"，可译为"得宠荣光"，龙，宠。宣，扬。

【令德之不知】正 杨 补 即"不知令德"，可译为"不知道[诗中提到的]好德行"。《蓼萧》三章有"宜兄宜弟，令德寿岂"，可译为"兄弟情深，善德寿硕"。令德，善德。

【同福之不受】正 补 即"不受同福"，可译为"不接受[诗中提到的]共同福禄"。《蓼萧》末章有"万福攸同"，可译为"万福齐聚"。

○正 下启昭二十年华定出奔陈(昭二十·六)。

昭公十二年·四

地理 鲁、晋、齐、卫、郑见昭地理示意图 1。鲁、齐、卫、莒、河水、渑水见昭地理示意图 4。

人物 鲁昭公(襄三十一·三·五·一)、齐景公(襄二十五·一·四)、卫灵公(昭七·十二·一·一)、郑定公、晋昭公(昭十·四·三)、晋平公(襄十六·一·春秋)、公子憖、公孙侨(襄八·三)、中行穆子(襄十九·一·二)、士文伯(襄三十·三·一·一)、公孙傁

春秋 公鲁昭公如晋，至河，乃复。

【河】补 见闵二·五·三。

左传【一·一】齐侯齐景公、卫侯卫灵公、郑伯郑定公如晋，朝嗣君晋昭公也。

【郑伯】补 郑定公。姬姓，名宁，谥定。郑简公（襄七·八·二·二）之子。昭十三年即位，在位十六年。昭二十八年卒。

【朝】补 见隐四·二·七·一。

【一·二】“公如晋，至河，乃复。”取郠 gěng 之役，莒 jǔ 人诉于晋。晋有平公晋平公之丧，未之治也，故辞公。公子慭 yìn 遂如晋。

【取郠之役】正 见昭十·三。

【公子慭】正 补 姬姓，名慭，排行仲。鲁大夫，官至卿位。昭十二年奔齐。

【二】晋侯晋昭公享诸侯。子产公孙侨相 xiàng 郑伯郑定公，辞于享，请免丧而后听命。晋人许之，礼也。

【享】补 见桓九—桓十·一·二。

【子产……听命】正 补 公孙侨辅相郑定公，推辞不参加享礼，请求[等待郑定公]除丧之后再听取命令。郑简公于本年去世，尚未下葬。郑定公当时正服其父之丧，为国事不得已而前往晋朝见，此乃情有可原，然而依照礼制不应参与享宴之事。

【三】晋侯晋昭公以齐侯齐景公宴，中行穆子相 xiàng。

【以】杨 与。【宴】补 参见文四·四。

投壶，晋侯先。穆子中行穆子曰：“有酒如淮，有肉如坻 chí。寡君晋昭公中此，为诸侯师。”[晋侯]中之。

【投壶】杨 补 古代宴礼之后，若不行射礼，则行投壶之礼。投壶，即投箭入壶。箭用楛或荆制成，壶大口，长颈，大腹，内装小豆以防止投入的箭弹出。宾主依次以箭投入壶中，以竹筹计数，投中多者胜，胜者酌酒罚负者饮。在投壶时，有乐工击鼓为节。《礼记》《大戴礼记》都有《投壶》篇。

【淮】补 见桓八·二·二。

【坻】正 水中高地。

【师】杨 长。

齐侯举矢，曰："有酒如渑 shéng，有肉如陵。寡人齐景公中此，与君晋昭公代兴。"[齐侯]亦中之。

【有酒如渑】补 杜甫《赠特进汝阳王二十韵》"况挹酒如渑"、《苏端薛复筵简薛华醉歌》"如渑之酒常快意"、《寄刘峡州伯华使君四十韵》"割爱酒如渑"典出于此。【渑】正 杨 补 水名，今名分洪河，源出今山东淄博临淄区，北流经广饶县、博兴县入预备河。春秋时渑水参见《图集》26—27③5—②5。

【与君代兴】正 杨 补 与晋君更替兴盛。代，更。

○正 补《礼记》《大戴礼记》都没记载投壶时有参与者在投前发言祝愿的环节。下文士文伯言"子失辞"，不言"子不当言"，可见这是当时实际流行的投壶礼仪，只不过礼书没有记载而已。

伯瑕士文伯谓穆子曰："子失辞。吾固师诸侯矣，壶何为焉？其以中俊也？齐君齐景公弱吾君晋昭公，归，弗来矣！"

【吾固……俊也】正 补 我们本来就是诸侯之长，为什么要在投壶中强调？难道是真把投中当作奇异的事情？俊，异。

【弱】补 以……为弱。

穆子曰："吾军帅强御，卒乘 shèng 竞劝，今犹古也，齐将何事？"

【军帅强御】杨 补 军队统帅强劲有力。

【卒乘竞劝】杨 补 步兵、车兵争相勉励。竞，争。劝，勉。

公孙傁 sǒu 趋进曰："日旰 gàn 君勤，可以出矣！"以齐侯出。

【公孙傁】正 补 姜姓，名傁。齐大夫。

【旰】杨 晚。【勤】杨 劳。

昭公十二年·五

地理 郑、楚见昭地理示意图 1。

人物 郑简公（襄七·八·二·二）、成熊/成虎、楚灵王（襄二十六·五·一）、若敖（僖二十七—僖二十八·十一）

春秋 五月，葬郑简公。

○正 补 此事，《春秋》在五月，《左传》在六月，不知何故。据隐元·五，诸侯五月而葬。郑简公三月而葬，于礼为速。

○正 补《春秋》书葬郑简公在前，楚杀其大夫在后，而《左传》反之。可能《春秋》所据为诸侯通告上所书时间，而《左传》所据为事件实际发生时间。

楚杀其大夫成熊。

【成熊】正 补《左传》所引《春秋》作"成虎"。芈姓，成氏（若敖氏小宗），名熊（《左传》曰名虎）。成得臣（僖二十二—僖二十三·八·一）之孙，若敖（僖二十七—僖二十八·十一）之后。昭十二年被楚人所杀。

左传【一】楚子楚灵王谓成虎，若敖之余也，遂杀之。或谮 zèn 成虎于楚子，成虎知之，而不能行。[《春秋》]书曰"楚杀其大夫成虎"，[成虎]怀宠也。

【楚子……杀之】正 杨 补 成氏与斗氏同出于楚先君若敖（僖二十七—僖二十八·十一）。宣四年斗椒作乱事败，楚灭若敖氏，距本年已有七十多年。如今楚灵王应是听从谗言想要杀死成虎，故以其为若敖之余、图谋造反为借口。

【谮】补 诬陷，中伤。

【书曰……宠也】正 补《春秋》书“楚杀其大夫成虎”，据文六·四·三及文七·二·三，则书国杀，又书被杀卿大夫之名氏，表明成虎有罪。成虎之罪在于留恋往日的尊荣，而不能及时出奔以避祸。

○补 到昭十二年时，楚灵王一方面已经基本完成灭吴战争的准备，准备大举围徐、灭吴（昭十二·十一·一）；另一方面他也深知在楚后方地区有反对势力蠢蠢欲动，很可能会趁机发动政变（昭十二·十一·二）。成虎的仇人正是抓住了楚灵王对宠臣背叛高度敏感的时机进谗言，促使楚灵王对成虎痛下杀手；而成虎因为贪恋往日尊荣，不愿意相信楚灵王真会痛下杀手，因此错过逃跑机会。

【二】六月，葬郑简公。

昭公十二年·六

春秋 秋，七月。

昭公十二年·七

地理 晋见昭地理示意图 1。晋、鲜虞、鼓（昔阳）、肥见昭地理示意图 2。

人物 中行穆子（襄十九·一·二）、肥子绵皋

左传 晋荀吴中行穆子伪会齐师者，假道于鲜虞，遂入昔阳。秋，八月壬午十日，[晋师]灭肥，以肥子绵皋归。

【鲜虞】正 补 白狄别种，从秦、晋之间东迁而来（参见僖三十三·五·一·一），本年都城在今河北正定新城铺镇一带。昭十二年之前，鲜虞与属国肥、鼓（昭十五·六·一）已组成一个以鲜虞为主的联

盟。昭十二年，肥被晋所灭。昭二十二年，鼓被晋所灭，联盟瓦解，其居地可能曾成为晋中行氏领地。最晚到定四年时，都城已北迁至中人，在今河北唐县北都亭村一带（昭十三・三・十二）。一般认为春秋晚期两次出现在《左传》记载中的“中山”（参见定三—定四・五・二以及哀三・一）是鲜虞迁都到中人后的新国名，得名于中人城中有山的地理形势。但是，在出现“中山”之名后，《左传》里大多数情况下仍称此白狄国为“鲜虞”。春秋末年，鲜虞/中山屡次被晋攻伐，遂衰微。战国初年，建中山国，始封君为中山文公。中山武公居于顾。中山桓公迁于灵寿，在今河北灵寿县西北十公里处的今平山县三汲乡一带已发现其遗址。获麟之岁（哀十四年）后 75 年，被魏所灭。后复国，获麟之岁（哀十四年）后 186 年，终被赵所灭。春秋时鲜虞参见《图集》22—23③11。战国时中山参见《图集》33—34②7—③7。

【昔阳】 正 杨 补 在今河北晋州鼓城村附近。鲜虞属国鼓国国都。参见《图集》22—23③11。

【肥】 正 杨 补 白狄别种，鲜虞属国。在今河北石家庄藁城区城子村附近。昭十二年被晋所灭，之后可能曾为中行氏采邑。参见《图集》22—23③11。

○ 正 补 下启本年晋伐鲜虞（昭十二・十二）。参看僖五・八晋假道于虞以灭西虢，而遂灭虞。

昭公十二年・八

地理 周见昭地理示意图 1。

人物 原伯绞、公子跪寻

左传 周原伯绞虐其舆臣，使[舆臣]曹逃。冬，十月壬申朔初一，原舆人逐绞原伯绞，而立公子跪寻。绞奔郊。

【原伯绞】 杜 补 姬姓，原氏，名绞。周王室卿大夫。昭十二年被原舆人所逐，奔郊。

【舆臣】补 即舆人，见僖二十五·三。

【使曹逃】杜 补 使[舆臣]成群逃跑。曹，群。

【朔】见桓三·五·春秋。

【公子跪寻】杜 补 姬姓，名跪寻。原伯绞之弟。昭十二年被原人立为君。

【郊】杜 补 周邑。可能在今河南偃师佃庄镇西大郊村、东大郊村附近。

昭公十二年·九

地理 周见昭地理示意图1。周、甘、刘见昭地理示意图3。

人物 甘简公、甘悼公（襄三十·六·三）、甘成公、甘景公、刘献公、甘平公、献太子、庾皮、庾过、瑕辛、宫嬖绰、王孙没、刘州鸠、阴忌、老阳子

左传 甘简公无子，立其弟过甘悼公。过将去成甘成公、景甘景公之族。成、景之族赂刘献公，丙申二十五日，杀甘悼公而立成公甘成公之孙鳅 qiū，甘平公，丁酉二十六日，杀献大（太）子之傅庾皮之子过庾过，杀瑕辛于市，及宫嬖 bì 绰、王孙没、刘州鸠、阴忌、老阳子。

【甘简公】正 补 姬姓，甘氏，谥简。周王室卿大夫。甘景公之后。

【成】正 补 甘成公。姬姓，甘氏，谥成。甘昭公（僖七—僖八·一）之后。【景】正 补 甘景公。姬姓，甘氏，谥景。甘成公之后。

【刘献公】正 补 姬姓，刘氏，名挚，谥献。刘定公（襄十四·十）之子。周王室卿士。昭二十二年卒。

【鳅】正 补 公孙鳅，后为甘平公。姬姓，甘氏，名鳅，谥平。甘成公之孙。周王室卿大夫。

【献大子】杨 疑即王太子寿（昭十五·五）。

【傅】补 太子傅，周内朝官，职掌教导太子。

【瑕辛】【宫嬖绰……老阳子】 正 六子皆为周王室大夫，加上庚皮之子过，皆为甘悼公党羽。

昭公十二年・十

地理 鲁、齐、晋、卫见昭地理示意图 1。鲁、齐、卫、费见昭地理示意图 4。

人物 公子慭（昭十二・四・一・二）、季平子（昭九・六・二）、南蒯、鲁昭公（襄三十一・三・五・一）、叔仲穆子、季悼子（襄二十三・八・一・一）、叔孙昭子（昭四—昭五・八）、子服惠伯（襄二十三・八・八・二）

春秋 冬，十月，公子慭 yìn 出奔齐。

左传【一・一】季平子立，而不礼于南蒯 kuǎi。南蒯谓子仲公子慭："吾出季氏，而归其室于公鲁昭公。子更其季平子位，我以费 bì 为公臣。"子仲许之。南蒯语 yù 叔仲穆子，且告之故。

【季平……南蒯】 正 补 季平子即位成为季氏族长，而不礼遇季氏费邑宰南蒯。**【南蒯】** 正 补 南氏，名蒯。南遗之子。季氏费邑宰（邑宰见襄七・三・一）。昭十二年以费叛于齐。

【吾出……于公】 补 我逐出季氏，然后把季氏的家产归还给国君。

【子更……公臣】 正 杨 补 您代替季孙的［正卿］职位，我带着费邑来作国君的臣下。**【费】** 补 见僖元・六。此时为季氏采邑。

【叔仲穆子】 正 补 姬姓，叔仲氏，出自叔孙氏，名小，谥穆。叔仲昭伯（襄七・三・一）之子。鲁大夫，官至卿位。

○ 补 费为季氏采邑，南遗、南蒯父子二代为费邑宰，则南氏必为季氏家臣中有实权者。季平子新立，不礼于权臣南蒯，而南蒯竟因此发动叛乱，可见当时卿大夫家政旁落家臣的情况已相当严重。

○ 补 南蒯联络叔仲穆子，可能是因为叔仲穆子一直想要挤进卿官行列。叔仲穆子可能有所触动,但并没有像公子憖那样答应南蒯。

【一·二】季悼子之卒也,叔孙昭子以再命为卿。及平子季平子伐莒jǔ克之,[昭子]更受三命。

【再命】补卿之命数参见僖三十三·五·二·二。

【及平……三命】杨补等到季平子伐莒取胜,[叔孙昭子]又受三命[为上卿]。叔孙昭子并未参加昭十年伐莒之役,大概伐莒鲁师中有叔孙氏私家军队,因此事后叔孙昭子也因功受三命。三命参见僖二十七—僖二十八·二十。

叔仲子叔仲穆子欲构二家,谓平子曰:"[叔孙]三命逾父兄,非礼也。"平子曰"然",故使昭子叔孙昭子。昭子曰:"叔孙氏有家祸,杀適(嫡)立庶,故婼chuò,叔孙昭子也及此。若因祸以毙之,则闻命矣。若不废君命,则固有著矣。"

【构】正杨离间。**【二家】**杨季氏与叔孙氏。

【三命逾父兄,非礼也】正补[叔孙接受]三命[,在朝廷上的位次]超过了他的父辈兄辈,这不合于礼。

【故使昭子】正补使叔孙昭子[自行贬黜,辞去三命]。

【叔孙……及此】正补叔孙氏发生家祸,杀死嫡子而立了[我这个]庶子,所以我才到了今天这个地位。叔孙氏家祸以及竖牛拥立叔孙昭子之事见昭四—昭五。

【若因……命矣】正补如果[您打算]利用[我家的]祸乱而使我落败,那么[我]听到命令了。毙,落败,这里是使动用法。

【若不……著矣】正补如果[您]不打算废弃国君[关于官员任命]的命令,那么[朝廷上]本来就有我的位置。"著"见昭十一·六·二"朝有著定"。

昭子朝,而命吏曰:"婼将与季氏季平子讼,[尔]书辞无颇。"季孙季平子惧,而归罪于叔仲子。

【书辞无颇】 正 补［你们］记录双方辩词时不要有所偏颇。

○ 正 补 据《礼记·文王世子》，则周王庶子在内朝治王族之礼时，“虽有三命，不逾父兄”。叔仲穆子因为礼书有此说，故以“三命逾父兄，非礼也”为辞，挑拨叔孙氏与季氏关系。然而，据《礼记·祭义》，“壹命齿于乡里，再命齿于族，三命不齿”。意思是，周王一命之官在乡里与众人依年龄定位次，二命之官在宗族中依年龄定位次，而三命之官则即使在宗族中也不以年龄定位次。因三命官大，故位次可在父辈兄辈之上。若将鲁国与周王室进行类比，则叔孙昭子不应采用《礼记·文王世子》中周王庶子之礼，而应采用《礼记·祭义》中所载周王官员之礼，因此“三命逾父兄”并不违礼。叔孙昭子因为自己位次为国君所命，且并不违礼，故理直气壮地要求与季氏争讼。季平子后来大概也发觉叔孙昭子并无过错，于是声称自己此前是受叔仲穆子蒙蔽，将罪责推给叔仲穆子。

○ 补 叔仲穆子挑拨季平子和叔孙昭子之间的关系，应该是为了促使季平子罢黜叔孙昭子，这样的话，自己就有可能不需要参与南蒯政变而能挤进卿官行列。然而，叔孙昭子成功地破解了季平子的责难，而季平子将所有责任推卸给叔仲穆子，这促使叔仲穆子最终加入南蒯政变团队。

【二·一】故叔仲小叔仲穆子、南蒯、公子慭 yìn 谋季氏季平子。慭公子慭告公鲁昭公，而遂从公如晋。南蒯惧不克，以费叛如齐。子仲公子慭还，及卫，闻乱，逃介而先。［慭］及郊，闻费叛，遂奔齐。

【慭告……如晋】 补 见昭十二·四·一·二。

【逃介而先】 正 杨［公子慭］丢下副使先逃回国。

○ 杨 补 叔仲穆子、南蒯、公子慭应是计划借晋之力以去季氏，因此公子慭将计谋告诉鲁昭公，又跟随鲁昭公前往晋国，准备在霸主面前控诉季氏欺压公室之罪，挑动晋人出面驱逐季氏。然而，据昭十二·四·一·二，晋因莒人之讼而拒绝鲁昭公入境，于是鲁昭公回国，而公子慭继续前往。南蒯得知鲁昭公被拒绝入境，担心事将不成，故不待公子慭而径自以费叛如齐。公子慭在晋没能说服晋人，自晋返国途中听闻国内乱起，故丢下副使，自己加速赶回鲁都以探听事之成败。到了鲁都郊外，得知南蒯叛如齐之事，知道大势已去，于是不入鲁都而奔齐。

○补下启昭十三年子叔敬子围费（昭十三·一）。

【二·二】南蒯之将叛也，其乡人或知之，过之而叹，且言曰："恤恤乎！湫乎！攸乎！深思而浅谋，迩身而远志，家臣而君图，有人矣哉！"

【恤恤】 正忧患。

【湫】 正杨杜注认为读如本字（jiǎo），"愁隘"的意思。杨注认为是"愁"的借字，忧愁的意思。

【攸】 正杨杜注认为读如本字，"悬危"的意思，如《毛诗·小雅·车攻》"攸攸旆旌"。杨注认为是"悠"的借字，"忧愁"的意思。

【深思而浅谋】 正杨思虑深而智谋浅。南蒯欲逐出累世专政的季氏，可谓"深思"；试图依靠遥远且与鲁关系紧张的晋作为外援，可谓"浅谋"。

【迩身而远志】 正杨补身份近而志向远。南蒯身为季氏费邑宰，与季氏关系亲近，可谓"迩身"；南蒯心怀逐出季氏之志，可谓"远志"。

【家臣而君图】 正［身为卿大夫］家臣，却为国君谋划。

【有人矣哉】 正补有这样的人才啊。此乃讽刺之辞。

南蒯枚（微）筮 shì 之，遇《坤》☷之《比》☵☷，曰"黄裳 cháng 元吉"，以为大吉也。

【枚筮】 正杨隐匿不提所占问之事而进行占筮。枚，匿，参见哀十七·五"王与叶公枚卜子良以为令尹"。

【《坤》☷之《比》☵☷】 正补此筮例为本卦一爻变，得之卦，而主要以《周易》本卦变爻爻辞占之。《坤》☷，本卦，《坤》☷下《坤》☷上。《坤》☷六五阴爻变为九五阳爻，故《坤》☷转变为《比》☵☷。《比》☵☷，之卦，

《坤》☷下《坎》☵上。主要以《坤》六五爻辞占之。

【黄裳元吉】正 补 此为《坤》六五爻辞。裳见桓元—桓二・三・二。

[南蒯]示子服惠伯,曰:"即欲有事,何如?"

【即】杨 若。

惠伯子服惠伯曰:

"吾尝学此矣:忠信之事则可,不然,必败。

"外强内温,忠也;和以率贞,信也,故曰'黄裳元吉'。

【外强内温,忠也】正 补 外表刚强而内心温和,这是忠。从卦象来看,《比》外卦为《坎》,坎为险难,所以刚强;内卦为《坤》,坤为和顺,所以温和。

【和以率贞,信也】杨 补 依照和顺之道来进行卜筮,这是信。率,行。贞,卜。从卦象来看,《比》外卦《坎》为水,内卦《坤》为土,水土相合则为和。

"黄,中(衷)之色也;裳,下之饰也;元,善之长也。

【黄,中之色也】杨 补 黄,是内衣的颜色。"中"在文中有双关义,此处指内衣,下文则指内心。

【裳,下之饰也】杨 补 裳,是下身的服饰。"下"在文中有双关义,此处指下身,下文则指下级。

【元,善之长也】补 元,是良善的首长。

"中不忠,不得其色;下不共(恭),不得其饰;事不善,不得其极。

【中不忠,不得其色】正 杨 补 中心不忠诚,就得不到它的本色

(黄)。

【下不共,不得其饰】 正 杨 补 下级不恭敬,就得不到他的服饰(裳)。

【事不善,不得其极】 正 杨 补 事情办理不善,就达不到它的准限。极,准限。与上两句语法类比,则此句似应为"善不□,不得其长"。

"外内倡(唱)和为忠,率事以信为共(恭),供养三德为善,非此三者弗当。

【外内倡和为忠】 杨 补 外表内心相呼应就是忠。对应上文所言"外强内温,忠也"。

【率事以信为共】 正 补 根据诚信来办事就是共。率,行。对应上文所言"和以率贞,信也""下不共,不得其色"。

【供养三德为善】 正 补 培养三种美德就是善良。《尚书·洪范》:"三德:一曰正直,二曰刚克,三曰柔克。"

【非此三者弗当】 正 补 [如果占筮者]不具备[忠、共、善]这三种美德,那么[即使遇到"黄裳元吉",也]不对应[爻辞所说的吉利]。

"且夫《易》,不可以占险,将何事也?且可饰乎?中美能黄,上美为元,下美则裳,参(三)成可筮。犹有阙 quē 也,筮虽吉,未也。"

【且夫……饰乎】 正 杨 补 子服惠伯对南蒯欲行叛乱之事应已有所听闻,因此告诫南蒯《周易》不可用来占问险事,并追问南蒯所占问者为何事。子服惠伯又承接上文"裳,下之饰也""下不共,不得其饰",问南蒯既然在下位,是否还能保持恭敬,继续做下饰之裳。

【参成可筮】 正 补 三[美]都成就了,才可以[得到有效力的]占筮[结果]。也就是说,南蒯首先要做到"黄"(事主忠诚)、"裳"(居下恭顺)、"元"(居心良善),然后才能得到"吉"的结果。

【犹】 杨 如果。

[南蒯]将适费，饮 yìn 乡人酒。乡人或歌之曰：

【适】补往。

“我有圃，生之杞乎！

【我有圃，生之杞乎】正杨补我有[生长菜蔬的]菜园，却生了[不可食用的]杞柳。圃见隐十一·六·二·二。杞，杞柳，生长在水边。杨注认为这是比喻南蒯得到的将与他想要的相违背。杜注认为是比喻南蒯本为季氏家臣却欲作乱。

“从我者子乎，去我者鄙乎，倍(背)其邻者耻乎！

【从我……鄙乎】正杨补听从我的是有尊严的男子啊，离开我[去作乱]则是鄙陋的行为啊。子，古代对男子的美称。

“已乎已乎，非吾党之士乎！”

【已乎】杨绝望之辞，相当于“罢了”。

【三】平子季平子欲使昭子叔孙昭子逐叔仲小。小叔仲穆子闻之，不敢朝。昭子命吏谓小待政于朝，曰：“吾不为怨府。”

【吾不为怨府】正杨补我不能成为聚集怨仇的地方。季平子不自逐叔仲穆子，而使叔孙昭子逐之，是为了避免与叔仲氏结怨，而将怨仇转移给叔孙氏。叔孙昭子识破季平子心计，故有此言。

昭公十二年·十一

地理楚、徐、吴、齐、卫、晋、鲁、周、郑见昭地理示意图 1。楚、徐、州来、吴、卫、晋、鲁、周、郑、乾溪、旧许、陈(现为楚县)、蔡 1(现为楚县)、东/西不羹(现为楚县)、荆山、颍尾见昭地理示意图 5。

人物楚灵王(襄二十六·五·一)、荡侯、潘子、司马督、嚣尹午、陵尹喜、仆析父、然丹（襄十九·六·一·一）、熊绎、齐丁公（襄二十五·一·二·一）、卫康伯、燮父、鲁伯禽（文十二·五·一）、周康王（昭四·三·一）、周景王（襄三十·六·春秋）、工尹路、左史倚相、周穆王（昭四·三·二·一）、祭文公、孔子（僖二十七—僖二十八·二十五·三）

春秋 楚子楚灵王伐徐。

左传【一】楚子狩于州来，次于颍 yǐng 尾，使荡侯、潘子、司马督、嚣尹午、陵尹喜帅师围徐以惧吴。楚子次于乾溪，以为之援。

【狩】补 见隐五·一。

【颍尾】正 杨 补 颍水入淮水处，在今安徽颍上沫口村附近。参见《图集》29—30④8。

【荡侯……尹喜】正 五人皆为楚大夫。【司马】补 见僖二十六·三。

【潘子】杨 补 潘氏。潘党（宣十二·一·十·一）之子。楚大夫。

【嚣尹】补 楚外朝官，可能职掌禁止军队喧哗。

【陵尹】补 楚外朝官，可能职掌登城作战。

【乾溪】杨 见昭六·十·一。

○补 到此时，楚灵王认为，除了徐国这一个缺口之外，他已经完成了对吴的战略合围，为攻灭吴、统一南方做好了准备，详见专著《不服周：楚国的奋斗与沉沦》（出版中，暂定书名）相关章节。

【二】雨 yù 雪，王楚灵王皮冠，秦复陶，翠被 pèi（帔），豹舄 xì，执鞭以出，仆析父 fǔ 从。右尹子革然丹夕，王见之，去冠、被（帔），舍鞭，与之语，曰："昔我先王熊绎 yì，与吕伋 jí，齐丁公、王孙牟卫康伯、燮 xiè 父 fǔ、禽父 fǔ，鲁伯禽并事康王周康王。四国皆有分 fèn，我独无有。今吾使人于周，求鼎以为分 fèn，王周景王其与我乎?”

【秦复陶】 正 杨 秦赠送的、用禽兽毛绒做的上衣,用以御寒。

【翠被】 正 杨 翠鸟羽毛作为装饰的披风,用以抵挡雨雪。

【豹舄】 正 补 豹皮鞋。舄见桓元—桓二・三・二。

【右尹】 补 见成十六・三・四・二。**【夕】** 正 补 晚上朝见。

【王见……之语】 正 杨 楚灵王这样做是礼敬然丹的表现。参看襄十四・五・一卫献公不释皮冠而与孙文子、宁惠子言。

【熊绎】 正 补 周时楚始封君。芈姓,熊氏,名绎。熊狂之子。

【王孙牟】 正 补 卫康伯。姬姓,又为康氏,名牟,排行伯。卫始封君康叔封(僖三十一・五・二)之子,周文王(僖五・八・一)之孙。

【燮父】 正 补 姬姓,名或字燮。晋始封君唐叔虞(僖十五・九・三・一)之子,周武王(桓元—桓二・三・二)之孙。

【四国皆有分】 正 补 齐、卫、晋、鲁都得到周王室分赐的珍宝器用。定三—定四・五・四详叙鲁、卫、晋三国之分,而齐之分详情则不可得知。

[子革]对曰:“与君王哉!昔我先王熊绎,辟(僻)在荆山,筚 bì 路蓝(襤)缕(褸)以处草莽,跋涉山林以事天子,唯是桃弧、棘矢以共(供)御王事。齐,王舅也;晋及鲁、卫,王母弟也。楚是以无分 fèn,而彼皆有。今周与四国服事君王,将唯命是从,岂其爱鼎?”

【荆山】 杨 见昭四・一・二。

【筚路蓝缕】 杨 参见宣十二・一・七。

【唯是……王事】 正 杨 补 只能用桃木弓和棘箭来供应周王室之事。据昭四・二・二,则桃弧、棘矢为祓除凶灾之物。共御,进奉、贡献。

【齐,王舅也】 正 补 周成王之母邑姜为齐太公之女,齐丁公为齐太公之子,故齐丁公为周成王之舅。

【晋及……弟也】 杨 补 周公旦(鲁伯禽之父)、康叔封皆为周武王同母弟；唐叔虞（燮父之父）则为周成王同母弟。

【爱】补惜。

王曰："昔我皇祖伯父昆吾，旧许是宅。今郑人贪赖其田，而不我与。我若求之，其与我乎？"

【昆吾】正补昆吾国始封君。己姓，名樊。陆终之子，祝融（僖二十六·二）之孙。陆终六子，长曰昆吾，少曰季连。昆吾为楚远祖季连之兄，故楚灵王称之为"皇祖伯父"。昆吾国参见哀十七·六·一。

【旧许是宅】正补即"宅旧许"，可译为"［昆吾］曾居住在许国旧地"。旧许见襄十一·二·三·一。

【赖】杨以之为利。

【而不我与】补即"而不与我"。

［子革］对曰："与君王哉！周不爱鼎，郑敢爱田？"

王曰："昔诸侯远我而畏晋。今我大城陈、蔡、不羹 láng，赋皆千乘 shèng，子与 yù 有劳焉。诸侯其畏我乎！"

【远我】杨以我为僻远。

【今我……不羹】杨事在昭十一·十。

【赋】补军赋，引申为军队。

【子与有劳焉】补您也参与［此事，］有功劳。

［子革］对曰："畏君王哉！是四国者，专足畏也，又加之以楚，敢不畏君王哉！"

【是四国者，专足畏也】杨补单单这四个国家，已足以令人畏惧。专，独，单。【四国】正杨补杜注认为"四国"指陈、蔡、二不羹四县。四县本皆为诸侯国，此时虽已成为楚县，但楚君僭称王，各县首长称"县公"，与中原诸侯国君主档次相同，故楚县相当于中原周王体系下的诸侯国。《国语・楚语上》(全文见昭十一・十・二)楚灵王问范无宇言语作"今吾城三国",而范无宇回答楚灵王亦作"是三城也",则《国语》版本认为不羹只是一县。

○补 **传世文献对读:**《国语・楚语上》:"灵王城陈、蔡、不羹,使仆夫子皙问于范无宇,曰:'吾不服诸夏而独事晋何也?唯晋近我远也。今吾城三国,赋皆千乘,亦当晋矣。又加之以楚,诸侯其来乎?'"在《国语》版本中,楚灵王通过仆夫子皙问范无宇的言语与《左传》上文楚灵王问然丹的言语"昔诸侯远我而畏晋。今我大城陈、蔡、不羹,赋皆千乘"很相似,"仆夫子皙"与上文"仆析父"应为同一人,而《国语》版本中楚灵王通过仆夫子皙问范无宇的言语"又加之以楚"又与《左传》此处然丹回答楚灵王的言语"又加之以楚"又相同。很可能两者本为一事,而在流传中分成了两个版本。

工尹路请曰:"君王命剥圭以为镃 qī 柲 bì,敢请命。"王入视之。

【工尹路】补 楚工尹,名路。**【工尹】**补 见文十・二・二。

【君王……请命】正 补 君王命令破开圭玉来制作镃柄,谨敢请示[关于器物形制的]命令。镃,斧形兵器或礼器。柲,柄。杜注认为"剥圭以为镃柲"是"破开圭玉以装饰镃柄"。孔疏进一步解释说,斧柯长三尺,而和氏之玉长一尺二寸,由此可知是用玉做装饰。然而原文明言"以为镃柲"而非"以饰镃柲",楚灵王是常有出格想法的君王,而且极易折断的玉柄镃虽然肯定不能用于实战,但作为小心持奉的礼器则并无不可,因此此处真是用圭玉制作镃柄并非不可能。也许正是因为用圭玉制作镃柄是楚灵王"拍脑袋"的决定,而具体负责此项工作的工尹路担心按照正常长度制作容易折断,又不知该做多长,所以请示跟楚灵王商量此事。

析父谓子革然丹:“吾子,楚国之望也。今与王言如响,国其若之何?”

【今与王言如响】正 杨 补 如今您和君王说话[,顺从王心]好像回声一样。

子革曰:“[吾]摩(磨)厉(砺)以须,王出,吾刃将斩矣。”

【须】杨 待。

○正 补 然丹以刀刃比喻谏言,意谓自己正在像磨刀一样酝酿谏言,等楚灵王出来时,自己将像利刃斩物一样出言劝谏。

○补 析父所言表明,然丹平时不是阿谀奉承之人,这一点楚灵王也一定知道。所以然丹本来的计划是:先故意以一种看似奉承、实则讽刺的口气一路吹捧楚灵王,让楚灵王听出来自己是话里有话、心生疑惑,然后再说出自己的真实谏言,达到震动楚灵王内心的效果。而析父水平不够,无法猜出然丹的真实意图,以为然丹是真的曲意逢迎,非常焦急,所以抓住楚灵王进入营帐的机会质问然丹。然丹无奈,只好将他接下来就会进谏的计划告诉析父。

王出,复语。左史倚相趋过。王曰:“是良史也,子然丹善视之。是能读《三坟》、《五典》、《八索》、《九丘》。”

【复语】补 又[与然丹]说话。

【左史倚相】正 楚左史,名倚相。《国语·楚语上》叙左史倚相告诫申公子亹及告诫司马期之事,足见此人之为良史,可参看。【左史】补 楚内朝官,职掌典籍,并作为楚王、执政的顾问。

【趋过】杨 快步走过,这是表示恭敬。

【《三坟》……《九丘》】正 皆为上古典籍。

[子革]对曰:“臣尝问焉。昔穆王周穆王欲肆其心,周行天下,将皆必有车辙马迹焉。祭zhài公谋父fǔ,祭文公作《祈招》之诗以止

王周穆王心，王是以获没于祇zhī宫。臣问其诗而[彼]不知也。若问远焉，其焉能知之？”

【肆】杨放纵。

【祭公谋父】正杨补祭文公。姬姓，祭氏，名或字谋，谥文。祭武公之子，周公旦(隐八·二)之孙。

【获没】正补得到善终。【祇宫】杨周王离宫，在陕西华州北。

王曰：“子能乎？”

[子革]对曰：“能。其诗曰：

“‘祈招之愔yīn愔，式昭德音。

【愔愔】正安和貌。

【式】杨助动词，应该的意思。【德音】补参见襄九·五·三·二。

○正杨补祈招安祥和悦，应该昭明符合德的命令。

“‘思我王度，式如玉，式如金。

○补思量我们君王的风度，应该好像玉，又好像金。

“‘形(型)民之力，而无醉饱之心。’”

【形民之力】正杨补杜注、孔疏认为形是“制作形模”的意思，“形民之力”的意思是：国家役使民众，应当根据民众实际能力的大小和特点来役使他们，就像铸造铜器要根据器物来制作形模一样。杨注认为“形”是“型”的假借字，“形民之力”的意思是：程量民众的力量能做到什么。无论哪种解释，大体意思都是：依照民众能力的实际情况来役使他们。

【醉饱之心】正补喜好喝醉吃撑的心志，比喻君王滥用民力不知满足的心志。

王揖而入,馈不食,寝不寐,数日,不能自克,以及于难。

【克】正胜。

○补楚灵王"馈不食,寝不寐"的痛苦挣扎表明,他很清楚在楚后方地区有反对势力(参见昭十三·二·一)在伺机待发,他也不确定灭吴战争的胜利先到来,还是后方地区的叛乱先到来。

【三】仲尼孔子曰:"古也有志:'克己复礼,仁也。'信善哉!楚灵王若能如是,岂其辱于乾溪?"

【克己复礼】正补战胜自己[不合于礼的嗜欲],[使自身言行]回到礼[的要求上]。复,返。

【信】杨诚。

○补**传世文献对读:**《孔子家语·正论解》记载了上述评论一个更长的版本,可扫码阅读。

○补**传世文献对读:**《论语·颜渊》:"颜渊问仁。子曰:'克己复礼为仁。一日克己复礼,天下归仁焉。为仁由己,而由人乎哉?'"可见"克己复礼"实为孔子反复强调之为政要义。

○补**传世文献对读:**《国语·楚语上》载白公子张讽谏楚灵王之事,灵王不纳谏,不久兵败乾溪。可扫码阅读。

昭公十二年·十二

地理晋见昭地理示意图1。晋、鲜虞、肥见昭地理示意图2。

春秋晋伐鲜虞。

左传"晋伐鲜虞",因肥之役也。

【肥之役】杜见昭十二·七。

昭公十三年·一

地理 鲁见昭地理示意图1。鲁、费见昭地理示意图4。

人物 子叔敬子(襄三十·八·春秋)、季平子(昭九·六·二)、冶区夫

春秋 十有(又)三年,春,叔弓子叔敬子帅师围费bì。

【费】补 见僖元·六。此时被叛臣南蒯所控制。

左传 十三年,春,叔弓子叔敬子围费,弗克,败焉。平子季平子怒,令见费人,执之以为囚俘。冶区ōu夫曰:"非也。若见费人,寒者衣yì之,饥者食sì之,为之令主,而共(供)其乏困,费来如归,南氏亡矣。民将叛之,谁与[南氏]居邑?若惮之以威,惧之以怒,民疾而叛,为之聚也。若诸侯皆然,费人无归,不亲南氏,将焉入矣?"平子从之。费人叛南氏。

【平子……囚俘】杨 补 季平子发怒,下令看见[城外的]费人,就抓起来作为囚犯。费本为季氏采邑,南蒯本为季氏家臣,因此季平子对费邑叛乱极为愤怒。

【冶区夫】正 补 姬姓,冶氏,名区夫。周官冶氏之后。鲁大夫。

【令主】补 善主。

【费来如归】杨 费人前来[投诚]就会像回家一样。

【谁与居邑】杨 谁[还会]与[南氏]住在围城里?

【为之聚也】杨 这就是为南蒯聚集[民众]了。

【费人叛南氏】正 事在昭十四年(昭十四·二)。此处为探后而终言之。

昭公十三年·二

地理 楚、晋、蔡1、蔡2、越、陈(楚县,本年陈复国,仍在旧都)、徐、吴、

郑、齐、卫、宋、秦见昭地理示意图1。楚、晋、蔡1（楚县，本年蔡复国，迁于新蔡）、蔡2（新蔡）、越、陈（楚县，本年陈复国，仍在旧都）、徐、吴、郑、莒、卫、宋、乾溪、邓、东/西不羹、叶（楚县，许复国后迁于此）、鱼陂、訾、鄢、犨、栎、豫章、方城、汉水见昭地理示意图5。

人物 王子比（昭元·九·春秋）、楚灵王（襄二十六·五·一）、王子弃疾/楚平王（昭元·一·三）、芳（薳）掩（襄二十五·五）、薳居、许围、蔡洧、常寿过（昭五·八·一）、斗韦龟（昭四·三·七）、斗成然、观起（襄二十二·六·一）、观从、朝吴、王子黑肱（襄二十七·三·二·二）、须务牟、史猈、太子禄、王子罢敌、然丹（襄十九·六·一·一）、申无宇（襄三十·十一·二）、申亥、枝如子躬、楚共王（成二·四·四）、巴姬、楚康王（襄十四·九）、韩宣子（襄七·六·一）、羊舌肸（襄十一·二·五·三）、齐桓公（庄八—庄九—庄十·春秋）、晋文公（庄二十八·二·一）、卫姬、齐僖公（隐三·七·春秋）、鲍牙（庄八—庄九—庄十·三）、宾须无、隰成子（僖九·二·三·二）、大戎狐姬（庄二十八·二·一）、晋献公（庄十八·一·一）、赵成子（僖二十三—僖二十四·一·一）、狐偃（僖二十三·二·二·一）、魏武子（僖二十三—僖二十四·一·一）、贾佗（文五—文六·二）、栾贞子（僖二十七—僖二十八·三）、郤縠（僖二十七—僖二十八·三）、狐突（闵二·七·二）、先轸（僖二十七—僖二十八·二）、晋惠公（庄二十八·二·一）、晋怀公（僖十五·八·一·七）

春秋 夏，四月，楚公子比王子比自晋归于楚，弑其君虔楚灵王于乾溪。

【乾溪】补 见昭六·十·一。

○补 此事，据《春秋》，时在四月，地在乾溪，事为王子比弑楚灵王，又据宣四·三·一·二，则《春秋》书弑君之臣名氏，表明王子比有罪。据《左传》，则此事在五月癸亥，地在芋尹申亥之家，事为楚灵王自缢。《左传》所叙应为事实，而《春秋》所叙乃根据楚讣告内容。楚平王以囚徒冒充楚灵王而杀之以安国人，之后必然作假讣告以告于列国。

讣告所书，时以四月，地以乾溪，并将楚灵王之死归罪于王子比。后来芋尹虽以实情告楚平王，楚应未重发讣告，故《春秋》所载仍依旧讣告文辞。

楚公子弃疾王子弃疾杀公子比王子比。

〇[正][补]王子比当时为楚君，王子弃疾为司马，若据《春秋》常例，应书“楚公子弃疾弑其君比”。据隐四·二·春秋，则王子比虽为君，而尚未在盟会上得到诸侯正式承认，故《春秋》不书“弑”而书“杀”。据宣四·三·一·二，则《春秋》书弑君之臣名氏，表明王子弃疾有罪。此处虽非弑君，而书名示罪之理相同。王子弃疾本与其兄王子比共行篡弑之事，事成之后又贪图君位而设计煽动国人逼死王子比，是其罪也。

[左传]【一】楚子楚灵王之为令尹也，杀大司马薳 wěi 掩芳（薳）掩而取其室；及即位，[楚子]夺薳居田。

【楚子……其室】[正]见襄三十·一。

【薳居】[杨][补]芈姓，薳氏，名居。芳（薳）掩（襄二十五·五）族人。

[楚子]迁许而质许围。

【迁许】[正]在昭八—昭九。

【质许围】[补]把许围扣押为人质。**【许围】**[正][补]许氏，名围。许大夫。

蔡洧 wěi 有宠于王楚灵王。王之灭蔡也，其父死焉。王使[蔡洧]与 yù 于守而行。

【蔡洧】[正][补]蔡氏，名洧。本为蔡大夫，昭十一年楚灭蔡之前已仕于楚。

【王之……死焉】[正][补]蔡洧之父在蔡，昭十一年楚灭蔡时被楚人所杀。

【王使与于守而行】正 补 楚灵王使[蔡洧]参与守卫国都，然后出发[伐徐]。

申之会，越大夫常寿过戮焉。

【申之会】正 在昭四·三。【戮】杨 补 受到责罚羞辱。

○补 越大夫常寿过虽然在昭四年申之会被折辱，却将怨恨隐藏了起来，继续服事楚灵王。据昭五·八，昭五年楚灵王率诸侯联军伐吴时，参与联军的越军领军大夫就是常寿过。

王夺斗韦龟中犨 chōu，又夺成然斗成然邑，而使[成然]为郊尹。蔓成然斗成然故事蔡公王子弃疾。

【中犨】正 补 斗韦龟采邑。

【成然】正 杨 补 斗成然。芈姓，斗氏（若敖氏大宗），又为蔓氏，名成然，字旗。斗韦龟（昭四·三·七）之子。楚大夫，官至执政（继王子黑肱）。任郊尹，昭十三年任令尹。昭十四年被楚平王所杀。食采于蔓。

【郊尹】正 补 楚外朝官，职掌国都郊区。

【蔓成然故事蔡公】正 补 斗成然先前[到如今一直]事奉王子弃疾。据下文，斗韦龟认为王子弃疾有当璧之命，于是使其子斗成然事奉王子弃疾。故，旧。

故薳氏之族及薳居、许围、蔡洧、蔓成然斗成然，皆王所不礼也，因群丧职之族，启越大夫常寿过作乱，围固城，克息舟，城而居之。

【薳氏之族】正 指薳掩之族。薳掩已被杀，只有其族人仍在，所以称“薳氏之族”。

〔二〕观起之死也，其子从观从在蔡，事朝 zhāo 吴，曰：“今不封蔡，蔡不封矣。我请试之。”

【观起之死也】正 王子追舒宠信的庶人观起被楚康王所杀，事见襄二十二・六・一。

【从】补 观从。观氏，名从，字玉。观起（襄二十二・六・一）之子。襄二十二年后在蔡。昭十三年入于楚，同年自楚出奔。郭店简、上博简《缁衣》“从”字写作“[illegible]”，有学者认为其上半部分声符是由“琮”字初文演变而来。观从之名“从”可能在当时就写成《缁衣》“从”字式样，可通“琮”，从而与其字“玉”相应。

【朝吴】正 补 朝氏，名吴。声子（襄二十六・八・一）之子，子朝（襄二十六・八・一）之孙。蔡大夫。昭十五年被楚人所逐，奔郑。

【今不封蔡，蔡不封矣】杨 补 如今不[抓住楚王在外的机会]恢复蔡国，蔡国就永无希望复国了。

[观从]以蔡公王子弃疾之命召子干王子比、子皙王子黑肱。[二子]及[蔡]郊，而[观从]告之情，强与之盟，入袭蔡。

【以蔡……子皙】正 补 观从假托蔡公[王子弃疾]之命[，自晋、郑]召回王子比、王子黑肱。昭元年王子比奔晋，王子黑肱奔郑（昭元・九・二・一）。

【及郊……袭蔡】正 杨 补 [等王子比、王子黑肱]到达[蔡县]郊外，而[观从]告知二王子[假托蔡公之命的]实情。[二王子想要逃走，而观从]强迫[二王子与之]盟誓，[最终说服二王子共同]入袭蔡。

蔡公将食，见之而逃。观从使子干食[蔡公之食]，坎，用牲，加书，而速行。

【观从……速行】正 杨 补 观从让王子比[坐在蔡公王子弃疾的位置上，]食用[蔡公留下的]食物，并挖坑，用牺牲，放上盟书，[伪造与蔡公盟会的现场，]然后[让王子比、王子黑肱]赶快离开。

己观从徇xùn于蔡，曰：“蔡公召二子，将纳之[于楚]，与之盟而遣之矣，[蔡公]将师而从之。”

【徇】补巡行宣示。

【二子】补王子比、王子黑肱。

蔡人聚，将执之观从。[观从]辞曰：“[二三子]失贼、[蔡公]成军，而杀余观从，何益？”[蔡人]乃释之。

【失贼成军】正补[你们已经]失掉贼人（指王子比、王子黑肱），[蔡公王子弃疾已经]集结军队。

朝吴曰：“二三子若能[为楚王]死亡，则如违之王子弃疾，以待所济。若求安定，则如与之王子弃疾，以济所欲。且违上，何适而可？”众曰：“与之！”

【二三……所欲】正杨补诸位如果能够[为楚王而]死或是逃亡，那就应当违背蔡公的意愿，静待最终的成败所在；如果要寻求安定，那就应当赞助蔡公，以成就他的愿望。如，应当。与，助。

【且违上，何适而可】正补况且[你们要是]违背上级（蔡公），又能投奔到哪里去呢？适，往。

乃奉蔡公，召二子而盟于邓，依陈、蔡人以国。

【邓】杨补见桓二·三·春秋，在蔡都西北。

【依陈、蔡人以国】正补依赖陈人和蔡人[起兵]，以[事成之后恢复他们的]国家[作为激励]。

[三]楚公子比王子比、公子黑肱王子黑肱、公子弃疾王子弃疾、蔓成然斗成然、蔡朝吴帅陈、蔡、不羹láng、许、叶shè之师，因四族之徒，以入楚。

【陈、蔡、不羹】补此时皆为楚县。参见昭十一·十·一。

【许】补 此前迁于荆,其旧都在夷(城父)。

【叶】补 见宣三·八·二·三。此时为楚县。

【四族】正 薳氏、许围、蔡洧、斗成然。

【以入楚】补 这里所说的"楚",应该是指方城以西的上国地区,其核心是都城为郢。此时楚灵王在乾溪行营。

及郊,陈、蔡欲为名,故请为武军。蔡公王子弃疾知之,曰:"欲速,且役病矣,请藩而已。"[陈、蔡]乃藩为军。

【及郊……武军】正 补 到了[楚都]郊外,陈、蔡想要树立[讨伐楚的]名声,因此请求建壁垒以彰显武功。"武军"参见宣十二·一·十六。

【欲速……而已】正 补 想要迅速[进军,而不要因为筑壁垒耽误时间],而且役徒已疲劳[,承受不了筑壁垒的劳苦],请求用篱笆围绕军营就可以了。病,疲劳。以上只是王子弃疾用来说服陈人、蔡人的理由。笔者认为,王子弃疾之所以要劝阻此事,另一个重要原因在于自己是楚王子,今后还可能成为楚王,因此不能留下纵容小国在楚宣扬武功的把柄。

蔡公使须务牟与史猈 pí 先入,因正仆人杀大(太)子禄及公子罢 pí 敌王子罢敌。公子比为王,公子黑肱为令尹,次于鱼陂 bēi。公子弃疾为司马,先除王宫,使观从从[楚]师于乾溪,而遂告之,且曰:"先归复所,后者劓 yì。"[楚]师及訾 zī 梁而溃。

【须务牟、史猈】正 楚大夫。

【正仆人】杨 楚内朝官,仆人总长。

【大子禄】补 芈姓,名禄。楚灵王之子。昭十三年被正仆人所杀。

【令尹】补 见庄四·二·二。

【鱼陂】正 杨 补 在今湖北天门以西、汉江西岸。楚地。参见《图集》29—30⑥4。

【司马】补 见僖二十六·三。

【**先除王宫**】[杨]先清除王宫[中楚灵王的亲信]。

【**乾溪**】[补]见昭六·十·一。

【**先归复所,后者劓**】[正][杨][补]先回国[归顺新王]的可以恢复禄位,后[回国]的要接受割鼻之刑。

【**师及訾梁而溃**】[正][杨][补]楚灵王率领的、驻扎在乾溪的后援军队得知国内动乱之后就回国,到达訾梁时军队就溃散了。军队之所以会溃散,其触发原因可能是带兵的卿大夫争先恐后想要回到楚都恢复禄位。【**訾梁**】[杨][补]訾地之梁(桥梁)。"訾"在今河南信阳境。楚地。参见《图集》29—30④6。

○[补]楚共王有宠庶子五人,按长幼之序为楚康王、楚灵王、王子比、王子黑肱、王子弃疾(楚平王)。此处王子比为君,王子黑肱为令尹,王子弃疾为司马,地位之序与其长幼之序一致。

【**四·一**】王楚灵王闻群公子之死也,自投于车下,曰:"人之爱其子也,亦如余乎?"

【**群公子**】[杨]太子禄、王子罢敌等。

侍者曰:"甚焉。小人老而无子,知挤于沟壑hè矣。"

【**知挤于沟壑矣**】[杨][补]知道[自己年老时将被人欺侮]挤到沟渠里。

王曰:"余杀人子多矣,能无及此[难]乎?"

○[补]昭十一年楚灵王杀蔡灵公之子而用之为祭品(昭十一·八),即为"余杀人子多矣"一证。

右尹子革然丹曰:"请[王]待于郊,以听国人。"

【**右尹**】[补]见成十六·三·四·二。

王曰:"众怒不可犯也。"

[子革]曰:“若入于大都,而乞师于诸侯。”

【若】杨或。【大都】杨补大城邑,指陈、蔡、不羹等。
【诸侯】补指楚全盛时服从于楚的诸侯国。

王曰:“[大都]皆叛矣。”

[子革]曰:“若亡于诸侯,以听大国之图君也。”

王曰:“大福不再,只取辱焉。”

【大福】杨补指人君之福。

然丹乃归于楚。

【四·二】王沿夏,将欲入鄢 yān。芋尹无宇申无宇之子申亥曰:“吾父申无宇再奸 gān 王命,王楚灵王弗诛,惠孰大焉?君不可忍,惠不可弃,吾其从王。”乃求王,遇诸(之于)棘闱 wéi,以[王]归。

【沿夏】正顺汉水而下。沿,顺流。夏,汉水别名。曾侯与钟铭说曾侯(即随侯)“临有江夏”,“江夏”就是“江汉”。
【鄢】补见昭四·三·七。
【芋尹】补见昭七·二·一·一。【申亥】补姜姓,申氏,名亥。申无宇(襄三十·十一·二)之子。楚大夫,昭十三年已任芋尹。
【吾父再奸王命】正杨补我的父亲两次触犯王命。指申无宇在楚灵王作令尹时曾斩断他的旌旗,昭七年又闯入楚灵王新建的章华宫去捉拿罪人(参见昭七·二·一)。
【君不可忍】杨君王不可狠心[对待]。
【棘闱】杨楚地。

【四·三】夏,五月癸亥二十五日,王楚灵王缢于芋尹申亥氏。申亥以其二女殉而葬之。

〇[正]五月癸亥(二十五日)在下文楚都动乱(五月乙卯,十七日)、王子弃疾即位(五月丙辰,十八日)之后,此处《左传》先叙述楚灵王结局完毕,再叙述楚都之事。

〇[正]**传世文献对读:**《国语·吴语》(全文见哀十一·三·春秋)载楚灵王流亡以及自杀细节,与《左传》有所不同,可参看。

【五】观从谓子干王子比曰:"[子]不杀弃疾王子弃疾,虽得国,犹受祸也。"

子干曰:"余不忍也。"

子玉观从曰:"人将忍子,吾不忍俟也。"

【俟】[补]等待。

[子玉]乃行。

【六】国每夜骇曰:"王楚灵王入矣!"乙卯十七日夜,弃疾王子弃疾使周走而呼曰"王至矣!",国人大惊。[弃疾]使蔓成然斗成然走告子干王子比、子皙王子黑肱曰:"王至矣!国人杀君司马王子弃疾,将来矣!君若早自图也,可以无辱。众怒如水火焉,不可为谋。"又有呼而走至者曰"众至矣!"二子皆自杀。

【周走】[正][补]四下乱跑。周,遍。

【二子】[补]王子比、王子黑肱。

【七】丙辰十八日,弃疾即位,名曰熊居。[平王]葬子干王子比于訾zī,

实訾敖。[平王]杀囚,衣 yì 之王服,而流诸(之于)汉,乃取[尸]而葬之,以靖国人。[平王]使子旗斗成然为令尹。

【訾】补 楚邑。参见“訾梁”。

【汉】补 见桓六·二·二。

【靖】补 安。

○补 从这段描述来看,此时郢都的地理位置应该邻近汉水,因此楚平王才会将假楚灵王的尸体抛入汉水中制造假舆论。根据桓二·三“春秋时期楚郢都地望”的概述,最有可能是郢都所在地的有两个,一个是蛮河下游周代聚落群(昭地理示意图 5“楚?”),一个是沮漳河中游周代聚落群(昭地理示意图 5“睢水”“漳水”中游)。前者的确非常靠近汉水,而后者则与汉水有一段距离。也就是说,本段《左传》的描述是支持蛮河下游说的。

【八】楚师还自徐,吴人败诸(之于)豫章,获其五帅。

【楚师】正 此部楚师为围徐之师,与上文所述“至訾梁而溃”的乾溪之师不同。

【豫章】杨 见昭六·十·一。

【五帅】杨 即上文所述荡侯、潘子、司马督、嚣尹午、陵尹喜。

【九·一】平王楚平王封陈、蔡,复迁邑,致群赂,施舍,宽民,宥 yòu 罪,举职。

【封陈、蔡】杨 补 楚平王使陈、蔡复国。陈仍在旧都,而蔡迁于新蔡。

【复迁邑】正 补 让迁走的人回到旧地。成十五年许迁于叶。昭九年楚迁许于城父,迁城父之人于陈,又迁方城外之人于许(叶)。昭十一年楚又迁许于荆。楚平王即位后,使许人返回叶,而使城父之人与方城外之人各自回到旧地。

【致群赂】正 杨 补 致送[举事之时承诺给予其党羽的]各种财赂。参看晋惠公许赂秦及晋大夫而不兑现(僖十五·八·一·一)。
【宥】补 赦。

【九·二】[王]召观从。王楚平王曰:"唯尔所欲。"[观从]对曰:"臣之先,佐开卜。"[王]乃使为卜尹。

【开卜】杨 刻龟甲称为"开",取阅卜占书也称为"开"。
【卜尹】补 楚内朝官,卜人之长。
○正 杨 补 观从曾劝王子比杀楚平王,而楚平王不念其罪,而念其起事之功,并依据其掌卜特长而任用他,此为"宥罪""举职"之一证。

【九·三】[王]使枝如子躬聘于郑,且致犨 chōu、栎 lì 之田。事毕,[子躬]弗致。郑人请曰:"闻诸(之于)道路,将命寡君郑定公以犨、栎,敢请命。"[子躬]对曰:"臣未闻命。"

【使枝……之田】正 犨、栎本为郑邑,楚人取之。楚平王新立,将其归还以笼络郑。【聘】补 见隐七·四·春秋。
【犨】补 见昭元·九·一。【栎】补 见桓十五—桓十六·春秋。
【事毕,弗致】正 补 聘问活动完毕之后,[枝如子躬]不致送[土地]。

[子躬]既复,王问犨、栎。[子躬]降服而对,曰:"臣过,失命,未之致也。"王执其手,曰:"子毋勤!姑归,不穀有事,其告子也。"

【降服】补 见僖二十三—僖二十四·八·一。
【未之致也】补 即"未致之也"。
【子毋勤】补 您不要劳烦自己。"勤"指枝如子躬降服之举。
【不穀】补 见僖二十三—僖二十四·七。

【十】他年,芋尹申亥以王楚灵王柩告,乃改葬之。

【十一】初，灵王楚灵王卜，曰："余尚得天下！"不吉。[王]投龟，诟天，而呼曰："是区区者而不余畀 bì，余必自取之！"民患王楚灵王之无厌也，故从乱如归。

【尚】杨 表希冀的副词。

【是区区者而不余畀】正 补 即"是区区者而不畀余"，可译为"这么一点点[土地]都不给我"。区区，小貌。畀，给予。

【厌】杨 满足。

【十二】初，共 gōng 王楚共王无冢適(嫡)，有宠子五人，无适 dí 立焉。

【冢適】正 杨 补 嫡长子。冢，大。楚共王嫡夫人为秦嬴(襄十二·七)，无子。

【适】杨 专，主。

[王]乃大有事于群望，而祈曰："请神择于五人者，使主社稷。"乃遍以璧见于群望，曰："当璧而拜者，神所立也，谁敢违之？"

【大有事于群望】正 杨 补 遍祭名山大川。据哀六·六·四，则江水、汉水、睢水、漳水是楚所望祭之大川。楚所望祭之名山，《左传》则无明文，应为荆山、衡山之类。

【璧】补 见桓元·一·春秋。

既，[王]乃与巴姬密埋璧于大(太)室之庭，使五人齐(斋)，而长 zhǎng 入拜。康王楚康王跨之璧，灵王楚灵王肘加焉，子干王子比、子皙王子黑肱皆远之璧。平王楚平王弱，抱而入，再拜，皆厌(压)[璧]纽。

【既】杨 指望祭结束之后。

【巴姬】正 补 巴女，姬姓。楚共王宠妃。

【大室】正 补 太室，太庙正室。参见文十三·四·春秋。

【而长入拜】正 补 而后[让诸子按]长[幼之序]进入[太室]下拜。

【弱】杨 年幼。

【厌纽】杨 补 压在璧纽[对应的地面位置]上，即下文所谓“当璧”。纽，玉璧上隆起如鼻可穿组带之处。

斗韦龟属(嘱)成然斗成然焉，且曰：“[共王]弃礼违命，楚其危哉！”

【斗韦龟属成然焉】正 补 斗韦龟认为王子弃疾今后必为楚王，于是在王子弃疾长大后把儿子斗成然嘱托给王子弃疾。

【弃礼违命，楚其危哉】正 补 [楚王先准备]抛弃[立长之]礼[，让诸王子参拜之后又]违背[王子弃疾的当璧之]命，楚大概要有危难了！楚共王埋璧应该是在去世前不久，虽然诸王子参拜结果是王子弃疾最为吉利，但是王子弃疾年纪太小(不满周岁)，而且不是自己走进来而是被人抱进来的，因此楚共王最终还是以年长为主要依据、参考了参拜的结果，立了庶长子王子昭为君，是为楚康王。

○补 **传世文献对读：**《史记·楚世家》评价此次请神之事曰：“故康王以长立，至其子失之；围为灵王，及身而弑；子比为王十余日，子皙不得立，又俱诛。四子皆绝无后。唯独弃疾后立，为平王，竟续楚祀，如其神符。”

【十三】子干王子比归，韩宣子问于叔向羊舌肸曰：“子干其济乎？”

【济】补 成功。

[叔向]对曰：“难。”

宣子韩宣子曰：“同恶wù相求，如市贾gǔ焉，何难？”

○杨 补 韩宣子的意思是，其他作乱者与王子比有共同的憎恶(楚灵王)，都想要除掉他。作乱者想要除掉楚灵王，是想要满足他们各自的目的：比如陈人、蔡人、不羹人想要复国，而王子比想要成为下一任楚王。这就像各类商人到市场做生意,因为共同的牟利目的而互有所求。既然有共同的憎恶而且互有所求,团结一致夺取政权又有何难?

[叔向]对曰:

"无与[子干]同好 hào,谁与[子干]同恶 wù?

○杨 补 没人与子干有共同的喜好,又有谁会与子干有共同的憎恶?这句话是羊舌肸分析推理的关键所在。从下文可以看出,羊舌肸认为,王子比随行没有贤达足以辅佐他的谋士,国内没有支持他的大族,也没有认同他的民众,一言以蔽之,王子比在楚国内部缺乏真正与他"同好"的人,也就是拥护他的长远政治追求的人,因此也必然缺乏真正与他"同恶"的人,也就是在夺取政权之后继续憎恶他所憎恶的反对势力、保障他稳定政权的人。根据这种分析,羊舌肸认为王子比虽然在宗法上是第一顺位继承人,但却很难稳定地占有国家政权。在羊舌肸看来,最后将夺得楚国政权的将是王子弃疾,因为他"获神""有民""令德""宠贵""居常",拥有雄厚的、与之真正"同好恶"的支持势力。

事实是,"如市贾"一般"同恶相求"的联合反对势力取得了政变的初步胜利,王子比因为是现存最年长的王子而被推为楚王,韩宣子的判断似乎得到了验证。但是,缺乏共同政治追求的联合反对势力在还没有确定楚灵王是否已经死亡之前就宣告解体,陈人、蔡人、不羹人、许人、叶人各自回国,而王子弃疾和拥护他的"同好"势力将王子比设定为下一个"同恶"的对象,策划了第二场政变将王子比推翻。最终,拥有雄厚的"同好恶"势力的王子弃疾夺得楚君之位,羊舌肸的判断被证明是正确的。

"取国有五难:有宠而无人,一也。有人而无主,二也。有主而无谋,三也。有谋而无民,四也。有民而无德,五也。子干在晋，十三年矣，晋、楚之从，不闻达者，可谓无人。族尽亲叛，可谓无主。无衅而动，可谓无谋。为羁终世，可谓无民。亡无爱征，可谓无德。王楚灵王虐而不忌，楚[若]君子干、涉五难 nàn、以弑旧君楚灵王，谁能济之？

【有宠而无人】 正 补 [君主候选人]有尊贵[的宗法地位]而无[能]人[佐助]。

【有人而无主】 正 补 [君主候选人]有[能]人[佐助]而无[内]主[策应]。

【子干在晋，十三年矣】 杨 王子比昭元年奔晋，至本年已十三年。

【晋、楚之从】 正 跟从王子比的晋人和楚人。

【无衅而动】 正 补 [楚国内]无大瑕隙而[轻举妄]动。衅，瑕隙，空子。叛人召王子比之时，楚灵王还率领着楚师主力在外，羊舌肸认为当时楚并无重大事端。他在这点上并没有做出完全正确的预测，可能是因为他低估了楚内部矛盾的程度。

【为羁终世】 正 补 [子干]一直在外(晋)做羁旅之臣。羁旅见庄二十二·三·二。

【亡无爱征】 正 补 [子干]流亡在外而[楚人]没有爱戴[他]的征象。

【王虐而不忌】 杨 补 楚王虽然暴虐，但并不猜忌。楚灵王不诛杀两次冒犯他的申无宇(参见昭七·二)，以及任命曾经冒犯他的穿封戌为陈公(参见昭八—昭九·一·二)，可为例证。

【楚君……济之】 正 杨 补 [作乱]楚人如果要立子干为君、度过[伴随子干的]五大难处、来弑杀旧君，谁能帮助他们成功？羊舌肸认为，如果以立王子比为君作为旗号作乱，将很难成功。然而事实证明，羊舌肸在这点上并没有作出完全正确的预测，这可能是因为他过高估计了楚灵王在楚国内部的威望，而过低估计了作乱诸族的能力。

“有楚国者，其弃疾王子弃疾乎！[弃疾]君陈、蔡，城外属焉；苛慝 tè 不作，盗贼伏隐；私欲不违，民无怨心；先神命之，国民信之；芈 mǐ 姓有乱，必季实立，楚之常也。获神，一也；有民，二也;令德,三也;宠贵,四也;居常,五也。有五利以去五难nàn,谁能害之?

【君陈、蔡,城外属焉】正 补[弃疾]统治着陈、蔡两县,方城以外[广大地区]都归属于他。王子弃疾昭十一年任蔡县公。陈县公穿封戌昭十三年前应已死,王子弃疾于是兼任陈、蔡县公。楚国君僭位为王,相当于周王;县尹称公,相当于中原诸侯国君,故曰"君陈、蔡"。方城外见僖二十七—僖二十八·十一"入居于申"。

【苛慝不作】杨 补烦琐邪恶[之事]没有发生。苛,烦琐。慝,邪恶。

【私欲不违】杨私人欲望不违背[礼制]。

【先神命之】正 杨 补先代神灵任命他。指楚平王年幼时"再拜,皆厌纽"之事。楚封之时,已有群望。群望起于先代,所以叫作"先神"。

【芈姓……常也】杨 补楚国王室发生动乱,必然是小儿子做国君,这是楚国的常例。王子弃疾是楚共王诸子中最年幼者。参见文元·四·一"楚国之举,恒在少者"。

【获神】正 补对应"先神命之"。【有民】正对应"国民信之"。

【令德】正 补善德,对应"苛慝不作""私欲不违"。

【宠贵】正 杨 补尊贵。杜注认为是指王子弃疾为宠妃之子。杨注认为是指王子弃疾当璧拜之后特别受到楚共王的宠爱。

【居常】正 补对应"芈姓有乱,必季实立,楚之常也"。

【五利】补获神、有民、令德、宠贵、居常。

【五难】杨无人、无主、无谋、无民、无德。

"子干之官,则右尹也;数其贵宠,则庶子也;以神所命,则又远之。其贵亡矣,其宠弃矣;民无怀焉,国无与焉,将何以立?"

【右尹】补据此处文意,则右尹位次应在陈、蔡公之下。

【贵宠】补地位贵贱,以及被尊宠的程度。

【以神所命,则又远之】补论起神灵的任命,则王子比当年又远离埋璧之处。参见上文所述楚共王使众王子拜璧之事。

【与】补 助。

宣子曰："齐桓齐桓公、晋文晋文公，不亦是乎？"

○正 杨 补 齐桓公、晋文公亦皆为庶子而出奔，表面上与王子比类似。

[叔向]对曰：

"齐桓，卫姬之子也，有宠于僖齐僖公；[齐桓]有鲍叔牙鲍牙、宾须无、隰xí朋以为辅佐，有莒jǔ、卫以为外主，有国、高以为内主；从善如流，下善齐肃；不藏贿，不从(纵)欲；施舍不倦，求善不厌。[齐桓]是以有国，不亦宜乎？

【卫姬】正 补 卫女，姬姓。齐僖公（隐三·七·春秋）妾，齐桓公（庄八—庄九—庄十·春秋）之母。【僖】杨 齐僖公，齐桓公之父。

【有莒、卫以为外主】正 补 有莒、卫作为外援之主。庄八年齐桓公奔莒。齐桓公为卫女所生。

【国、高】正 补 齐累世上卿，参见僖十二—僖十三·二·一。

【下善齐肃】杨 补 服从善人，行动迅疾。齐肃为近义词连用，都是迅疾的意思。

"我先君文公晋文公，狐季姬大戎狐姬之子也，有宠于献晋献公；[文公]好学而不贰，生十七年，有士五人，有先大夫子余赵成子、子犯狐偃以为腹心，有魏犨魏武子、贾佗以为股肱，有齐、宋、秦、楚以为外主，有栾、郤xì、狐、先以为内主；亡十九年，守志弥笃；惠晋惠公、怀晋怀公弃民，民从而与之晋文公；献无异亲，民无异望。天方相xiàng晋，将何以代文晋文公？

【献】杨 晋献公，晋文公之父。

【有士五人】补 从本处下文判断，则羊舌肸心目中的五贤士应包括赵成子、狐偃、魏武子、贾佗，还有一人不明。有学者综合分析《左传》《国语》《史记》后认为，按照德才及业绩来说，公子重耳从亡团队中的“五贤士”按顺序应该是狐偃、赵成子、贾佗、魏武子、胥臣，参见僖二十三—僖二十四·一·一。

【股肱】补 股，大腿；肱，大臂。比喻辅佐重臣。

【有齐……外主】正 补 有齐、宋、秦、楚作为外援之主。据僖二十三—僖二十四，公子重耳在外流亡期间，齐桓公把女儿嫁给公子；宋襄公赠马给公子；楚成王设享礼招待公子，并送公子至秦；秦穆公送公子回国。

【有栾……内主】正 补 据僖二十三·二·二·一，晋文公流亡时，身在国内的狐突宁死也不召回跟随流亡的狐偃、狐毛；据僖二十三—僖二十四·九·三所引《史记·晋世家》，栾氏、郤氏劝公子重耳返国，并且在公子重耳进入之后杀了晋怀公；据僖二十七—僖二十八·三，晋文公即位后，任命并未跟随出奔的郤縠为中军帅、栾贞子为下军帅、先轸为下军佐，这都是栾、郤、狐、先四家曾在公子重耳流亡期间作为其内主的证据。

【与】补 助。

【献无异亲】正 杨 补 晋献公没有别的亲人(指儿子)。晋献公有九个儿子，后来只有晋文公在世，参见僖二十三—僖二十四·十五。

“此二君者，异于子干。共楚共王有宠子，国有奥主；[子干]无施于民，无援于外；去晋而[晋]不送，归楚而[楚]不逆，何以冀国？”

【宠子】【奥主】正 补 都是指王子弃疾。“奥”本义为屋内西南隅，是尊者/主人所居之处。奥主，即居于室内、尚不显明的尊主。王子弃疾既有当璧之命，又有贤德，昭六年时郑三卿已皆知其将为王也(参见昭六·八·二)。

【去】补 离开。

【何以冀国】杨 补 凭什么来期望[享有]国家[政权]？

昭公十三年・三

地理 鲁、周、晋、宋、卫、郑、曹、吴、齐见昭地理示意图1。周、刘、晋、宋、卫、郑、曹、鲜虞；平丘、中人见昭地理示意图2。鲁、宋、卫、曹、莒、邾、滕、薛、杞、小邾、齐、平丘、良、鄫（此时为邑）见昭地理示意图4。

人物 鲁昭公（襄三十一・三・五・一）、刘献公（昭十二・九）、晋昭公（昭十・四・三）、齐景公（襄二十五・一・四）、宋元公（襄二十六・六・二・一）、卫灵公（昭七・十二・一・一）、郑定公（昭十二・四・一・一）、曹武公（襄二十・二・春秋）、莒著丘公（襄三十一・五・一）、邾庄公（昭十一・四・春秋）、滕悼公（昭四・三・春秋）、薛伯、杞平公、小邾穆公（襄七・三・春秋）、季平子（昭九・六・二）、羊舌肸（襄十一・二・五・三）、吴王夷末（襄二十九・九・春秋）、羊舌鲋、公孙侨（襄八・三）、游吉（襄二十二・七・二）、屠伯、齐景公（襄二十五・一・四）、子服惠伯（襄二十三・八・八・二）、周公旦（隐八・二）、南蒯（昭十二・十・一・一）、公子慭（昭十二・四・一・二）、司铎射、罕虎（襄二十九・七・一）、孔子（僖二十七—僖二十八・二十五・三）、中行穆子（襄十九・一・二）

春秋 秋，公鲁昭公会刘子刘献公、晋侯晋昭公、齐侯齐景公、宋公宋元公、卫侯卫灵公、郑伯郑定公、曹伯曹武公、莒子莒著丘公、邾子邾庄公、滕子滕悼公、薛伯、杞伯杞平公、小邾子小邾穆公于平丘。

【杞伯】 补 杞平公。姒姓，名郁（一作郁厘），谥平。杞桓公（僖二十七・一・春秋）之子，杞文公（襄二十四・五・春秋）之弟。昭七年即位，在位十八年。昭二十四年卒。

【平丘】 补 见襄三十一・一・二。

八月甲戌七日，［诸侯］同盟于平丘。公鲁昭公不与yù盟。

晋人执季孙意如季平子以归。

公鲁昭公至自会。

○正此条《春秋》无对应《左传》。

左传【一】晋成虒sī祁，诸侯朝而归者皆有贰心。为[我]取郠gěng故，晋将以诸侯来讨。叔向羊舌肸曰"诸侯不可以不示威"[晋人]乃并征会，告于吴。

【晋成虒祁】正见昭八·二·二。

【朝】补见隐四·二·七·一。

【取郠】正见昭十·三。

【诸侯不可以不示威】正杨补即"不可以不示威于诸侯"。自襄二十七年晋、楚宋之盟以来，"晋政多门，贰偷之不暇"（昭十三·三·九·三）；昭四年楚合诸侯于申，晋不得已而许之；昭四年、昭六年楚伐吴，昭八年楚灭陈，昭十一年楚灭蔡，晋都不能出兵救援；晋又筑虒祁，诸侯朝而归者皆有二心。本年楚内乱，晋抓住机会举行此会以示威，以期扭转逐渐削弱的霸主地位，并且试图拉拢吴这个楚的敌国。

【并】杨遍。

【二】秋，晋侯晋昭公会吴子吴王夷末于良。水道不可，吴子辞，[晋侯]乃还。

【良】正杨补在今江苏新沂西南、沂河之东。参见《图集》29—30②10。

【水道不可】补此时吴都应已在今江苏苏州。当时沟通江水、淮水的邗沟尚未贯通，从吴都到良，无直通内河水道。

○补良距晋远而距吴近，而吴王夷末仍以水道不可而拒绝会面，足见当时的形势已经不是中原霸主晋支援南方新兴国家吴对抗楚，而是颓势已现的晋依靠发展势头很猛的吴来维持自己的霸主地位。

【三】七月丙寅二十九日，[晋人]治兵于邾南，甲车四千乘 shèng，羊舌鲋 fù 摄司马。[晋人]遂合诸侯于平丘。

【治兵】补 讲武，演习。【邾南】杨 邾南境。

【甲车四千乘】杨 补 据下文"鲜虞人闻晋师之悉起也"，可以推知当时晋师几乎是倾巢出动，呼应上文所谓"示威"。根据昭五·四·二薳启强的描述，则昭五年时，晋国军队总规模大概在 4 900 辆兵车左右。

【羊舌鲋】正 补 姬姓，羊舌氏，名鲋，字鱼，排行叔。羊舌职（宣十五·五·一·二）之子，羊舌赤（襄三·四·一）、羊舌肸（襄十一·二·五·三）之弟。晋大夫。襄二十一年后曾奔鲁，昭十三年前复归于晋。昭十三年摄司马，昭十四年摄理。昭十四年被邢侯所杀。其名（鲋）、字（鱼）相应，鲋为鱼名。

【摄】杨 代。

【司马】补 见僖二十七—僖二十八·二十四·一。

【四】子产公孙侨、子大（太）叔游吉相 xiàng 郑伯郑定公以会。子产以幄、幕九张行。子大（太）叔以[幄、幕]四十，既而悔之，每舍 shè，损焉。及会，亦如之。

【幄、幕】正 杨 补 据《周礼·幕人》郑玄注，军旅帐篷四围为"帷"，顶为"幕"。其中四合形如宫室者为"幄"，为国君居所。然此处郑使团所携带幄、幕，出发时共有四十九套，到会时共有十八套（公孙侨九套，游吉九套），应该是供应整个使团居住，并非皆为郑君居所。疑此处"幄、幕"实相当于郑玄所谓"帷、幕"。战国时期的国君帷帐形制参见昭器物图 2。

【每舍……如之】杨 每次住宿，[游吉就]减少[一些幄幕]。等到了会场，也像公孙侨一样[使用九套帷幕]。

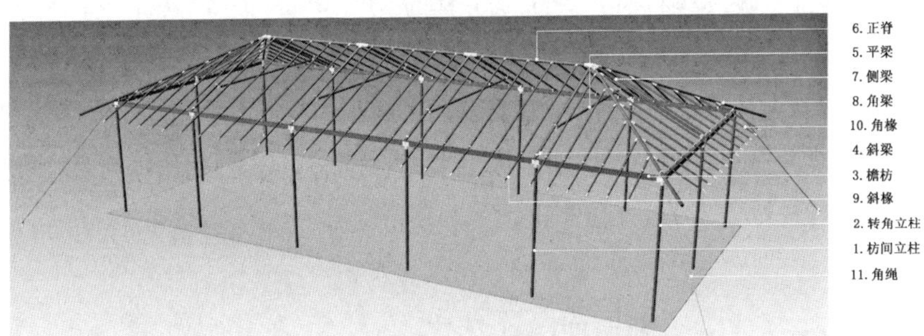

昭器物图 2　湖北随州曾侯乙墓出土曾侯乙帷帐复原图，战国时期(《公元前 5 世纪一位国君的旅行用具——曾侯乙帷帐的结构与设计》，2020 年)

【五】次于卫地，叔鲋羊舌鲋求货于卫，淫刍荛 ráo 者。

【叔鲋……荛者】 正 杨 补 羊舌鲋想要向卫人求取财货，于是放纵割草砍柴的晋人役徒[胡作非为]。羊舌鲋代行司马之职，执行军法、约束士卒徒役为其职责所在，而他却故意放纵割草砍柴骚扰卫人，以逼迫他们贡献财货。刍，饲养牲口的草料。荛，用于烧煮的柴草。淫，放纵。

卫人使屠伯馈叔向羊舌肸羹与一箧 qiè 锦，曰："诸侯事晋，未敢携贰。况卫在君晋昭公之宇下，而敢有异志？刍荛者异于他日，敢请[止]之。"

【羹】 补 见隐元·四·六·二。

【箧】 杨 藏物之器，狭长方形。**【锦】** 补 见闵二·五·四·二。

【携贰】 补 携，离心。贰，有二心。

【卫在君之宇下】 正 杨 补 卫国在贵国君主屋檐底下。宇，屋檐。卫人此言，一则比喻卫与晋毗邻，二则比喻卫受晋庇护。

叔向受羹、反(返)锦，曰："晋有羊舌鲋者，渎(黩)货无厌，亦将及[于难]矣。为此役也，子若以君命赐之，其已。"

【叔向受羹、反锦】 正 受羹，表示不逆卫人之意；返锦，表示不贪卫人之货。

【渎货】 杨 贪求财货以污辱其身。渎，污。

【子若……其已】 杨 您如果以卫君之命［将这箧锦］赐给羊舌鲋，［放纵刍荛者之事］大概会停止。

客屠伯从之，［客］未退而［叔鲋］禁之。

○ 正 杨 补 客人（屠伯）依从羊舌肸所言［行事］，结果还没有退出［羊舌鲋的庭院］，而［羊舌鲋已经下令］禁止［割草砍柴之人胡作非为］。羊舌鲋得到卫人以君命所赐之锦，名利双收，于是让刍荛者收手。

○ 补 下启昭十四年羊舌鲋被邢侯所杀（昭十四·九）。

【六】晋人将寻盟，齐人不可。

【寻盟】 补 重温旧盟。

晋侯晋昭公使叔向羊舌肸告刘献公曰："抑齐人不盟，若之何？"

【抑】 杨 语首助词，无义。

［献公］对曰："盟以底 zhǐ 信。君晋昭公苟有信，诸侯不贰，何患焉？告之以文辞，董之以武师，虽齐不许，君庸多矣。天子之老请帅王赋，'元戎十乘 shèng，以先启行'，迟速唯君［命之］。"

【底】 正 致。

【董】 正 督。**【庸】** 正 功。

【天子之老】 正 杨 补 周王室卿士，指刘献公本人。

【王赋】 杨 补 周王军队。赋，军赋，引申为军队。

【元戎十乘，以先启行】 补 见宣十二·一·十一。

叔向告于齐，曰："诸侯求盟，已在此矣。今君齐景公弗利，寡君晋昭公以为请。"

【今君弗利】 杨 如今［贵国］国君不以［结盟］为有利。也就是不愿意参与盟会。

［齐人］对曰："诸侯讨贰，则有寻盟。若皆用命，何盟之寻？"

叔向曰：

"国家之败，

"有事而无业，事则不经；

【业】 杨 补 为治理国家政事必须做好的工作。据下文，实指定期派卿大夫聘问周王以述职、纳贡、听命。

【经】 补 常。

○ 杨 补 有国事而没有定期聘问周王以述职、纳贡、听命，国事就不能保持常态。下启下文"岁聘以志业"。

○ 正 杨 补 这里和下面羊舌肸说的是"自古以来"的"明王之制"，也就是诸侯卿大夫聘周王、诸侯国君朝周王、周王组织诸侯国君之会、周王组织诸侯国君之盟的礼数及礼义，而这也正是诸侯卿大夫聘霸主、诸侯国君朝霸主、霸主组织诸侯国君之会、霸主组织诸侯国君之盟的礼制依据，因为霸主是周王任命的代理人。

"有业而无礼，经则不序；

○ 正 补 有定期聘问而没有礼制，［则国事虽有］常态［，却］会缺乏上下尊卑之序。下启下文"再朝以讲礼"。

"有礼而无威，序则不共(恭)；

○正 补有礼制而没有威严，[则虽有]次序[，却]不能保证恭敬。下启下文“再朝而会以示威”。

“有威而不昭，共(恭)则不明。

○正 补有威严而不昭告神灵，[则虽能]恭敬[，却]不能明白显著。下启下文“再会而盟以显昭明”。

“不明弃共(恭)，百事不终，所由倾覆也。

○正 补[若诸侯之盟不成，则恭敬]不能明白显著[，就会]抛弃了恭敬，[不恭敬就会抛弃了次序，没有次序就会抛弃了常态，没有常态就会抛弃了国事，]这会使各种国事不得完结，导致倾覆[的恶劣后果]。羊舌肸此番言语目的在于要求齐人参加盟誓，所以只举与之相关的“不明弃共”，就直接得出“百事不终”的结论，而省略了中间“不共弃序”“不序弃经”“不经弃事”的推理过程。回应上文的“国家之败”。

“是故明王之制，使诸侯岁聘以志业，间jiàn朝以讲礼，再朝而会以示威，再会而盟以显昭明。

【岁聘以志也】正 补[诸侯卿大夫]每年聘问[周王]以记住贡赋听命之业。“聘”参见隐七·四·春秋。志，识，记住。

【间朝以讲礼】正 补[诸侯国君]间隔[一次聘问]朝见[周王]以讲习礼制。也就是诸侯卿大夫聘问周王两次之后，诸侯国君朝见周王一次。“朝”见隐四·二·七·一。

【再朝而会以示威】正 补两次朝见后[周王召集诸侯国君举行包含朝见在内的]大会以展示[王室的]威仪。也就是聘问两次、朝见一次、再聘问两次之后，周王召集诸侯国君举行一次大会(含朝见)。

【再会而盟以显昭明】正 补两次大会后[周王召集诸侯国君举行含朝见、大会在内的]盟誓以彰显[对神的]昭告明信。也就是聘问两次、朝见一次、聘问两次、大会(含朝见)一次、聘问两次、朝见一次、聘问两次之后，周王召集诸侯国君举行一次盟誓(含大会、朝见)。“盟”

见隐元・二・春秋。

〇正 补 如果以十二年为一个周期，则这个周期内共聘问八次、朝见四次、大会两次、盟誓一次。

一	二	三	四	五	六	七	八	九	十	十一	十二
聘	聘	朝	聘	聘	会（含朝）	聘	聘	朝	聘	聘	盟（含会、朝）

“志业于好，讲礼于等，示威于众，昭明于神。

〇正 补 在［聘问享宴的］友好中铭记事业，在［朝见的］等级中讲习礼制，向［大会到场的］众位［君臣］展示威严，向［盟誓所祭告的］神灵昭告明信。

“自古以来，未之或失也。存亡之道，恒由是兴。

“晋礼主盟，惧有不治；奉承齐（斋）牺，而布诸（之于）君齐景公，求终事也。

【齐牺】 正 杨 即“齐盟之牺”，盟会所用牺牲。齐盟见成十一・七・一・二。

“君曰‘余必废之，何齐（斋）之有’，唯君图之。

【何齐之有】 杨 补 哪里用得着斋盟？

“寡君晋昭公闻命矣。”

齐人惧，对曰：“小国言之，大国制之，［小国］敢不听从？既闻命矣，敬共（恭）以往，迟速唯君晋昭公［命之］。”

【制】 杨 裁，断。

【七】叔向羊舌肸曰："诸侯有间jiàn矣，不可以不示众。"八月辛未四日，[晋人]治兵，建而不旆pèi。壬申五日，复旆之。诸侯畏之。

【诸侯有间矣】 正 杨 诸侯[与晋]有嫌隙了。

【示众】 杨 示威于众。

【建而不旆】 正 杨 树立[军前大旗]而不系旆[，表示仅为检阅]。旆参见庄二十八·四·二。

【复旆之】 正 杨 再系上旆[，表示将用兵]。

【八·一】邾人、莒jǔ人诉于晋曰："鲁朝夕伐我，几亡矣。我之不共(供)，鲁故之以。"

【我之不共，鲁故之以】 正 杨 补 我们不能[向晋]供应[贡赋]，是由于鲁的缘故。

○ 正 补 昭三·七载叔孙穆子之言，曰"曹、滕、二邾，实不忘我好"。昭公即位以来，《春秋》《左传》亦无鲁、邾相伐之事。此外，据《春秋》《左传》，则鲁伐莒仅昭元年、昭十年两次。因此，邾人、莒人所谓"鲁朝夕伐我"，应是夸张之辞，用以作为两国不交贡赋的借口。襄三十一·一·二所谓"鲁不堪晋求，谗慝弘多，是以有平丘之会"，此处邾、莒之辞，即为鲁所受谗言之一。

【八·二】晋侯晋昭公不见公鲁昭公。使叔向羊舌肸来辞曰："诸侯将以甲戌七日盟，寡君晋昭公知不得事君鲁昭公矣，请君无勤。"

子服惠伯对曰："君晋昭公信蛮夷之诉，以绝兄弟之国，弃周公周公旦之后，亦唯君。寡君鲁昭公闻命矣。"

【蛮夷】 正 补 指邾、莒，因其为东夷国，故昭十三—昭十四·一子服惠伯称其为"夷之小国"。

【兄弟之国】 补 鲁实际始封君鲁伯禽为周公旦之子，周文王之孙。晋始封君唐叔虞为周武王之子，周文王之孙。因此鲁、晋为兄弟之国。

叔向曰："寡君有甲车四千乘 shèng 在，虽以无道行之，必可畏也。况其率道，其何敌之有？牛虽瘠，偾 fèn 于豚上，其畏[豚]不死？南蒯 kuǎi、子仲公子慭之忧，其庸可弃乎？若奉晋之众，用诸侯之师，因邾、莒 jǔ、杞、鄫 zēng 之怒，以讨鲁罪，间 jiàn 其二忧，何求而弗克？"

【率】 杨 循。

【偾】 正 仆。

【南蒯、子仲之忧】 杨 补 昭十二年南蒯、公子慭欲驱逐季氏，事败之后，二人或奔或叛。此时公子慭应在齐，而南蒯则以费邑叛于齐。

【因邾……之怒】 正 补 邾、莒、杞皆为近鲁小国，与鲁时有争端。但昭公即位以来，三国与鲁并无大怨，邾、莒之情上文已有论述。至于鄫，襄六年被莒所灭，昭四年莒内乱，又入于鲁，此时为鲁邑。所谓鄫之怒，也许指鄫人欲脱离鲁控制而复国的愿望。总之，羊舌肸举此四国，意在恐吓，于史无凭，实为昭八·一·三所谓"僭而无征"的小人之言。

【间其二忧】 正 补 利用[南蒯、公子慭]二[人造成的]忧患。间，钻……的空子。

鲁人惧，听命。

【九·一】"甲戌，同盟于平丘"，齐服也。

【九·二】[晋人]令诸侯日中造于除。癸酉六日，退朝，子产公孙侨命外仆速张[帷幕]于除。子大(太)叔游吉止之，使待明日。及夕，子产闻其未张[帷幕]也，使速往，乃无所张[帷幕]矣。

【造于除】 正 补 前往[为盟会]清除[出的场地]。造，往。

【癸酉……于除】 正 杨 补 六日（盟誓前一日），[诸侯]朝见[晋君]完毕退出之后，公孙侨命令外仆马上到盟会场地[抢占地盘]张开[帷幕]。公孙侨认为，在楚遭受沉重打击之后，晋“一国独大”的形势已经形成，不少诸侯国都想向晋献殷勤、表忠心，因此他们可能纷纷会提前到会盟场地占座，故有此命令。**【外仆】** 补 见僖三十三·九·一。

【明日】 补 七日，盟誓之日。

【九·三】及盟，子产争承，曰：“昔天子班贡，轻重以列。列尊，贡重，周之制也。卑而贡重者，甸服也。郑，伯、男也，而使从公、侯之贡，惧弗给 jǐ 也，敢以为请。诸侯靖兵，好以为事。[大国]行理之命无月不至，贡之无艺，小国有阙 quē，所以得罪也。诸侯修盟，存小国也。贡献无极，亡可待也。存亡之制，将在今矣。”自日中以争，至于昏，晋人许之。

【承】 正 补 进贡的轻重次序。后承前，下承上，故以承为次序。

【昔天……以列】 正 补 过去天子确定进贡次序，按[诸侯国的地位]轻重进行排列。班，次。

【卑而贡重者，甸服也】 正 补 [地位]卑下而贡赋重，是在甸服[才会发生的情况]。甸服见桓二—桓三·二·二，这里指王城周围的王畿地区。王畿地区内有诸多畿内国，如周、毛、单、刘、巩等，其国君为王室卿大夫，其“疆土”仅为一城邑，地位卑下，然而由于直接受王室管控，贡赋最重。

【郑伯……给也】 正 补 郑是[王畿之外]伯爵、男爵[档次的国家]，现在却要让[郑]按照公爵、侯爵的贡赋[档次交纳]，恐怕是无法如数供给的。郑为伯爵，然而此时公孙侨希望少交赋税，于是进一步往下“出溜”，说自己实力只在伯、男之间而已。据僖二十九·三，“在礼，卿不会公、侯，会伯、子、男可也”，则五等爵若粗略分，的确是公、侯为一大类，伯、子、男为一大类。

【诸侯靖兵，好以为事】 正 杨 补 诸侯休息甲兵，是为了从事于友好。靖，息。

【行理之命无月不至】 正 杨［晋］使者［催问贡赋］的命令没有哪个月不到来。行理，外交使者。

【艺】【极】 正 补 准限。

既盟，子大(太)叔咎之曰："诸侯若讨，其可渎乎？"子产曰："晋政多门，贰偷之不暇，何暇讨？国不竞亦陵，何国之为？"

【咎】 补 责怪。

【渎】 正 补 轻易，不重视。

【晋政……暇讨】 正 杨 补 晋的政令出自众多［卿族］之门，［诸族］各怀图谋、苟且偷安尚且来不及，哪有闲暇［团结一致前来］讨罪？贰，不一。偷，苟且。

【国不……之为】 正 补 国家不［为自身利益］力争，就会［遭到］欺凌，还成个什么国家？

【九・四】"公不与盟。"晋人执季孙意如季平子，以幕蒙之，使狄人守之。司铎 duó 射怀锦，奉壶饮、冰(掤)，以蒲(匍)伏(匐)焉。守者御之，［司铎射］乃与之锦而入。

【司铎射】 正 补 鲁大夫，名射。任司铎。**【司铎】** 杨 补 鲁外朝官，司徒属官，职掌振铃宣令。

【锦】 补 见闵二・五・四・二。

【冰】 正 补 箭筒盖，临时可当作饮器。

【蒲伏】 正 杨 爬行，这是由于司铎射害怕被人发现。

【御】 杨 阻止。

晋人以平子季平子归［晋］，子服湫 jiāo，子服惠伯从［至晋］。

○ 补 笔者对平丘之会季平子被扣押、鲁昭公被放归背后的可能真相有详细分析，请见专著《陵迟：鲁国的困境与抗争》（出版中，暂定书名）相关章节。

【十】子产公孙侨归[于郑]。[子产]未至,闻子皮罕虎卒,哭,且曰:"吾已!无为为善矣。唯夫子罕虎知我。"

【吾已】正 补 我完了!

【无为为善矣】杨 补 没有人帮助我做善事了。无为,无助。

〇补 **传世文献对读:**《孔子家语·贤君》记载了孔子对于罕虎贤德的看法,可扫码阅读。

【十一】仲尼孔子谓:"子产公孙侨于是行也,足以为国基矣。《诗》曰:'乐只君子,邦家之基。'子产,君子之求乐者也。"[仲尼]且曰:"[晋]合诸侯,艺贡事,礼也。"

【乐只君子,邦家之基】补 见襄二十四·二·一。

【艺贡事】正 补 为贡赋之事设定准限。

〇补 参见襄二十四·二公孙侨所言:"有德则乐,乐则能久。《诗》云'乐只君子,邦家之基',有令德也夫!"

【十二】鲜虞人闻晋师之悉起也,而不警边,且不修备。晋荀吴中行穆子自著雍以上军侵鲜虞,及中人,驱冲竞,大获而归。

【著雍】杨 见襄十·一·三·三。

【中人】正 杨 补 在今河北唐县北都亭村一带。鲜虞邑。定四年时已为鲜虞/中山都城。参见《图集》22—23③11。

【驱冲竞】正 驱冲车[与鲜虞军队]竞逐。

〇正 补 昭十二年晋师侵伐鲜虞属国,入鼓、灭肥,同年又伐鲜虞。本年晋师全部出动,以合诸侯于平丘。鲜虞得知晋师动向后,认为短期之内晋将不可能再伐鲜虞,于是产生松懈之心,从而放松警备。晋人在平丘之会结束,回师抵达晋地著雍之后,突然以上军北上侵鲜虞。鲜虞猝不及防,故败。

〇正 下启昭十五年晋伐鲜虞(昭十五·六)。

昭公十三年・四

地理 蔡 2、陈、楚见昭地理示意图 1。蔡 2(复国后)、陈(复国后)、楚、许 3(复国后,在叶)、胡(复国后)、沈(复国后)、道(复国后)、房(复国后)、申(国)、荆山见昭地理示意图 5。

人物 太孙庐/蔡平公、太孙吴/陈惠公(昭八—昭九・一・一)、楚灵王(襄二十六・五・一)、楚平王(昭元・一・三)、隐太子有(昭十一・八・春秋)、悼太子偃师(襄二十五・二・二)

春秋 蔡侯庐蔡平公归于蔡。陈侯吴陈惠公归于陈。

【蔡侯庐】 杨 补 蔡平公,即位前为太孙庐。姬姓,名庐,谥平。隐太子有(昭十一・八・春秋)之子,蔡灵公(襄三十・五)之孙。昭十三年,楚平王封蔡而立蔡平公,在位八年。昭二十年卒。

冬,十月,葬蔡灵公。

○ 正 补 据隐元・五,诸侯五月而葬。蔡灵公昭十一年被楚灵王诱杀,至蔡复国之后方得安葬,于礼为缓。

左传 楚之灭蔡也,灵王楚灵王迁许、胡、沈、道、房、申于荆焉。平王楚平王即位,既封陈、蔡,而皆复之,礼也。隐大(太)子隐太子有之子庐太孙庐/蔡平公归于蔡,礼也。悼大(太)子悼太子偃师之子吴太孙吴/陈惠公归于陈,礼也。"冬,十月,葬蔡灵公",礼也。

【楚之灭蔡也】 正 见昭十一・八。

【许】 补 见隐十一・二。**【胡】** 补 见襄二十八・二。**【沈】** 补 见文三・一・春秋。**【道】** 补 见僖五・六・二。**【房】** 正 杨 补 周时国,祁姓。本为古国,始封君为唐尧之子丹朱。在今河南遂平城中部偏东已发现其遗址(详见下)。昭十一年楚灵王迁房入荆。昭十三年楚平王复其国。春秋末年被楚所灭。参见《图集》17—18③4、29—30③5。【申】补信阳申国,见隐元·四·一,详见下。

【荆】正 补荆山,见昭四·一·二。这里应该是指以荆山为地理标志的楚核心区,应该在蛮河下游周代聚落群(昭地理示意图5“楚?”,参见桓二·三)。

【而皆复之】正 补使[许、胡、沈、道、房、申之人]都回到旧地。许、胡、沈、道、房本为国,此次应是使其人回到旧地而复国。申有争议,详见下。

○补传统说法认为,庄六年楚文王伐申(在河南南阳境),不久后申即被楚所灭,地入于楚为县。若如此,则昭十一年楚灵王所迁之申,及昭十三年楚平王所复之申,皆为此申县之人。然而,南阳之申县本来就已经位于方城以西,自楚文王以来已经是楚国北方军事重镇,没有进一步内迁的必要。有学者认为,南阳之申被楚人所灭成为楚县之后,申人被迁至河南信阳境,重建了一个依附于楚国的申国,昭十一年楚灵王所迁之申,及昭十三年楚平王所复之申,皆为此信阳申国,而非南阳申县。本书示意图据此标注。

○补**吴房故城遗址:**遗址南临汝河,先后为春秋时期房国都城、汉代吴房县县城。城址平面呈长方形,东墙长981米,西墙长1 074米,南墙长837米,北墙长922米。

○补笔者对楚灵王灭蔡后实施的多地联动强制迁徙行动有详细分析,请见《不服周:楚国的奋斗与沉沦》(出版中,暂定书名)相关章节。

昭公十三年·五

地理 鲁、晋见昭地理示意图1。鲁、晋、河水见昭地理示意图3。

人物 鲁昭公(襄三十一·三·五·一)、中行穆子(襄十九·一·二)、韩宣子(襄七·六·一)、季平子(昭九·六·二)、士景伯

春秋 公鲁昭公如晋，至河乃复。

【河】补 见闵二・五・三。

左传 公鲁昭公如晋。荀吴中行穆子谓韩宣子曰："诸侯相朝，讲旧好也。执其卿季平子而朝其君鲁昭公，有不好焉，不如辞之。"乃使士景伯辞公于河。

【朝】补 见隐四・二・七・一。

【讲】杨 习。

【有不好焉】补 这是不友好的。

【士景伯】正 补 祁姓，士氏，名弥牟，谥景，排行伯。晋大夫，昭十四年已任大理。士文伯之子。

○补 笔者对此次鲁昭公前往晋被拒绝背后的可能真相有详细分析，请见专著《陵迟：鲁国的困境与抗争》(出版中，暂定书名)相关章节。

昭公十三年・六

地理 吴、楚见昭地理示意图 1。吴、州来、楚见昭地理示意图 5。

人物 斗成然(昭十三・二・一)、楚平王(昭元・一・三)

春秋 吴灭州来。

左传 "吴灭州来。"令尹子旗斗成然请伐吴。王楚平王弗许，曰："吾未抚民人，未事鬼神，未修守备，未定国家，而用民力，败不可悔。州来在吴，犹在楚也。子姑待之。"

【令尹】补 见庄四・二・二。

昭公十三年—昭公十四年(昭公十四年·一)

地理 鲁、晋、齐、楚、陈、蔡2见昭地理示意图1。晋、西河见昭地理示意图2。

人物 季平子(昭九·六·二)、子服惠伯(襄二十三·八·八·二)、中行穆子(襄十九·一·二)、韩宣子(襄七·六·一)、羊舌肸(襄十一·二·五·三)、羊舌鲋(昭十三·三·三)、晋平公(襄十六·一·春秋)、鲁襄公(襄元·〇)、季武子(襄六·五·春秋)

春秋 十有(又)四年,春,意如季平子至自晋。

左传【一】季孙季平子犹在晋。子服惠伯私于中行穆子曰:"鲁事晋,何以不如夷之小国?鲁,兄弟也,土地犹大,所命能具。若为夷弃之,使事齐、楚,其何瘳chōu于晋?亲亲、与大、赏共(供)、罚否,所以为盟主也。子其图之!谚曰:'臣一主二。'吾岂无大国?"

【私】正 私下交谈。

【夷之小国】杨 补 指邾、莒,皆为东夷小国。

【所命能具】杨 [晋]所命令[的贡赋]都能备办。

【其何瘳于晋】杨 补 对晋有什么益处?瘳,愈。

【亲亲……罚否】杨 亲近应当亲近的[兄弟国家],赞助[疆土]广大[的国家],奖赏供给[贡赋的国家],惩罚不能[供给贡赋的国家]。

【吾岂无大国】正 补 我们难道没有[其他]大国[可以事奉]?

穆子中行穆子告韩宣子,且曰:"楚灭陈、蔡[我]不能救,而为夷执亲,将焉用之?"乃归季孙。

〇补 **传世文献对读:** 据《国语·鲁语下》,则子服惠伯还曾为季平子之事请于韩宣子,可扫码阅读。

【二】惠伯子服惠伯曰："寡君鲁昭公未知其罪，[君]合诸侯而执其老季平子。若[君]犹[以鄙邑为]有罪，[季孙]死[晋]命可也。若[君]曰无罪，而惠免之，诸侯不闻，是[季孙]逃[晋]命也，何免之为？请从君惠于会。"

【老】 补 见昭元・一・一・三。

【若犹有罪，死命可也】 正 补 如果[贵国君主]还是[认为我国]有罪，[季孙]就是依据[晋判定我国有罪的]命令[受刑]死去也是可以的。

【请从君惠于会】 正 补 请求[让季孙]顺从贵国君主的恩惠出席盟会。叔孙惠伯希望季平子能够在盟会上洗刷罪名，正式无罪释放，不愿让他私下回国。

宣子韩宣子患之，谓叔向羊舌肸曰："子能归季孙乎？"

[叔向]对曰："不能。鲋羊舌鲋也能。"

[宣子]乃使叔鱼羊舌鲋。

叔鱼见季孙曰："昔鲋fù也得罪于晋君晋平公，自归于鲁君鲁襄公。微武子季武子之赐，不至于今。[鲋]虽获归骨于晋，犹子季平子则肉之，敢不尽情？归子而[子]不归，鲋也闻诸(之于)吏，将为子除馆于西河，其若之何？"且泣。平子季平子惧，先归，惠伯待礼。

【昔鲋……鲁君】 正 补 以前我得罪了晋君，自己投奔了鲁君。由此句推断，羊舌鲋先前曾因晋国内政治斗争而出奔鲁。羊舌鲋奔鲁，应与襄二十一年范宣子杀羊舌虎而囚羊舌赤、羊舌肸有关。

【微】 补 如果没有。

【虽获……尽情】 杨 补 虽然[我]获得尸骨回到晋[的恩遇]，仍然[感念]您使它长肉，怎敢不完全[告以]实情？季武子应是曾经帮助羊舌鲋返国复职，羊舌鲋在此表示感念季武子之恩，延及其孙季平子。

【除】杨 修治。【西河】杨 补 在今陕西大荔、华阴一带，河水西岸，晋西部边境，远离鲁，季平子因此惧怕。参见《图集》22—23⑦7。

【惠伯待礼】正 补 子服惠伯等待［晋人依］礼［遣送］。

○补 笔者对子服惠伯解救季平子的来龙去脉有详细分析，请见专著《陵迟：鲁国的困境与抗争》（出版中，暂定书名）相关章节。

【三】十四年，春，“意如至自晋”，［《春秋》书“意如”，］尊晋、罪己也。尊晋、罪己，礼也。

【尊晋、罪己也】正 补《春秋》不书“季孙意如”，而舍去族氏书“意如”，是表示尊重晋而归罪于自己。《春秋》常例，鲁卿归国不书。此次季平子非正常归国，而为遭扣留后获释归国，故《春秋》特书之。

昭公十四年·二

地理 鲁、齐见昭地理示意图1。鲁、齐、费见昭地理示意图4。

人物 南蒯（昭十二·十·一·一）、老祁、虑癸、齐景公（襄二十五·一·四）、公孙皙（昭六—昭七）、鲍文子（成十七·四·三·一）

左传【一】南蒯 kuǎi 之将叛也，盟费 bì 人。司徒老祁、虑癸伪废（发）疾，使请于南蒯曰：“臣愿受盟，而疾兴。若以君南蒯灵不死，请待间 jiàn 而盟。”［南蒯］许之。

【南蒯……费人】杨 补 南蒯以费叛于齐之事在昭十二·十。南蒯在将叛之时与费人盟誓，是为了统一思想，共同反对季氏。

【司徒】杨 补 家司徒，卿大夫家臣，掌卿大夫家徒众。

【老祁、虑癸】杨 皆为季氏家臣。

【灵】补 福。

【间】杨 补 病情好转。

【二】二子老祁、虑癸因民之欲叛[南蒯]也，请朝众而盟，遂劫南蒯，曰："群臣不忘其君季平子，畏子以及今，三年听命矣。子若弗图，费人不忍其君，将不能畏子矣。子何所不逞欲？请送子。"[南蒯]请期五日，遂奔齐。

【费人不忍其君】 杨 费人不能对主君(季平子)狠心。忍，狠心。

【三】[南蒯]侍饮酒于景公齐景公。

公齐景公曰："叛夫！"

[南蒯]对曰："臣欲张公室也。"

子韩皙公孙皙曰："家臣而欲张公室，罪莫大焉。"

【四】司徒老祁、虑癸来归费，齐侯齐景公使鲍文子致之。

○正 杨 补 昭十二年季氏家臣南蒯以费邑叛如齐。所谓"以费叛如齐"，应有将费邑土地、民众簿册交予齐国的环节。费人不愿属齐，因此本年初老祁、虑癸逐出南蒯，南蒯奔齐。随后二人来到鲁都，向鲁执政报告费邑回归之事。齐景公见拥有费邑已不现实，便派出鲍文子作为齐方代表，一同或随后来鲁完成将费邑土地、民众簿册交还的官方手续。据昭二十一・三，则鲍文子前来归费，鲁人以七牢招待。

昭公十四年・三

地理 曹见昭地理示意图 1。

人物 曹武公(襄二十・二・春秋)

春秋 三月，曹伯滕曹武公卒。

昭公十四年·四

地理 楚见昭地理示意图1。楚、召陵见昭地理示意图5。

人物 楚平王（昭元·一·三）、然丹（襄十九·六·一·一）、屈罢

春秋 夏，四月。

○正 此条《春秋》无对应《左传》。

左传 夏，楚子楚平王使然丹简上国之兵于宗丘，且抚其民：

【简】正 选练。

【上国】正 杨 补 指楚国西部地区，具体说来是指伏牛山—桐柏山—大别山以西地区，与下文“东国”相对。楚国地势西北高而东南低，楚地多条主要河流（如江水、汉水）皆从西向东流，故以西为上。相关地理形势参见僖地形示意图2（僖三—僖四·六，可扫码阅读）。

【宗丘】正 楚地。

分贫，振穷；

【分贫】正 补 分［财物给］贫困［之人］。贫，家少货财。

【振穷】正 补 救济穷竭［之人］。振，救。穷，全无生业。

长 zhǎng 孤幼，养老疾；

收介特，救灾患；

【收介特】正 补 收容单身［民众］。

宥 yòu 孤寡，赦罪戾；

【宥孤寡】正 补 宽免孤寡[之人的赋税]。一说宥解为“助”，整句解为“救助孤寡之人”。

诘奸慝 tè，举淹滞；

【举淹滞】正 补 举拔沉沦在下[的贤能之人]。

礼新，叙旧；

【礼新】补 礼遇新[臣]。
【叙旧】补 定旧[臣]位序。叙，次序，这里作动词。

禄勋，合亲；

【禄勋】正 补 给功臣相应禄位。
【合亲】正 补 和合亲族。

任良，物官。

【物官】杨 补 物色[人才]做官。

[楚子]使屈罢 pí 简东国之兵于召陵，亦如之。好于边疆。[楚子]息民五年，而后用师，礼也。

【东国】正 补 见昭四・六。【召陵】杨 见僖三—僖四・春秋。
【好于边疆】正 杨 补 在边境[与邻国]结好。然昭十七年吴伐楚，战于长岸，则楚虽欲结好邻国，于吴则未能如愿。
【息民五年，而后用师】杨 昭十七年吴、楚长岸之役，乃吴伐楚，非楚平王本意。至昭十九年，楚始主动出兵伐濮，城州来，故曰“息民五年，而后用师”。

昭公十四年・五

地理 曹见昭地理示意图 1。

人物 曹武公(襄二十·二·春秋)

春秋 秋,葬曹武公。

昭公十四年·六

地理 莒见昭地理示意图 4。

人物 莒著丘公(襄三十一·五·一)、莒郊公、公子庚舆、蒲余侯、公子意恢、公子铎

春秋 八月,莒子去疾莒著丘公卒。

左传 【一】秋,八月,莒 jǔ 著丘公卒。郊公莒郊公不戚。国人弗顺,欲立著丘公莒著丘公之弟庚舆公子庚舆。

【郊公】正 补 莒郊公。己姓,名狂,号郊。莒著丘公(襄三十一·五·一)之子。昭十四年奔齐。昭二十三年齐人使其归国即位。昭二十四年即位,在位三十八年。哀十四年卒。【戚】补 忧。

【庚舆】正 补 公子庚舆,后为莒共公。己姓,名庚舆,号共。莒犂比公(襄三·五·春秋)之子,莒著丘公之弟。昭十四年自齐归于莒。昭十五年即位。昭十九年出奔,昭二十二年前已归于莒。在位共九年。昭二十三年奔鲁。

○补 **传世文献对读:**《论语·八佾》:“子曰:‘居上不宽,为礼不敬,临丧不哀,吾何以观之哉?’”此为“临丧不哀”之例。

【二】蒲余侯恶 wù 公子意恢,而善于庚舆。郊公恶 wù 公子铎 duó,而善于意恢公子意恢。公子铎因蒲余侯,而与之谋,曰:“尔蒲余侯杀意恢,我出君莒郊公而纳庚舆。”[蒲余侯]许之。

【蒲余侯】正 补名兹夫。莒大夫。食采于蒲余。

【纳】补见隐四·二·四·一。

○正 补下启本年蒲余侯杀公子意恢,莒郊公奔齐,及公子铎纳公子庚舆(昭十四·八)。

昭公十四年·七

地理楚见昭地理示意图 1。楚、郧见昭地理示意图 5。

人物斗成然(昭十三·二·一)、楚平王(昭元·一·三)、斗辛

左传楚令尹子旗斗成然有德于王楚平王,不知度,与养氏比,而求无厌。王楚平王患之。九月甲午三日,楚子楚平王杀斗成然,而灭养氏之族。[王]使斗辛居郧 yún,以无忘旧勋。

【楚令尹子旗有德于王】正 杨 补楚令尹斗成然对楚平王有过恩德。指斗成然在楚平王作蔡公时曾事奉他,并有拥立楚平王之功,参见昭十三·二·一。**【令尹】**补见庄四·二·二。

【与养氏比】正 补和养氏勾结。"养氏"应指养由基(宣十二·一·十一)之族。

【斗辛】正 补芈姓,斗氏(若敖氏大宗),名辛,斗成然(昭十三·二·一)之子。楚大夫,昭十四年任郧县公。定四年随楚昭王出奔。

【郧】杨见桓十一·二。

○补下启定四年斗辛护卫楚昭王(定三—定四·十七)。

昭公十四年·八

地理齐见昭地理示意图 1。莒、齐见昭地理示意图 4。

人物公子意恢(昭十四·六·二)、蒲余侯(昭十四·六·二)、莒郊公(昭十四·六·一)、公子铎(昭十四·六·二)、公子庚舆(昭十四·六·一)、隰党、公子锄(襄二十一·三)

春秋 冬，莒jǔ杀其公子意恢。

○正 补 据文六·四·三及文七·二·三，则《春秋》书国杀，又书被杀卿大夫之名氏，表明公子意恢有罪于莒。公子意恢之罪，在于与昏君莒郊公为党。

左传 冬，十二月，蒲余侯兹夫蒲余侯杀莒公子意恢。郊公莒郊公奔齐。公子铎duó逆庚舆公子庚舆于齐，齐隰xí党、公子锄送之，有赂田。

【逆】补 迎。

【有赂田】正 莒送给齐土田。

昭公十四年·九

地理 晋、楚见昭地理示意图1。晋、楚、邢丘见昭地理示意图5。

人物 邢侯（襄十八·三·七）、雍子（襄二十六·八·二）、士景伯（昭十三·五）、羊舌鲋（昭十三·三·三）、韩宣子（襄七·六·一）、皋陶（庄八·一·二）、孔子（僖二十七—僖二十八·二十五·三）、季平子（昭九·六·二）

左传【一】晋邢侯与雍子争鄐chù田，久而无成。士景伯如楚，叔鱼羊舌鲋摄理。韩宣子命断旧狱。罪在雍子，雍子纳其女于叔鱼，叔鱼蔽罪邢侯。邢侯怒，杀叔鱼与雍子于朝。

【晋邢侯与雍子争鄐田】正 补 鄐为雍子采邑（见襄二十六·八·二）。鄐与邢侯采邑邢（即邢丘，参见成二·四·五）邻近，二人为部分鄐田归属发生争执。从下文“罪在雍子”判断，应是雍子侵占了部分邢田以为鄐田。

【叔鱼摄理】正 羊舌鲋代行理官之职。【理】补 大理，晋外朝官，掌审案断狱。

【旧狱】[补]积压案件。

【叔鱼蔽罪邢侯】[正][杨][补]羊舌鲋冤枉邢侯有罪。此句，《国语·晋语九》作"叔鱼抑邢侯"，其中"抑"本义为"向下压"，此处引申义为"冤枉"。《左传》"蔽罪"之"蔽"，本义为"遮掩"，此处引申义应与《国语》之"抑"相近，是"冤枉"之义。杜注、杨注将"蔽"解为"裁断"，未能体现出"蔽"的完整含义。

【二】宣子韩宣子问其罪于叔向羊舌肸。叔向曰："三人同罪，施生戮死可也。雍子自知其罪，而赂[鲋]以买直；鲋 fù，羊舌鲋也鬻 yù 狱；邢侯专杀，其罪一也。己恶而掠美为'昏'，贪以败官为'墨'，杀人不忌为'贼'。《夏书》曰'昏、墨、贼，杀'，皋陶 yáo 之刑也，请从之。"[晋人]乃施邢侯，而尸雍子与叔鱼于市。

【施生戮死】[杨][补]活着的杀了陈尸，死了的以尸体示众。施，杀而陈尸。

【买直】[杨][补]行贿赂以获取胜诉。

【鬻狱】[杨][补]出卖刑狱，指法官受贿而不以情理判案。鬻，卖。

【三】仲尼孔子曰："叔向羊舌肸，古之遗直也：治国制刑，不隐于亲。三数 shǔ 叔鱼羊舌鲋之恶，不为末减。曰义也夫，可谓直矣。平丘之会，[叔向]数其羊舌鲋贿也，以宽卫国，晋不为暴。归鲁季孙季平子，[叔向]称其羊舌鲋诈也，以宽鲁国，晋不为虐。邢侯之狱，[叔向]言其羊舌鲋贪也，以正刑书，晋不为颇。三言而除三恶，加三利。[叔向]杀亲益荣，犹(由)义也夫！"

【不隐于亲】[补]不隐匿[包庇自己的]亲人。羊舌鲋为羊舌肸之弟。

【末减】[正]末，薄。减，轻。

【曰义】[杨][补]疑为"由义"，与下文"犹义"同义，"循义而行"的意思。

【平丘……为暴】[正][杨][补]平丘之会那一次，[叔向]谴责叔鱼贪财，以宽免卫，晋做到了不凶暴。指昭十三年平丘之会期间，羊舌鲋在卫地放纵割草砍柴的晋役徒以求卫人贡献财货，羊舌肸让卫人以君命将少量财货赐给羊舌鲋，羊舌鲋果然收手（昭十三·三·五）。数，责。

【归鲁……为虐】正 补 劝说鲁季孙回国那一次，[叔向]称道叔鱼欺诈，从而宽免了鲁，晋做到了不凌虐。指昭十三年羊舌肸称道羊舌鲋能为诈言，派他劝说季平子回国（昭十三—昭十四·二）。

【颇】杨 偏。

【除三恶】正 除暴、除虐、除颇。

【加三利】补 宽卫、宽鲁、正刑书。

昭公十五年·一

地理 吴见昭地理示意图1。

人物 吴王夷末(襄二十九·九·春秋)

春秋 十有(又)五年,春,王正月,吴子夷末吴王夷末卒。

昭公十五年·二

地理 鲁见昭地理示意图1。

人物 子叔敬子(襄三十·八·春秋)、鲁武公(桓六·七·二)、梓慎(襄二十八·一·二)

春秋 二月癸酉十五日,[我]有事于武宫。籥yuè入,叔弓子叔敬子卒。去乐yuè,卒事。

【武宫】正 补 鲁武公庙。据《礼记·明堂位》,"鲁公之庙,文世室也;武公之庙,武世室也"。鲁公之庙,即鲁实际始封君伯禽之庙。武公之庙,即鲁武公之庙。世室,不毁之庙。鲁人以此二庙比象周文王、周武王之庙,世代保留而不毁。其他国君之庙,则五世亲尽而毁之。

○正 杨 补 二月十五日,在鲁武公庙举行祭祀(据下文《左传》,为禘祭)。[万舞舞者]执籥进入时,[祭祀主持]子叔敬子暴死。于是撤去音乐,完成祭祀。万舞见隐五·七。

左传【一】十五年,春,[我]将禘dì于武公鲁武公,戒百官。梓zǐ慎曰:"禘之日,其有咎乎!吾见赤黑之祲jìn,非祭祥也,丧氛也。其在莅事乎?"

【将禘于武公】补 将要在鲁武公庙举行禘祭。此为常禘,见闵二·二·春秋。

【戒百官】正 杨 告知百官[祭祀日期,使其准备并斋戒]。
【咎】补 灾祸。
【赤黑之祲】正 补 红黑色的阴阳相侵之气。
【氛】正 恶气。
【莅事】正 杨 莅临祭事之人,即祭祀主持。

【二】二月癸酉十五日,禘。叔弓子叔敬子莅事,籥入而卒。"去乐,卒事",礼也。

○正 补 祭祀本质是向先人献食。国家股肱之臣去世,先君闻之必不乐(lè),而献祭之后人又不忍撤去已摆放好的祭品而使先君不得享用,因此撤去音乐(yuè),而完成祭祀,是合于礼的处理方式。宣八·一有事于太庙而东门襄仲暴卒之事与本年此事相似。此处处理方式为合礼,而彼处则为非礼,可参看。

昭公十五年·三

地理 蔡2、郑、楚见昭地理示意图1。

人物 朝吴(昭十三·二·二)、费无极、楚平王(昭元·一·三)

春秋 夏,蔡朝zhāo吴出奔郑。

左传【一】楚费无极害朝吴之在蔡也,欲去之,乃谓之朝吴曰:"王楚平王唯信子,故处子于蔡。子亦长矣,而在下位,辱。[子]必求之,吾助子请。"

【害】补 以……为患。
【必求之】正 补 [您]一定要请求上位。

[费无极]又谓其上之人曰:"王唯信吴朝吴,故处诸(之于)蔡。二三

子莫之如也，而在其上，不亦难乎？[二三子]弗图，必及于难nàn。”

【二三子莫之如也】补 你们几位没有人比得上朝吴。

○正 据昭十三·二，则朝吴本为蔡大夫，有拥立楚平王之大功。费无极恐其有宠，故设计害之。

【二】夏，蔡人逐朝吴，朝吴出奔郑。王楚平王怒，曰："余唯信吴朝吴，故置诸(之于)蔡。且微吴，吾不及此。女(汝)何故去之？"

【且微吴，吾不及此】补 而且如果没有朝吴，我到不了今天的地位。

无极费无极对曰："臣岂不欲吴？然而[臣]前知其为人之异也。吴在蔡，蔡必速飞。去吴，所以翦其翼也。"

【然而……异也】杨 补 然而[我]先前就知道朝吴为人有异常之处。

昭公十五年·四

春秋 六月丁巳朔初一，日有食之。

【朔】补 见桓三·五·春秋。

【日有食之】补 见隐三·一·春秋。

○杨 此年实以周正之十二月为正月。若以周正计算，则应为五月丁巳朔。去年应有闰月而未闰，应是当时历法不甚精密所致。

昭公十五年·五

地理 周见昭地理示意图1。

人物 王太子寿、穆后

左传【一】六月乙丑六日，王大(太)子寿王太子寿卒。

【王大子寿】正 补 王太子寿。姬姓，名寿。周景王（襄三十·六·

春秋)嫡子,穆后所生。昭十五年卒。

【二】秋,八月戊寅二十二日,王穆后穆后崩。

【王穆后】正 补 穆后。谥穆。周景王后,王太子寿生母。昭十五年卒。

○正 下启本年知文子如周葬穆后(昭十五·八)。

昭公十五年·六

地理 晋见昭地理示意图1。晋、鲜虞、鼓见昭地理示意图2。

人物 中行穆子(襄十九·一·二)、羊舌肸(襄十一·二·五·三)、鼓子鸢鞮

春秋 秋,晋荀吴中行穆子帅师伐鲜虞。

左传【一】"晋荀吴帅师伐鲜虞",围鼓。鼓人或请以城叛,穆子中行穆子弗许。

【鼓】正 杨 补 白狄别种,鲜虞属国。都昔阳,在今河北晋州鼓城村附近。昭二十二年被晋所灭,之后可能曾为中行氏采邑。参见《图集》22—23③11。

左右曰:"师徒不勤而可以获城,何故不为?"

【勤】补 劳。

穆子曰:"吾闻诸(之于)叔向羊舌肸曰:'好hào恶wù不愆qiān,民知所适,事无不济。'或以吾城叛,吾所甚恶wù也。人以城来,吾独何好hào焉?赏所甚恶wù,若所好hào何?若其弗赏,是失信也,何以庇民?力能则进,否则退,量力而行。吾不可以

欲城而迩奸，所丧滋多。”

【好恶不愆】 正 补 喜好和厌恶都没有过错，指喜好应当喜好的，厌恶应当厌恶的。愆，过。

【民知所适】 杨 补 民众知道行动的方向。适，往。

【济】 补 成。

【赏所甚恶，若所好何】 正 补 奖赏［我们］非常厌恶［的人］，对［我们］喜好［的人］又该怎么办？

【若其……庇民】 补 如果［接纳叛变的鼓人而对他们］不加以奖赏，那就是丧失诚信，又怎么庇护民众？中行穆子意谓，如果接纳叛变的鼓人，那就是认可他们的行为是正当的。认可其行为而又不奖赏他们，这是丧失信用的表现。

【迩奸】 补 亲近奸邪。

使鼓人杀叛人而缮守备。

【二】围鼓三月，鼓人或请降。

［穆子］使其民见，曰：“［尔］犹有食色，姑修而(尔)城。”

军吏曰：“获城而弗取，勤民而顿兵，何以事君晋昭公？”

【顿兵】 正 杨 挫伤折坏兵器。

穆子中行穆子曰：“吾以事君也。获一邑而教民怠，将焉用邑？邑以贾 gǔ 怠，不如完旧。贾怠无卒，弃旧不祥。鼓人能事其君鼓子鸢鞮，我亦能事吾君。率义不爽，好 hào 恶 wù 不愆，城可获而民知义所，有死命而无二心，不亦可乎！”

【邑以……不祥】 正 杨 补 ［得到］城邑而买来［民众日后的］懈怠，不如保持旧有［的勤快］。买来懈怠没有［好］结果，丢掉旧有［的勤快]不吉祥。贾,买。完,守。卒,终。

【率义不爽】[正][杨][补]遵循道义[而行,]没有偏差。爽,差。

【义所】[正]义之所在。

【三】鼓人告食竭、力尽,而后取之。[晋人]克鼓而反(返),不戮一人,以鼓子鸢yuān鞮dī归。

○[正][杨][补]僖二十五年晋文公率军围原(僖二十五・五・一),命三日之粮,三日之后,虽明知原人将投降而仍守信撤兵,用以教民"知信",与本年中行穆子围鼓以教民"知信义、知事君"有异曲同工之处。中行穆子之言"若其弗赏,是失信也,何以庇民",与当年晋文公之言"信,国之宝也,民之所庇也。得原失信,何以庇之"非常相似。

在中行穆子的时代,晋内政的基本状况是君权衰微、六卿专权,各大卿族都在致力于扩大自己家族的领地,实现"化家为国"的理想,而中行氏开拓的重点就是位于晋东北的白狄地区。然而,"尊君"仍然是晋都城许多国人认同的正统思想,因为他们的职业和生计仍然与晋公室紧密相连。在定十三年范—中行之乱中,中行文子、范昭子就是因为不顾高强劝告而悍然率军进攻国君,引发国人反对,最终知文子、韩简子、魏襄子尊奉晋定公,在国人帮助下将中行文子、范昭子驱逐出国都(参见定十三・二・三・二)。

在此之前,中行穆子通过一系列战役,已经打退了白狄宗主国鲜虞,攻占了鲜虞属国肥,鲜虞属国鼓已成"孤岛",攻占它已经没有悬念。在这样的前提下,中行穆子决定要仿效晋文公当年的做法,把攻占昔阳打造成一场塑造个人形象的"秀",具体说来,就要在自己已经足够显赫的军功上再粉刷一层"重义尊君"的油彩,塑造一个德才兼备、以德为先的高大个人形象,从而提高自己在国都内的声望和地位,使得自己在接下来的卿族政治博弈中占据更加有利的地位。

昭公十五年・七

[地理]鲁、晋见昭地理示意图1。

人物 鲁昭公（襄三十一・三・五・一）

春秋 冬，公鲁昭公如晋。

左传 “冬，公如晋”，平丘之会故也。

○正 补 昭十三年平丘之会，鲁昭公被晋人禁止参加盟会，季平子被扣留。昭十四年春季平子被释放。鲁昭公今年前往晋，是为了平丘之会相关事宜，所以说是“平丘之会故也”。杜注认为，此行主要目的是拜谢晋去年释放季平子。

昭公十五年・八

地理 晋、周见昭地理示意图 1。

人物 知文子（昭九・四・三）、穆后（昭十五・五・二）、籍谈（昭五・四・二）、周景王（襄三十・六・春秋）、唐叔虞（僖十五・九・三・一）、周成王（僖二十五—僖二十六・四・二）、周文王（僖五・八・一）、周武王（桓元—桓二・三・二）、周襄王（僖五・五・春秋）、晋文公（庄二十八・二・一）、孙伯黡、辛有（僖二十二・三・一）、辛董、羊舌肸（襄十一・二・五・三）

左传【一】十二月，晋荀跞 lì，知文子如周，葬穆后，籍谈为介。

【介】正 副手。

【二】既葬，［王］除丧，以文伯知文子宴，樽以鲁壶。

【除丧】正 补 除去丧服，穿着吉服。着吉服方能与宾客饮宴。按照下文羊舌肸所说的正礼，周景王为去世的穆后、太子都应该服三年之丧。杜注认为，春秋时期实际实行的礼仪是：周王、诸侯在卒哭祭（参见隐元・五“丧礼”）之后就可以除去丧服。然而，周景王在穆后下葬之后就除丧，并与宾客饮宴，所以下文羊舌肸讥其“非礼”。

【宴】补参见文四·四。
【樽以鲁壶】正用鲁进贡的壶作为酒樽。樽,盛酒器。

王周景王曰:"伯氏知文子,诸侯皆有以镇抚王室,晋独无有,何也?"

文伯揖籍谈。[籍谈]对曰:"诸侯之封也,皆受明器于王室,以镇抚其社稷,故能荐彝器于王。晋居深山,戎狄之与邻,而远于王室。王灵不及[晋],[晋]拜戎不暇,其何以献器?"

【明器】正明德之分器。
【荐】正献。【彝器】补见襄十九·一·六。
【王灵……献器】正杨补周王的福佑不曾惠及晋,晋人拜服戎人还来不及,拿什么[向周王室]贡献彝器?拜,服。【灵】杨福。
○杨据《史记·晋世家》(引文见庄十六·六·一),则曲沃武公灭晋侯缗之后,将其宝器献给周僖王,周僖王命武公为晋君。如此,则有可能晋始封君唐叔虞所受之分器,自晋武公之后已不存。籍谈称晋始封时未从周王室获得分器,可能与此有关。然而,即使分器实物已不在,籍谈先祖职掌典籍,应知此典故,故下文周景王称其"数典而忘祖"。

王曰:

"叔氏籍谈,而(尔)忘诸乎?

【叔氏】杨周景王称知文子"伯氏",籍谈"叔氏",因为二人都是周同姓诸侯国大臣。知文子年长,故称"伯",籍谈年少,故称"叔"。
【诸】补之。

叔父唐叔唐叔虞,成王周成王之母弟也,其反无分fèn乎?密须之鼓与其大路，文周文王所以大蒐 sōu 也；阙 què 巩之甲，武周武王所以克商也，唐叔受之，以处参 shēn 虚(墟)，匡有戎狄。其后襄周襄王之二路，鏚 qī 钺 yuè、秬 jù 鬯 chàng、彤弓、虎贲 bēn，文公晋文公受之，以有南阳之田，抚征东夏。非分 fèn 而何？

【叔父】 补 参见僖八—僖九·三·二。**【母弟】** 补 同母弟，胞弟。

【其反无分乎】 杨 补 难道反而没有[从周王室]分得赏赐吗？其，岂。

【密须】 正 杨 补 商时国，姞姓。在今甘肃灵台百里乡。周文王灭之，改封姬姓王室后代，此后称"密"而非"密须"。密后被周恭王所灭。参见《图集》13—14③2、17—18②1。

【蒐】 补 见僖二十七—僖二十八·三。

【阙巩】 正 杨 补 商时国，在今河南巩义，后被周武王所灭，地入于周，为巩邑。"阙巩"参见《图集》17—18②4。巩参见22—23⑪17。

【以处参虚】 正 补 参乃晋星，参宿所在天区为晋分野，因此称晋所在地区为"参墟"。分野学说参见襄二十八·一·二。唐叔虞处参墟之事又见昭元·八·一·一。

【匡有戎狄】 杨 境内有戎狄。匡，疑当读为"畺"，即今之"疆"。

【其后……东夏】 正 杨 补 周襄王赐晋文公"南阳"地区土田之事见僖二十五·二·三，赐晋文公宝物之事见僖二十七—僖二十八·二十，唯有鏚钺未提到。**【鏚钺】** 正 补 鏚钺，本皆为斧形兵器，这里应是依据兵器之形制作的礼器。赐鏚钺，使晋君奉周王命，有专杀之权。

【东夏】 杨 指齐、鲁、郑、宋等在晋东部的诸侯国。

夫有勋而不废，有绩而载，奉之以土田，抚之以彝器，旌之以车服，明之以文章，子孙不忘，所谓福也。福祚 zuò 之不登叔父唐叔虞焉在？且昔而(尔)高祖孙伯黡 yǎn 司晋之典籍，以为大政，故曰籍氏。及辛有之二子董辛董之晋，于是乎有董史。女(汝)，司典之后也，何故忘之？"

【载】正 补 记载在简策上。
【旌】杨 表彰。
【文章】正 指旌旗。
【福祚……焉在】正 福佑不在叔父(唐叔虞)那里,那又在哪里?登,在。
【高祖】正 杨 此处指远祖。孙伯黡为籍谈之九世祖。
【二子】杨 次子。【之晋】补 至晋。

籍谈不能对。

宾出,王曰:"籍父fǔ,籍谈其无后乎!数典而忘其祖。"
○正 下启定十四年籍谈之子籍秦被杀,籍氏绝后(定十四·十三)。

【三】籍谈归,以告叔向羊舌肸。叔向曰:

"王周景王其不终乎!
【不终】杨 不得善终。

"吾闻之,'所乐必卒焉'。今王乐忧,若卒以忧,不可谓终。王一岁而有三年之丧二焉,于是乎以丧宾宴,又求彝器,乐忧甚矣,且非礼也。彝器之来,嘉功之由,非由丧也。三年之丧,虽贵,遂服,礼也。王虽弗遂,宴乐以(已)早,亦非礼也。
【所乐必卒焉】正 补 以某事为乐,则必然死在某事上。
【今王乐忧】补 参见宣十二·一·十九"有喜而忧,如有忧而喜乎",以及昭元·一·三"子招乐忧"。
【王一……二焉】正 杨 补 指本年王太子寿与王穆后相继去世。王为太子服三年之丧,今本《仪礼·丧服》有明文。然夫为妻服丧,则期(一年)而已,无服三年之文。唯《墨子·节葬下》《墨子·非儒下》《墨子·公孟》有夫为妻服三年丧之文，与《仪礼》异，而与《左传》合。

【丧宾】补前来吊丧的宾客，指知文伯、籍谈等人。

【嘉功之由】杨即“由嘉功”。

【三年……礼也】杨补三年的丧礼，虽然贵［为周王］，［仍应按规矩逐步除丧，］直至满期［换为吉服］，这才合于礼制。遂，终。

【王虽弗遂，宴乐以早】正杨周王即使不能服满［三年之丧］，［现在］宴乐也太早了。以，太。

“礼，王之大经也。［王］一动而失二礼，无大经矣。言以考典，典以志经。［王］忘经而多言举典，将焉用之？”

【大经】补重大的常道。经，常。

【失二礼】杨一为向晋人求彝器，二为过早宴乐。

【言以考典，典以志经】正杨补言语用来成就典则，典则用来记载常道（即礼）。考，成。

○正下启昭二十二年周景王崩于荣锜氏（昭二十二·四·三）。

昭公十六年·一

地理 鲁、晋见昭地理示意图1。

人物 鲁昭公(襄三十一·三·五·一)

左传 十六年,春王正月,公鲁昭公在晋,晋人止公。[《春秋》]不书,讳之也。

昭公十六年·二

地理 齐、徐、鲁见昭地理示意图1。徐、郯、莒、鲁、蒲隧见昭地理示意图5。

人物 齐景公(襄二十五·一·四)、徐子、叔孙昭子(昭四—昭五·八)

春秋 十有(又)六年,春,齐侯齐景公伐徐。

左传【一】"齐侯伐徐。"二月丙申十四日,齐师至于蒲隧,徐人行成。徐子及郯tán人、莒jǔ人会齐侯齐景公,盟于蒲隧,[徐子]赂[齐侯]以甲父fǔ之鼎。

【蒲隧】正 杨 补 在今江苏睢宁西南。徐地。参见《图集》29—30③9。

【行成】补 求和。

【甲父】正 杨 补 古国,在今山东金乡境。

【二】叔孙昭子曰:"诸侯之无伯,害哉!齐君齐景公之无道也,兴师而伐远方,会之,有成而还,莫之亢也,无伯也夫!《诗》曰'宗周既灭,靡所止戾。正大夫离居,莫知我肄yì',其是之谓乎!"

【伯】补 诸侯之长,即霸主。

【莫之亢也】正 杨 补 即"莫亢之也",可译为"没有人能抵抗它"。

【宗周……我肆】正 杨 补《毛诗·小雅·雨无正》有此句，而"宗周"作"周宗"，"肆"作"勩"，可译为"宗周衰亡，无所安定。执政大夫四散分居，无人知我辛劳困苦"。戾，定。肆，劳。

○杨 补 通行本中，自"二月丙申……其是之谓乎"原在昭十六·三之后，在昭十六·四之前。如此，则昭十六·二《左传》"齐侯伐徐"完全重复《春秋》，不符合《左传》解《春秋》常例。据上述理由，因而有此调整。调整之后，昭十六·二、昭十六·三都成为标准的《左传》解《春秋》结构。参见《春秋左传注》昭十六年"齐侯伐徐"下杨注。

昭公十六年·三

地理 楚见昭地理示意图 1。楚、蛮氏见昭地理示意图 5。

人物 楚平王(昭元·一·三)、戎蛮子嘉、然丹(襄十九·六·一·一)、戎蛮子嘉之子

春秋 楚子楚平王诱戎蛮子戎蛮子嘉杀之。

左传 楚子楚平王闻蛮氏之乱也，与蛮子之无质也，使然丹诱戎蛮子嘉杀之，遂取蛮氏。既而[楚子]复立其子焉，礼也。

【质】正 信。

○正 楚平王立戎蛮子之子，使不绝祀，故曰"礼也"。

昭公十六年·四

地理 晋、郑见昭地理示意图 1。

人物 韩宣子(襄七·六·一)、郑定公(昭十二·四·一·一)、公孙侨(襄八·三)、孔张、富子、郑穆公(僖三十·三·五)、公子嘉(襄八·八·一·二)、游吉(襄二十二·七·二)、商人、鲁隐公(庄十四·二·二)、罕婴齐、驷偃、丰施(昭七·七·三·一)、印癸

左传【一·一】三月，晋韩起韩宣子聘于郑，郑伯郑定公享之。子产公孙侨戒曰："苟有位于朝，无有不共(恭)恪！"

【聘】补 见隐七·四·春秋。

【享】补 见桓九—桓十·一·二。

【无有不共恪】补 不得发生不恭敬[的事情]。恪，敬。

【一·二】孔张后至，立于客间。执政御之，[孔张]适客后。[执政]又御之，[孔张]适县(悬)间。客从而笑之。

【孔张】正 补 姬姓，孔氏，字张。公孙泄(昭七·七·四·一)之子，公子嘉(襄八·八·一·二)(字孔)之孙。郑大夫。

【立于客间】正 杨 补 此享，韩宣子为上宾，其随从为一般宾客。孔张到时，孔张没有在其应有席位就座，而是站在一般宾客中间。

【执政御之，适客后】正 补 职掌位列的官员阻止孔张，[孔张]挪动到一般宾客后面。御，止。

【适县间】正 补 [孔张]前往悬挂的钟磬乐器中间。

【一·三】事毕，富子谏曰："夫大国之人，不可不慎也，几为之笑而不陵我？我皆有礼，夫犹鄙我；国而无礼，何以求荣？孔张失位，吾子公孙侨之耻也。"

【富子】正 补 郑大夫。有学者认为，此富子即清华简三《良臣》里提到的公孙侨之辅"富之鞭"(参见襄三十一·七·一·二)，若真如此，则富子名鞭。

【几为之笑而不陵我】正 杨 补 难道说被他们嘲笑之后他们会不欺凌我们？几，岂。

子产怒曰：

"发命之不衷，出令之不信；刑之颇类(纇)，狱之放纷；会朝之不敬，使命之不听；取陵于大国；罢（疲）民而无功，罪及而弗知，侨公孙侨之耻也。

【发命之不衷】正 补［执政卿］发布命令不恰当。这是与“孔张失位”直接相关的第一点。本次公孙侨在享礼之前命令说“苟有位于朝，无有不共恪”，正是针对孔张失位这类事故而发，非常恰当，所以公孙侨并没有触犯这第一点。

【颇类】杨 近义词连用，都是偏颇的意思。【放纷】正 放纵纷乱。

【会朝之不敬】补［执政卿对待］诸侯会盟、国君相朝［等重要外交活动］不严肃认真。这是与“孔张失位”直接相关的第二点。公孙侨在享礼之前就严正告诫所有参加的卿大夫不得发生不恭敬之事，而且在确定孔张等参会人选的时候仔细考虑了他们的家世背景和外事活动经验（详见下文），可以说是非常严肃认真，所以公孙侨并没有触犯这第二点。

【使命之不听】正 补［执政卿布置］使命不被［执行任务的外交使者］所听从。

【取陵于大国】补［执政卿］从大国招致欺凌。这是与“孔张失位”直接相关的第三点。此次孔张失位，虽然被晋人嘲笑，但正如富子所说，“几为之笑而不陵我”，可见嘲笑和欺凌完全不是一回事，此次并没有使郑遭受晋欺凌，所以公孙侨并没有触犯这第三点。

孔张，君郑襄公之昆孙，子孔公子嘉之后也，执政之嗣也，为嗣大夫。［孔张］承命以使，周于诸侯，国人所尊，诸侯所知；立于朝而祀于家，有禄于国，有赋于军；丧、祭有职，受脤 shèn、归脤；其祭在庙，已有著位。［孔氏］在位数世，世守其业，而［孔张］忘其所，侨焉得耻之？

【君之昆孙】正 国君兄长之孙。孔张之祖公子嘉为郑襄公之兄。昆，兄。

【执政之嗣也】正 公子嘉生前曾担任郑执政卿，故公孙侨称孔张为“执政之嗣也”。

【周于诸侯】杨 遍访各诸侯国。周，遍。

【**立于朝而祀于家**】杨 补 立于朝中[担任官职],在家中[祖庙主持]祭祀。

【**有禄于国,有赋于军**】正 杨 补 享受国家的俸禄,承担军队的军需物资(赋)。

【**丧、祭……归脤**】正 杨 补 在[国家]丧事、祭祀中有固定的职事,参与接受和进献祭肉。【**受脤**】正 杨 诸侯祭社,完毕后将祭肉赐给卿大夫。参见闵二·七·二。【**归脤**】正 杨 卿大夫祭社,完毕后将祭肉进献给国君。

【**其祭在庙,已有著位**】正 杨 补 [辅助国君在]宗庙里祭祀,已经有了固定席位。著位,近义词连用,都是位置的意思。著参见昭十一·六·二。

辟 pì 邪之人而皆及执政公孙侨,是先王无刑罚也。子宁 nìng 以他规我!"

【**辟邪之人而皆及执政**】补 邪恶的人把一切都归罪于[我这个]执政者。辟,邪。

【**规**】正 正。

○补 笔者对"孔张失位事件"的可能真相有详细分析,请见专著《救世:子产的为政之道》(中华书局 2021 年版)相关章节。

【二·一】宣子韩宣子有环,有一在郑商。宣子谒 yè 诸郑伯郑定公,子产公孙侨弗与,曰:"非官府之守器也,寡君郑定公不知。"

【**宣子……郑商**】正 杨 补 韩宣子家藏有[一只多璜联]环,其中一片[璜]在郑国商人手中。详见下。【**环**】补 见桓元·一·春秋。

【**谒**】正 请。

○杨 补 韩宣子向郑商索求的可能是一套用同一块玉料雕琢的完整玉环的一只,也可能是一套多璜联环里的一片璜,笔者倾向于后者。在韩宣子居住的山西南部晋核心区出土了全中国数量最多、种类最齐全的多璜联璧/环，也就是由两块以上璜形玉片穿孔连缀而成的璧环类玉器(璧环、璜参见桓元·一·春秋)，年代最早可追溯到公元前四千年，分为 A 型(完整璧环断裂后缀合而成)和 B 型(由多片璜形玉片拼凑缀合而成)。韩宣子所拥有的很可能就是一只高古名贵的多璜联环，但是其中一片璜流散到郑国商人手中，因此韩宣子非常希望得到这片璜以求圆满。晋国核心区出土远古多璜联璧环实例见昭器物图 3。

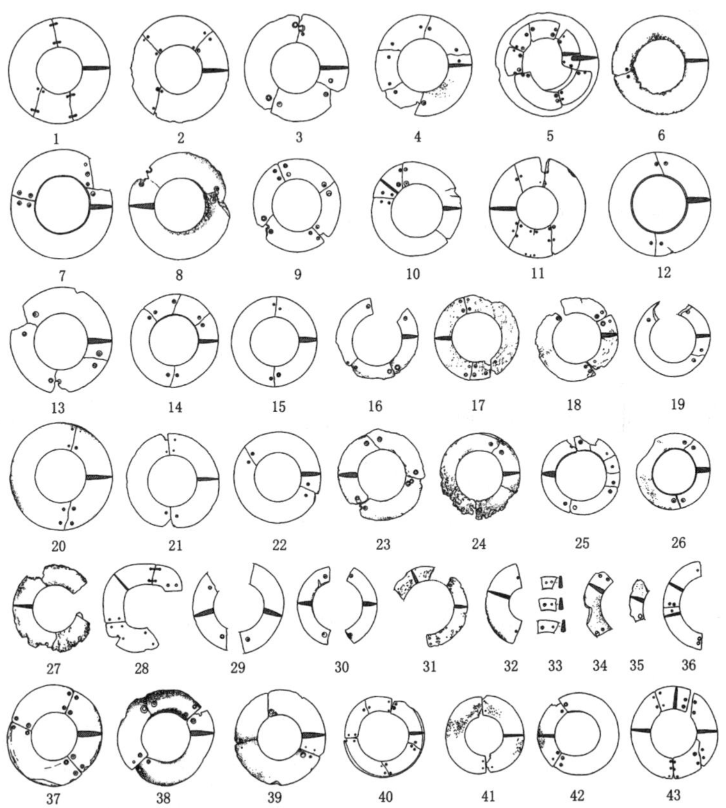

昭器物图 3　山西芮城清凉寺二期墓地出土多璜联璧环，庙底沟二期文化晚期(前二千三百年至前二千一百年)。1—35：A 型。36—43：B 型。(《多璜联璧的起源、演变与传播》，2019 年)

子大(太)叔游吉、子羽公孙挥谓子产曰:"韩子韩宣子亦无几求,晋国亦未可以贰。晋国、韩子,不可偷也。若属zhǔ有谗人交斗其间,鬼神而助之,以兴其凶怒,悔之何及?吾子公孙侨何爱于一环,其以取憎于大国也?盍(何不)求而与之?"

【韩子亦无几求】正 杨 补 韩子也没有太多的要求。几,不多。

【偷】正 杨 薄,轻视。

【若属有谗人交斗其间】杨 补 如果恰好有善为谗言之人在两国之间挑拨。属,适。

【而】杨 如。

【爱】杨 惜。

子产曰:

"吾非偷晋而有二心,将终事之,是以弗与,忠信故也。

"侨公孙侨闻君子非无贿之难,立而无令名之患。侨闻为国非不能事大、字小之难,无礼以定其位之患。夫大国之人,令于小国,而皆获其求,将何以给jǐ之?一共(供)一否,为罪滋大。大国之求,无礼以斥之,何餍yàn之有?[若大国之求吾皆给之,]吾且为[晋]鄙邑,则失位矣。若韩子奉命以使,而求玉焉,贪淫甚矣,独非罪乎?

【侨闻……之患】正 补 即"侨闻君子非难无贿,而患立而无令名。侨闻为国非难不能事大、字小,而患无礼以定其位"。可译为"我听说君子并非为没有财货而犯难,而是为没有好的名声而担忧。我又听说治理国家并非为不能事奉大国、养护小国而犯难,而是为没有礼制来稳定国家的地位而担忧"。字,养。一说,"字"应读为"免","事大、免小"解为"事奉大国,以使小国免于祸患",录以备考。参见襄二十四·二·一:"侨闻君子长国、家者,非无贿之患,而无令名之难。"

【而】 补 如。

【大国……之有】 杨 补 大国的[过分]要求，若不依礼驳斥，[他们]哪里会有满足的时候？餍，满足。

【吾且……位矣】 正 杨 补 [如果大国的要求我们都满足，]那我国将成为[晋的]鄙野城邑，也就失去了[作为一个国家的]地位了。且，将。

“出一玉以起二罪，吾又失位，韩子成贪，将焉用之？且吾以玉贾 gǔ 罪，不亦锐乎？”

【二罪】 补 一则使郑失去列国地位，二则促成韩宣子的贪淫。

【贾】 补 买。

【不亦锐乎】 正 补 不也太不值得了么？锐，细小。

【二·二】韩子买诸(之于)贾人，既成贾矣，商人曰：“必告君大夫。”

【既成……大夫】 杨 补 成贾，成交。据下文，则此次交易过程中韩宣子应有倚仗地位、强迫商人贱卖的行为，故商人在成交之后又声称要报告郑执政大夫，得到允许后才能成交。从下文可知，郑政府与商人有“尔有利市宝贿，我勿与知”的约定，因此商人说“必告君大夫”并不是在遵循郑政府规定，而是在曲折地向公孙侨表明这是一次“强买强卖”的交易。

韩子请诸(之于)子产曰：“日起韩宣子请夫 fú 环，执政公孙侨弗义，[起]弗敢复[请]也。今[起]买诸(之于)商人，商人曰‘必以闻’，[起]敢以为请。”

【日】 补 昔日。

【弗义】 杨 认为不合道义。

子产对曰：

"昔我先君桓公郑桓公与商人皆出自周，庸次比耦以艾(刈)杀此地，斩之蓬、蒿、藜、藋 diào，而共处之。[郑与商人]世有盟誓，以相信也，曰：'尔无我叛，我无强贾，毋或丐夺。尔有利市宝贿，我勿与知。'恃此质誓，故能相保，以至于今。

【昔我……自周】 正 补 郑桓公为郑始封君，周厉王少子。周宣王始封郑桓公于郑，在周西都畿内，今陕西华县西北。周幽王之乱前，郑桓公将国人东迁至东虢、郐之间，同行的有一批以做生意为职业的商朝遗民(商人)。周幽王之乱，犬戎杀死周幽王及郑桓公。继位的郑武公建立郑国，都新郑。

【庸次比耦】 正 杨 共同合作。庸，用。耦，两。**【艾杀】** 杨 清除。

【蓬】 杨 补 菊科飞蓬属(*Erigeron acer Linn.*)草本植物，其种子成熟后随风飞散，故又称"飞蓬"。**【蒿】** 杨 补 菊科蒿属(*Artemisia*)草本植物。**【藜】** 杨 补 苋科藜属(*Chenopodium album L.*)草本植物。**【藋】** 杨 补 灰藋(*Chenopodium serotinum*)，与藜同属异种。

【相信】 补 相互信任。

【强贾】 正 补 强买。**【毋或丐夺】** 正 杨 不乞求，不掠夺。

【利市】 杨 好买卖。**【宝贿】** 杨 奇货。

【质誓】 杨 补 有信用的盟誓。质，信。

"今吾子韩宣子以好来辱，而谓敝邑强夺商人，是教敝邑背盟誓也，毋乃不可乎！吾子得玉，而失诸侯，[吾子]必不为也。若大国令，而[使郑]共(供)无艺，[则视]郑[为晋]鄙邑也，[敝邑]亦弗为也。侨若献玉，不知所成。敢私布之。"

【今吾子以好来辱】 补 今天您怀着好意屈尊[前来]。

【若大……为也】 杨 补 如果大国下令，使[我国]没有准限地供应，[则是视]郑[为晋]鄙野城邑，[我国]也是不能照办的。艺，准限。

【布】正陈。

韩子辞玉，曰："起不敏，敢求玉以徼 yāo 二罪？敢辞之。"

【不敏】补不审慎。

【徼】补求。【二罪】正补一则使郑背盟誓，二则以郑为晋鄙邑。

【三】夏，四月，郑六卿饯宣子韩宣子于郊。宣子曰："二三君子请皆赋，起韩宣子亦以知郑志。"

【饯】正送行饮酒。

【二三君子】补诸位君子。

子齹 cuó，罕婴齐赋《野有蔓草》。宣子曰："孺子罕婴齐善哉！吾有望矣。"

【子齹赋《野有蔓草》】正补《毛诗·郑风·野有蔓草》见襄二十七·三·二·十一。罕婴齐取"邂逅相遇，适我愿兮"，可译为"二人碰巧相遇，处处合我心愿"，表示很高兴和韩宣子会面。【子齹】正补罕婴齐。姬姓，罕氏，名婴齐，字齹。罕虎（襄二十九·七·一）之子。郑大夫，官至执政卿（继罕虎）。昭十三年任当国（卿职）。

【孺子】杨补昭十三年罕虎去世，罕婴齐虽已嗣位，但三年服丧期还未结束，所以韩宣子称罕婴齐为"孺子"。参见僖十五·八·一·八。

子产公孙侨赋郑之《羔裘》。宣子曰："起不堪也。"

【子产赋郑之《羔裘》】正杨补《毛诗·郑风》有《羔裘》。公孙侨取"彼其之子，舍命不渝""彼其之子，邦之司直""彼其之子，邦之彦兮"，以赞美韩宣子。对比韩宣子私求玉环之事，可知公孙侨赋此诗恐怕也有调侃之意，故韩宣子惭愧地回答说"起不堪也"。《毛诗·唐风》《毛诗·桧风》亦有《羔裘》，故言"郑之《羔裘》"以示区别。

子大(太)叔游吉赋《褰 qiān 裳 cháng》。宣子曰："起在此，敢勤子至于他人乎？"子大(太)叔拜。宣子曰："善哉，子之言是！不有是事，其能终乎？"

【子大叔赋《褰裳》】 正 杨 补《毛诗·郑风》有《褰裳》。游吉取"子惠思我，褰裳涉溱。子不我思，岂无他人"，表示韩宣子如果顾念郑，应有褰裳之志(指来郑聘问修好)；如果不顾念，郑并不是没有他国可以事奉。褰裳，撩起下衣。

【勤】 杨 劳。

【不有是事，其能终乎】 杨 补 要不是有这一提醒警示，能从始至终地友好下去吗？

子游驷偃赋《风雨》。

【子游】 正 补 驷偃。姬姓，驷氏，名偃，字游。驷带(襄三十·九·六)之子。昭六年继其父任郑大夫，官至卿位。昭十九年卒。其名(偃)、字(游)相应，偃，《说文》作"㫃"，旌旗之游，㫃蹇之貌；游，旌旗之流(旒)。

○ 正 补《毛诗·郑风》有《风雨》。驷偃取"既见君子，云胡不喜"，表示很高兴与韩宣子会面。

子旗丰施赋《有女同车》。

○ 正 补《毛诗·郑风》有《有女同车》。丰施取"洵美且都"，赞美韩宣子。

子柳印癸赋《萚 tuò 兮》。

【子柳】 正 补 印癸。姬姓，印氏，名癸，字柳。印段(襄二十二·四·一)之子。郑大夫，官至卿位。清华简六《子仪》"柳"字写作"[illegible]"，从木，酉声。酉是地支第十位，癸是天干第十位，印癸之字"柳"可能就是写成《子仪》"柳"字的式样，可通"酉"，从而与其名"癸"

相应。

〇正《毛诗·郑风》有《萚兮》。印癸取"倡,予和女",表示韩宣子唱,己将应和。

宣子喜,曰:"郑其庶乎!二三君子以君命贶 kuàng 起,赋不出郑志,皆昵燕好也。二三君子,数世之主也,可以无惧矣。"

【郑其庶乎】 正 补 郑差不多[可以兴盛]了吧!

【贶】 补 赐。

【赋不出郑志】 正 补 所赋之诗都在郑志向范围之内。指六卿所赋皆为《郑风》。

【燕好】 补 宴会上的友好。

宣子皆献马焉,而赋《我将》。子产拜,使五卿皆拜,曰:"吾子韩宣子靖乱,敢不拜德?"

【宣子……《我将》】 正 杨《毛诗·周颂》有《我将》。韩宣子取"日靖四方""我其夙夜,畏天之威,于时保之",表示自己畏惧天威,志在平息动乱,保全小国。

【靖】 补 平定。

〇补 **传世文献对读:**《毛诗·郑风·羔裘》《毛诗·郑风·褰裳》《毛诗·郑风·风雨》《毛诗·郑风·有女同车》《毛诗·郑风·萚兮》《毛诗·周颂·我将》的原文,可扫码阅读。

宣子私觐 jìn 于子产,以玉与马,曰:"子命起舍夫 fú 玉,是赐我玉而免吾死也,敢不藉 jiè 手以拜?"

【觐】 杨 见。

【敢不藉手以拜】 杨 补 岂敢不借此手[持赠礼]以拜谢?

昭公十六年·五

地理 鲁、晋见昭地理示意图1。

人物 鲁昭公(襄三十一·三·五·一)、子服昭伯、季平子(昭九·六·二)、晋昭公(昭十·四·三)

春秋 夏,公鲁昭公至自晋。

○补 笔者对此次鲁昭公被晋人扣留事件有详细分析,请见专著《陵迟:鲁国的困境与抗争》(出版中,暂定书名)相关章节。

左传【一】"公至自晋。"

【二】子服昭伯语yù季平子曰:"晋之公室,其将遂卑矣。君晋昭公幼弱,六卿强而奢傲,将因是以习。习实为常,能无卑乎!"平子季平子曰:"尔幼,恶wū识国?"

【子服昭伯】 正 补 姬姓,子服氏,出自孟氏,名回,谥昭,排行伯。子服惠伯(襄二十三·八·八·二)之子。鲁大夫,疑官至卿位。

【习】 杨 习惯。**【常】** 补 常态。

【恶】 补 哪里。

昭公十六年·六

地理 晋见昭地理示意图1。

人物 晋昭公(昭十·四·三)

春秋 秋,八月己亥二十日,晋侯夷晋昭公卒。

左传 秋，八月，晋昭公卒。

昭公十六年・七

地理 鲁见昭地理示意图 1。

春秋 九月，[我]大雩 yú。

【雩】补 见桓五・四・春秋。

左传 "九月，大雩"，旱也。

昭公十六年・八

地理 郑见昭地理示意图 1。

人物 屠击、祝款、竖柎、公孙侨(襄八・三)

左传 郑大旱，使屠击、祝款、竖柎 fū 有事于桑山。[三人使]斩其木，不雨。子产公孙侨曰："有事于山，蓺(艺)山林也。而斩其木，其罪大矣。"[子产]夺之官邑。

【屠击、祝款、竖柎】正 三子皆为郑大夫。【有事】正 有祭祀之事。
【蓺】正 补 今作艺，养护使其繁殖。
【官邑】补 国家赐予的城邑。

昭公十六年・九

地理 鲁、晋见昭地理示意图 1。

人物 季平子(昭九・六・二)、晋昭公(昭十・四・三)、子服昭伯(昭十六・五・二)

春秋 季孙意如季平子如晋。

冬，十月，葬晋昭公。

○正 补 据隐元・五，诸侯五月而葬。晋昭公三月而葬，于礼为速。

左传【一】冬，十月，季平子如晋，葬昭公晋昭公。

【二】平子季平子曰："子服回子服昭伯之言犹信。子服氏有子哉！"

○正 季平子亲至晋，见其国政情状，乃信子服昭伯之言（昭十六・五・二）。

昭公十七年·一

地理 鲁见昭地理示意图1。小邾、鲁见昭地理示意图4。

人物 小邾穆公(襄七·三·春秋)、鲁昭公(襄三十一·三·五·一)、季平子(昭九·六·二)、叔孙昭子(昭四—昭五·八)

春秋 十有(又)七年,春,小邾子小邾穆公来朝。

【朝】 补 见隐四·二·七·一。

左传 十七年,春,小邾穆公来朝。公鲁昭公与之燕。

【燕】 补 见文四·四。

季平子赋《采叔》。

○正 补《毛诗·小雅》有《采菽》。季平子取"君子来朝",称赞小邾穆公是君子。

○补 **传世文献对读:**《毛诗·小雅·采菽》的原文,可扫码阅读。

穆公小邾穆公赋《菁菁者莪é》。

○正 补《毛诗·小雅·菁菁者莪》见文三·五·三·二。小邾穆公取"既见君子",称赞季平子是君子。

昭子叔孙昭子曰:"不有以国,其能久乎?"

【不有以国,其能久乎】 正 补 如果没有治国的才能,又怎么能长久[为君]?襄七年小邾穆公来朝,始见于《左传》,至此时已四十一年。能如此长久地保有君位,在春秋君主中实为少见。本年小邾穆公来朝,事鲁有礼,答赋得体,故叔孙昭子有上述感叹。

昭公十七年·二

地理 鲁见昭地理示意图1。

人物 太祝、太史、叔孙昭子(昭四—昭五·八)、季平子(昭九·六·二)

春秋 夏,六月甲戌朔初一,日有食之。

【朔】补 见桓三·五·春秋。

【日有食之】补 见隐三·一·春秋。

左传 "夏,六月甲戌朔,日有食之。"

祝、史请所用币。

【祝】补 太祝,鲁内朝官,其职掌事务有:一、参与祭祀,负责祭祀用品,并书写先公昭穆;二、掌祈神。【史】补 见文十八·三·二。【币】补 祭祀用礼品。

昭子曰:"日有食之,天子不举,伐鼓于社;诸侯用币于社,伐鼓于朝,礼也——"

○补 叔孙昭子所述为应对正月(周正六月)日食之正礼,已见于文十五·五,礼义解说参见庄二十五·三以及下文。

平子季平子御之,曰:"——止也。唯正 zhèng 月朔,慝 tè 未作,日有食之,于是乎有伐鼓、用币,礼也。其余则否。"

【御】正 补 阻止。可能叔孙昭子正准备陈述该用什么礼品,而季平子阻止他继续说下去。

【唯正……礼也】正 补 "正月"是指正阳之月,当夏正四月,周正六月,也就是当时所在的月份。此月为夏历中夏季第一月,应为纯阳,此时日食,表明阴气(慝)未动而侵犯阳气,灾重,所以要击鼓于朝、用玉帛请神。参见庄二十五·三。从下文看,季平子是故意装糊涂,认为当时所在的月份不是正月。

大(太)史曰:"在此月也。日过分而未至,三辰有灾,于是乎百官降物;君不举,辟(避)移时;乐奏鼓,祝用币,史用辞。故《夏书》曰,'辰不集于房,瞽 gǔ 奏鼓,啬夫驰,庶人走',此月朔之谓也。当夏四月,是谓孟夏。"

【在此月也】 正 正在此月。季平子认为本月并非正月,所以太史纠正他。

【日过分而未至】 正 补 太阳[在黄道上的运行]已过春分,未到夏至。

【三辰有灾】 正 三辰,日、月、星。日食为日月相侵,又犯星宿,故曰"三辰有灾"。

【降物】 正 补 即降服,见文四·三·二·一。

【辟移时】 正 [离开正寝,]躲过[日食的]时辰。

【辰不……人走】 正 杨 补 此出自逸《书》。可译为"日月之会不在正常位置上,盲人乐师击鼓,乡邑官驾车,庶人奔跑"。辰,日月之会,见僖五·八·二。集,安。房,舍。啬夫,乡邑官。

【当夏四月,是谓孟夏】 正 补 [此月]对应夏正四月,称为"孟夏"(夏季第一个月)。

平子弗从。

昭子退曰:"夫子季平子将有异志,不君君矣。"

【不君君】 补 不把国君当国君。

〇 正 日食为阴(月)侵阳(日),有臣下侵犯君主的意象。因此,救日食为帮助君主抑制臣下之举。季平子在明知本月就是正月的情况下仍然不肯救日食,是另有图谋、不尊国君的表现。

〇 补 下启昭二十五年鲁昭公逊于齐,季平子有异志(昭二十五·

五·八)。

昭公十七年·三

地理 鲁见昭地理示意图 1。郯、鲁见昭地理示意图 4。

人物 郯子、鲁昭公(襄三十一·三·五·一)、叔孙昭子(昭四—昭五·八)、少皞(文十八·三·二)、黄帝(僖二十五·二·一)、炎帝、共工、太皞(僖二十一—僖二十二·一)、颛顼(文十八·三·二)、孔子(僖二十七—僖二十八·二十五·三)

春秋 秋,郯tán子来朝。

【朝】补 见隐四·二·七·一。

左传【一】“秋,郯子来朝。”公鲁昭公与之宴。

【宴】补 参见文四·四。

昭子叔孙昭子问焉,曰:“少皞hào氏少皞鸟名官,何故也?”

○杨 据定三—定四·五·四,则鲁封于少皞之虚,而郯又为少皞之后,故叔孙昭子问之。

郯子曰:

“吾祖也,我知之。

“昔者黄帝氏黄帝以云纪,故为云师而云名;

○正 杨 黄帝[受命有云瑞,]以云纪事,因此设立云师,而以云为官名。黄帝氏之云官见于《左传》者,有缙云氏(见文十八·三·二)。

“炎帝氏炎帝以火纪，故为火师而火名；

【炎帝氏】正 补 炎帝。华夏人文始祖之一。烈山氏，又为神农氏，号炎帝。少典之子。

“共 gōng 工氏共工以水纪，故为水师而水名；

【共工氏】补 共工。炎帝之后。唐尧之臣。

“大(太)皞氏太皞以龙纪，故为龙师而龙名。

“我高祖少皞挚少皞之立也，凤鸟适至，故纪于鸟，为鸟师而鸟名：

【高祖】杨 指远祖。

“凤鸟氏，历正也；

○正 凤鸟知天时，所以用它来命名职掌历法的官员。

“玄鸟氏，司分者也；

【玄鸟】正 即燕。

【分】正 春分、秋分。

○正 燕子春分来，秋分去，所以用它来命名职掌二分的官员。

“伯赵氏，司至者也；

【伯赵】正 即伯劳。

【至】正 夏至、冬至。

○正 伯劳夏至鸣，冬至止，所以用它来命名职掌二至的官员。

“青鸟氏，司启者也；

【青鸟】正鸧鷃，不知今何名。

【启】正立春、立夏。

○正鸧鷃立春鸣，立夏止，所以用它来命名职掌二启的官员。

“丹鸟氏，司闭者也。

【丹鸟】正杨鷩雉，即锦鸡。

【闭】正立秋、立冬。

○正鷩雉立秋来，立冬去，所以用它来命名职掌二闭的官员。

“祝鸠氏，司徒也；

【祝鸠】正杨鷦鸠，即鹁鸪。

○正鷦鸠性情孝顺，所以用它来命名主管教化民众的司徒。

“鴡 jū 鸠氏，司马也；

【鴡鸠】正杨王鴡，雕类，亦谓之鹗。

○正王鴡为猛禽，且雄雌有别，所以用它来命名主管军事和法制的司马。

“鸤 shī 鸠氏，司空也；

【鸤鸠】正杨鴶鵴，即布谷鸟。

○正鴶鵴性情平均，所以用它来命名主管平整水土的司空。

“爽鸠氏，司寇也；

【爽鸠】正即鹰。

○正鹰为猛禽，所以用它来命名主管捕盗的司寇。

○补据昭二十·八·四，则爽鸠氏居于春秋时齐地。

“鹘 gǔ 鸠氏，司事也；

【鹘鸠】正鹘雕。

○正杨鹘雕春来冬去，所以用它来命名主管农事的司事。农事春夏秋忙，冬闲。

“五鸠，鸠民者也。

【五鸠】杨即祝鸠、鴡鸠、鸤鸠、爽鸠、鹘鸠。

【鸠民】正补使民众聚集。鸠，聚。

“五雉为五工正，利器用，正度量，夷民者也。

【五雉为五工正】正补雉有五种，一说西方有鷷雉，东方有鶅雉，南方有翟雉，北方有鵗雉，伊、雒之南有翚雉。少皞以五雉命名主管各种技工的官员。

【夷民】正补使人民得到平均。雉声近夷，雉训夷，夷义为平，故以雉名工正之官。

“九扈为九农正，扈民无淫者也。

【九扈为九农正】正补扈（《说文》作雇，或作鸋，籀文作雽）有九种，一说春扈鳻鶞，夏扈窃玄，秋扈窃蓝，冬扈窃黄，棘扈窃丹，行扈唶唶，宵扈啧啧，桑扈窃脂，老扈鷃鷃。少皞以九扈命名主管农事的官员。

【扈民无淫】正制止民众，不让［他们］放纵。扈，止。

“自颛 zhuān 顼 xū 以来，不能纪远，乃纪于近，为民师而命以民事，则不能故也。”

○正杨补自颛顼［继少皞为帝］以来，不能用远来的［天瑞］纪事，于是用就近的［民事］纪事，设立民师而以民事为官名，则不能［沿袭过去的传统］了。据《国语·楚语下》，“少皞之衰也，九黎乱德，颛顼受之，乃命南正重司天以属神，命火正黎司地以属民”，可见颛顼之官有南正、火正，皆以人事为官名，即所谓“为民师而命以民事”。上文所述历正、司分、司至、司启、司闭、司徒、司马、司空、司寇、司事、工正、农正，也都是根据民事而命名的官职，春秋时人能够理解，因此郯子用它们来解释少皞时鸟官的具体职守。

【二】仲尼孔子闻之，见于郯子而学之。既而告人曰：“吾闻之，‘天子失官，官学在四夷’，犹信。”

○正 补 **传世文献对读**：《论语·子张》：“子贡曰：‘……夫子焉不学？而亦何常师之有？’”正可作本段注脚。
○补 **传世文献对读**：根据郯子的叙述，上古官制在颛顼之时曾发生重大变革。《国语·楚语下》记载了楚大夫观射父的一段言论，也提到上古官制在颛顼之时发生了重大变革，也就是所谓的“绝地天通”。可扫码阅读。

昭公十七年·四

地理 晋、周、楚见昭地理示意图1。晋、陆浑之戎、周、刘、甘鹿、三涂山、雒水、棘津、盟津见昭地理示意图2。

人物 中行穆子(襄十九·一·二)、屠蒯(昭九·四·二)、苌弘(昭十一·二·一)、刘献公(昭十二·九)、陆浑子、韩宣子(襄七·六·一)、晋文公(庄二十八·二·一)

春秋 八月，晋荀吴中行穆子帅师灭陆浑之戎。

左传【一】晋侯晋顷公使屠蒯kuǎi如周，请有事于雒与三涂。苌cháng弘谓刘子刘献公曰：“客容猛，非祭也。其伐戎乎？陆浑氏甚睦于楚，必是故也。君其备之！”[周人]乃警戎备。

【晋侯】 补 晋顷公。姬姓，名去疾，谥顷。晋昭公(昭十·四·三)之子。昭十七年即位，在位十四年。昭三十年卒。

【有事】 补 据成十三·一·三·二，“国之大事，在祀与戎”。遍观《左传》，则有祭祀之事（如僖八—僖九·三·二、僖十九·三·一·二）或有征伐之事（如襄十八·三·二、哀十四·二）皆可谓“有事”。此处屠蒯以祭祀之事请于周，而苌弘则认为晋人实为征伐之事而来。

【雒】【三涂】 杨 补 雒见僖十一·二·一。三涂见昭四·一·二。雒水、三涂山都在周王畿境内，所以晋向周王室请示。

〔二〕九月丁卯二十四日，晋荀吴中行穆子帅师涉自棘津，使祭史先用牲于雒。陆浑人弗知。[晋]师从之，庚午二十七日，遂灭陆浑，数 shǔ 之以其贰于楚也。陆浑子奔楚，其众奔甘鹿。周大获。

【棘津】 正 杨 补 河水渡口名，在今河南卫辉李源屯镇李岸村南，今已堙塞。参见《图集》24—25③5。然而，棘津距离雒水、陆浑戎都太远，此处“棘津”应是盟津（昭四·三·二·一）。

【使祭史先用牲于雒】 补 让祭史先用牲祭祀雒水。晋人先行祭祀之事，以与其先前请求相符，并掩护其后续军事行动。**【祭史】** 补 晋内朝官，为专管祭祀的史官。

【甘鹿】 正 杨 补 在今河南伊川西北。周地。参见《图集》22—23⑪17。

〔三〕宣子韩宣子梦文公晋文公携荀吴而授之陆浑，故使穆子中行穆子帅师。献俘于文宫。

【文宫】 杨 补 晋文公庙。据《礼记·王制》，“诸侯五庙，二昭二穆，与太祖之庙而五”，晋文公为晋顷公九世祖，其庙依制早应毁之。可能因为晋文公为晋始霸之君，故晋人不毁其庙以示纪念。

昭公十七年·五

地理 鲁、宋、卫、陈、郑见昭地理示意图 1。

人物 申须、梓慎（襄二十八·一·二）、太皞（僖二十一—僖二十二·

一)、祝融(僖二十六・二)、颛顼(文十八・三・二)、禆灶(襄二十八・八・二・二)、公孙侨(襄八・三)

春秋 冬,有星孛bèi于大辰。

【孛】补 见文十四・七・春秋。

【大辰】正 杨 即大火星(心宿二),参见庄二十九・五。

○补 此次孛于大辰之彗星,与文十四・七・春秋所载孛入于北斗之彗星相距88年。若文十四年所载彗星确为哈雷彗星,按其回归周期范围76至79年计算,则此次出现之彗星应非哈雷彗星。

左传【一】“冬,有星孛于大辰”,西及汉。

【汉】杨 银河。

○杨 此次彗星,彗头在大火星附近,而彗尾朝西延伸直至银河。

【二】申须曰:“彗,所以除旧布新也。天事恒象。今[彗]除于火,火出,必布焉。诸侯其有火灾乎?”

【申须】正 鲁大夫。

【彗,所以除旧布新也】正 补 彗星,是用来除旧布新的。彗星形似扫帚,因此古人认为彗星出现为除旧布新的征兆。

【天事恒象】正 补 天事一直象征人事凶吉。

【今除……布焉】正 杨 补 如今彗星清扫大火星,[明年]大火星[再次]出现时,[大火]必然要[在人间]散布。天上大火星与人间大火之间的关系参见襄九・一・二及昭六・三・三。

梓zǐ慎曰:

“往年吾见之,是其征也:火出而[彗]见(现)。今兹火而[彗]章(彰),必火入而[彗]伏。其居火也久矣,其与(欤)不然乎?

○正 杨 补 去年我就见到过，[当时的天象]就是今年的征兆：大火星出现而[彗星也跟着]出现。今年大火星出现时[彗星更加]明亮，必然[要到今年晚些时候]大火星消失时，[彗星光芒]方能隐伏。彗星与大火星相随已经很久了，难道不是如此吗？今兹，今年。“其与不然乎”，即“其不然欤乎”。

○补 此句呼应上文申须之言，说明彗星与大火星相随已两年，其除旧火、布新火之象甚为明了。20 世纪 80 年代哈雷彗星出现时，1982 年起即可找到，自 1985 年 11 月 18 日起，昼夜出现，1986 年 2 月到近日点，1989 年仍可观测到，前后出现共历八年时间。本年所载彗星若为类似哈雷彗星的周期性彗星，则其连续多年出现完全可能。

“火出，于夏为三月，于商为四月，于周为五月。夏数得天。

【火出】 正 杨 大火星[在黄昏]出现。

【夏数得天】 杨 夏历与自然气象适应。夏历大体以立春之月为正月，因此它与万物春生、夏长、秋收、冬藏的自然规律契合得最好。

○补 上文申须已预言大火星再出时人间将有火灾，梓慎不再重复叙述，而是进一步说明年火灾发生月份应为夏正三月、周正五月。

“若火作，其四国当之，在宋、卫、陈、郑乎？宋，大辰之虚(墟)也；陈，大(太)皞 hào 之虚(墟)也；郑，祝融之虚(墟)也，[三国]皆火房也。星孛及汉，汉，水祥也。卫，颛 zhuān 顼 xū 之虚(墟)也，故为帝丘，其星为大水。水，火之牡也[，故卫亦将火]。

【宋，大辰之虚也】 正 补 大辰，即大火星。大辰所在天区正是宋分野(分野学说参见襄二十八·一·二)，故称宋为“大辰之虚”。参见昭十五·八·二“参虚”。

【陈，大皞之虚也】 正 陈为太皞旧居之地，木火出自此地。

【郑，祝融之虚也】 正 补 郑为祝融旧居之地，祝融为高辛氏时火正。有学者认为，位于古城寨遗址(僖三十三·九·一)内的龙山文化城址有可能就是传世文献记载的“祝融之墟”。

【皆火房也】正 补[这三国]都是火所居住的地方。房,舍。

【星孛……牡也】正 补彗星到达银河,银河,就是水的征祥。卫都在水帝颛顼旧居之地,因此称为帝丘,其对应星宿为大水星(营室,参见庄二十九·五)。水是火的雄性配偶[,火像妻子追随丈夫一样追随水而来,所以卫也将有火灾]。参见昭九·三·二"火,水妃也(火是水的[雌性]配偶)"。

○补此段论述明年火灾将波及的诸侯国。

[火]其以丙子若壬午作乎,水火所以合也。若火入而[彗]伏,[火]必以壬午[作],不过其见(现)之月。"

【其以……合也】正 补[火灾]将在丙子日或壬午日发生,因为水火将在这两个日子之间配合。丙子,丙为火日,子为火位,故丙子为火。壬午,壬为水日,午为水位,故壬午为水。水火合而相迫,或者火不胜水发生水灾,或者水不胜火发生火灾。但此次彗星头在大火星,尾在银河,预示着火多而水少,因此水不胜火,火得势,将发生火灾。

【若火……之月】正 补如果今年大火星消失而[彗星]潜伏[的天象再次发生],则[火灾发生的日子]一定在[明年的]壬午日,不会超过[大火星和彗星再次相随]出现的那个月(周正五月)。为何有"火入而伏"天象就一定为壬午,而非丙子,理由已不可知。

○补此段论述明年火灾发生的具体日期。本处梓慎预测起火时间为丙子或壬午,又说如果大火星消失而彗星潜伏的天象再次出现,则应该是壬午。而梓慎在预言最开始时又已经说过,"必然[要到今年晚些时候]大火星消失时,[彗星光芒]方能隐伏",也就是认为这个天象会发生的可能性很大。这样说来,则梓慎其实已经指出起火之日应为壬午,但又留有一些不确定性,那就是他所预测的这个"大火星消失而彗星潜伏"天象是否真会出现。

【三】郑裨pí灶言于子产公孙侨曰:"宋、卫、陈、郑将同日火。若我用瓘guàn斝jiǎ、玉瓒zàn,郑必不火。"子产弗与。

【用瓘斝、玉瓒】 正 补 用瓘斝、玉瓒[以祭神，禳除火灾]。**【瓘斝】** 正 杨 盛酒器，应是祼祭（襄九・五・五）所用。**【玉瓒】** 正 补 祼祭所用玉器，柄状，插在"同"上，接受酒液浇灌，参见襄九・五・五所作分析。孔疏认为是玉柄勺，用以舀酒。

○正 下启昭十八年宋、卫、陈、郑灾（昭十八・三）。

昭公十七年・六

地理 楚、吴见昭地理示意图 1。楚、吴、长岸见昭地理示意图 5。

人物 阳匄、王子鲂、王子光

春秋 楚人及吴战于长岸。

【长岸】 正 杨 补 江水沿岸，在今安徽当涂西南天门山附近。楚地。参见《图集》29—30⑤10。

○正 吴、楚先后战败，双方在发布通告时都不肯宣告战败，因此《春秋》只记载交战而不记载胜败。

左传【一】吴伐楚，阳匄为令尹，卜战，不吉。司马子鱼王子鲂曰："我得上流，何故不吉？且楚故，司马令龟。我请改卜。"[司马]令[龟]曰："鲂王子鲂也以其属死之，楚师继之，尚大克之！"吉。

【阳匄】 正 补 芈姓，阳氏，名匄，字瑕。王孙尹之子，子扬之孙，楚穆王（僖三十三・九・二・二）曾孙。楚大夫，官至执政（继斗成然）。昭十七年已任令尹。昭二十三年卒。其名（匄）、字（瑕）相应，瑕通假，假，借也；匄，乞也，意义相近。**【令尹】** 补 见庄四・二・二。

【司马】 补 见僖二十六・三。

【子鱼】 正 补 王子鲂。芈姓，名鲂，字鱼。楚大夫，任司马。昭十七年战死。其名（鲂）、字（鱼）相应，鲂为鱼名。

【楚故】 杨 楚国旧例。

【令龟】 补 见文十七—文十八・二。

【其属】 杨 王子鲂的私家军队。

【楚师】 杨 楚王室军队。

【尚】 杨 表希冀的副词。

【二】[吴、楚]战于长岸。子鱼王子鲂先死,楚师继之,大败吴师,获其乘舟余皇。[楚人]使随人与后至者守之,环[余皇]而堑之,及泉,盈其隧炭,陈以待命。

【余皇】 正 补 吴先王所乘舟。

【环而……待命】 正 杨 [把余皇移到岸边,]环绕[余皇]挖深沟,一直挖到见着泉水,用炭填满沟的出入道,然后摆开军阵等待军令。环,周。隧,出入道。

【三】吴公子光王子光请于其众,曰:"丧先王之乘舟,岂唯光王子光之罪,众亦有焉。请藉 jiè 取之以救死。"众许之。[公子光]使长鬣 liè 者三人,潜伏于舟侧,曰:"我呼余皇,[尔]则对。[吴]师夜从之。"[公子光]三呼,[三人]皆迭对。楚人从,而[三人]杀之楚人。楚师乱。吴人大败之,取余皇以归。

【公子光】 正 杨 补 王子光,后为吴王阖庐。姬姓,传世文献中所见名号为"光"(《左传》经传)、"阖庐"(《左传》)、"阖闾"(《吴越春秋》)。铜器铭文中所见名号为"光"(多件容器、乐器、兵器铭文)、"者彶□虏"(无锡剑铭文,也有学者认为这是吴王州于名号)。吴王夷末(襄二十九·九·春秋)之子。昭二十八年弑吴王州于而自立,在位十九年。定十四年卒。

【藉取之】 正 借[众人之力]夺取余皇。

【使长鬣者三人】 正 补 据昭七·六,"楚子享公于新台,使长鬣者相"。可见楚人有此相貌。此处王子光使长鬣者前往,可能是使此三人伪装成楚人,以便于穿过随人和楚人的封锁线而藏身于余皇之侧。

【楚人从,而杀之】 杨 补 楚人跟从[声音至余皇附近搜索],而[此三人]杀死[了前来搜索的]楚人。

【楚师乱】 补 余皇夜晚发声回应王子光之呼，前往察看的楚人又被杀死，楚师凶惧，故乱。

昭公十八年·一

地理 周见昭地理示意图1。周、毛见昭地理示意图3。

人物 毛得、毛伯过、苌弘(昭十一·二·一)、昆吾

左传【一】十八年,春,王二月乙卯十五日,周毛得杀毛伯过而代之。

【毛得】正 补 后为毛伯得。姬姓,毛氏,名得。毛伯卫(僖二十四·二·五)之后,毛伯过族人。周王室大夫。昭十八年后为毛氏族长。昭二十六年随王子朝奔楚。【毛伯过】正 补 姬姓,毛氏,名过。毛伯卫之后。周王室大夫。昭十八年被毛伯得所杀。

【二】苌cháng弘曰:"毛得必亡。是昆吾稔rěn之日也,侈故之以。而毛得以济侈于王都,不亡,何待?"

【是昆……之以】正 杨 补 乙卯正是昆吾恶贯满盈而死的日子,这是由于骄横的缘故。昆吾国参见哀十七·六·一。这里指的是夏桀时昆吾国的国君。商汤讨伐夏桀时,昆吾保卫夏桀,因此与夏桀同在乙卯日被杀。稔,熟,此处是恶贯满盈的意思。"侈故之以",即"以侈之故"。

【而毛得以济侈于王都】正 补 而毛伯得想要在王都成就他的骄横。济,成。侈,自多以陵人。

○正 下启昭二十六年毛伯得奔楚(昭二十六·八)。

昭公十八年·二

地理 曹见昭地理示意图1。

人物 曹平公

春秋 十有(又)八年,春,王三月,曹伯须曹平公卒。

【曹伯须】补 曹平公。姬姓,名须,谥平。曹武公之子。昭十五年即

位，在位四年。昭十八年卒。

左传 三月，曹平公卒。

昭公十八年·三

地理 宋、卫、陈、郑、鲁见昭地理示意图 1。宋、卫、陈、郑、鲁、许 3（叶）见昭地理示意图 3。

人物 梓慎（襄二十八·一·二）、裨灶（襄二十八·八·二·二）、公孙侨（襄八·三）、游吉（襄二十二·七·二）、里析、游速、子上、公孙登、商成公

春秋 夏，五月壬午十三日，宋、卫、陈、郑灾。

【灾】 补 见桓十四·二·春秋。

○ 正 补《春秋》常例，不书他国灾异。本次宋、卫、陈、郑皆来告，故《春秋》特书之。

左传 **[一]** 夏，五月，火始昏见（现）。

○ 正 补 夏天，周正五月，大火星（心宿二，参见庄二十九·五）开始在黄昏出现。

丙子七日，风。梓 zǐ 慎曰："是谓融风，火之始也。七日，其火作乎！"

【风】 指鲁都城地区开始刮风，而不是指鲁、宋、卫、陈、郑所在的整个中原地区都在刮风。下文"风甚""[风]大甚"也都是指鲁都城地区。

【是谓……作乎】 正 补 这叫"融风"，是火灾开始[酝酿的征兆]。七天以后，恐怕火灾要发生吧？昭十七年梓慎预测起火时间为丙子或壬午，具体是哪天要看"大火星消失而彗星潜伏"天象是否发生。此

后该天象应该的确发生了，因此本年梓慎有把握地进一步阐述说，丙子为火灾开始酝酿之时，而壬午是火灾将要发生之时。从丙子至壬午需经过七日。

戊寅九日，风甚。

壬午十三日，[风]大甚，宋、卫、陈、郑皆火。梓慎登大庭氏之库以望之，曰："宋、卫、陈、郑也。"数日，皆来告火。

【大庭氏之库】正 大庭氏，古国，其旧地在鲁都城内。其后鲁人在其遗址之上建府库，故称"大庭氏之库"。其建筑高显，可登高望气。

○补 李白《大庭库》"朝登大庭库，云物何苍然。莫辨陈郑火，空霾邹鲁烟。我来寻梓慎，观化入寥天"典出于此。

【二·一】裨pí灶曰："不用吾言，郑又将火。"郑人请用之。子产公孙侨不可。

【不用吾言，郑又将火】正 补 昭十七年裨灶预言今年郑都将有火灾，请公孙侨拿出瓘斝、玉瓒给他用来祭祀消灾，公孙侨没有答应。如今裨灶预言应验，因此裨灶向公孙侨再次提出用宝器消灾的请求，并警告说，若公孙侨不答应，则郑都将再次起火。

子大(太)叔游吉曰："宝以保民也。若有(又)火，国几jī亡。[宝]可以救亡，子何爱焉？"

【爱】杨 惜。

子产曰："天道远，人道迩，[天道]非[人道]所及也，[人]何以知之？灶裨灶焉知天道？是裨灶亦多言矣，岂不或信？"

【天道……或信】正 补 天道悠远，人道切近，[天道]不是[人道]能够触及的,[凡人]怎么能够知晓[天道]?[因此]裨灶哪里知晓什么天道?这人预言很多,难道不会偶尔说中?**【天道】**补“天道”参见襄九·一·二,这里指“自然之天”的道,主要是日月星辰运行的规律。**【人道】**补人间祸福成败的道理。

[子产]遂不与[裨灶宝]。[郑]亦不复火。

【二·二】郑之未灾也,里析告子产公孙侨曰:“将有大祥,民震动,国几jī亡。吾身泯焉,弗良及也。国迁,其可乎?”

【里析】正郑大夫。
【大祥】正补大的变异。祥,变异之气。
【国几亡】补国都几乎会毁灭。
【吾身泯矣,弗良及也】正补[那时]我自身已经死了,不能赶上[灾异的发生]了。良,能。
【国迁】杨补即“迁国”,也就是迁都,指将都城内的民众迁到别处另建都城。

子产曰:“虽可,吾不足以定迁矣。”

及火,里析死矣,未葬,子产使舆三十人迁其柩。

【舆】补即舆人,参见僖二十五·三。

【二·三】火作,子产公孙侨辞晋公子、公孙于东门。

○正补火灾发生后,公孙侨在郑都东门辞别在郑的晋公子、公孙[,送他们出国都]。骊姬之乱以后,晋国不畜群公子(宣二·三·六·一)。郑国是晋公子客居国之一,而公孙则为客居晋公子的儿子们。

[子产]使司寇出新客，禁旧客勿出于宫。

【司寇】 补 见昭二・二・一。**【新客】** 正 补 新来聘问的外国宾客。

【宫】 杨 即宅。秦之后“宫”始为帝王居所专名。

[子产]使子宽游速、子上巡群屏摄，至于大(太)宫。

【子宽】 正 补 游速。姬姓，游氏，名速，字宽。游吉（襄二十二・七・二）之子。郑大夫，定六年已官至卿位。

【子上】 正 补 郑大夫，字上。

【巡群屏摄】 正 补 巡视沿途众多祭祀场所。屏摄，祭祀之位。

【大宫】 补 见隐十一・二・二。

[子产]使公孙登徙大龟。

【公孙登】 正 补 姬姓，名登。郑开卜大夫。

【大龟】 补 即昭五・八・二所谓“守龟”。

[子产]使祝史徙主祏 shí 于周庙，告于先君。

【祝】 补 太祝，见襄二十五・二・三。

【史】 补 太史，见襄三十・十三・二・一。

【主祏】 正 补 装有历代先君神主木质牌位的石函。

【周庙】 正 周厉王庙。

○ 正 补 [公孙侨]命太祝、太史将神主石函集中到周庙，[以便于救护，]并向先君报告[火灾]。

[子产]使府人、库人各儆 jǐng 其事；商成公儆司宫，出旧宫人，置诸(之于)火所不及；司马、司寇列居火道，行火所焮 xīn；城下之人伍列登城。

【府人】 正 杨 补 郑内朝官，掌管存放文书、财物等的府。

【库人】 正 杨 补 郑内朝官，掌管存放战车、武器等的库。

【儆】补戒备。

【商成公】正郑大夫。

【司宫】正补郑内朝官,职掌公宫内事,由阉人担任。

【旧宫人】正先君宫女。【司马】补见襄二·五·二。

【行火所焮】正杨补巡行过火区域[,一则救火,一则禁盗]。焮,炙。

【城下之人伍列登城】正杨补发生火灾后,公孙侨命人打开武器库,将兵器发放给国人中的正卒,城下的士兵排成行伍队列登上城墙,防备外敌乘机入侵。参见昭十八·六·三·一。

明日,[子产]使野司寇各保其征;郊人助祝、史除于国北,禳 ráng 火于玄冥、回禄,祈于四鄘 yōng;[有司]书焚室而宽其征、与之材;[郑人]三日哭,国不市。

【使野司寇各保其征】正补[火灾发生第二天,四方才得到消息,于是公孙侨]命野司寇使所征发的徒役不逃散。【野司寇】正补郑外朝官,掌管野内民数及刑狱。

【郊人】正补国都郊区的长官。【除于国北】正补在国都北边清除地面[做祭祀坛]。北方为大阴之地,适于禳除火灾。

【禳火于玄冥、回禄】正补祭祀[水神]玄冥、[火神]回禄以求禳除火灾。祭水神,欲令水抑火;祭火神,欲令火自止。

【祈于四鄘】正补在国都四面外城祈求[消除火灾]。城积土,是阴气聚集之地,因此在四墉举行祭祀。

【书焚……之材】正杨登记被烧房舍并减免受灾户赋税,并发给他们[重建房屋的]木材。征,赋税。

[子产]使行人告于诸侯。

【行人】补见襄十一·二·春秋。

[三]宋、卫皆如是。陈不救火,许不吊灾,君子是以知陈、许

之先亡也。

【许不吊灾】 补 许都并未发生火灾，但许（当时在叶参见昭十八—昭十九）与郑为邻国，依礼应遣使前往受灾之国慰问。许不吊灾，可能是因为郑许之间的宿怨，也可能是受其盟主楚所节制。

○ 正 补 陈亡于哀十七年，许亡于定六年（后复国），而宋、卫、郑之亡则皆在春秋之后，是君子预言之验。

○ 补 **传世文献对读：**《穀梁传·昭公十八年》直指此次四国火灾是人为纵火，可扫码阅读。

○ 补 笔者对“四国大火事件”的可能真相有详细分析，请参阅拙文《四国大火：公元前524年的跨国恐怖主义事件》。

昭公十八年·四

地理 邾、鄅见昭地理示意图4。

人物 羊罗、鄅子、邾庄公（昭十一·四·春秋）、鄅夫人、鄅子之女

春秋 六月，邾人入鄅 yǔ。

【鄅】 正 杨 补 周时国，子爵，妘姓。在今山东临沂鄅古城村已发现其遗址（详见下）。昭十八年，邾人入鄅。昭十九年，宋人伐邾，尽归鄅俘。哀三年地已入于鲁。参见《图集》17—18②7、26—27④5。

○ 补 **鄅古城遗址：**城址平面呈长方形，长五百米，宽四百米。

○ 补 **凤凰岭鄅君墓地：**1982年至1983年在今山东临沂东十二公里的凤凰岭发现一处春秋晚期无墓道长方形大墓，墓室内有十四具殉人，墓主人应该是鄅国君主。

左传 六月，鄅人藉 jí 稻。邾人袭鄅。鄅人将闭门，邾人羊罗摄其首焉，遂入之，尽俘[鄅人]以归。鄅子曰："余无归矣。"从帑 nú(孥)于邾。邾庄公反(返)鄅夫人，而舍 shè 其女。

【鄅人藉稻】正 杨 补 鄅君及其随从巡视藉田，督促农奴耕种。藉田，直属国君的土田，立春前后国君仪式化亲耕一次，称为"藉礼"。藉田所收谷物，藏于御廪(参见桓十四·二·春秋)，供祭祀之用。

【稻】补 即现在的水稻，中文学名亚洲栽培稻，拉丁学名 *Oryza sativa L.*，禾本科一年生草本植物，脱壳加工后的籽实今天称为"大米"。根据农业考古学者的研究，亚洲栽培稻是从普通野生稻(*Oryza rufipogon Griff.*)驯化而来，最早起源于中国南方长江中下游地区，大约在距今一万年前后开始驯化，是周代主要粮食作物之一。

【邾人羊罗摄其首焉】杨 补 羊罗[从门中]拖出鄅人的头[，使其无法关门]。

【从帑于邾】杨 [鄅子]跟着妻室到了邾。

【鄅夫人】补 宋向氏女，子姓。向戌(成十五·六·三)之女，鄅子夫人。

【舍其女】正 补 留下鄅子之女[不遣返]。舍，置。

○正 下启昭十九年宋伐邾(昭十九·三)。

昭公十八年·五

地理 曹、周、鲁见昭地理示意图 1。

人物 曹平公(昭十一·二·春秋)、原伯鲁、闵子马(襄二十三·八·一·三)

春秋 秋，葬曹平公。

左传【一】"秋，葬曹平公。"

【二】[我]往者见周原伯鲁焉，与之语，[原伯鲁]不说(悦)学。[往者]归以[原伯之言]语 yù 闵子马。闵子马曰："周其乱乎？夫 fú 必多有是说，而后及其大人。大人患失[位]而惑，又曰'可以无学，无学不害'。不害而不学，则[政]苟而可。于是乎下陵上替，能无乱乎？夫学，殖也。不学，将落。原氏其亡乎？"

【原伯鲁】正 补 姬姓，原氏，名鲁。周王室大夫。

【不害……而可】正 杨 认为[无知]没有害处而不学习，则[一切政务]苟且即可。

【下陵上替】正 杨 在下者陵侮[在上者]，在上者废弛。替，废。

【夫学……将落】正 学习，就像培植[树木，令人日有长进，如同树木生长枝叶]。不学，将[才智日退，像树木]落[叶一样]。

○补 下启昭二十二年王子朝之乱(昭二十二·四)，及昭二十九年周人杀原伯鲁之子(昭二十九·二)。

昭公十八年·六

地理 郑、晋见昭地理示意图1。

人物 公孙侨(襄八·三)、游吉(襄二十二·七·二)、晋顷公(昭十七·四·一)

左传【一】七月，郑子产公孙侨为火故，大为社，祓 fú 禳 ráng 于四方，振除火灾，礼也。

【大为社】正 杨 超出惯常规模地祭祀土地神。一说是大规模增建土地神庙。

【祓禳】正 补 近义词连用，都是去除凶邪的祭祀。

【振除】杨 救治。振，救。除，治。

○补 典籍常以"社""方"并举，《毛诗·小雅·甫田》"与我牺羊，以社以方"，《毛诗·大雅·云汉》"祈年孔夙，方社不莫"，以及此处的"大为社，祓禳于四方"，可与殷墟卜辞中记载的方、社并祭之事互相印证。

○补殷墟卜辞中记载王室祓禳于四方神(或四方神中某一方神)之事甚多。此类卜辞中表示"祓禳"义的词为"宁",具体名目有"宁风""宁摧""宁疾""宁永"等,可知其所欲祛除的灾祸种类较多。今陕西岐山周公庙遗址近出一版周初周人"宁风"卜辞,其表述与殷人卜辞基本一致,反映的祀典也与殷礼无二,是一条承上启下的新材料。有学者认为,此处关于郑国"祓禳于四方"的记载,不仅反映春秋时代周室诸侯承袭殷礼,亦可揭示当时诸侯史官仍因循殷王室史官笔法记事。

【二·一】[郑人]乃简兵大蒐 sōu。将为蒐除。子大(太)叔游吉之庙在道南,其寝在道北,其庭小。过期三日,[子太叔]使除徒陈于道南庙北,曰:"子产公孙侨过女(汝),而命速除,[女]乃毁于而(尔)乡(向)。"

【简】杨精选。【蒐】补见僖二十七—僖二十八·三。

【将为蒐除】正杨将为大检阅清除[场地]。昭十二年郑简公卒,郑人为下葬除道,当时亦欲毁游吉之庙(昭十二·二·二·一)。可见游吉寝、庙挤占郑国都内大路,故郑屡次欲毁之。

【其庭小】杨游吉家庙或寝的庭院小,因此必须拆除房屋本身方能腾出足够空间。

【除徒】杨清除场地的徒役。

【乃毁于而乡】正杨补[你们]就朝你们所面对的方向(即游吉家庙)进行拆除。

【二·二】子产朝,过而怒之。除者南毁。子产及冲,使从者止之曰:"毁于北方。"

【南毁】杨补向南进行拆毁,即拆除游吉家庙。

【冲】杨道路交叉口。

【毁于北方】正 补 向北进行拆毁，即拆除游吉居室。

【三·一】火之作也，子产公孙侨授兵登陴pí。

【授兵】杨 发放兵器。【登陴】补 见成六·四·二。

子大(太)叔游吉曰：“晋无乃讨乎？”

子产曰：“吾闻之，‘小国忘守则危’，况有灾乎？国之不可小，有备故也。”

【国之……故也】杨 补 国家不[被人]轻视，是因为有防备的缘故。

【三·二】既，晋之边吏让郑曰：“郑国有灾，晋君晋顷公、大夫不敢宁居，卜筮shì走望，不爱牲玉。郑之有灾，寡君晋顷公之忧也。今执事撊xiàn然授兵登陴，将以谁罪？边人恐惧，不敢不告。”

【让】补 责备。

【卜筮走望，不爱牲玉】正 杨 龟卜占筮[郑何故有灾，当向何神祷告]，奔走四方望祭[名山大川]，不敢吝惜牺牲玉帛。卜、筮见《知识准备》“卜”“筮”。

【撊然】正 猛貌。

【将以谁罪】补 打算拿谁来治罪？

子产对曰：“若吾子之言：敝邑之灾，君晋顷公之忧也。敝邑失政，天降之灾，又惧谗慝tè之间jiàn谋之，以启贪人，荐为弊邑不利，以重zhòng君之忧。[敝邑]幸而不亡，犹可说也；不幸而亡，君虽忧之，亦无及也。郑有他竟(境)[之忧]，望走在晋。[郑]既事晋矣，其敢有二心？”

【间】正 补 钻空子。

【荐】[正][杨]重，再次。

【说】[正][杨]解释。

【郑有他竟，望走在晋】[杨]郑如果有其他边境［的忧患］，将盼望和投奔晋［以寻求救助］。

【其敢】[补]岂敢。

昭公十八年—昭公十九年(昭公十九年·一)

地理 楚、郑、晋、鲁见昭地理示意图 1。许 3(叶)、许 4(析)、楚、郑、晋、阴(阴戎)、鲁、旧许、下阴、郑;方城见昭地理示意图 5。

人物 王子胜、楚平王(昭元·一·三)、工尹赤、阳丐(昭十七·六·一)、叔孙昭子(昭四—昭五·八)

春秋 冬,许迁于白羽。

【白羽】补 见僖二十五·三。

左传【一·一】楚左尹王子胜言于楚子楚平王曰:"许于郑,仇敌也,而居楚地,以不礼于郑。晋、郑方睦,郑若伐许,而晋助之,楚丧地矣。君盍(何不)迁许?许不专于楚,郑方有令政。许曰'余旧国也',郑曰'余俘邑也'。叶 shè 在楚国,方城外之蔽也。土不可易,国不可小,许不可俘,雠不可启。君其图之。"楚子说(悦)。

【左尹】补 见宣十一·二·一。【王子胜】补 芈姓,名胜。楚大夫,任左尹。

【而居楚地】正 补 成十五年楚迁许于叶,昭九年又迁许于夷(城父),昭十三年又从夷回迁于叶。夷、叶皆为楚邑。

【许不……令政】正 补 许[怀恋旧国,]不能专心事楚;而郑[子产执政,]正在推行善政。令,善。王子胜的意思是,由于目前许位于方城外的叶县,有可能会脱离楚的控制回到旧地,从而跟占据着许旧地的郑发生冲突;而郑在贤卿公孙侨治理下实力强盛,很可能会因此灭许,并占据无人守卫的叶县。

【许曰……邑也】正 杨 补 许说"[郑占据的是]我们旧日的国都",郑说"[许不过是]我们战胜俘获的小邑"。这是在描摹郑、许之间的争斗形势。许旧都在今河南许昌。成十五年许迁于叶,其旧都遂被郑所占有,称"旧许"。

【方城外】补 见僖二十七—僖二十八・十一“入居于申”。

【土不……可启】正 补［叶县的］土地不可轻视，［郑这个］国家不可小看，许不可以［被郑］俘虏，［郑许之间的］仇怨不可以开启。

［一・二］冬，楚子使王子胜迁许于析，实白羽。

【实白羽】正 杨 补［析］就是［旧时的］白羽。

［二］十九年，春，楚工尹赤迁阴于下阴，令尹子瑕阳丐城郏。

【工尹赤】补 楚工尹，名赤。【工尹】补 见文十・二・二。

【阴】杨 补 即阴戎（见昭九・二・一），此前已亲附楚国。【下阴】杨 补 在今湖北老河口洪山集镇。楚地。参见《图集》29—30④3。

【令尹】见庄四・二・二。【郏】补 见昭元・九・一。

［三］叔孙昭子曰：“楚不在诸侯矣。其仅自完也，以持其世而已。”

【楚不在诸侯矣】补 楚［的意图］不在于［会合］诸侯［成为霸主］了。

【完】杨 保守。【持】杨 守，保。

○正 补 将亲楚的许从方城之外的叶（许 3）向西迁至方城之内的析/白羽（许 4），将亲楚的阴戎向南迁至下阴，对楚而言是为了减少与晋、郑发生冲突的可能性。增修位于方城之外、汝水以北的郏邑，对楚而言是强化北境防御。总之，这三个举动都是自我保全的措施，故叔孙昭子有此判断。

昭公十九年・二

地理 楚、蔡 1、秦见昭地理示意图 1。

人物 楚平王（昭元・一・三）、郹阳封人之女、太子建、伍奢、费无极（昭十五・三・一）、秦嬴

左传 楚子楚平王之在蔡也，郹 jú 阳封人之女奔之，生大(太)子建太子建。及即位，[楚子]使伍奢为之太子建师。费无极为少师，无宠焉，欲谮 zèn 诸(之于)王楚平王，曰："建太子建可室矣。"王为之聘于秦。无极费无极与 yù 逆，劝王取之。正月，楚夫人嬴氏秦嬴至自秦。

【楚子之在蔡也】正 不是指昭十一年王子弃疾(楚平王)担任蔡公期间，而是指昭十一年前王子弃疾任大夫前往蔡聘问之时。不然的话，昭十一年王子弃疾任蔡公后有子，至今不过八岁，不可能到娶妻成家的年龄。

【郹阳】正 杨 在今河南新蔡境。蔡邑。【封人】补 蔡外朝官，镇守边疆城邑的地方长官。

【大子建】补 太子建。芈姓，名建，字木。楚平王(昭元·一·三)之子。昭二十年奔宋，同年奔郑。后适晋。后复归于郑。哀十六年被郑人所杀。其名(建)、字(木)相应，建为树立，木为所树立之物。

【伍奢】正 补 伍氏，名奢。伍举(襄二十六·八·一)之子。楚大夫，任连尹，昭十三年任太子建之师。昭二十年被楚平王所执，同年所杀。【师】补 见文元·四·四。

【少师】补 楚内朝官，太师副手。

【无宠焉】杨 补 [费无极]没有得到[太子建的]宠信。

【谮】补 诬陷，中伤。

【室】正 杨 娶妻成家。

【聘】补 此处之"聘"，对照隐七·七·二"昏礼"，可能相当于"下达""纳采""问名""纳吉""纳征"诸步骤压缩而成，也可能是其中一步，而其他步骤由其他卿大夫完成。

【无极与逆】杨 补 费无极参与迎娶[秦女]。

【嬴氏】补 秦嬴。秦女，嬴姓。楚平王夫人，楚昭王(昭二十六·七·二)之母。

○补 下启本年楚平王使太子建居于城父(昭十九·七)。

○补 参见隐元·一鲁惠公为其子息姑娶妻而自取之，桓十六—桓十七·一·一卫宣公为其子急娶妻而自取之，文七·六孟穆伯为其堂兄弟东门襄仲娶妻而自取之。

○补 笔者对于费无极的这一轮挑拨离间有详细分析，请见专著《不服周：楚国的奋斗与沉沦》（出版中，暂定书名）相关篇章。

昭公十九年·三

地理 宋见昭地理示意图 1。宋、邾、郳、虫见昭地理示意图 4。

人物 宋元公（襄二十六·六·二·一）、郳夫人（昭十八·四）、向戌（成十五·六·三）、向宁

春秋 十有（又）九年，春，宋公宋元公伐邾。

左传 郳 yǔ 夫人，宋向戌之女也，故向宁请师[伐邾]。二月，“宋公伐邾”，围虫。三月，取之。[邾人]乃尽归郳俘。

【郳夫……请师】 正 补 昭十八年邾侵郳，俘获郳君及其夫人，之后郳夫人被允许返回郳。此时向戌之子向宁为其姐妹郳夫人请兵于宋以复仇。**【向宁】** 正 补 子姓，向氏，名宁。向戌（成十五·六·三）之子。宋大夫，官至卿位。昭二十年奔陈。昭二十一年自陈入于宋南里以叛。昭二十二年自宋南里奔楚。

【虫】 正 杨 补 在今山东济宁东。邾邑。昭十九年地入于宋。参见《图集》26—27④3。

○补 下启同年宋、徐、郳、郯同盟于虫（昭十九·五）。

昭公十九年·四

地理 晋见昭地理示意图 1。许 4、晋见昭地理示意图 5。

人物 太子止、许悼公（襄二十八·十二·一·一）

春秋 夏,五月戊辰五日,许世子止太子止弑其君买许悼公。

【世子止】补 太子止。姜姓,名止。许悼公(襄二十八·十二·一·一)之子。昭十九年奔晋。

○正 补 据宣四·三·一·二,臣弑君,若《春秋》书臣之名,则臣有罪。太子止虽为许悼公之子,书法应同。太子止之罪,在于进药不由医官,导致君死。

左传【一】夏,许悼公疟。五月戊辰五日,[公]饮大(太)子止太子止之药,卒。大(太)子太子止奔晋。

【疟】补 患疟疾。

○补 **传世文献对读:**《穀梁传·昭公十九年》:"止曰:'我与夫弑者。'不立乎其位,以与其弟虺,哭泣,歠飦粥,嗌不容粒,未逾年而死。"可译为"太子止说:'我是参与了弑君的人。'因此他不就国君之位,让给了他的弟弟虺,自己哭泣,只喝点粥,咽不下一点硬食,不到一年就死了",与《左传》言太子止奔晋不同,录以备考。

【二】[《春秋》]书曰"弑其君"。君子曰:"尽心力以事君,舍药物可也。"

【尽心……可也】正 君子意谓,作为太子,像《礼记·文王世子》所述(闵二·七·一)那样尽心尽力事奉君父,就已经足够了。在此前提下,亲自进药这种事情是可以舍弃不做的。药物有毒,当由医官进之。

昭公十九年·五

地理 徐、宋见昭地理示意图1。郳、小邾、徐、宋、虫见昭地理示意图5。

人物 宋元公(襄二十六·六·二·一)

左传 郳人、郳ní人、徐人会宋公宋元公。乙亥五月十二日,同盟于虫。

【郳】补 即小邾,见庄五·三·春秋。

昭公十九年·六

地理 鲁见昭地理示意图1。

春秋 己卯十六日,[我]地震。

昭公十九年·七

地理 楚、晋见昭地理示意图1。楚、百濮、晋、城父(近湛水)见昭地理示意图5。

人物 楚平王(昭元·一·三)、费无极(昭十五·三·一)、太子建(昭十九·二)

左传 楚子楚平王为舟师以伐濮。费无极言于楚子楚平王曰:"晋之伯也,迩于诸夏,而楚辟(僻)陋,故弗能与争。若大城城父,而置大(太)子太子建焉,以通北方,王楚平王收南方,是得天下也。"王说(悦),从之。故大(太)子建太子建居于城父。

【濮】杨 即百濮,见文十六·三·一。

【伯】补 诸侯之长,即霸主。这里做动词用。

【诸夏】补 中原华夏诸国。

【城父】正 杨 补 在今河南宝丰李庄乡古城村已发现其遗址(详见下)。楚邑。参见《图集》29—30③5。

○正 补 下启昭二十年费无极谮太子建(昭二十·三)。参看梁五、东关嬖五游说晋献公使太子申生居曲沃(庄二十八·二·二),以及申无宇论“五大不在边，五细不在廷”(昭十一·十·一)。

○补城父故城遗址：遗址包括古城址和墓葬区。古城址分为内城和外城，内城为方形，边长约250米；外城平面呈长方形，东西长约1 750米，南北宽约1 250米。城址内出土了春秋战国时期遗物，附近的墓葬区发现了春秋战国时期墓葬。

○补笔者对于费无极的这一轮挑拨离间有详细分析，请见专著《不服周：楚国的奋斗与沉沦》(出版中，暂定书名)相关篇章。

昭公十九年·八

地理 楚、秦见昭地理示意图1。

人物 阳丐(昭十七·六·一)

左传 令尹子瑕阳丐聘于秦，拜夫人也。

【令尹】补见庄四·二·二。【聘】补见隐七·四·春秋。

○补阳丐此行，是为拜谢秦君将其女嫁与楚平王。

昭公十九年·九

地理 齐见昭地理示意图1。齐、莒、纪鄣见昭地理示意图4。

人物 高发、莒共公(昭十四·六·一)、孙书、莒妇人

春秋 秋，齐高发帅师伐莒jǔ。

【高发】补姜姓，高氏，名发。高武子(襄二十九·十三)之子。齐大夫，官至卿位。

左传 “秋，齐高发帅师伐莒。”莒子莒共公奔纪鄣zhāng，[高发]使孙书

伐之。初，莒有妇人，莒子杀其夫，已为嫠lí妇。及[妇人]老，托于纪鄣，纺焉以度duó[城]而去jǔ(弃)之。及[齐]师至，[妇人]则投诸(之于)外。或献诸(之于)子占孙书。子占使师夜缒zhuì而登。登者六十人，缒绝。[齐]师鼓噪，城上之人亦噪。莒共公惧，启西门而出。七月丙子十四日，齐师入纪。

【纪鄣】 正 杨 补 在今山东日照安东卫街道。莒邑。昭十九年后地入于齐。参见《图集》26—27④6。

【孙书】 正 补 妫姓，孙氏，出自陈氏，名书，字占，排行季。陈桓子(庄二十二·三·四·三)第三子，陈武子(昭二十六·三·四·四)、陈僖子(哀四—哀五·一)之弟。齐大夫。哀十一年被吴师、鲁师所获。孙武为其后。清华简五《殷高宗问于三寿》有"君子不读书占，若小人之宠狂而不友"，有学者认为"占"应读为"笘"，是"书简"的意思。孙书之字"占"可能通"笘"，从而与其名"书"相应。

【嫠妇】 正 寡妇。

【纺焉以度而去之】 正 补 [妇人]纺绳子量[城墙的]高度[，达到与城墙高度一样长后]就收藏起来。去，藏。

【则投诸外】 正 [妇人]将绳子扔到城外。

【子占使师夜缒而登】 正 补 孙书派军队在夜里攀绳登城。

【纪】 杨 即纪鄣。

昭公十九年·十

地理 郑、晋见昭地理示意图1。许4、郑、晋见昭地理示意图4。

人物 许悼公(襄二十八·十二·一·一)、驷偃(昭十六·四·三)、驷丝、驷乞、公孙侨(襄八·三)、郑定公(昭十二·四·一·一)、晋昭公(昭十·四·三)

春秋 冬，葬许悼公。

○ 正 此条《春秋》无对应《左传》。

左传【一】是岁也，郑驷偃卒。子游驷偃娶于晋大夫，生丝驷丝。［丝］弱，其父兄立子瑕驷乞。子产公孙侨憎其驷乞为人也，且以为不顺，弗许，亦弗止。驷氏耸。他日，丝驷丝以告其舅。

【丝】补驷丝。姬姓，驷氏，名丝。驷偃（昭十六·四·三）之子。

【弱】正年少。

【子瑕】正杨补驷乞。姬姓，驷氏，名乞，字瑕，谥献。公孙夏（襄十·七·二·三）之子，驷带（襄三十·九·六）之弟，驷偃叔父。其名（乞）、字（瑕）相应，瑕通假，假，借也，与乞意义相近。

【且以为不顺】正按春秋时“父死子继”的宗法制常规，应立驷偃之子驷丝，而不应该立其叔父驷乞，故公孙侨以为不顺。

【驷氏耸】正补驷氏悚惧。耸，惧。昭元年驷氏族人公孙黑强行挤入卿官行列时，公孙侨“弗讨”（参见昭元·四），让公孙黑错误判断形势，进而想要杀死游吉而代之。公孙侨抓住机会突然发难，强势逼死公孙黑（参见昭二·二）。本年公孙侨面对驷氏家乱又“弗许，亦弗止”，与当年诱骗公孙黑时颇为相似。驷氏担心公孙侨不置可否背后又有深谋，因此悚惧。

【其舅】杨即前文所述“晋大夫”。

【二】冬，晋人使以币如郑，问驷乞之立故。驷氏惧。驷乞欲逃，子产公孙侨弗遣；［驷乞］请龟以卜，［子产］亦弗予。大夫谋对。子产不待［大夫］而对客曰：

【币】补财礼。

“郑国不天，寡君郑定公之二三臣札瘥 cuó 夭昏（泯），今又丧我先大夫偃驷偃。其子驷丝幼弱，其一二父兄惧队（坠）宗主，私族于谋，而立长 zhǎng 亲驷乞。寡君与其二三老曰：‘抑天实剥乱是，吾何知焉？’谚曰：‘无过乱门。’民有兵乱，犹惮过之，而况敢知天之所乱？今大夫将问其故，抑寡君实不敢知，其谁实知之?

【不天】正 补 不[获]上天[福佑]。

【二三臣】补 诸位大臣。**【札瘥夭昏】**正 杨 补 疾病短命而死。札,疾疠而死。瘥,病死。夭,短命而死。昏,没,死。

【宗主】补 见《知识准备》“宗法制”。

【私族于谋】杨 补 即“谋于私族”,可译为“在私族里谋议”。

【二三老】正 补 诸位卿大夫。老参见昭元·一·一·三。

【抑天……知焉】正 杨 补 上天自己要搅乱这些(指驷氏家政),我能知道什么呢?抑,语首助词,无义。剥乱,近义词连用,都是弄乱的意思。

【抑】杨 转接连词。

“平丘之会,君晋昭公寻旧盟曰:‘无或失职!’若寡君之二三臣,其即世者,晋大夫而专制其位,是[以郑为]晋之县鄙也,[郑]何国之为?”

【平丘之会】补 见昭十三·三。

【若寡……之为】杨 补 如果我国君主的诸位大臣,其中有过世的,晋大夫就要专断地干涉[他们继承人的]地位,这是[郑丧失了诸侯的职分,而被当作]晋都城的周边地区了,还算什么国家?**【县鄙】**“县”古字当作“還”“寰”“睘”,本义是环(環)绕中心城邑的周边地区。“鄙”之初文为“啚”,造字本义为郊外农田里的粮仓,引申为中心城邑的周边地区。所以,县鄙是近义词连用,指中心城邑周边的、接受中心城邑直辖统治的地区。

[子产]辞客币而报其使。晋人舍之。

【辞客币而报其使】杨 辞谢财礼,表示拒绝责问;回报使者,表示以礼待人。

【晋人舍之】杨 晋人于是搁置此事[不再责问]。

昭公十九年・十一

地理 楚、吴见昭地理示意图 1。楚、吴、州来见昭地理示意图 5。

人物 沈尹戌、斗成然（昭十三・二・一）、楚平王（昭元・一・三）

左传 〔一〕楚人城州来。

【州来】补 见成七・六・春秋。此时为楚邑。

〔二〕沈尹戌曰："楚人必败。昔吴灭州来，子旗斗成然请伐之，王楚平王曰'吾未抚吾民'。今亦如之，而城州来以挑吴，能无败乎？"

【沈尹戌】正 补 芈姓，沈尹氏，名戌。沈尹子轻（宣十二・一・六）之后。楚大夫，任沈尹，昭二十七年前至昭三十年兼任左司马。【沈尹】补 见宣十二・一・六。

【昔吴……吾民】补 见昭十三・六。

【今亦如之】补 现今［楚的状况］也像当年一样。

侍者曰："王施舍不倦，息民五年，可谓抚之矣。"

戌沈尹戌曰："吾闻抚民者，节用于内，而树德于外；民乐其性（生），而无寇仇。今宫室无量，民人日骇，劳罢（疲）死转，忘寝与食，非抚之也。"

【劳罢死转】杨 补 辛劳疲乏，死后［尸体被］抛弃。转，抛尸。

昭公十九年・十二

地理 郑见昭地理示意图 1。郑、洧渊见昭地理示意图 3。

人物 公孙侨（襄八・三）

左传 郑大水，龙斗于时门之外洧wěi渊。国人请为禜yǒng焉。子产公孙侨弗许，曰："我斗，龙不我觌dí也。龙斗，我独何觌焉？[我]禳ráng之，则彼其室也。吾无求于龙，龙亦无求于我。"乃止也。

【时门】 正 杨 郑都南门。**【洧渊】** 杨 补 洧水见成十七·一·三。洧水流经新郑市南为潭，即洧渊。参见《图集》24—25④4。

【禜】 补 见昭元·八·一·一。

【龙不我觌也】 正 补 即"龙不觌我也"。觌，见。

【禳之，则彼其室也】 杨 补 祭祷它们以求除灾，那里（指洧渊）本来就是它们的居室[，祭祷也不能让他们离开]。

○ 补 **传世文献对读**：《论语·雍也》："子曰：'务民之义，敬鬼神而远之，可谓知矣。'"可与公孙侨此言印证。

昭公十九年·十三

地理 楚、吴见昭地理示意图1。

人物 阳丐（昭十七·六·一）、王子蹶由（昭五·八·二）、楚平王（昭元·一·三）

左传 令尹子瑕阳丐言蹶由王子蹶由于楚子楚平王，曰："彼王子蹶由何罪？谚所谓'室于怒，市于色'者，楚之谓矣。[君]舍前之忿可也。"[楚子]乃归蹶由。

【令尹】 补 见庄四·二·二。

【室于怒，市于色】 正 杨 即"怒于室，色于市"，可译为"在家里发怒，而到市集中给人脸色看"。这里指昭五年楚灵王因对吴王夷末感到愤怒而扣留了其弟王子蹶由。

昭公二十年·一

春秋 二十年，春，王正月。

昭公二十年·二

地理 鲁、宋、蔡2见昭地理示意图1。

人物 梓慎（襄二十八·一·二）、叔孙昭子（昭四—昭五·八）

左传【一】二十年，春，王二月己丑二日，日南至。梓zǐ慎望氛，曰：“今兹宋有乱，国几jī亡，三年而后弭mǐ。蔡有大丧。”叔孙昭子曰：“然则戴、桓也！汏tài（泰）侈，无礼已甚，乱所在也。”

【日南至】正 冬至。

【今兹】补 今年。

【弭】补 止，息。

【戴】正 宋戴公族，指华氏。【桓】正 宋桓公族，指向氏。

【汏】补 骄横。【侈】补 自多以陵人。

【已甚】杨 太过分。

○补 下启本年至昭二十二年宋华、向之乱（昭二十·六、昭二十一·四、昭二十一·六、昭二十二·二），及本年蔡平公卒（昭二十·七）。

昭公二十年·三

地理 楚、宋、郑、齐、晋、吴见昭地理示意图1。楚、宋、郑、晋、吴、城父（近湛水）、方城见昭地理示意图5。

人物 费无极（昭十五·三·一）、楚平王（昭元·一·三）、太子建（昭十九·二）、伍奢（昭十九·二）、奋扬、伍尚、伍员、吴王州于、王子光（昭十七·六·三）、鱄设诸

左传【一】费无极言于楚子楚平王曰：“建太子建与伍奢将以方城之外

叛，自以为犹宋、郑也，齐、晋又交辅之，将以害楚。其事集矣。”

【**方城之外**】补见僖二十七—僖二十八·十一“入居于申”。

【**自以为犹宋、郑也**】杨补自以为[将割据一方，]如同宋、郑[等诸侯国]。

【**集**】杨成。

王楚平王信之，问伍奢。伍奢对曰：“君一过多矣，何信于谗？”

【**君一过多矣**】正杨补国君一次过错已经很严重了。一过，指昭十九年楚平王为太子迎娶秦女，却最终自娶为夫人。多，重。

王执伍奢，使城父司马奋扬杀大(太)子太子建。[奋扬]未至，而使遣之太子建。三月，大(太)子建奔宋。

【**使城……大子**】补昭十九年楚平王使太子建居城父，故此时使城父司马奋扬杀太子建。【**城父**】补见昭十九·七。【**司马**】杨补都司马，楚外朝官，职掌都邑军事。【**奋扬**】杨补奋氏，名扬。帝喾才子八元之一伯奋之后。楚大夫，昭二十年已任城父司马。

【**未至，而使遣之**】正补[奋扬]还没到达，就派人将太子建遣送走。

○补伍奢说的过错，就是一年前楚平王为太子建娶妻却最终归了自己。楚平王一听，意识到伍奢对于这件事是持否定态度。由于伍奢是太子建之师，所以太子建很可能持相同观点。如果太子建也认为楚平王去年这样做是错的，那么他很有可能心怀怨恨，这就间接证实了费无极所说的太子建和伍奢谋划叛变是有思想基础的。楚平王害怕几年前自己从边境大城起兵逼死楚灵王、篡夺君位的事件重演，于是立即下令逮捕伍奢，并且派奋扬杀太子建。

○补**传世文献对读：**《史记·楚世家》叙此事与《左传》多有不同，可扫码阅读。

○补 **出土文献对读**：上博简六《平王与王子木》叙述了王子木(即太子建)之事，与《说苑·辨物》中的一段记载大同小异，都是说明太子建没有国君之才，从而提示太子建被废不只是由于费无极的谗言。可扫码阅读。

【二】王楚平王召奋扬。奋扬使城父人执己以至。

王曰："言出于余口，入于尔耳，谁告建太子建也？"

[奋扬]对曰："臣告之。君王楚平王命臣曰：'事建如事余。'臣不佞 nìng，不能苟贰，[臣]奉初[命]以还 xuán，不忍后命，故遣之。[臣]既而悔之，亦无及已。"

【事建如事余】 补 事奉太子建如同事奉我。此应为昭十九年太子建前往城父时楚平王给奋扬的命令。

【不佞】 正 不才。

【苟贰】 补 苟且而有二心。

【奉初……遣之】 正 杨 补 [臣下]奉[君王您]起初[的命令]去对待[建]，不忍心[执行君王]后来[要杀死建]的命令，因此把他遣送走了。还，周旋。

王曰："而(尔)敢来，何也？"

[奋扬]对曰："[王]使[臣]而[臣]失命，[王]召[臣]而[臣]不来，是[臣]再奸 gān[王命]也，逃无所入。"

【失命】 杨 未完成使命。

【奸】 正 犯。

王曰："[尔]归，从政如他日。"

【三】无极费无极曰："奢伍奢之子材，若在吴，必忧楚国。盍(何不)以免其父召之？彼仁，必来；不然，将为患。"

王楚平王使召之，曰："来，吾免而(尔)父。"

棠君(尹)尚伍尚谓其弟员 yún，伍员曰："尔适吴，我将归死。吾知(智)不逮，我能死，尔能报。闻免父之命，不可以莫之奔也；亲戚为戮，不可以莫之报也。奔死免父，孝也；度 duó 功而行，仁也；择任而往，知(智)也；知死不辟(避)，勇也。父不可弃，名不可废，尔其勉之！相从为愈。"

【棠君尚】正 补 伍尚。伍氏，名尚。伍奢(昭十九·二)之子。楚大夫，任棠尹。昭二十年被楚人所杀。**【棠】**正 杨 补 楚邑。一说即襄十四·九之"棠"，紧邻吴；一说即定五·五·四之"堂溪"。从伍员奔吴来看，前说较合理。**【员】**正 杨 补 伍员。伍氏，又为申氏，名员，字胥。伍奢之子，伍尚之弟。本为楚大夫。昭二十年奔吴，官至太宰(据清华简二《系年》)。哀十一年被吴王夫差赐死。食采于申。据《墨子·所染》"阖闾染于伍员、文义"，可知伍员是吴王阖闾最重要的两位辅臣之一。

【适】补 往。

【吾知不逮】正 杨 我的才智不及[你]。

【闻免……奔也】补 听到赦免父亲的命令，不能没有人奔走回去。

【父不可弃，名不可废】正 补 父亲不可抛弃，名誉不可废弃。伍尚意谓，二人都逃亡是抛弃父亲，二人都回到楚受死，导致伍氏灭族是废弃名誉。

【相从为愈】杨 补 听从[我的建议]为好。愈，更好。

伍尚归。奢闻员不来，曰："楚君、大夫其旰 gàn 食乎！"楚人皆杀之。

【楚君、大夫其旰食乎】 正 杨 补 楚国君王、大夫恐怕要晚吃饭了吧！伍奢意谓伍员日后将鼓动吴进犯楚，使楚君臣不得安生。旰，晚。杜甫《送樊二十三侍御赴汉中判官》“至尊方旰食”典出于此。

○ 补 据清华简二《系年》，则伍奢另有一子名为伍鸡（伍之鸡）。伍奢被杀之后，伍鸡与伍员一同奔吴。

【四】员伍员如吴，言伐楚之利于州于吴王州于。

【州于】 正 杨 补 吴王州于。姬姓，传世文献中所见名号为“僚”（《左传》经、《史记》《吴越春秋》）、“州于”（《左传》《吴越春秋》）。吴王寿梦（成七・六・三）庶子，吴王夷末（襄二十九・九・春秋）庶兄。昭十六年立，在位十二年。昭二十七年被王子光（吴王阖庐）指使鱄设诸所弑。

公子光王子光曰：“是宗为戮，而欲反其仇，不可从也。”

【是宗为戮】 补 此人宗族遭到屠戮。

员曰：“彼王子光将有他志。余姑为之求士，而鄙以待之。”［员］乃见（现）鱄 zhuān 设诸焉，而耕于鄙。

【而鄙以待之】 正 杨 补 而［退居］鄙野，以等待王子光［的召唤］。

【乃见鱄设诸焉】 补 于是［伍员］向［王子光］引见了鱄设诸。**【鱄设诸】** 正 杨 补 鱄氏，名诸，设为语助词。吴刺客。昭二十七年刺杀吴王州于成功后被杀。

○ 补 参见僖十一僖十一・四・三丕郑被晋惠公杀后、其子丕豹言伐晋之利于秦穆公。

○ 正 补 下启昭二十七年王子光弑吴王州于（昭二十七・二），及定四年吴伐楚（定三一定四）。

昭公二十年·四

地理 曹、宋见昭地理示意图 1。曹、宋、鄸见昭地理示意图 3。

人物 公孙会、宋元公(襄二十六·六·二·一)、华定(襄二十九·八·春秋)、华亥(昭六·六·二·一)、向宁(昭十九·三)、公子寅、公子御戎、公子朱、公子固、公孙援、公孙丁、向胜、向行、太子栾、公子辰、公子地、华无戚、向罗、华启

春秋 夏,曹公孙会自鄸 méng 出奔宋。

【公孙会】杨 补 姬姓。公子欣时(成十三·三·一)之子,曹宣公(宣十七·一)之孙。昭二十年奔宋。

【鄸】正 杨 补 在今山东菏泽西北。曹邑。参见《图集》24—25③6。

○正 此条《春秋》无对应《左传》。

左传【一】宋元公无信、多私,而恶 wù 华、向。华定、华亥与向宁谋曰:"亡愈于死,先诸(之乎)?"华亥伪有疾,以诱群公子。公子问之华亥,则[华亥]执之公子。

【亡愈于死,先诸】正 杨 补 逃亡总比死要好,先下手吗?华、向意谓,如果先下手发动叛乱,最多是事败出逃;如果无所作为,下场就是被宋元公治罪杀死。

【公子问之】杨 补 群公子[到华亥家]慰问华亥[病情]。

【二】夏,六月丙申九日,[华、向]杀公子寅、公子御戎、公子朱、公子固、公孙援、公孙丁,拘向胜、向行于其廪 lǐn。公宋元公如华氏请焉,[华氏]弗许,遂劫之宋元公。

【公子寅……向行】正 八人皆为宋元公党羽。【公子御戎】杨 补 子姓,名御戎,字边。宋平公(成十五·三·春秋)之子。昭二十年被华、向乱党所杀。其后为边氏。【向胜】杨 补 子姓,向氏,名胜。向

戌(成十五·六·三)之子。昭二十年被华、向乱党所拘。**【向行】** 杨 补 子姓,向氏,名行。向戌之子。昭二十年被华、向乱党所拘。

【廪】 补 谷仓。

【弗许,遂劫之】 正 补 [华氏]没有答应,进而劫持了宋元公。

【三】癸卯十六日,[华、向]取大(太)子栾太子栾与母弟辰公子辰、公子地以为质,公宋元公亦取华亥之子无戚华无戚、向宁之子罗向罗、华定之子启华启,与华氏盟,以为质。

【大子栾】 正 补 太子栾,后为宋景公。子姓,名栾,谥景。宋元公(襄二十六·六·二·一)之子,景曹(昭二十五·一·三)所生。昭二十六年即位,在位四十八年。哀二十六年卒。**【母弟】** 补 同母弟。

【辰】 正 补 公子辰。子姓,名辰。宋元公之子,宋景公(昭二十·四·三)同母弟,公子地之弟。昭二十年被华、向乱党扣为人质,后得释。定十年奔陈。定十一年自陈入于萧以叛。定十四年自萧奔鲁。

【公子地】 正 补 子姓,名地。宋元公庶子。昭二十年被华、向乱党扣为人质,后得释。定十年奔陈。定十一年自陈入于萧以叛。

【无戚】 补 华无戚。子姓,华氏,名无戚。华亥(昭六·六·二·一)之子。昭二十年被宋元公扣为人质,同年被杀。

【罗】 补 向罗。子姓,向氏,名罗。向宁(昭十九·三)之子。昭二十年被宋元公扣为人质,同年被杀。

【启】 补 华启。子姓,华氏,名启。华定(襄二十九·八·春秋)之子。昭二十年被宋元公扣为人质,同年被杀。

○ 正 下启本年华氏、向氏出奔(昭二十·六)。

昭公二十年·五

地理 卫、齐、晋、鲁见昭地理示意图1。卫、齐、晋、鲁、鄄见昭地理示意图3。

人物 公孟縶(昭七·十二·一·一)、齐豹、北宫贞子(昭十·四·

二・一)、褚师圃、公子朝(襄二十九・九・四)、卫襄公(襄三十一・七・一・一)、宣姜(昭七・十二・一・一)、宗鲁、卫灵公(昭七・十二・一・一)、祝蛙、华齐、庆比、公南楚、华寅、鸿骝魋、褚师子申、析成子、齐景公(襄二十五・一・四)、公孙青、渠子、子玉霄、子高鲂、苑何忌、琴张、孔子(僖二十七—僖二十八・二十五・三)

春秋 秋,盗杀卫侯卫灵公之兄絷 zhí,公孟絷。

○补 本段《春秋》的微言大义参见昭三十一・三・二。

左传 【一】卫公孟絷狎齐豹,夺之司寇与鄄 juàn。有役则反(返)之,无则取之。公孟公孟絷恶 wù 北宫喜北宫贞子、褚 zhǔ 师圃,欲去之。公子朝通于襄卫襄公夫人宣姜,惧,而欲以作乱。故齐豹、北宫喜、褚师圃、公子朝作乱。

【狎】正 补 轻慢。【齐豹】正 补 齐氏,名豹。齐恶(昭元・一・春秋)之子。卫大夫,官至卿位。昭二十年已任司寇。昭二十年被北宫氏之宰所杀。

【司寇】补 卫外朝官,卿职,职掌刑狱捕盗。【鄄】正 杨 见庄十四—庄十五・春秋。此时为齐豹采邑。

【有役……取之】正 补 有事务时就把司寇、鄄邑还给齐豹,无事时则又将官、邑夺去。

【褚师】补 卫外朝官,职掌市场管理。

【二】初,齐豹见(现)宗鲁于公孟公孟絷,为[公孟]骖乘 chéng 焉。

【见】正 杨 补 引见,推荐。

【宗鲁】补 宗氏,名鲁。公孟絷属大夫。昭二十年被齐豹所杀。

【骖乘】补 见《知识准备》“车马”。

[齐豹]将作乱,而谓之宗鲁曰:“公孟之不善,子所知也。[子]勿与

[公孟]乘 chéng，吾将杀之。”

[宗鲁]对曰：“吾由子事公孟，子假吾名焉，故[公孟]不吾远也。虽其公孟縶不善，吾亦知之。抑以利故，[吾]不能去，是吾过也。今[吾]闻难 nàn 而逃，是僭 jiàn 子也。子行事乎，吾将死之。[吾]以周事子，而归死于公孟，其可也。”

【子假……远也】正 您借我[好]名声，因此[公孟縶]不疏远我。
【抑】杨 转折连词，但。
【是僭子也】正 补 这是使您失信。僭，不信。
【吾将死之】补 我将为公孟縶而死。
【以周事子】杨 补 用保密来事奉您。周，密，不泄露。

【三・一】丙辰二十九日，卫侯卫灵公在平寿。公孟公孟縶有事于盖获之门外。齐子氏齐豹帷于门外，而伏甲焉。[齐豹]使祝蛙置戈于车薪以当门，使一乘 shèng 从公孟[自闳]以出，使华齐御公孟，宗鲁骖乘。及闳 hóng 中，齐氏齐豹用戈击公孟，宗鲁以背蔽之，[齐豹]断[宗鲁]肱，以中公孟之肩。皆杀之。

【平寿】正 补 卫地，当在卫都附近。
【有事】正 有祭祀之事。【盖获之门】正 卫都郭门。
【祝蛙】补 齐氏家祝，名蛙。【祝】补 家祝，卿大夫家臣，掌祝祷祈神。【车薪】补 车中所载木柴。
【及闳……公孟】正 补 [公孟縶等人]行至曲门之中时，齐豹[从挡在门口的木柴车中]抽出戈砍击公孟縶。
【皆杀之】补 把[公孟縶及宗鲁]都杀了。

【三・二】公卫灵公闻乱，乘 chéng，驱，自阅门入，庆比御公，公南楚骖乘，使华寅乘贰车。及公宫，鸿駵 liú 魋 tuí 驷乘于公。公载宝以出。褚师子申遇公于马路之衢 qú，遂从。过齐氏，[公]使华寅肉袒，执盖以当其阙 quē。齐氏射公，中南楚公南楚之背。公遂出。寅华寅闭郭门，逾而从公。公如死鸟。析朱鉏析成子宵从窦出，徒行从公。

【阅门】补卫都城门。

【贰车】正 杨 补《国语・鲁语下》："天子有虎贲，习武训也；诸侯有旅贲，御灾害也；大夫有贰车，备承事也；士有陪乘，告奔走也。"从《左传》记载看，国君、卿大夫（哀十六・三）的副车都可以称为"贰车"，作为备用车辆，并负责执行国君/大夫交代的事务。《左传》又有"佐车"（成元—成二・十一・二），应即"贰车"。

【鸿駵魋驷乘于公】正 补鸿駵魋上卫灵公车，一车共四人（卫灵公、庆比、公南楚、鸿駵魋）。"驷乘"见《知识准备》"车马"。

【马路之衢】杨卫都城内大街。

【肉袒】杨 补赤裸上身[，表示必死]。

【盖】杨车盖，形似伞，本用于挡日晒风雨，此时用于挡兵刃。

【阙】正空缺处。

【死鸟】正 杨卫都郭门外地。

【析朱鉏】正 补析成子。姬姓，析氏，名朱鉏，谥成。子叔黑背（成十・二・春秋）（字析）之孙。昭二十年从卫灵公自卫都出奔至死鸟。同年归于卫。后至鲁。哀八年战死。

【窦】补见襄二十六—襄二十七・一。【徒行】补步行。

【四・一】齐侯齐景公使公孙青聘于卫。[公孙青]既出，闻卫乱，使请所聘。公齐景公曰："犹在竟（境）内，则卫君也。"[公孙青]乃将 jiàng 事焉，遂从诸（之于）死鸟。

【公孙青】正 补姜姓，名青，字石。公子胜之子，齐顷公（宣十・十三・春秋）之孙。【聘】补见隐七・四・春秋。

【乃将……死鸟】正 补[公孙青]就奉命行聘问之礼，于是跟随卫灵公的队伍到了死鸟。

【四·二】[宾]请将 jiàng 事。[主人]辞曰："亡人卫灵公不佞 nìng，失守社稷，越在草莽。吾子公孙青无所辱君齐景公命。"

【请将事】杨补[公孙青]请[按齐景公的命令与卫灵公]行聘礼。
【亡人】补逃亡出国之人，这里是卫灵公自称。【不佞】补不才。
【越】补逸，流亡。
【吾子无所辱君命】补没有地方可以让您屈尊[执行]贵国君主的命令。

宾公孙青曰："寡君齐景公命下臣公孙青于朝，曰'阿下执事'，臣不敢贰。"

【阿下执事】杨补谦卑地亲附执政。

主人卫灵公曰："君若惠顾先君之好，照临敝邑，镇抚其社稷，则有宗祧 tiāo 在。"

【宗祧】正宗庙。
○正卫灵公的意思是聘问礼应当在宗庙举行。

[宾]乃止。

【四·三】卫侯卫灵公固请[私]见之。[公孙青]不获命，以其良马见，为未致使故也。卫侯以为乘 shèng 马。

【不获……故也】正杨补[公孙青]没有得到[齐景公关于在未能执行使命的情况下可以与卫灵公以正礼私下见面的]命令，于是用自己的良马[作为进献的礼物与卫灵公]私下见面，[之所以在正礼基础上有所减损，]是因为未能执行使命的缘故。
【卫侯以为乘马】正杨补卫灵公把[公孙青送给自己的马]作为自己乘车的马。卫灵公很高兴公孙青代表齐仍然尊自己为卫君，因此格外重视公孙青所送的礼物。

【四・四】宾将掫 zōu。

○正宾客(公孙青)想要[参与]巡夜。参见襄二十五・一・三・一“陪臣干掫有淫者”。

主人辞曰:“亡人之忧,不可以及吾子公孙青;草莽之中,不足以辱从者公孙青。敢辞。”

宾曰:“寡君齐景公之下臣,君卫灵公之牧圉 yǔ 也。[下臣]若不获扞外役,是[君]不有寡君也。臣惧不免于戾,请以除死。”

【牧】补养牛人。【圉】补养马人。

【戾】补罪。

【请以除死】补请求通过[参与巡夜]来免除自己的死罪。

[宾]亲执铎 duó,终夕与 yù 于燎。

【铎】杨补考古报告中的“铎”是一种铜制铃体摇奏体鸣乐器和信号器,下部有铜柄或木柄,铃体内有铜质、骨质或木质舌。其中一些器壁铭文上有自名为“铎”,因此可以认为其确为先秦传世文献中提到的“铎”。考古发现春秋时期铎的实例见昭器物图 4。

○正补[公孙青]亲自拿着铎,整夜参与[燃起]篝火[巡夜打更]。

○补《公羊传・昭公二十五年》记载了齐景公与出奔的鲁昭公见面的行礼细节(见昭二十五・五・四・二所引《公羊传》),风格与本处类似,可参看。

【五・一】齐氏之宰渠子召北宫子北宫贞子。北宫氏之宰不[使北宫子]与 yù 闻,谋杀渠子,遂伐齐氏,灭之。

【宰】补见隐四・二・七・一。

【五・二】丁巳晦六月三十日,公卫灵公入,与北宫喜北宫贞子盟于彭水

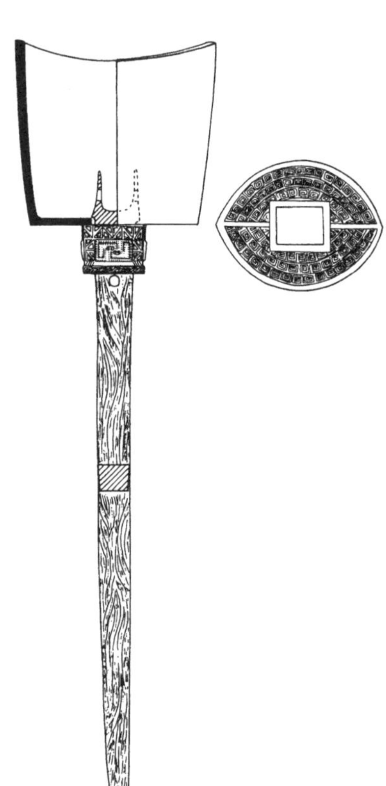

昭器物图 4.1　安徽青阳县庙前镇龙岗出土雷纹铎，木柄，舌丢失，春秋时期(《皖南商周青铜器》，2006 年)

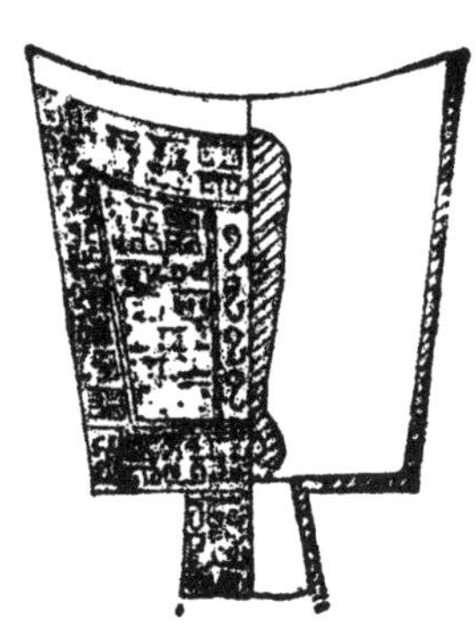

昭器物图 4.2　山东临沂凤凰岭东周墓，木柄(未画出)，骨质舌，春秋晚期(《临沂凤凰岭东周墓》，1988 年)

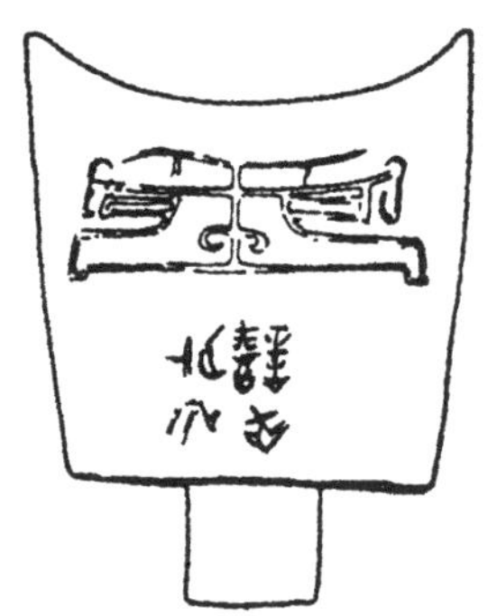

昭器物图 4.3　外卒铎，椭环舌，春秋时期(《商周彝器通考》，1941 年)

之上。秋，七月戊午朔初一，[公]遂盟国人。八月辛亥二十五日，公子朝、褚师圃、子玉霄、子高鲂出奔晋。闰月戊辰十二日，[卫人]杀宣姜。

【晦】补阴历月末。

【公入……之上】正 补北宫贞子本与齐氏同谋，故卫灵公先与之盟以笼络之。

【朔】补见桓三·五·春秋。

【公子……高鲂】正 皆为齐氏党羽。

【杀宣姜】正 宣姜先前与齐氏党羽公子朝通谋，故杀之。

【五·三】卫侯卫灵公赐北宫喜谥曰“贞子”，赐析朱锄谥曰“成子”，而以齐氏之墓予之。

○正 卫灵公给二人赐谥都不是本年发生的事，《左传》因卫灵公复入而探后言之。

【六】卫侯卫灵公告宁于齐，且言子石公孙青。

齐侯齐景公将饮酒，遍赐大夫曰：“二三子之教也。”

【二三子】补 诸位大夫。

苑何忌辞，曰：“[群臣]与 yù 于青公孙青之赏，必及于其罚。在《康诰 gào》曰，父子兄弟，罪不相及，况在群臣？臣敢贪君赐以干先王周成王？”

【苑何忌】正 补 子姓，苑氏，名何忌。齐大夫。**【辞】**补 辞谢不受。

【在《康……相及】正 补 此为概述其意，全文为“父不慈，子不祗，兄不友，弟不共，不相及也”，参见僖三十三·五·二·一。

【干】正 犯。**【先王】**杨 指周成王。成王封康叔封为卫始封君，《康诰》即为此事而作。

【七】琴张闻宗鲁死，将往吊之。仲尼孔子曰：“齐豹之盗，而孟絷公孟絷之贼，女（汝）何吊焉？君子不食奸，不受乱，不为利疚于回，不以回待人，不盖不义，不犯非礼。”

【琴张】正 杨 鲁人。

【齐豹……吊焉】正 补 齐豹成为恶人，公孟絷被贼害[，都是由于宗鲁]，你为什么要去吊唁呢？

【食奸】正 补 指宗鲁明知公孟絷不善而继续享受他给的俸禄。

【受乱】正 补 指宗鲁允许齐豹作乱并为他保密。

【为利疚于回】正 补 指宗鲁由于贪恋私利而被邪恶所困扰。疚，病。回，邪。

【以回待人】正 杨 指宗鲁事奉公孟絷而认为他应该被杀掉，此为以邪待公孟絷；宗鲁知道齐豹将杀公孟絷而听之任之，此为以邪待齐豹。

【盖不义】正 杨 指宗鲁掩盖齐豹杀公孟絷的不义阴谋。

【犯非礼】正 指宗鲁事奉公孟絷而有二心，此为非礼。

昭公二十年·六

地理 宋、陈、郑、晋、吴见昭地理示意图1。

人物 华亥（昭六·六·二·一）、向宁（昭十九·三）、华定（襄二十九·八·春秋）、公子城、公孙忌、乐舍、司马强、向宜、向郑、太子建（昭十九·二）、郳甲、宋元公（襄二十六·六·二·一）、华费遂（昭四·三·六·一）、华登、太子栾（昭二十·四·三）、华牼

春秋 冬，十月，宋华亥、向宁、华定出奔陈。

左传〔一〕宋华、向之乱，公子城、公孙忌、乐舍、司马强、向宜、向郑、楚建太子建、郳ní甲出奔郑。其徒与华氏战于鬼阎，〔华氏〕败子城公子城。子城适晋。

【公子……郳甲】正 八人皆为宋大夫，宋元公党羽。【公子城】正 杨 补 子姓，名城，字边。宋平公（成十五·三·春秋）之子。昭二十年奔郑，遂适晋。昭二十一年归于宋。【公孙忌】补 子姓，名忌。宋大夫。昭二十年奔郑。后已归于宋。昭二十二年任司马（卿职）。【乐舍】正 补 子姓，乐氏，名舍。乐喜（襄六·二·二）之孙。昭二十年奔郑。【向宜】正 补 子姓，向氏，名宜，字禄。向戌（成十五·

六·三)之子。昭二十年奔郑。昭二十一年归于宋。**【向郑】**正 补 子姓,向氏,名郑。向戌之子。昭二十年奔郑。**【郳甲】**正 补 曹姓,郳氏,名甲。小邾穆公(襄七·三·春秋)之子。昭二十年奔郑。

【鬼阎】正 杨 补 在今河南西华东北。宋地。参见《图集》24—25⑤5。

○正 下启昭二十一年公子城以晋师至(昭二十一·六·三)。

[二] 华亥与其妻,必盥而食sì所质公子者而后食。公宋元公与夫人每日必适华氏,食sì公子而后归。华亥患之,欲归公子。向宁曰:"唯不信,故质其子。若又归之,死无日矣。"

【盥】补 洗手,见僖二十三—僖二十四·八·一。

【所质公子者】杨 指本年被扣留在华氏的太子栾、公子辰、公子地。

【适】补 往。

[三] 公宋元公请于华费遂,将攻华氏。[华费遂]对曰:"臣不敢爱死,[君]无乃求去忧而滋长乎! 臣是以惧,敢不听命?"公曰:"子死亡有命,余不忍其询(诟)。"

【爱】杨 惜。

【子死……其询】正 补 孩子们死掉或流亡都是命中注定,我不能忍受这种耻辱。诟,耻。

[四] 冬,十月,公宋元公杀华、向之质而攻之。戊辰十三日,华、向奔陈,华登奔吴。

【华、向之质】补 指被扣留在国君处的华无戚、向罗、华启。

【华登】正 补 子姓,华氏,名登。华费遂(昭四·三·六·一)之子,华貙(昭二十一·四·一)、华多僚(昭二十一·四·一)之弟。华、向党羽。昭二十年奔吴。昭二十一年因吴师归于宋救华氏,同年如楚乞师,后归于宋。昭二十二年奔楚。据哀元·三·二所引《国语·吴语》,则华登出奔到吴国后,曾与伍员合作训练吴国军队。

【五·一】向宁欲杀大(太)子太子栾。华亥曰:"干君宋元公而出,又杀其子,其谁纳我?且归之有庸。"使少司寇牼kēng,华牼以[三公子]归,曰:"子华牼之齿长zhǎng矣,不能事人。以三公子为质,必免[于难]。"

【干】杨犯。

【且归之有庸】正 补 而且放太子栾回去将有功劳。庸,功。

【少司寇牼】正 补 华牼。子姓,华氏,名牼。宋大夫。昭二十年已任少司寇。《说文》引《春秋传》曰:"宋司马牼,字牛。"今本《左传》无此文句。若《说文》之"宋司马牼"即为此处之"少司寇牼",则华牼字牛,且此后升任司马(卿职)。【少司寇】补 见成十五·六·一。

【子之……必免】正 杨 补 您的年纪大了,不能逃亡到他国为人臣下。用三公子(太子栾、公子辰、公子地)作为证明无叛心的信物,一定可以免于[获罪]。质,信。

【五·二】公子既入,华牼将自门行。公宋元公遽见之,执其手,曰:"余知而(尔)无罪也。入,复而(尔)所。"

【华牼将自门行】补 华牼准备从城门再次出奔。

【复而所】正 补 恢复你所居的官职。

昭公二十年·七

地理 蔡2见昭地理示意图1。

人物 蔡平公(昭十三·四·春秋)

春秋 十有(又)一月辛卯七日,蔡侯庐蔡平公卒。

昭公二十年·八

地理 齐见昭地理示意图 1。齐、聊、摄、贝丘、姑水、尤水见昭地理示意图 4。

人物 齐景公(襄二十五·一·四)、梁丘据、裔款、祝固、史嚚、晏平仲(襄十七·六)、屈建(襄二十二·六·二)、赵文子(成八·五·一)、楚康王(襄十四·九)、孔子(僖二十七—僖二十八·二十五·三)、季蒯、有逢伯陵、齐太公(僖三—僖四·五)

左传【一·一】齐侯齐景公疥 jiè,遂痁(痼)。期 jī 而不瘳 chōu,诸侯之宾问疾者多在。梁丘据与裔款言于公齐景公曰:"吾事鬼神丰,于先君有加矣。今君疾病,为诸侯忧,是祝、史之罪也。诸侯不知,其谓我不敬。君盍(何不)诛于祝固、史嚚 yín 以辞宾?"

【疥】杨 由疥虫寄生引起的传染性皮肤病。

【痁】正 补《晏子春秋》(详见下)作"瘧",上博简六《景公瘧》作"瘧"。疑《左传》之"痁"乃"痁"之讹字,而《晏子春秋》之"瘧"则为"瘧"之讹字。"痁"或"瘧"皆可读为"痼"。痼,顽疾。此解与《左传》下文"期而不瘳"正相应。

【期】正 一年。【瘳】补 病愈。

【梁丘据】正 补 梁丘氏,名据,字犹。齐景公嬖大夫。据《晏子春秋》,则其职责包括"治宾客之事"。据上博简六《景公瘧》,则其职责包括"监正"。【裔款】正 补 裔氏,名款。齐景公嬖大夫。据《晏子春秋》,则其职责包括"治齐国之政"。据上博简六《景公瘧》,则其职责包括"监祭"。

【疾病】补 病重。

【祝】正 补 见襄二十五·一·三·一。

【史】正 补 见襄二十五·一·五。

【诛】补 责罚。据下文晏平仲之言,则此诛实为杀戮。

【祝固】正 齐太祝,名固。【史嚚】正 齐太史,名嚚。【辞】补 辞谢。

【一·二】公说(悦)，告晏子晏平仲。晏子曰："日宋之盟，屈建问范会范武子之德于赵武赵文子。赵武曰：'夫子范武子之家事治；言于晋国，竭情无私。其祝、史祭祀，陈信不愧；其家事无猜，其祝、史不祈。'建屈建以语 yù 康王楚康王。康王曰：'神、人无怨，宜夫子之光辅五君，以为诸侯主也。'"

【日宋……主也】正 见襄二十七·三·二·八。

公曰："据梁丘据与款裔款谓寡人能事鬼神，故欲诛于祝祝固、史史嚚。子称是语，何故？"

[晏子]对曰：

"若有德之君，外内不废，上下无怨，动无违事，其祝、史荐信，无愧心矣。是以鬼神用飨，国受其福，祝、史与 yù 焉。其祝、史所以蕃祉 zhǐ 老寿者，为信君使也，其祝、史言忠信于鬼神。

【外】杨 补 朝廷之事。【内】杨 内宫之事。
【上】正 大臣。【下】正 民众。
【违事】杨 违礼之事。
【荐信】杨 [向鬼神]陈说实情。荐，进。
【用飨】杨 补 享用祭食。
【蕃祉老寿】补 繁衍有福，健康长寿。
【信君】补 有诚信的国君。

"其适遇淫君，外内颇邪，上下怨疾；动作辟 pì 违，从(纵)欲厌私；高台深池，撞钟舞女；斩刈民力，输掠其聚，以成其违，不恤后人；暴虐淫从(纵)，肆行非度，无所还忌；不思谤讟 dú，不惮鬼神，神怒民痛，无悛 quān 于心。其祝、史荐信，是言[君之]罪也；其盖失数 shǔ 美，是矫诬[于神]也。[祝、史]进退无辞，则虚以求媚。是以鬼神不飨其国以祸之，祝、史与 yù 焉。[祝、史]所以夭昏(泯)孤疾者，为暴君使也，其言僭 jiàn 嫚 màn 于鬼神。”

【颇邪】[补]偏颇邪恶。

【辟违】[补]邪僻背理。**【厌私】**[正]满足私情。

【输掠其聚】[正][补]征收掠夺民众的积蓄。

【还忌】[正]顾忌。还，顾。

【谤讟】[补]见昭元・一・二・二。**【悛】**[补]悔改。

【盖失数美】[正]掩盖过失，妄数美善。

【矫诬】[正]矫诈诬罔。

【进退……求媚】[正][杨][补][祝史]无论是进[而陈述实情]还是退[而妄称美善]都没有[合适的]言辞，只好[陈述与实际情况无关的]虚浮[言辞]以求讨好[鬼神]。

【是以……与焉】[补]因此鬼神不享用他们国家的祭品，还让它发生祸难，祝、史也会分担[祸难]。

【夭】[补]短命而死。**【昏】**[补]没，死。

【僭嫚】[杨]欺诈轻侮。

○[补]晏平仲的意思是，如果齐祝、史短命被诛杀，则说明齐景公是淫君、暴君。

公曰：“然则若之何？”

[晏子]对曰：

“[齐政]不可为也。

“山林之木，衡鹿(麓)守之；泽之萑 huán 蒲，舟鲛 yú(敝)守之；薮 sǒu 之薪蒸，虞候守之；海之盐、蜃 shèn，祈望守之。

【衡鹿】[正][补]齐外朝官，职掌守卫山林。

【萑】[杨][补]荻[*Triarrhena sacchariflora* （Maxim.）Nakai]或芒

(*Miscanthus sinensis* Anderss.),都是生长于湿地的禾本科多年生草本植物。**【蒲】**杨 补 东方香蒲(*Typha orientalis* Presl)、长苞香蒲(*Typha angustata* Bory et Chaub.)或水烛(*Typha angustifolia*),都是生长于湿地的香蒲科多年生草本植物。

【舟鲛】正 杨 补 应为“舟鮫”之误。《国语·鲁语下》有“舟虞”,应即“舟鮫”。此为齐外朝官,职掌渔政水产。

【薮】正 补 少水、多草木之沼泽。**【薪蒸】**正 柴木,粗为薪,细为蒸。

【虞候】正 补 即虞人,详见昭二十·八·二·一。

【蜃】杨 大蛤。

【祈望】正 补 齐外朝官,职掌海产。

○补 此数句表明齐景公专有山泽之利,不与民众共享。上博简六《景公瘧》之辞为“……今薪蒸使虞守之,泽梁使鮫守之,山林使衡守之,举邦为禁……”可能《左传》上文所述政策并非齐国的常法旧制,而是齐景公想要专有山泽之利的“新政”。

“县鄙之人,入从其政;逼介(迩)之关,暴征其私;承嗣大夫,强易其贿;布常无艺,征敛无度。

【县鄙之人,入从其政】正 补 周边地区的粗人,进入国都从事政务。杜注、孔疏则认为,此句意思是“边鄙县邑的人,进入国都服政役”,而下文“逼介之关”所征的就是这些边鄙之人的赋税。“县鄙”参见昭十九·十·二“晋之县鄙”。

【逼介之关,暴征其私】正 杨 补 迫近国都的关卡,对私人财物横征暴敛。逼介,即“逼尒”,亦即“逼迩”。

【承嗣大夫,强易其贿】正 杨 补 世袭职位的大夫,强买强卖货物。

【布常无艺】杨 公布政令毫无准限。常,政令。艺,准限。

○补 此数句表明齐国政治混乱,横征暴敛。

“宫室日更,淫乐yuè不违;内宠之妾,肆夺于市;外宠之臣,僭令于鄙;私欲养求,不给jǐ则应。

【宫室日更，淫乐不违】 正 补 ［国君］宫室每天换着住，荒淫乐舞片刻不离。违，离。

【肆夺于市】 正 补 在［国都］市场上放肆掠夺。

【僭令于鄙】 正 补 在边境地区假传君令。僭，僭越。

【私欲养求，不给则应】 正 补 ［国君的］私人欲望、口体需求，［下级官员］不能供给，则［以治罪来］回应。

○ 补 此数句表明齐景公宫廷生活腐化，宠幸之人肆无忌惮。此处“内宠”“外宠”未有确指，而上博简六《景公瘧》则点明内宠为裔款，外宠为梁丘据。

“民人苦病，夫妇皆诅。祝有益也，诅亦有损。聊、摄以东，姑、尤以西，其为人也多矣。虽其祝固、史嚚善祝，岂能胜亿兆人之诅？君若欲诛于祝、史，修德而后可。”

【聊、摄】 正 齐西部边境地区。**【聊】** 正 杨 补 在今山东聊城闫寺街道附近。齐邑。参见《图集》26—27③2。**【摄】** 正 杨 即聂，见僖元・二・春秋。

【姑、尤】 正 齐东部边境地区。**【姑】** 正 杨 补 水名，今名大沽河，发源于今山东烟台招远阜山西麓，自山东招远由北曲折南流，在胶州市码头村流入胶州湾。春秋时姑水参见《图集》26—27②7 至③7。**【尤】** 正 杨 补 水名，今名小沽河，源出今山东莱州南部马山和胡家顶山东麓，沿山东平度和莱西交界南下，在莱西市大里村南汇入大沽河。春秋时尤水参见《图集》26—27②7 至③7。

公说（悦），使有司宽政，毁关，去禁，薄敛，已责（债）。

【有司】 补 见僖十二—僖十三・二・一。

【已责】 正 杨 补 免除［民众欠公室的］债务。

○ 补 据《晏子春秋》，则下月齐景公病愈。据上博简六《景公瘧》，则十五日后齐景公病愈。

○[补]传世文献对读：《晏子春秋·内篇·谏上》记此事与《左传》有所不同，可扫码阅读。

【二·一】十二月，齐侯齐景公田于沛。[公]招虞人以弓，[虞人]不进。公齐景公使执之。[虞人]辞曰："昔我先君之田也，旃zhān以招大夫，弓以招士，皮冠以招虞人。臣不见皮冠，故不敢进。"[公]乃舍之。

【田】[正]打猎。【沛】[杨]即贝丘，见庄八—庄九—庄十·二。

【虞人】[正][补]齐外朝官，职掌山泽之禁，国君田猎。

【旃】[补]旗的一种。

【二·二】仲尼孔子曰："守道不如守官。"君子韪wěi之。

【守道不如守官】[正][补]守住常道不如守住官制。君召臣、臣上前为常道，皮冠招虞人、虞人方可上前是官制。

【君子韪之】[正][补]君子认为这话正确。韪，是。

【三】齐侯齐景公至自田，晏子晏平仲侍于遄chuán台，子犹梁丘据驰而造焉。

【遄台】[杨][补]在今山东淄博临淄区附近。

【造】[补]至。

公齐景公曰："唯据梁丘据与我和夫！"

○[补]按《左传》版本，则齐景公看到梁丘据到来，没有任何由头就说"唯据与我和夫"，甚为突兀。据下引《晏子春秋·内篇·谏上》，在此之前，晏平仲说"大暑而疾驰，甚者马死，薄者马伤，非据孰敢为之"，也就是借题发挥批评梁丘据张扬跋扈。齐景公想要为自己宠信梁丘据的行为辩护，所以才说"唯据与我和者夫"，较为合理。疑《左传》和

《晏子春秋》均出自同一祖本,《左传》在此处删去了晏平仲批评梁丘据的文字,因此显得突兀,而《晏子春秋》则保留了这一段。

晏子对曰:“据亦同也,焉得为和?”

公曰:“和与同异乎?”

[晏子]对曰:

“异。

“和如羹焉:水、火、醯 xī、醢 hǎi、盐、梅以烹鱼肉,燀 chǎn 之以薪,宰夫和之,齐之以味:济其不及,以泄其过。君子食之,以平其心。君臣亦然:君所谓可而有否焉,臣献其否,以成其可;君所谓否而有可焉,臣献其可,以去其否。是以政平而不干,民无争心。故《诗》曰:‘亦有和羹,既戒既平。鬷 zōng 嘏 gǔ 无言,时靡有争。’

【羹】补见隐元·四·六·二。

【醯】正 杨醋。【醢】正肉酱。

【燀】正炊。

【宰夫】补齐内朝官,负责公室膳食。

【济】正益。【泄】正减。

【献其否】正 杨 补指出国君言论中不对的地方。

【政平而不干】杨 补政事平顺而无所冒犯。

【亦有……有争】正 杨 补《毛诗·商颂·烈祖》有此句,而“嘏”作“假”。可译为“有五味调和的羹,已经告诫厨工把味道调得适中。神灵来享而无所指责,上下也都没有争竞”。戒,至。鬷嘏,即奏格,奏,献羹;格,神至。靡,无。

○补杜甫《客堂》“献可天衢直”典出于此。

“先王之济五味、和五声也，以平其心，成其政也。声亦如味，一气，二体，三类，四物，五声，六律，七音，八风，九歌，以相成也；清浊、小大、短长、疾徐、哀乐、刚柔、迟速、高下、出入、周疏，以相济也。君子听之，以平其心。心平，德和。故《诗》曰：‘德音不瑕。’

【济】正成。【五味】补见僖三十·五·一。

【五声】补见僖二十四·二·二·一。

【二体】正文舞、武舞。

【三类】正《风》《雅》《颂》。

【四物】正四方[出产的可以用来制作乐器]的材料。

【六律】正补中国古代律制（乐音音高体系），按音高从低到高为黄钟、大吕、太簇、夹钟、姑洗、仲吕、蕤宾、林钟、夷则、南吕、无射、应钟。其中，奇数各律（黄钟、太簇、姑洗、蕤宾、夷则、无射）称“六阳律”或“六律”，偶数各律（省略）称“六阴吕”或“六吕”，总称“六律六吕”，这里是以六律指代律制体系。

【七音】正补中国最古音阶，只有五音（参见僖二十四·二·二·一），从低到高为宫、商、角、徵、羽。后发展成七音音阶，从低到高为宫、商、角、变徵、徵、羽、变宫，相当于现代音乐简谱的1(do)、2(re)、3(mi)、4(fa)、5(sol)、6(la)、7(si)。

【八风】补见隐五·七。

【九歌】补见文七—文八·一。

【周】正密。

【德音不瑕】正《毛诗·豳风·狼跋》有此句，可译为“行为和言论没有瑕疵”。“德音”参见昭四·一·二。

“今据不然：君所谓可，据亦曰可；君所谓否，据亦曰否。若以水济水，谁能食之？若琴瑟之专壹，谁能听之？同之不可也如是。”

【若琴瑟之专壹】 杨 补 如果琴瑟只演奏一个音调。

○ 补 **传世文献对读：**《论语·子路》：“子曰：‘君子和而不同，小人同而不和。’”孔子之言与晏平仲之言义正相合。另据《国语·郑语》，西周末年郑桓公与太史伯探讨时局形势，太史伯也谈到了“和”与“同”的关系，与此处晏平仲观点基本一致，可扫码阅读。

【四】 饮酒乐。公齐景公曰：“古而无死，其乐若何！”晏子晏平仲对曰：“古而无死，则古之乐也，君何得焉？昔爽鸠氏始居此地，季荝 cè 因之，有逢伯陵因之，蒲姑氏因之，而后大（太）公齐太公因之。古若无死，爽鸠氏之乐，非君所愿也。”

【古而无死】 杨 补 自古以来如果没有死。而，如。

【爽鸠氏】 正 补 少皞氏司寇。参见昭十七·三·一。

【季荝】 正 虞、夏时诸侯。

【有逢伯陵】 正 补 姜姓。殷时诸侯，周太王之妃太姜之祖。**【有逄】** 补 即“逄”，见昭十·一·二。

【蒲姑】 补 见庄八—庄九—庄十·二“姑棼”。

○ 补 **传世文献对读：**《晏子春秋·内篇·谏上》记“古而无死之辨”“和同之辨”“禳彗星之辨”（参见昭二十六·九·一）为同一日之三事，与《左传》不同，可扫码阅读。

昭公二十年·九

地理 郑、鲁见昭地理示意图 1。郑、鲁、萑苻泽见昭地理示意图 3。

人物 公孙侨（襄八·三）、游吉（襄二十二·七·二）、孔子（僖二十

七一僖二十八·二十五·三）

左传【一】郑子产公孙侨有疾，谓子大(太)叔游吉曰："我死，子必为政。唯有德者能以宽服民，其次莫如猛。夫火烈，民望而畏之，故鲜 xiǎn 死焉；水懦弱，民狎 xiá 而玩之，则多死焉。故宽难。"[子产]疾数月而卒。

【狎】 正 补 轻慢。

【故宽难】 正 补 因此宽大[而能治理好政事]很难。

○ 补 **传世文献对读：**《史记·郑世家》："郑相子产卒，郑人皆哭泣，悲之如亡亲戚。"《史记·循吏列传》："[子产]治郑二十六年而死，丁壮号哭，老人儿啼，曰：'子产去我死乎！民将安归？'"《孔丛子·杂训》："子产死，郑人丈夫舍玦佩，妇女舍珠瑱，巷哭三月，竽瑟不作。"

【二】大(太)叔游吉为政，不忍猛而宽。郑国多盗，取人于萑 huán 苻 fú 之泽。大(太)叔悔之，曰"吾早从夫子公孙侨，不及此"，兴徒兵以攻萑苻之盗，尽杀之。盗少止。

【取人】 杨 疑本为一"聚"字，字下部坏，故误分为"取人"二字。

【萑苻之泽】 杨 补 芦苇丛生的水泽。在今河南中牟东北。参见《图集》24—25④5。**【萑】** 补 见昭二十·八·一·二。**【苻】** 补 苻蓠，即莞蒲（*Scirpus tabernaemontani* S. validus），为莎草科多年生挺水型草本水生植物，纤维可织席。

【徒兵】 补 步兵。

【三·一】仲尼孔子曰："善哉！政宽则民慢，慢则纠之以猛。猛则民残，残则施之以宽。宽以济猛，猛以济宽，政是以和。《诗》曰'民亦劳止，汔 qì 可小康。惠此中国，以绥四方'，施之以宽也；‘毋从(纵)诡随，以谨无良。式遏寇虐，惨不畏明’，纠之以猛也；‘柔远能迩，以定我王’，平之以和也；又曰‘不竞不絿qiú，不刚不柔。布政优优，百禄是遒qiú’，和之至也。”

【民亦……四方】 正 杨 补《毛诗·大雅·民劳》有此句，可译为“民众已经很辛劳，差不多可以稍稍安康。赐恩给中原各国，用以安定四方”。止，语末助词。汔，庶几，差不多。绥，安。

【毋从……畏明】 正 杨 补《毛诗·大雅·民劳》有此句，而“毋从”作“无纵”，“惨”作“憯”，可译为“不要放纵盲从的人，以约束不良善的人。应当制止暴虐的人，他们从来不怕法度”。诡随，不顾是非而追随的人。式，助动词，应。遏，止。惨，曾。

【柔远能迩，以定我王】 正 杨 补《毛诗·大雅·民劳》有此句，可译为“安定远近国家，来安定我王”。柔、能为近义词，都是安定的意思。

【不竞……是遒】 正 杨 补《毛诗·商颂·长发》有此句，而“布”作“敷”。可译为“不急不缓，不刚不柔。施政平和宽裕，各种福禄齐聚”。竞，强。絿，缓。优优，宽裕貌。遒，聚。

【三·二】及子产公孙侨卒，仲尼闻之，出涕，曰：“古之遗爱也。”

○补《史记·郑世家》：“孔子尝过郑，与子产如兄弟云。及闻子产死，孔子为泣曰：‘古之遗爱也。’”孔子在此处称公孙侨为“古之遗爱也”，在昭十四·九·三称羊舌肸(叔向)为“古之遗直也”，足见孔子对二人的高度推崇。

○补 笔者对子产的执政成就和执政之道有详细分析，请见专著《救世：子产的为政之道》(中华书局 2021 年版)相关章节。

○补 **出土文献对读：** 清华简六《子产》从春秋战国时人的角度论说子产的施政理念和成就，可扫码阅读。

这篇文章最有意思的地方在于，它的一、三、五、六、八(前半)段是在阐述为君之道，而二、四、七、八(后半)、九、十段是在阐述子产的政绩，似乎文章作者是把子产当作一位贤明的国君进行颂扬。特别是第八段，前半段讲述善君应该求取贤人并委以重任，而后半段就讲子产如何求取贤人并委以重任，将子产视为国君的倾向非常明显。笔者怀疑，这篇文章是战国时期的一个“子产学派”的学者所为，这个学派的学者将他们的宗师子产视为一位“无冕之君”，怀着极为崇敬的心情研究和传承“素君”子产的治国之道和执政艺术，而《子产》正是这个学派一篇提纲挈领的论文。

昭公二十一年·一

地理 周见昭地理示意图1。

人物 周景王(襄三十·六·春秋)、泠州鸠

左传 【一】二十一年,春,天王周景王将铸无射 yì。

【无射】正 钟名,音律符合古律制中的“无射”。六律参见昭二十·八·三。此无射之钟,昭十八年开始铸造,昭二十一年铸成,安放在王城。周敬王移居成周,此钟应亦随之而徙。秦灭周,此钟徙于咸阳。汉灭秦,此钟徙于长安。历汉、魏、晋,常在长安。及东晋刘裕灭后秦,此钟又徙于建康。历宋、齐、梁、陈,此钟犹在。东魏使魏收聘梁,作《聘游赋》云“珍是淫器,无射高县”是也。及开皇九年隋平陈,此钟徙于西京长安,置于太常寺。开皇十五年隋文帝敕毁之。

【二】泠(伶)州鸠曰:“王周景王其以心疾死乎?夫乐,天子之职也。夫音,乐之舆也;而钟,音之器也。天子省 xǐng 风以作乐,器以钟之,舆以行之。小者不窕 tiǎo,大者不槬 huà,则和于物。物和则嘉成。故和声入于耳而藏于心,心亿则乐。窕则不咸,槬则不容,心是以感,感实生疾。今钟槬矣,王心弗堪,其能久乎?”

【泠州鸠】正 周伶人。名州鸠。【泠】正 补 即伶,周内朝官,职掌音乐。

【夫音,乐之舆也】正 杨 补 那声音,是音乐的载体。

【天子……行之】正 补 天子考察风俗而制作乐曲,用器物(钟)来汇聚它,用载体(乐音)来传播它。钟,聚。

【小者不窕,大者不槬】正 杨 补 小乐器[发音]不过于纤细而难以充满空间,大乐器[发音]不过于洪大而难以入耳。窕,细而不满。槬,横大而不入。

【物和则嘉成】正 补 众物和谐,美好的音乐才能完成。

【亿】正安。

【窕则不咸，槬则不容】正 杨 补过于纤细就不能到处听到，过于洪大则让人难以承受。咸，遍。

○正下启昭二十二年周景王崩（昭二十二·四）。

○杨 补**传世文献对读：**《国语·周语下》详叙昭二十年单穆公谏周敬王铸无射之事，可扫码阅读。

昭公二十一年·二

地理 蔡2、鲁见昭地理示意图1。

人物 蔡平公（昭十三·四·春秋）、太子朱/蔡侯朱、叔孙昭子（昭四—昭五·八）

春秋 二十有（又）一年，春，王三月，葬蔡平公。

左传【一】三月，"葬蔡平公"。蔡大（太）子朱失位，位在卑。

【蔡大子朱失位】正 补指下葬时太子朱不在嫡长子应有的尊位，而是和其他庶出公子在一起，按长幼排列。【大子朱】补后为蔡侯朱。姬姓，蔡氏，名朱，无谥。蔡平公（昭十三·四·春秋）之子。昭二十一年即位，在位一年。昭二十一年奔楚。

【二】［我］大夫送葬者归，见昭子叔孙昭子。昭子问蔡故，［大夫］以告。昭子叹曰："蔡其亡乎！若不亡，是君也必不终。《诗》曰：'不解（懈）于位，民之攸塈 xì（呬）。'今蔡侯蔡侯朱始即位，而适卑，身将从之。"

【故】杨事。

【不终】补不得善终。

【不解于位，民之攸塈】补 见成二・七・三・二。

【适】补 往。

○正 下启本年蔡侯朱出奔楚（昭二十一・七）。

昭公二十一年・三

地理 晋、鲁见昭地理示意图 1。

人物 晋顷公（昭十七・四・一）、范献子（襄十四・四・五）、叔孙昭子（昭四—昭五・八）、季平子（昭九・六・二）、鲍文子（成十七・四・三・一）

春秋 夏，晋侯晋顷公使士鞅范献子来聘。

【聘】补 见隐七・四・春秋。

左传 夏，晋士鞅范献子来聘，叔孙叔孙昭子为政。季孙季平子欲恶 wù 诸（之于）晋，使有司以齐鲍国鲍文子归费 bì 之礼为士鞅。士鞅怒，曰："鲍国之位下，其国小，而使鞅范献子从其牢礼，是卑敝邑也。［鞅］将复诸（之于）寡君晋顷公。"鲁人恐，加四牢焉，为十一牢。

【为政】杨 主持接待工作。

【季孙欲恶诸晋】正 补 季平子想要让晋厌恶叔孙昭子。

【有司】补 见僖十二—僖十三・二・一。

【齐鲍国归费之礼】正 杨 补 鲍文子归费见昭十四・二・四。当时鲁人以款待诸侯的七牢礼招待鲍文子，而依礼鲍文子仅当五牢。"牢"见桓六・七・一。

【士鞅怒】正 补 依礼制，款待别国卿大夫用五牢。此次鲁如果就用七牢款待范献子，从礼数而言已经算是优厚，范献子不应发怒。季平子为了在晋人面前构陷叔孙昭子，于是使人告晋人这是"齐鲍国归费之礼"，利用齐、晋矛盾进行挑拨，范献子因而发怒。

○正下启哀七年吴征百牢于鲁(哀七·三)。

昭公二十一年·四

地理 宋、陈见昭地理示意图1。宋、陈、横见昭地理示意图3。

人物 华亥(昭六·六·二·一)、向宁(昭十九·三)、华定(襄二十九·八·春秋)、华费遂(昭四·三·六·一)、华貙、华多僚、华登(昭二十·六·四)、宋元公(襄二十六·六·二·一)、侍人宜僚、张丐、臼任、郑翩、乐大心(昭七·七·三·二)、丰愆、华轻(昭二十·六·五)

春秋 宋华亥、向宁、华定自陈入于宋南里以叛。

【南里】正 宋都城内里名。

左传【一】宋华费遂生华貙 chū、华多僚、华登。貙华貙为少司马。

【华貙】补 子姓,华氏,名貙,字皮。华费遂(昭四·三·六·一)之子。宋大夫,昭二十一年已任少司马。昭二十二年奔楚。其名(貙)、字(皮)相应,貙为虎类猛兽,其文采在其毛皮。

【华多僚】补 子姓,华氏,名多僚。华费遂之子,华貙(昭二十一·四·一)之弟。宋大夫,昭二十一年已任御士。昭二十一年被华貙、臼任、郑翩所杀。

【少司马】补 宋外朝官,司马副手。

多僚华多僚为御士,与貙相恶 wù,乃谮 zèn 诸(之于)公宋元公曰"貙将纳亡人",亟 qì 言之。

【御士】补 宋内朝官,国君卫士。

【谮】补 诬陷,中伤。

【亡人】正 补 逃亡出国之人。昭二十年华、向之乱,华亥、向宁奔陈,华登奔吴。

【亟】杨 补 数,屡次。

公曰："司马华费遂以吾故，亡其良子华登。死亡有命，吾不可以再亡之。"

【司马……良子】 正 杨 补 指昭二十年华、向之乱，宋元公攻华、向乱党，大司马华费遂之子华登奔吴（参见昭二十·六）。司马见隐三·六·一·一。

[多僚]对曰："君若爱司马，则如亡。死如可逃，何远之有？"

【则如亡】 正 补 那[国君]就应该自行逃亡。如，应当。

【二·一】公宋元公惧，使侍人召司马华费遂之侍人宜僚，饮 yìn 之酒，而使[宜僚]告司马。司马叹曰："必多僚华多僚也。吾有谗子华多僚，而弗能杀，吾又不死。抑君有命，可若何？"[司马]乃与公谋逐华貙，将使田孟诸而遣之。

【侍人】 补 应即寺人，见僖二·四·二。

【而使告司马】 正 补 使[侍人宜僚]告诉华费遂[，让他驱逐华貙]。

【抑】 正 补 转折连词，然而。

【将使田孟诸而遣之】 补 将使华貙去孟诸泽打猎，并[借此机会]遣送他出国。**【孟诸】** 补 见僖二十七—僖二十八·二十二·一。

【二·二】公饮 yìn 之华貙酒，厚酬之，赐及从者。司马亦如之。张丐尤之，曰"必有故"，使子皮华貙承宜僚侍人宜僚以剑而讯之，宜僚尽以告。张丐欲杀多僚。子皮曰："司马老矣，登华登之谓甚，吾又重 zhòng 之，不如亡也。"

【厚酬之】 正 杨 补 春秋时饮酒，主人劝宾饮酒为"酬"，酬时将送宾礼物，称为"酬币"（参见桓九—桓十·一·二）。此处宋元公赐华貙丰厚的酬币，故曰"厚酬之"。

【张丐尤之】 正 补 张丐对宋元公、华费遂厚赐华貙的反常行为感到奇怪。尤，怪。**【张丐】** 正 华貙家臣。

【登之谓甚】正 华登[出奔]可以说是[已经让司马]非常[伤心]。

【三】五月丙申十四日，子皮华貙将见司马华费遂而行，则遇多僚华多僚御司马华费遂而朝。张丐不胜其怒，遂与子皮、臼任、郑翩杀多僚，劫司马华费遂以叛，而召亡人。壬寅二十日，华、向入，乐大心、丰愆 qiān、华牼 kēng 御诸（之于）横。华氏居卢门，以南里叛。六月庚午十九日，宋城旧鄘 yōng 及桑林之门而守之。

【御】补 做……御者（驾车人）。

【御】补 抵抗。【横】正 杨 补 在今河南商丘西南。宋地。参见《图集》24—25④6。

【卢门】补 见桓十四·四。

【城】补 修缮……城墙。【旧鄘】正 宋都旧城。

【桑林之门】正 杨 宋都郛门，应靠近桑林之地（参见襄十·一·三·一）。郛见隐五·八·一。

昭公二十一年·五

地理 鲁见昭地理示意图 1。

人物 叔辄、鲁昭公（襄三十一·三·五·一）、梓慎（襄二十八·一·二）、叔孙昭子（昭四—昭五·八）

春秋 秋，七月壬午朔初一，日有食之。

【朔】补 见桓三·五·春秋。

【日有食之】补 见隐三·一·春秋。

○补 周历七月即夏历五月，也就是正阳之月（夏历四月）后面那个月。参见昭十七·二正阳之月日食。

八月乙亥二十五日，叔辄卒。

【叔辄】正 补 姬姓，子叔氏，名辄。子叔敬子（襄三十·八·春秋）之子。鲁大夫，官至卿位。昭二十一年卒。

左传【一】“秋，七月壬午朔，日有食之。”

【二】公鲁昭公问于梓zǐ慎曰：“是何物也，祸福何为？”

【物】事。

[梓慎]对曰：“二至、二分，日有食之，不为灾。日月之行也，分，同道也；至，相过也。其他月则为灾，阳不克[阴]也，故常为水。”

○正 补 在冬至、夏至、春分、秋分发生日食，不会有灾祸。春分、秋分之时，日在白昼运行和月在夜晚运行时的出地平高度大致相同，在这两个时间点日月好似同道而行；夏至之时日高而月低，冬至之时日低而月高，这两个时间点日月之道差距最大。古人认为，日月同道并行相交时发生日食，或者日月悬殊并行相过时发生日食，都属于自然之理，不会引起灾祸。其他时间发生日食则有灾祸，因为阳（日）不能战胜阴（月），所以常表现为水灾。

○补 鲁昭公实际上想问的是，这次日食是否意味着国内臣下（阴）侵害主上（阳）的灾祸更加迫近，而梓慎不像叔孙昭子那样敢于直言时事，因此一方面表示会发生阳不能战胜阴的灾害，但是在举例子的时候又只说自然灾害而不提及政治变难。参见昭十七·二叔孙昭子论季平子不救正阳之月日食。

【三】于是叔辄哭日食。昭子叔孙昭子曰：“子叔叔辄将死，非所哭也。”八月，“叔辄卒”。

○补 叔辄为什么会因为日食崩溃大哭，并且随即去世？

从国内角度而言，自鲁昭公即位以来，昭五年三桓四分公室彻底架空鲁昭公，昭十二年公子慭、南蒯试图借助晋人力量驱逐季氏失败，昭十三年平丘之会鲁昭公平安归国而季平子被晋人扣留，昭十六年鲁昭公前往晋访问被晋人扣留，昭十七年季平子不救正阳之月的日食，这一系列事件表明，鲁昭公与三桓（特别是季氏）之间的矛盾正在不断累积。

从国际角度而言，昭十六年季平子参加晋昭公葬礼之后，至昭二十一年叔辄哭日食之前，根据《春秋》《左传》记载，鲁在外交方面保持一种奇怪的“静默”现象，无论是鲁昭公，还是以季平子为首的诸卿，都没有出都城参与国际外交和军事行动。这可能是因为，在这段时间，中原诸侯国接连发生内乱，国际局势动荡：昭十八年，宋、卫、陈、郑四国都城发生火灾，很有可能是国内有意犯上作乱的政治势力人为纵火（参见笔者文章《四国大火：公元前524年的跨国恐怖主义事件》）。昭十九年，许太子止犯上作乱，弑许悼公。昭二十年，宋卿族华氏、向氏犯上作乱，与宋元公之间发生暴力冲突，一度劫持宋元公；卫大夫齐豹犯上作乱，杀卫灵公之兄公孟縶，并迫使卫灵公出奔。昭二十一年夏五月，华氏、向氏在国内新乱党的召唤下回到宋都城，继续犯上作乱。

笔者认为，叔辄哭日食，是有感于当时国内层面鲁昭公和卿族（特别是季氏）之间矛盾不断累积，国际层面臣下犯上作乱之事不断发生的形势，担心鲁也会如日食所预示的那样，在近期发生臣下驱逐君主的内乱。下启昭二十五年鲁昭公出奔齐（昭二十五·五）。

昭公二十一年·六

地理 宋、吴、齐、晋、曹、卫、楚见昭地理示意图1。宋、吴、晋、曹、卫、楚、鸿口、吕、睢水见昭地理示意图5。

人物 华登（昭二十·六·四）、乌枝鸣、厨人濮、王子苦雓、偃州员、宋元公（襄二十六·六·二·一）、翟偻新、华妵、公子城（昭二十·六·一）、翰胡、中行穆子（襄十九·一·二）、苑何忌（昭二十·五·六）、公子朝(襄二十九·九·四)、郑翩、向宜、庄堇、干犨、华豹、张丐(昭二十一·四·二)、宋平公(成十五·三·春秋)、华貙(昭二十一·四·一)、薳越、太宰犯、楚平王(昭元·一·三)

左传【一】冬,十月,华登以吴师救华氏。齐乌枝鸣戍宋。厨人濮曰:"《军志》有之:'先人有夺人之心,后人有待其衰。'盍(何不)及其华登劳且未定也伐诸(之乎)!若[华登]入而固,则华氏众矣,悔无及也。"[乌枝鸣]从之。

【华登以吾师救华氏】 正 补 昭二十年华登奔吴,故本年以吴师救华氏。

【乌枝鸣】 正 齐大夫。

【厨人濮】 正 宋厨邑大夫,名濮。

【先人……其衰】 杨 补 抢先于敌人[行动]要有从敌人那里夺取[胜利]的决心,后于敌人[行动]要等待敌人[士气]衰落。

【二】丙寅十七日,齐师、宋师败吴师于鸿口,获其二帅公子苦雂 qián,王子苦雂、偃州员 yún。华登帅其余以败宋师。

【鸿口】 正 杨 补 在今河南虞城西北。宋地。参见《图集》24—25④6。

【公子苦雂】 正 补 王子苦雂。姬姓,名苦雂。吴大夫。昭二十一年被齐师、宋师所获。

【偃州员】 正 吴大夫。

公宋元公欲出。厨人濮曰:"吾小人可藉 jiè 死,而不能送亡,君请待之。"[厨人濮]乃徇 xùn 曰:"扬徽者,公徒也!"众从之。公自扬门见之,下而巡之,曰:"国亡君死,二三子之耻也,岂专孤之罪也!"齐乌枝鸣曰:"用少莫如齐致死,齐致死莫如去备。彼多兵矣,请皆用剑。"从之。

【可藉死】正 补 可被借使[为国君]而死。

【徇】补 巡行宣示。

【扬徽】正 杨 挥舞标识。此标识,或说为旗帜,或说为肩章/胸章之类,未知孰是。

【扬门】正 宋都正东门。

【二三子】补 诸位大夫。

【彼多兵矣,请皆用剑】正 杨 补 他们兵器很多,建议[我们]都用剑。春秋时常用兵器是戈、殳这样的长兵器,此之谓“有备”;剑是近身肉搏的短兵器,用剑即所谓“去备”。用剑的目的是让对手产生轻敌懈怠之心,并使己方产生拼死一搏之心,从而可能出其不意取得胜利。

华氏北,[齐师、宋师]复即之。厨人濮以裳 cháng 裹首,而荷 hè 以走,曰:“得华登矣!”[齐师、宋师]遂败华氏于新里。

【北】正 败走。【即】杨 就,跟从。

【裳】补 见桓元—桓二·三·二。

【新里】杨 宋都城内里名。此时为华氏所占据。

翟偻新居于新里,既战,说(脱)甲于公而归。华妵 tǒu 居于公里,亦如之。

○正 补 翟偻新居住在[华氏占据的]新里,[却为宋元公而战,]战斗结束后,在宋元公那里脱去甲胄之后回到[新里]。华妵居住在[宋元公占据的]公里,[却为华氏而战,]也像翟偻新一样[,在战斗结束后,在华氏那里脱去甲胄之后回到公里]。

【三】十一月癸未四日,公子城以晋师至。曹翰胡会晋荀吴中行穆子、齐苑何忌、卫公子朝救宋。

【公子城以晋师至】正 补 昭二十年华、向之乱,公子城奔郑,遂适晋

（参见昭二十・六・一）。本年公子城以晋师归宋。

【翰胡】 正 曹大夫。

丙戌七日，与华氏战于赭 zhě 丘。郑翩愿为鹳，其御愿为鹅。子禄向宜御公子城，庄堇 jǐn 为右。干犨 chōu 御吕封人华豹，张丐为右。

【赭丘】 正 杨 宋都郊外丘名，距南里不远。

【郑翩】 正 华氏党羽。**【鹳】【鹅】** 正 皆为军阵之名。

【御】【为右】 补 见《知识准备》"车马"。

【吕】 补 见襄元・三・二。**【封人】** 补 见文十四・十三・一。

【华豹】 补 子姓，华氏，名豹。宋吕邑封人。昭二十一年被公子城所杀。

［公子城与华豹］相遇，城公子城还。华豹曰："城也！"城怒，而反（返）之。［城］将注，豹华豹则关 wān 矣。［城］曰："平公宋平公之灵，尚辅相余公子城！"豹射，出其间。［城］将注，［豹］则又关矣。［城］曰："［尔］不狎，鄙！"［豹］抽矢。城射之华豹，［豹］殪 yì。

【注】 正 杨 把箭搭在弓上。**【关】** 正 杨 拉满弓准备射箭。

【平公之灵，尚辅相余】 正 杨 补 宋平公的威灵，当辅佑我！此为公子城祈祷之辞。宋平公为公子城之父。

【不狎，鄙】 正 补 不让［我］还手，卑鄙！狎，更。

【抽矢】 正 华豹被公子城的话所打动，所以把箭从弓上抽了下来。

【殪】 正 死。

张丐抽殳 shū 而下，［城］射之，［丐］折股。［丐］扶伏而击之，折轸 zhěn。［城］又射之，［丐］死。

【殳】 正 杨 补 长柄兵器或礼器，根据一端所安装的金属头部的不同，可以分为锤殳、矛殳、杖殳三种。锤殳一端配金属锤头，用以锤击敌人,流行于商代西周时期。矛殳一端配金属矛头,用以刺击;或一端金属矛头+锤头,兼具锤击和刺击功能,流行于春秋战国时期。杖殳两端配金属套管,一般认为是仪杖,流行于战国秦汉时期。考古发现东周时期殳实例见昭器物图5。

【扶伏而击之,折轸】 正 补 张丐爬过来[,用殳]击打公子城所乘兵车,打断了车轸。扶伏,匍匐前进。**【轸】** 补 见《知识准备》“车马”。

干犨请一矢。城曰:“余言汝于君宋元公。”[犨]对曰:“不死伍乘shèng,军之大刑也。干刑而从子,君焉用之?子速诸(之乎)!”[城]乃射之,[犨]殪。

【干犨请一矢】 正 补 干犨请求一箭[把自己射死]。
【余言汝于君】 正 补 我替你向国君进言[求情]。
【干】 补 犯。

【四】[宋师、齐师、晋师]大败华氏,围诸(之于)南里。

华亥搏膺yīng而呼,见华貙chū,曰:“吾为栾氏矣!”

【搏膺】 杨 捶胸。
【吾为栾氏矣】 正 补 我们要成为[晋的]栾氏了!指襄二十三年晋栾怀子率曲沃甲士入晋都作乱,事败而死。

昭器物图5.1 安徽舒城九里墩春秋墓出土铜矛殳头,春秋晚期(《安徽舒城九里墩春秋墓》,1982年)

貙华貙曰:“子无我迋kuāng(恇),不幸而后亡。”

【子无……后亡】 正 您不要恐吓我,今天的事,不幸才会逃亡[,幸运则不会逃亡]。迋,恐。

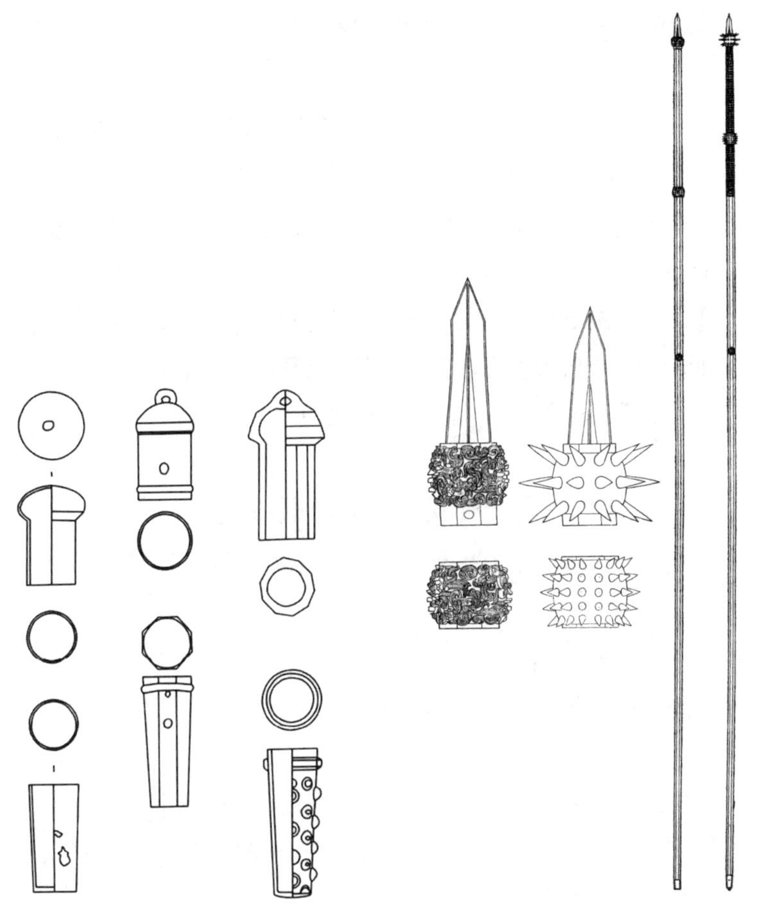

昭器物图 5.2　山东新泰周家庄墓出土铜杖殳头，春秋晚期至战国早期（《山东地区青铜殳研究》，2015 年）

昭器物图 5.3　湖北随州曾侯乙墓出土矛殳，战国早期（《曾侯乙墓》，1989 年）

[华氏]使华登如楚乞师。华貙以车十五乘 shèng，徒七十人，[与华登]犯师而出，食于睢 suī 上，[华貙]哭而送之华登，乃复入[南里]。

【睢上】 杨 补 宋都外睢水岸边，在今河南商丘境内。"睢水"参见僖十九·二·二·一。

【五】 楚薳 wěi 越帅师将逆华氏。

【薳越】补 芈姓，薳氏，名越。楚大夫，任司马。

大(太)宰犯太宰犯谏曰："诸侯唯宋事其君。今[其君臣]又争国，[王]释君宋元公而臣是助，无乃不可乎？"

【大宰犯】补 太宰犯。楚太宰，名犯。【大宰】补 见成九—成十・二。

【诸侯唯宋事其君】杨 补 只有宋臣民还事奉他们的国君。当时中原诸侯，政权大多旁落卿大夫家，国君仅有虚名。

【释君而臣是助】补 即"释君而助臣"。

王楚平王曰："而(尔)告我也后，[我]既许之矣。"

○正 下启昭二十二年华、向出奔楚(昭二十二・二)。

昭公二十一年・七

地理 蔡 2、楚见昭地理示意图 1。

人物 蔡侯朱(昭二十一・二・一)、费无极(昭十五・三・一)、公子东国、楚平王(昭元・一・三)、蔡平公(昭十三・四・春秋)、楚灵王(襄二十六・五・一)、隐太子有(昭十一・八・春秋)

春秋 冬，蔡侯朱出奔楚。

左传 【一・一】"蔡侯朱出奔楚。"

【一・二】费无极取货于东国公子东国，而谓蔡人曰："朱蔡侯朱不用命于楚，君王楚平王将立东国。若不先从王楚平王欲，楚必围蔡。"蔡人惧，出朱而立东国。

【东国】正 补 公子东国，后为蔡悼公。姬姓，名东国，谥悼。隐太子有(昭十一・八・春秋)之子,蔡平公(昭十三・四・春秋)之弟,蔡侯朱(昭二十一・二・一)叔父。昭二十二年即位,在位二年。昭二十三年卒。

【二】朱蔡侯朱诉于楚,楚子楚平王将讨蔡。无极费无极曰:"平侯蔡平公与楚有盟,故封。其子蔡侯朱有二心,故[蔡人]废之。灵王楚灵王杀隐大(太)子隐太子有,其子公子东国与君楚平王同恶 wù,德君必甚。[君]又使立之,不亦可乎?且废置在君,蔡无他矣。"

【灵王……必甚】正 杨 补 楚灵王杀了隐太子有,楚平王又杀了楚灵王。隐太子有的儿子公子东国与楚平王有相同的憎恶(指楚灵王),因此公子东国必然非常感激楚平王为其报杀父之仇。

昭公二十一年・八

地理 鲁、晋见昭地理示意图 1。晋、鼓、鲜虞、河水见昭地理示意图 2。

人物 鲁昭公(襄三十一・三・五・一)

春秋 公鲁昭公如晋,至河乃复。

【河】补 见闵二・五・三。

左传 "公如晋",及河。鼓叛晋,晋将伐鲜虞,故辞公。

【鼓】补 见昭十五・六・一。

○正 补 鼓本为鲜虞属国,昭十五年被晋攻克,鼓子鸢鞮被晋人带回国。据昭二十二・五・一,晋人献捷之后,就将鼓子鸢鞮送回鼓。然而本年鼓又叛晋重新投靠鲜虞。

○补 笔者对此次鲁昭公前往晋却被拒绝入境的内幕有详细分析,请见专著《陵迟:鲁国的困境与抗争》(出版中,暂定书名)相关章节。

昭公二十二年·一

地理 齐见昭地理示意图1。齐、莒见昭地理示意图4。

人物 齐景公(襄二十五·一·四)、北郭启、莒共公(昭十四·六·一)、苑牧之、司马灶(昭三·十三)

春秋 二十有(又)二年,春,齐侯齐景公伐莒jǔ。

左传【一】二十二年,春,王二月甲子十六日,齐北郭启帅师伐莒。莒子莒共公将战,苑羊牧之苑牧之谏曰:“齐帅贱,其求不多,不如下之。大国不可怒也。”[莒子]弗听,败齐师于寿余。

【北郭启】正 补 北郭氏,名启。北郭佐(襄二十八·九·二)之子。齐大夫。

【苑羊牧之】杨 补 苑牧之。苑氏,名牧之,字羊。莒大夫。其名(牧之)、字(羊)相应,羊需放牧。

【怒】补 触怒。

【寿余】正 杨 在今山东安丘境。莒地。

【二】齐侯齐景公伐莒,莒子莒共公行成。司马灶如莒莅盟。莒子如齐莅盟,盟于稷门之外。莒于是乎大恶wù其君。

【行成】补 求和。

【莅盟】补 见隐七·七·一·二。

【盟于稷门之外】杨 补 盟会不在城内,而在外,即带有强烈屈辱意义的“城下之盟”(参见宣十五·二·三),是齐有意侮辱莒共公。【稷门】正 杨 齐都城门。或说西门,或说南门,未知孰是。

○正 下启昭二十三年莒共公出奔鲁(昭二十二—昭二十三·四)。

昭公二十二年·二

地理 宋、楚见昭地理示意图1。

人物 华亥(昭六·六·二·一)、向宁(昭十九·三)、华定(襄二十九·八·春秋)、薳越(昭二十一·六·五)、楚平王(昭元·一·三)、宋元公(襄二十六·六·二·一)、华貙(昭二十一·四·一)、华登(昭二十·六·四)、皇奄伤、省臧、士平、公孙忌(昭二十·六·一)、边卬、乐祁犁、仲几、乐大心、乐挽

春秋 宋华亥、向宁、华定自宋南里出奔楚。

左传 【一】楚薳 wěi 越使告于宋曰:“寡君楚平王闻君宋元公有不令之臣华、向为君忧,无宁 nìng 以为宗羞,寡君请受而戮之。”

【寡君……戮之】正 补 我国君王听闻贵国君主有不善之臣成为国君的忧愁,恐怕成为贵国宗庙的羞耻,我国君王请接纳他们并加以诛戮。昭二十一年楚平王答应华登接收华氏,因此今年派薳越率楚师来迎接,故有此番外交辞令。

[宋公]对曰:“孤不佞 nìng,不能媚于父兄,以为君楚平王忧,拜命之辱。抑君臣日战,君曰‘余必臣是助’,亦唯命[是听]。人有言曰:‘唯乱门之无过。’君若惠保敝邑,无亢不衷以奖乱人,孤之望也。唯君图之!”

【孤】补 称“孤”之例参见桓十二—桓十三·二·二。此处宋元公以内乱为凶事而用凶礼,自我贬损,故称“孤”。【不佞】补 不才。

【父兄】正 华氏、向氏皆为公族,故宋元公称“父兄”。

【拜命之辱】补 拜谢[贵国君王]屈尊[发布]命令。

【抑】补 转折连词,然而。

【余必臣是助】补 即“余必助臣”。

【唯乱门之无过】杨 补 即“唯无过乱门”。据昭十九·十·二,郑国也有“无过乱门”的谚语。

【无亢不衷】杨 补 不要保护不忠[的人]。亢,扞蔽,保护。

【奖】补 助。

楚人患之。

【二】诸侯之戍谋曰："若华氏知困而致死，楚耻无功而疾战，非吾利也。[我]不如出之华氏，以为楚功，其亦无能为也已。[我]救宋而除其害，又何求？"[诸侯]乃固请出之，宋人从之。己巳，宋华亥、向宁、华定、华貙chū、华登、皇奄伤、省shěng臧、士平出奔楚。

【诸侯之戍】补诸侯戍宋将领。
【疾】补急。
【不如……也已】正杨补不如放华氏乱党出去，算作楚的功绩，华氏大概也不能再有什么作为。

【三】宋公宋元公使公孙忌为大司马，边卬áng为大司徒，乐祁乐祁犁为司城，仲几jī为左师，乐大心为右师，乐挽为大司寇，以靖国人。

【大司马】补见隐三·六·一·一。
【边卬】正杨补子姓，边氏，名卬。公子御戎(字边)之孙，宋平公(成十五·三·春秋)之后。宋大夫，官至卿位。昭二十二年任司徒(卿职)。【大司徒】补即司徒，见文七·二·一。
【乐祁】正补乐祁犁。子姓，乐氏，名祁犁，单名祁，字梁。乐喜(襄六·二·二)之孙。宋卿，昭二十二年任司城。定六年被晋人所执。定八年归于宋，卒于晋太行。【司城】补见文七·二·一。
【仲几】正杨补子姓，仲氏，名几，字然。仲江(襄十四·四·六)之孙。宋大夫，官至卿位。昭二十二年任左师(卿职)。定元年晋人执仲几，后归之于京师。【左师】补见僖九·三。
【右师】补见文七·二·一。
【乐挽】正补子姓，乐氏，名挽。乐喜之孙。宋大夫，官至卿位。昭二十二年任司寇(卿职)。【大司寇】补见文七·二·一。

昭公二十二年・三

地理 鲁见昭地理示意图 1。鲁、昌衍见昭地理示意图 4。

春秋 [我]大蒐 sōu 于昌间。

【蒐】补 见僖二十七—僖二十八・三。

【昌间】补 鲁地，应在昌衍（僖二十九・一）附近。

昭公二十二年・四

地理 周见昭地理示意图 1。周、刘、单、荣锜氏、北山见昭地理示意图 2 小图。

人物 王子朝、宾起、周景王（襄三十・六・春秋）、刘献公（昭十二・九）、刘文公、单穆公、荣锜、周悼王

春秋 夏，四月乙丑十八日，天王周景王崩。

左传【一】王子朝、宾起有宠于景王周景王，王周景王与宾孟宾起说（悦）之王子朝，欲立之。刘献公庶子伯蚠 fén，刘文公事单穆公，恶 wù 宾孟之为人也，愿杀之宾起；又恶 wù 王子朝之言，以为乱，愿去之。

【王子朝】正 补 姬姓，名朝。周景王（襄三十・六・春秋）庶长子，周悼王庶兄。昭二十三年自立为王。昭二十六年奔楚。定五年被周人杀于楚。【宾起】正 补 宾氏，名起，排行孟。王子朝傅。昭二十三年被单穆公、刘文公所杀。

【伯蚠】正 补 刘文公。姬姓，刘氏，名狄，后文《春秋》又曰名“卷”，字蚠，谥文，排行伯。刘献公（昭十二・九）庶长子。昭二十二年任周王室卿士。定四年卒。【单穆公】正 补 姬姓，单氏，名旗，谥穆。单成公（昭七・十）之子。周王室卿士。

【二】宾孟宾起适郊，见雄鸡自断其尾。[宾孟]问之，侍者曰："自惮其牺也。"[宾孟]遽归告王周景王，且曰："鸡其惮为人用乎？人异于是。牺者实用人。人牺实难，己牺何害？"王弗应。

【自惮其牺也】正它是自己害怕被当作牺牲[杀死，所以自残]。

【鸡其……何害】正杨补鸡大约是害怕被人使用吧？人就和这不一样。牺牲是被人用的。成为他人的牺牲确实会有患难，成为自己的牺牲还有什么妨碍？宾起以鸡为喻，指出鸡被挑作祭品后，会受到优待，但最终会被杀死，因此鸡害怕被人所用。而人如果受到尊宠，则将贵盛，与鸡不同。宾起进而劝周景王，与其让王子朝成为刘献公、单穆公等人日后加害的对象，不如先下手除去刘献公、单穆公，而让王子朝成为自己王位的继承人。

【三】夏，四月，王周景王田北山，使公卿皆从，将杀单子单穆公、刘子刘献公。王有心疾，乙丑十八日，崩于荣锜yǐ氏。戊辰二十一日，刘子挚刘献公卒，无子，单子立刘蚠刘文公。五月庚辰四日，[单子、刘子]见王周悼王，遂攻宾起，杀之，盟群王子于单氏。

【田】补打猎。**【北山】**正补山名，今名北邙山，在今河南洛阳北，黄河南岸。周地。参见《图集》22—23⑪17。

【荣锜氏】正杨补周王室大夫荣锜家。在今河南偃师东北。参见《图集》22—23⑪17。

【无子】杨指无嫡子。

【王】补周悼王。姬姓，名猛，谥悼。周景王之子。昭二十二年立为王，未正式即位而卒。

○正补据昭十五·五及上文《左传》及杜注，可还原周景王立嗣本末如下：周景王嫡妻为穆后，其长子寿为太子。昭十五年太子寿卒，周景王已立王子猛为太子，此后又想立庶长子王子朝为太子，受到单穆公、刘献公反对。周景王欲杀单、刘而立王子朝，又因心疾猝死而不成。单、刘见王子猛，立之为周王。周景王欲立王子朝而迟疑再三，而单、刘又必欲立王子猛，可以推知，从宗法角度而言，王子猛必是排在王子朝之前的继承人，可能王子猛是太子寿的同母弟，或者是穆后陪嫁侄娣之子，已不可确知。

昭公二十二年・五

地理 晋见昭地理示意图 1。晋、鼓（昔阳）、鲜虞、东阳见昭地理示意图 2。

人物 鼓子鸢鞮（昭十五・六・二）、中行穆子（襄十九・一・二）、涉佗

左传【一】晋之取鼓也，既献而反（返）鼓子鼓子鸢鞮焉。［鼓］又叛于鲜虞。

○补 此事参见昭二十一・八。

【二】六月，荀吴中行穆子略东阳，使师伪籴 dí 者，负甲以息于昔阳之门外，遂袭鼓，灭之，以鼓子鸢 yuān 鞮 dī 归，使涉佗守之。

【略】 正 杨 巡行。**【东阳】** 杨 见襄二十三・七・三。

【籴者】 补 运粮人。

【昔阳】 杨 见昭十二・七。

【涉佗】 正 补 涉氏，名佗。晋大夫。定十年被晋人所杀。

○补 从“负甲以息”判断，中行穆子是让军人伪装成背负粮袋的运粮人，而粮袋里装的实际上是甲胄兵器。

昭公二十二年—昭公二十三年(昭公二十三年·一)

地理 鲁、周、晋见昭地理示意图1。周(王城)、刘、单、尹、晋、巩、甘、皇、要、郛、前城、东圉、焦、瑕、温、原、社、阴、侯氏、溪泉、解、訾、墙人、成周、唐、蒯、狄泉、轘辕、北山见昭地理示意图2小图。鲁、晋见昭地理示意图1。晋、箕见昭地理示意图2。邾、鲁、翼、离姑、武城见昭地理示意图4。鲁、齐见昭地理示意图1。莒、鲁、齐见昭地理示意图4。蔡2、楚、吴、陈见昭地理示意图1。蔡2、楚、吴、顿、胡、沈、陈、许4、州来、钟离、鸡父见昭地理示意图5。

人物 叔鞅、周景王(襄三十·六·春秋)、刘文公(昭二十二·四·一)、单穆公(昭二十二·四·一)、周悼王(昭二十二·四·三)、叔孙昭子(昭四—昭五·八)、蔡悼公(昭二十一·七·一·二)、莒共公(昭十四·六·一)、胡子髡、沈子逞、夏悼子、周敬王、尹氏、王子朝(昭二十二·四·一)、周灵王(襄五·二)、王子还、召庄公、樊顷子、挚荒、王子姑、王子发、王子弱、王子鬷、王子延、王子定、王子稠、巩简公、甘平公、闵子马(襄二十三·八·一·三)、王子处、郛肸、司徒丑、籍谈(昭五·四·二)、知文子(昭九·四·三)、子旅、贾辛、司马督、箕遗(襄二十一·五·三)、乐征、右行诡、公孙锄、徐锄、丘弱、茅地、鲁昭公(襄三十一·三·五·一)、子服昭伯(昭十六·五·二)、韩宣子(襄七·六·一)、士景伯(昭十三·五)、邾庄公(昭十一·四·春秋)、范献子(襄十四·四·五)、申丰(襄二十三·八·一·一)、尹文公、刘佗、南宫极、郛罗、尹辛、乌存、苑牧之(昭二十二·一·一)、薳越(昭二十一·六·五)、阳丐(昭十七·六·一)、王子光(昭十七·六·三)、吴王州于(昭二十·三·四)、王子掩余

春秋 六月,叔鞅如京师,葬景王周景王。

【叔鞅】 正 补 姬姓,子叔氏,名鞅。子叔敬子(襄三十·八·春秋)之子,叔辄(昭二十一·五·春秋)之弟。鲁大夫,官至卿位。昭二十三年卒。**【京师】** 补 见隐六·七。

○正 补 据隐元·五，周王七月而葬。周景王三月而葬，于礼为速。

王室乱。

刘子刘文公、单子单穆公以王猛周悼王居于皇。

【皇】 正 杨 补 在今河南巩义西南。周地。参见《图集》22—23⑪17。

○正 此时周王室大乱，王子猛虽立为王，而不得以礼即位，故《春秋》书“王猛”而非“天王”。

秋，刘子刘文公、单子单穆公以王猛周悼王入于王城。

【王城】 补 见庄十九—庄二十—庄二十一·八。

○补《春秋》书“秋”，《左传》书“十月”，应是《春秋》有误。

冬，十月，王子猛周悼王卒。

○正《春秋》书“十月”，《左传》书“十一月乙酉”，应是《春秋》有误。

十有(又)二月癸酉朔初一，日有食之。

【朔】 补 见桓三·五·春秋。

【日有食之】 补 见隐三·一·春秋。

○正 此条《春秋》无对应《左传》。

○杨 以《左传》所载干支推之，癸酉为闰十二月朔。《春秋》失一“闰”字。

二十有三年，春，王正月，叔孙婼chuò，叔孙昭子如晋。

癸丑十二日，叔鞅卒。

○正 此条《春秋》无对应《左传》。

晋人执我行人叔孙婼chuò,叔孙昭子。

【行人】补见文四·四。

晋人围郊。

【郊】补见昭十二·八。

○正补根据《左传》,则晋人围郊在正月初一。《春秋》书本国之卿卒,日期不应有误,因此叔鞅应卒于正月十二日。《春秋》书晋人围郊在叔鞅之后,可能是根据晋人通报所载时间。

夏,六月,蔡侯东国蔡悼公卒于楚。

○正此条《春秋》无对应《左传》。

秋,七月,莒子庚與莒共公来奔。

戊辰二十九日,吴败顿、胡、沈、蔡、陈、许之师于鸡父,胡子髡kūn、沈子逞灭,获陈夏啮夏悼子。

【鸡父】正补在今安徽凤台西北。楚地。参见《图集》29—30⑤7。《图集》标注不准确,本书示意图依据考证(详见下)标注。

【夏啮】正杨补夏悼子。妫姓,夏氏,名啮,谥悼。夏御寇之子,夏惠子之孙,夏征舒(宣十·四·春秋)曾孙。陈大夫。昭二十三年被吴人所获。

○补依据此战的形势和《水经注·淮水篇》有关夏肥水(今西淝河)的相关记载,有学者认为鸡父只有在古鸡水(在今安徽凤台西北、西淝河以东)附近,才正符合当时的用兵形势。另据清华简二《系年》,"伍鸡将吴人以围州来,为长壑而洍之,以败楚师,是鸡父之洍",可译为"伍鸡率领吴人包围了州来,在城外挖长沟引水灌城,最后击败了楚师,这条长沟就叫作鸡父之洍"。《系年》

所叙鸡父应即为此处之鸡父，进一步说明鸡父在凤台县附近，而且提出其得名是源于伍奢之子伍鸡。

天王周敬王居于狄泉。尹氏立王子朝。

【天王】正 补 周敬王。姬姓，名丐，谥敬。周景王（襄三十・六・春秋）之子，周悼王（昭二十二・四・三）同母弟。昭二十二年即位，居于狄泉，称“东王”；王子朝自立于王城，称“西王”。昭二十六年王子朝奔楚，周敬王入居王城。在位共四十四年。哀十九年卒。

【狄泉】杨 补 即翟泉，见僖二十九・三・春秋。

左传【一・一】丁巳十一日，葬景王周景王。王子朝因旧官、百工之丧职秩者，与灵周灵王、景周景王之族以作乱，帅郊、要、饯之甲，以逐刘子刘文公。壬戌十六日，刘子刘文公奔扬。

【百工】补 周外朝官，职掌各种手工业。【职秩】补 职位与俸禄。

【郊】杨 见昭十二・八。【要】正 杨 补 在今河南新安西北的青要山附近。周邑。参见《图集》22—23⑪16。【饯】正 补 周邑。可能在今河南偃师境。

【扬】杨 见僖十一・二・一。

○补 至此时，刘文公出奔，周悼王党暂居于下风。

单子单穆公逆悼王周悼王于庄宫以归。王子还 xuán 夜取王周悼王以如庄宫。癸亥十七日，单子出。

【庄宫】杨 补 周庄王庙，在王城内。

【王子还】正 补 姬姓，名还。王子朝党羽。昭二十二年被单穆公所杀。

○补 至此时，周悼王被王子朝党羽王子还劫走，单穆公出奔，周悼王党暂居于下风。

王子还与召庄公谋，曰："不杀单旗单穆公，不捷。[我]与之重chóng盟，[单旗]必来。背盟而克者多矣。"[召庄公]从之。樊顷子曰："非言也，必不克。"[王子还]遂奉王以追单子，及领(岭)，[与单子]大盟而复，[王子还]杀挚荒以说。刘子刘文公如刘。单子亡，乙丑十九日，奔于平畤。群王子追之，单子杀还王子还、姑王子姑、发王子发、弱王子弱、鬷zōng，王子鬷、延王子延、定王子定、稠王子稠。

【召庄公】正 补 姬姓，召氏，名奂，谥庄。周王室卿大夫。王子朝党羽。

【与之重盟】杨 之前群王子(包括王子朝)已与单穆公在单家盟誓，故此次为"重盟"。

【樊顷子】正 补 姬姓，樊氏，名齐，谥顷。周王室卿大夫。周悼王党羽。

【领】正 杨 补 崿岭，即轘辕山，见襄二十一·五·五。

【大盟……以说】正 补 [王子还与单穆公]大张旗鼓地结盟，而使其返回[王城]；同时杀掉挚荒作为解说。王子还想要诱骗单穆公、刘文公回归，然后一并杀害。

【平畤】杨 见襄三十·六·一·二。

【还、姑……定、稠】正 补 群王子，周灵王、周景王族，王子朝党羽。○补 至此时，王子还计策失败，单穆公套出圈套并杀死群王子(王子朝党羽)，刘文公回到自己采邑，周悼王党形势转危为安。

子朝王子朝奔京，丙寅二十日，[单子]伐之。京人奔山。刘子刘文公入于王城。辛未二十五日，巩简公败绩于京。乙亥二十九日，甘平公亦败焉。

【京】杨 在河南省洛阳西南，伊河南岸。周地。

【山】杨 疑即上文的北山。

【巩简公】正 补 巩氏，谥简。周王室卿士。周悼王党羽。定二年被巩氏之群子弟所杀。食采于巩。

【甘平公】正 补 周王室卿士。周悼王党羽。
○补 至此时,王子朝已从王城出奔京,刘文公已入王城,然而京防守严密,周悼王党屡攻不下,双方呈对峙之势。

叔鞅至自京师,言王室之乱也。闵马父fǔ,闵子马曰:"子朝王子朝必不克。其所与者,天所废也。"

【其所与者,天所废也】正 补 他所亲附的人,[都是]上天所废弃的。"天所废也",指那些丧失官职俸禄的旧官、百工。

【一·二】单子单穆公欲告急于晋。秋,七月戊寅三日,[单子]以王周悼王如平畤,遂如圃车,次于皇。刘子刘文公如刘。单子使王子处守于王城,盟百工于平宫。辛卯十六日,鄩xún肸xī伐皇,大败,[单子]获鄩肸。壬辰十七日,焚诸(之于)王城之市。

【圃车】杨 周地,近皇。
【王子处】正 补 姬姓,名处。周悼王党羽。
【平宫】正 补 周平王庙,在王城。
【鄩肸】正 补 鄩氏,名肸。周王室大夫。王子朝党羽。昭二十二年被单穆公所获,遂被焚而死。食采于鄩。【鄩】杨 补 在今河南偃师东南。周邑。参见《图集》22—23⑪17。
○补 至此时,王子朝党羽鄩肸兵败被烧死,周悼王党暂居上风。

【一·三】八月辛酉十六日,司徒丑以王师败绩于前城。百工叛,己巳二十四日,[百工]伐单氏之宫,败焉。庚午二十五日,[单子]反伐之百工。辛未二十六日,[单子]伐东圉yǔ。

【司徒丑】正 补 周悼王司徒,名丑。周悼王党羽。【司徒】补 见襄二十一·五·五。
【前城】正 杨 补 位于伊河东岸,阙塞稍南,在今河南伊川彭婆镇东高屯村、西高屯村之间。周邑,此时为王子朝党所占据。参见《图集》

22—23⑪17。

【败焉】 正 [百工]被单氏击败。

【东圉】 正 杨 补 在今河南偃师西南。周邑。此时为百工所占据。参见《图集》22—23⑪17。

○ 补 至此时,周悼王党败于前城,百工叛变又被单穆公击败,双方仍处于对峙之势。

【一·四】冬,十月丁巳十三日,晋籍谈、荀跞 lì,知文子帅九州之戎及焦、瑕、温、原之师,以纳王周悼王于王城。庚申十六日,单子单穆公、刘蚠 fén,刘文公以王师败绩于郊,前城人败陆浑于社。

【九州之戎】 补 此部戎人,活动区域当在今河南西部、渭水以南群山之中。一说"九""瓜"古音相近可通假,"九州之戎"实为"瓜州之戎"。

【焦】 杨 见僖三十·三·三。**【瑕】** 杨 见僖三十·三·二。**【温】** 杨 见隐三·四·二。**【原】** 杨 见隐十一·三·一。

【纳】 补 见隐四·二·四·一。

【前城人】 正 王子朝党。

【陆浑】 补 昭十七年陆浑之戎已被晋所灭。此处应为服属于晋的陆浑之戎余众,九州之戎一部。

【社】 补 前城、陆浑之戎都在伊川县境,前城人败陆浑之戎应在前城附近,此"社"与下文"次于社"之"社"应不是一地。

○ 补 至此时,晋表明支持周悼王党的态度,出兵将周悼王送回王城。然而周悼王党又接连失败,形势复杂。

【一·五】十一月乙酉十二日,"王子猛卒",不成丧也。己丑十六日,敬王周敬王即位,馆于子旅氏。

【"王子猛卒",不成丧也】 正 补 [《春秋》记载成]"王子猛卒",而不记载成"王崩",是因为没有举行周王丧葬礼的缘故。

【子旅】 正 补 周王室大夫,周敬王党羽。

○ 补 至此时,周悼王去世,周敬王继位,斗争双方变成周敬王党和王子朝党。

【一·六】十二月庚戌七日，晋籍谈、荀跞知文子、贾辛、司马督帅师军于阴、于侯氏、于溪泉，次于社；王师军于氾 sì(汜)、于解 xiè，次于任人。

【贾辛】补贾氏，名辛。昭二十八年为祁大夫。

【司马督】正 补司马氏，名督，后文《左传》又曰名乌（乌疑为笃之误。笃、督相通）。昭二十八年为平陵大夫。

【军】补驻。

【阴】杨 补又名"平阴"，在今河南孟津东北。周邑。参见《图集》22—23⑪17。《图集》标注不准确，本书示意图依据《图志》标注。【侯氏】杨 补在今河南偃师缑氏镇。参见《图集》22—23⑪17。【溪泉】正 杨 补泉名，在今河南巩义东南武当沟村附近。周地。参见《图集》22—23⑪18。【社】正 杨 补在今河南巩义东北。周地。参见《图集》22—23⑪18。

【氾】杨见成四·七·二。【解】正 杨 补在今河南洛阳东南。周邑。参见《图集》22—23⑪17。【任人】正 杨在今河南洛阳附近。周邑。

○正 补杜注认为晋军兵分四处，籍谈军于阴、荀跞军于侯氏、贾辛军于溪泉、司马督次于社；王师兵分三处，分别军于氾、军于解、次于任人。然而，"军"与"次"有何区别则不明晰。

【一·七】闰月，晋箕遗、乐征、右行 háng 诡济师，取前城，军其东南；王师军于京楚。辛丑二十九日，[王师、晋师]伐京，毁其西南。

【济师】正 杨先渡雒水，再渡伊水，由西向东。

【京楚】杨在今河南洛阳附近。

○补至此时，晋师已全面介入周王室内乱，得到晋师支持的周敬王党占上风。

【一·八】二十三年，春，王正月壬寅朔初一，二师围郊。癸卯二日，郊、鄩xún溃。丁未六日，晋师在平阴，王师在泽邑。王周敬王使告间jiàn[于晋师]。庚戌九日，[晋师]还。

【朔】补见桓三·五·春秋。【二师】正王师、晋师。

【平阴】杨即阴。

【泽邑】杨补泽即翟泉（僖二十九·三·春秋），泽邑应在今河南孟津平乐镇翟泉村。

【王使告间】杨病情好转称为“间”。周敬王告知晋人，表示局势已得到控制，凭自己的军队足以战胜王子朝，请晋师回国。

○补至此时，在晋师支持下，周敬王党已控制局面，获得阶段性胜利。

【二·一】邾人城翼，还，将自离姑[，经武城至邾]。公孙鉏曰“鲁将御我”，欲自武城还，循山而南。徐鉏、丘弱、茅地曰：“道下，遇雨，[我]将不出，是不归也。”

【邾人……离姑】正杨补邾人在翼邑筑城，工程结束后回国，打算从离姑那条路上走[，经过武城到达邾都]。翼，邾地，见隐元·十·二。离姑，邾地，在翼与武城之间。武城，鲁邑，详见下。邾都此时在绎，见文十三·二·一。翼、离姑、武城、邾都相对位置关系见昭地理示意图4。邾人如果想从翼出发，经由离姑回到邾都而不绕道，则必须经过武城。

【公孙……而南】正杨补[邾人想不向鲁借道便直接通过武城，]公孙鉏说“鲁[武城人]会抵抗我们”，想要从武城折返回来，然后沿沂蒙山区南行[绕过武城回国]。【公孙鉏】正补曹姓，名鉏。邾大夫。昭二十三年被鲁人所获。【武城】杨补在今山东平邑魏庄乡南武城村、北武城村已发现其遗址（详见下）。鲁邑。参见《图集》26—27④4。

【徐鉏、丘弱、茅地】正补三人皆为邾大夫。其中徐鉏、丘弱二人昭二十三年被鲁人所获。

【道下】正 补 山道低洼。

○补 **南武城故城遗址：**遗址先后为春秋时期武城邑、汉代南城县。城址平面呈不规则圆形，东西最长处 1 600 米，南北最宽处 1 530 米，西、南两面以苍山、南城山、开明山为天然屏障，东、北两面有夯土城墙，城墙（含山险）周长 6 730 米。遗址内出土了春秋、战国、汉代遗物。

[郑人]遂自离姑[，过武城]。武城人塞其前，断其后之木而弗殊。郑师过之，[武城人]乃推[木]而蹷(蹶)之，遂取郑师，获鉏徐鉏、弱丘弱、地茅地。

【武城……弗殊】正 杨 武城人出兵堵住了前路，又砍斩后路两旁的树木而不让它们断倒。殊，断绝。

【蹷】正 倒。

○杨 补 上文所述战事应发生在昭二十三年之前。此战之后，郑人诉于晋，晋人来讨，于是昭二十三年初叔孙昭子如晋解说。

【二·二】郑人诉于晋，晋人来讨。"叔孙婼如晋"，晋人执之。[《春秋》]书曰"晋人执我行人叔孙婼"，言[叔孙婼为]使人也。

【书曰……人也】正 补《春秋》记载成"晋人执我行人叔孙婼"，点出"行人"，表明叔孙昭子为外交使者。凡诸侯有罪，盟主当率师讨之，而不宜执其使者。

【二·三】晋人使[叔孙]与郑大夫坐。叔孙叔孙昭子曰："列国之卿，当小国之君，固周制也。郑又夷也。寡君鲁昭公之命介子服回子服昭伯在，请使当之，不敢废周制故也。"乃不果坐。

【坐】正 杨 诉讼双方互相辩论。

【列国】补 指晋、楚、齐、秦、郑、宋、鲁、卫等主要诸侯国。

【邾又夷也】 正 补 邾[不仅是小国,还]是东夷国。参见僖二十一—僖二十二·二。

【寡君之命介】 正 杨 补 我国君主任命的副使。

【乃不果坐】 补 于是最终没有举行坐讼。

【二·四】韩宣子使邾人聚其众,将以叔孙叔孙昭子与之。叔孙闻之,去众与兵而朝。士弥牟士景伯谓韩宣子曰:"子弗良图,而以叔孙与其仇,叔孙必死之。鲁亡叔孙,必亡邾。邾君邾庄公亡国,将焉归?子虽悔之,何及?所谓盟主,讨违命也。若皆相执,焉用盟主?"[宣子]乃弗[以叔孙]与[邾人],使[叔孙与子服回]各居一馆。士伯士景伯听其辞,而诉诸(之于)宣子韩宣子,乃皆执之。士伯御叔孙,从者四人,过邾馆以如吏。

【众】 杨 随从。**【兵】** 杨 武器。

【若皆相执,焉用盟主】 杨 补 如果[放任盟国之间]都互相扣留[对方的卿大夫],哪里还用得着盟主?鲁扣留邾三大夫,而晋又让邾扣留叔孙昭子。

【乃皆执之】 正 于是将叔孙昭子和子服昭伯都扣押了。

【士伯……如吏】 正 补 士景伯驾车载着叔孙昭子,跟从的有四个人,[故意]经过邾人所住的宾馆而到官吏那里去。

○ 正 补 一方面,邾人过鲁武城不借道,是违礼,邾人自然有错;另一方面,邾人不借道毕竟是小过失,而鲁人竟因此设埋伏取邾师,可谓"蹊田夺牛"(参见宣十一·五·二),报复太过分。晋人认定鲁有罪,于是逮捕叔孙昭子、子服昭伯,并故意途经邾人宾馆让邾人解气,并长期扣押二人作为对鲁的惩罚。

【二·五】[晋人]先归邾子邾庄公。士伯士景伯曰:"以刍荛 ráo 之难,从者之病,将馆子叔孙昭子于都。"叔孙叔孙昭子旦而立,期焉。[晋人]乃馆诸(之于)箕,舍 shè 子服昭伯于他邑。

【以刍……于都】 杨 补 因为柴草供应困难，侍者辛劳疲惫，将把您安排到另外一个大邑居住。

【期焉】 杨 补 等待[命令]。期，待。

【箕】 杨 见僖三十三·五·春秋。

【二·六】范献子求货于叔孙叔孙昭子，使请冠 guān 焉。[叔孙]取其冠法，而与之两冠，曰："尽矣。"

【冠】 补 帽子。

【取其冠法】 补 [叔孙昭子]取得范献子的帽子样式尺寸。

○ 正 杨 补 范献子请冠，实为求财货的托词。叔孙昭子真给他冠，而且说"没有更多了"，一方面表示不愿以财货求得幸免，另一方面又表示不愿直接得罪范献子。昭元年晋乐桓子求财货于叔孙穆子，而以求取衣带为辞。穆子不愿自己免于囚禁而使鲁受祸，于是告知衣带太窄，而裂裳帛与之（参见昭元·一·四·二）。此处叔孙昭子所作所为，可谓存其父之风骨。

为叔孙故，申丰以货如晋。叔孙曰："见我，吾告女（汝）所行货。"[申丰]见[叔孙]，而[叔孙]不[使申丰]出。

【见，而不出】 正 叔孙昭子不愿让季氏家臣申丰用财货贿赂晋人使自己得以回国，因此扣住申丰不允许他外出。

○ 补 季平子在叔孙昭子被晋人扣押时派人来营救，然而营救用的又是季氏用私人财富行贿的方式，这显然是想乘人之危，通过施予私恩的方式迫使与自己政见不合的叔孙昭子归顺自己。因此，叔孙昭子扣留申丰，一方面是不愿意自己不明不白回国而让国家受祸，另一方面也是防备季氏日后以回报私恩为由来要挟叔孙氏。

吏人之与叔孙居于箕者，请其吠狗，[叔孙]弗与。及[叔孙]将归，杀[吠狗]而与之吏食之。

【吏人】杨看守叔孙昭子的晋吏。

【请其吠狗,弗与】正补[吏人]请求得到[叔孙昭子善于]吠叫[看家]的狗,叔孙昭子不给。

○杨补叔孙昭子不将吠狗送给晋吏人,是表明不愿向晋人行贿以获得便利;临走时杀狗与吏人共食,是表明不给吠狗并不是因为吝惜狗。

叔孙所馆者,虽一日,必葺qì其墙、屋,去之如始至。

【葺】正补补治,修缮。

○补下启本年鲁昭公如晋(昭二十三·四)。

【三·一】夏,四月乙酉十四日,单子单穆公取訾zī,刘子刘文公取墙人、直人。

【訾】正杨补訾有二,分西訾、东訾,都在今河南巩义西南,彼此相距不远。此为西訾。周邑。参见《图集》22—23⑪17。

【墙人】正杨补在今河南新安正村镇白墙村。周邑。参见《图集》22—23⑪17。

【直人】正杨补在今河南新安境。周邑。

○补至此时,周敬王党接连取胜,暂居上风。

【三·二】六月壬午十二日,王子朝[由京]入于尹。癸未十三日,尹圉yǔ,尹文公诱刘佗杀之。丙戌十六日,单子单穆公从阪bǎn道,刘子刘文公从尹道伐尹。单子先至而败,刘子还。己丑十九日,召伯奂huàn,召庄公、南宫极以成周人戍尹。庚寅二十日,单子、刘子、樊齐樊顷子以王周敬王如刘。甲午二十四日,王子朝入于王城,次于左巷。

【尹圉】正补尹文公。尹氏,名圉,谥文。周王室卿大夫。王子朝党羽。

【刘佗】 正 补 姬姓，刘氏，名佗。刘文公（昭二十二·四·一）族人。周敬王党羽。昭二十三年被尹文公所诱杀。

【阪道】 补 可能是今河南宜阳的洛水谷地和水兑河谷地，从宜阳进攻尹必经之路。

【尹道】 补 可能是今河南新安西南、由磁涧镇向西之磁水谷地，是从洛阳进攻尹必经之路。

【南宫极】 正 补 姬姓，南宫氏，名极。西周初年重臣南宫适之后。周王室卿大夫。王子朝党羽。昭二十三年因地震而死。

【成周】 补 见隐三·四·二。

【左巷】 正 补 王城内地名，靠近东城。

○ 补 至此时，周敬王党伐尹邑失败，周敬王出王城至刘邑，而王子朝由尹邑入王城，周敬王党居于下风。

【三·三】 秋，七月戊申九日，鄩 xún 罗纳诸（之于）庄宫。尹辛败刘师于唐，丙辰十七日，又败诸（之于）鄩。甲子二十五日，尹辛取西闱。丙寅二十七日，［尹辛］攻蒯 kuǎi，蒯溃。

【鄩罗纳诸庄宫】 补 鄩罗把王子朝送到庄宫即位。**【鄩罗】** 正 补 鄩氏，名罗。鄩肸之子。王子朝党羽。

【尹辛】 正 补 尹氏，名辛。尹氏族人。王子朝党羽。

【唐】 正 杨 补 在今河南洛阳东。周邑。参见《图集》22—23⑪17。

【蒯】 正 杨 补 在今河南洛阳西南。周地。参见《图集》22—23⑪17。

○ 补 至此时，王子朝入住王城周庄王庙，其党羽尹辛屡次战胜，周敬王党居于下风。

【四·一】 莒 jǔ 子庚舆莒共公虐而好 hào 剑。［莒子］苟铸剑，必试诸（之于）人。国人患之。［莒子］又将叛齐。乌存帅国人以逐之。庚舆莒共公将出，闻乌存执殳 shū 而立于道左，惧将止死。苑羊牧之苑牧之曰："君过之！乌存以力闻可矣，何必以弑君成名？"

[莒子]遂来奔。

【又将叛齐】杨 补 昭二十二年齐、莒有盟(参见昭二十二·一·二),本年莒共公欲叛之。

【乌存】正 莒大夫。

【殳】补 见昭二十一·六·三。

【惧将止死】杨 [莒共公]害怕将被[乌存]阻止并杀死。

【四·二】齐人纳郊公莒郊公。

○正 补 昭十四年莒郊公奔齐(参见昭十四·八),至今年齐人护送其返莒即位。纳见隐四·二·四·一。

【五·一】吴人伐州来。楚薳wěi越帅师及诸侯之师奔命救州来,吴人御诸(之于)钟离。子瑕阳丐卒,楚师熸jiān。

【州来】杨 补 见成七·六·春秋。此时为楚邑。

【楚薳越帅师】正 补 此时楚令尹阳丐有疾,虽在军中而不能统兵作战,故使司马薳越代为帅军。

【御】补 抵抗。

【熸】正 火灭。这里指楚师士气不振。

吴公子光王子光曰:

"诸侯从于楚者众,而皆小国也,畏楚而不获已,是以来。吾闻之曰:'作事威克其爱,虽小,必济。'胡、沈之君胡子髡、沈子逞幼而狂,陈大夫啮niè,夏悼子壮而顽,顿与许、蔡疾楚政。楚令尹阳丐死,其师熸、帅贱、多宠、政令不壹。七国同役不同心,帅贱而不能整,无大威命,楚可败也。

【作事……必济】正 杨 补 兴作军事如果威严胜过感情,虽然弱小,必然成功。克,胜。吴师与七国之师相比,规模较小,但吴师有威严,所以王子光认为吴师可以取胜。

【疾】补怨恨。

【七国】正楚、顿、胡、沈、蔡、陈、许。

【无大威命】补没有重大的威严军令。

“若[我]分师先以犯胡、沈与陈，[三国]必先奔。三国败，诸侯之师乃摇心矣。诸侯乖乱，楚必大奔。请[我师]先者去备薄威，后者敦陈(阵)整旅。”

【乖】补离。

【请先……整旅】正补请让[我军]先头部队去除武备，减少军威[，向诸侯之师示弱以引诱他们]；后续部队巩固军阵整顿师旅[以准备痛击诸侯之师]。敦，厚。

吴子吴王州于从之。

【五·二】戊辰晦七月二十九日，战于鸡父。吴子吴王州于以罪人三千先犯胡、沈与陈，[许、蔡、顿]三国争之。吴为三军以系于后：中军从王吴王州于，光王子光帅右，掩余王子掩余帅左。吴之罪人或奔或止，三国乱。吴师击之，三国败，[吴人]获胡、沈之君及陈大夫。[吴人]舍胡、沈之囚，使奔许与蔡、顿，曰“吾君死矣！”，[吴]师噪而从之，[许、蔡、顿]三国奔。楚师大奔。

【晦】补阴历月末。

【系】补继。

【掩余】正补王子掩余。姬姓，名掩余。吴王寿梦(成七·六·三)之子。昭二十七年奔徐。昭三十年奔楚。

【五·三】[《春秋》]书曰“胡子髡、沈子逞灭，获陈夏啮”，君臣之辞也。[《春秋》]不言“战”，楚未陈也。

○正 补 国君乃社稷之主，与宗庙共存亡，故《春秋》称“灭”；大夫地位较轻，故《春秋》称“获”。据庄十一·二·一，两军皆阵，则《春秋》书“某某及某某战于某”。此处不书“战”而书“败”，是由于楚师尚未布阵完毕，吴师就发动了攻击。

昭公二十三年·二

地理 鲁、周见昭地理示意图1。鲁、周、刘见昭地理示意图3。

人物 南宫极（昭二十二—昭二十三·三·二）、苌弘（昭十一·二·一）、刘文公（昭二十二·四·一）、刘献公（昭十二·九）、王子朝（昭二十二·四·一）、周敬王（昭二十二—昭二十三·春秋）

春秋 八月乙未二十六日，[我]地震。

左传 八月丁酉二十八日，南宫极震。苌cháng弘谓刘文公曰：“君其勉之！先君刘献公之力可济也。周之亡也，其三川震。今西王王子朝之大臣南宫极亦震，天弃之矣。东王周敬王必大克。”

【南宫极震】 正 二十六日，鲁地发生地震。二十八日，周地亦地震，王子朝党羽南宫极为屋所压而死。

【先君之力可济也】 正 补 您先君[刘献公]致力的事业可以成功了。刘献公欲立王子猛，事未成而卒。参见昭二十二·四。

【周之亡也，其三川震】 正 指周幽王二年，泾水、渭水、洛水流域发生地震，川岸崩塌。

【西王】【东王】 正 王城在西，狄泉在东。王子朝居王城，故称“西王”；周敬王居狄泉，故称“东王”。

昭公二十三年·三

地理 楚、吴见昭地理示意图1。楚、吴、薳澨见昭地理示意图5。

人物 郹阳封人之女(昭十九・二)、太子诸樊、薳越(昭二十一・六・五)

左传 楚大(太)子建太子建之母郹阳封人之女在郹 jú,召吴人而启之。冬,十月甲申十六日,吴大(太)子诸樊入郹,取楚夫人与其宝器以归。楚司马薳 wěi 越追之,不及。[薳越]将死,众曰:"请遂伐吴以徼 jiǎo 之。"薳越曰:"再败君师,死且有罪。[吾]亡君夫人,不可以莫之死也。"乃缢于薳澨 shì。

【楚大子建之母在郹】正 补 太子建之母为郹阳封人之女(参见昭十九・二)。昭十九年楚平王娶秦嬴,昭二十年废太子建,因此其母被送回郹居住。【郹】正 补 即郹阳,见昭十九・二。

【启之】杨 补 [为吴人]开城门。

【吴大……以归】正 杨 补 此时吴王为吴王州于(昭二十・三・四),是吴王诸樊(襄十四・二)的弟弟,似乎不应命名自己的太子为诸樊。《史记・吴太伯世家》云"吴使公子光伐楚,败楚师,迎楚故太子建母于居巢以归",与本段史事大体相同,细节有所差异,可能实为一事。《史记》版本中,领军者为王子光,似乎可能性更大。

【司马】补 见僖二十六・三。

【徼之】补 求之,指夺楚夫人及宝器。徼,求。

【再败君师】正 杨 此前薳越救州来已有一败(见昭二十二—昭二十三・五),此次如果要侥幸求胜,恐怕会再次失败。

【薳澨】正 杨 补 传统说法认为在今湖北京山西百余里,汉江东岸。楚地。参见《图集》29—30⑤4。1977 年以来,在今河南淅川境、丹淅两水交汇处(现丹江口水库)的下寺、和尚岭以及徐家岭楚国贵族墓地出土了许多楚国薳氏/蒍氏家族的有铭铜器。有学者认为,这些出土文物表明,薳氏/蒍氏的采邑应该就在河南省淅川县境,而薳越自缢的薳澨,可能就是采邑旁边的一处符合"澨"地貌的地点。薳越在薳澨自缢,正是"死归其所"。本书示意图采用《图集》说法,而以此文提醒读者注意。

昭公二十三年·四

地理 鲁、晋见昭地理示意图 1。鲁、晋、河水见昭地理示意图 3。

人物 鲁昭公(襄三十一·三·五·一)、叔孙昭子(昭四—昭五·八)

春秋 冬,公鲁昭公如晋,至河,有疾,乃复。

【河】补 见闵二·五·三。

左传 公鲁昭公为叔孙叔孙昭子故如晋。及河,有疾,而复。

○正 补 本年春,晋人为邾执叔孙昭子,因此鲁昭公到晋谢罪请求放人。

昭公二十三年·五

地理 楚(郢)见昭地理示意图 1。

人物 囊瓦、沈尹戌(昭十九·十一·二)、若敖(僖二十七—僖二十八·十一)、蚡冒(文十六·三·三)、楚武王(桓六·二·一)、楚文王(庄六·二·一)

左传【一】楚囊瓦为令尹,城郢 yǐng。

【囊瓦】正 补 芈姓,囊氏,名瓦,字常。王子贞(成十五·五·一·一)(字囊)之孙。楚大夫,官至执政(继阳丐)。昭二十三年已任令尹。定四年奔郑。【令尹】补 见庄四·二·二。

【城郢】补 修筑郢都外城墙(郭)。【郢】补 见僖十二·二。昭二十三年即楚平王十年,据清华简《楚居》,此时楚平王居地在秦溪之上,但此地并未被称为"郢"。笔者怀疑此处所城之郢,应该就是襄十四年王子贞欲城之郢,即为郢(参见襄十四·十二·一)。

【二】沈尹戌曰:

【沈尹】补 见宣十二·一·六。

“子常囊瓦必亡郢。

“苟不能卫，城无益也。古者，天子守在四夷；天子卑，守在诸侯。诸侯守在四邻。诸侯卑，守在四竟(境)。慎其四竟(境)，结其四援，民狎 xiá 其野，三务成功。民无内忧，而又无外惧，国焉用城？今吴是惧，而城于郢，守已小矣。卑之不获，能无亡乎？昔梁伯沟其公宫而民溃。民弃其上，不亡，何待？

【天子……诸侯】正 杨 补 周天子[德及远方，柔和四夷，]依靠四夷守卫[华夏安宁]。周天子政事卑损[失去四夷顺服之后]，依靠诸侯守御[四夷入侵]。如此则王室都城不须修筑外城墙。

【诸侯……四竟】正 补 诸侯依靠四边邻国守御[外敌入侵]。诸侯政事卑损[失去邻国和睦之后]，依靠四面边境守御[邻国入侵]。如此则诸侯国都城亦不需要修筑外城墙。

【民狎其野】正 补 人民在土地上安居乐业。狎，安习。

【三务】正 补 春、夏、秋三时农事。

【今吴是惧】杨 即“今惧吴”。

【卑之不获】正 杨 据上文，诸侯卑，则守在四境。如今楚四境不能守，不得已增修国都城墙，故曰“卑之不获”。

【昔梁……民溃】补 见僖十九·五。

“夫正其疆埸 yì，修其土田，险其走集，亲其民人，明其伍候，信其邻国，慎其官守，守其交礼，不僭 jiàn 不贪，不懦不耆 qí，完其守备，以待不虞，又何畏矣？

【疆埸】补 边境。

【险其走集】正 补 巩固险峻的边境堡垒。

【明其伍候】正 补 要求民众编成部伍相互候望。

【交礼】正 交接之礼。
【僭】杨 差。
【懦】正 弱。【耆】正 强。
【不虞】补 意外。虞,度。

"《诗》曰:'无念尔祖,聿修厥德。'无亦监乎若敖、蚡 fén 冒至于武楚武王、文楚文王,土不过同,慎其四竟(境),犹不城郢。今土数圻 qí,而郢是城,不亦难乎?"

【无念尔祖,聿修厥德】正 杨 补《毛诗·大雅·文王》有此句,可译为"思念你的祖先,发扬他们的美德"。无,发语词,无义。聿,发语词,无义。厥,其。
【监】补 借鉴,详见下。
【同】正 方百里为一"同"。【圻】正 方千里为一"圻"。
【而郢是城】补 即"而城郢"。
○正 下启定四年吴入郢(定三—定四)。
○正 补 楚作为南方大国,其都城核心区没有外国入侵的危险,因此楚郢都在正常情况下应该并没有外城墙(郭),也就是所谓的"大都无城"(参见文十四·十一·二)。文十四年,王子燮与斗克欲作乱,曾修筑郢都(在樊郢或同宫之北)外城墙(参见文十四·十一·二)。襄十四年楚令尹王子贞(子囊)伐吴失败,回国后留下遗言,要求继任令尹王子午增修郢都(在为郢)外城墙(参见襄十四·十二)。如今王子贞之孙囊瓦畏吴入侵,未曾出战就增修郢都(在秦溪之上)外城墙,因而遭到沈尹戌批评。

○补 **古文字新证:** 监(監)字形演变情况如昭字形图3所示。商代甲骨文"監"会人俯首于皿以水照面之意,《尚书·酒诰》"人无于水监,当于民监"就是用的这个造字本义。后来引申为"汲取经验教训",如《论语·八佾》"周监于二代,郁郁乎文哉"。后来铜制的镜子“鉴(鑒)”逐渐普及,“监(監)”逐渐偏重表示“察看”之意,而“照面”“汲取经验教训”的意思则被“鉴(鑒)”所取代,比如《左传·昭公二十八年》“光可以鉴”,《国语·吴语》“王其盍亦鉴于人,无鉴于水”,《毛诗·大雅·文王》“宜鉴于殷”。

1 商.寧滬 1500《甲》	2 商.佚 932《甲》	3 周早.史䛐簋《金》	4 周早.應監甗《金》
5 周晚.頌簋《金》	6 春.攻吳王鑑《金》	7 戰.楚.包 2.120《楚》	8 戰.楚.包 2.164《楚》
9 戰.楚.信 2.1《楚》	10 秦.睡.法 151《張》	11 西漢.老子甲後 329《篆》	12 西漢.武威簡.有司 65《篆》

昭字形图 3(《说文新证》,2014 年)

昭公二十四年·一

地理 周见昭地理示意图1。周、甘、刘、邬见昭地理示意图3。

人物 召简公、南宫嚚、甘桓公、王子朝（昭二十二·四·一）、刘文公（昭二十二·四·一）、苌弘（昭十一·二·一）、商纣（庄十一·二·二·二）

左传【一】二十四年，春，王正月辛丑五日，召简公、南宫嚚 yín 以甘桓公见王子朝。

【召简公】正 补 姬姓，召氏，名盈，谥简。召庄公（昭二十二—昭二十三·一·一）之子。周王室卿大夫。王子朝党羽，昭二十六年转而支持周敬王。

【南宫嚚】正 补 姬姓，南宫氏，名嚚。南宫极（昭二十二—昭二十三·三·二）之子。周王室卿大夫。王子朝党羽。昭二十六年奔楚。

【甘桓公】正 补 姬姓，甘氏，谥桓。甘平公之子。周王室卿大夫。

刘子刘文公谓苌 cháng 弘曰："甘氏甘桓公又往矣。"

[苌弘]对曰："何害？同德度(宅)义。《大(太)誓》曰'纣商纣有亿兆夷人，亦(奕)有离德；余有乱臣十人，同心同德'，此周所以兴也。君其务德，无患无人。"

【同德度义】杨 补 [是否是真的]同心同德，[关键]在于[是否]合乎正义。度，居，在。

【《大誓》】补 见成二·七·五·二。

【纣有……同德】正 杨 补 可译为"纣有亿兆人，却非常离心离德；我有治理之臣十人，同心同德"。夷，语助词。亦，大。乱，治。

【二】戊午二十二日，王子朝入于邬 wū。

【郛】杨 见隐十一·三·一。

昭公二十四年·二

地理 鲁见昭地理示意图 1。

人物 孟僖子(昭七·二·二·四)

春秋 二十有(又)四年,春,王二月丙戌二十日,仲孙貜 jué,孟僖子卒。

昭公二十四年·三

地理 鲁、晋见昭地理示意图 1。晋、箕见昭地理示意图 2。

人物 叔孙昭子(昭四—昭五·八)、士景伯(昭十三·五)、梁其胫、晋顷公(昭十七·四·一)

春秋 婼 chuò,叔孙昭子至自晋。

○正 补《春秋》常例,卿大夫归国不书。此次叔孙昭子非正常归国,而为遭扣留后获释归国,故《春秋》特书之。参见昭十三—昭十四·春秋。

左传【一·一】晋士弥牟士景伯逆叔孙叔孙昭子于箕。叔孙使梁其胫 jìng 待于门内,曰:"余左顾而咳,乃杀之;右顾而笑,乃止。"

【箕】补 见僖三十三·五·春秋。

【一·二】叔孙见士伯士景伯。士伯曰:"寡君晋顷公以为盟主之故,是以久子。不腆敝邑之礼,将致诸(之于)从者,使弥牟士景伯逆吾子叔孙昭子。"叔孙受礼而归。

【久子】正 杨 久留子[于晋]。

【不腆……吾子】补 我国不丰厚的礼物，将致送给您的随从，派我来迎接您。

【二】二月，“婼至自晋”，[《春秋》舍族，]尊晋也。

○正 补《春秋》记载成“婼至自晋”，不称其氏“叔孙”，是表明对晋的尊重。参见昭十三—昭十四·三。

昭公二十四年·四

地理 晋、周见昭地理示意图1。

人物 晋顷公（昭十七·四·一）、士景伯（昭十三·五）、王子朝（昭二十二·四·一）

左传 三月庚戌十五日，晋侯晋顷公使士景伯莅问周故。士伯士景伯立于乾 gān 祭，而问于介众。晋人乃辞王子朝，不纳其使。

【乾祭】正 补 王城北门。王城见庄十九—庄二十—庄二十一·八。

【介众】正 大众。介，大。

昭公二十四年·五

地理 鲁见昭地理示意图1。

人物 梓慎（襄二十八·一·二）、叔孙昭子（昭四—昭五·八）

春秋 夏，五月乙未朔初一，日有食之。

【朔】补 见桓三·五·春秋。

【日有食之】补 见隐三·一·春秋。

左传【一】“夏，五月乙未朔，日有食之。”

【二】梓zǐ慎曰："将水。"

【将水】正 杨 日食为阴(月)侵阳(日)。水属阴,故曰"将水"。

昭子叔孙昭子曰："旱也。日过分而阳犹不克,克必甚,能无旱乎？阳不克莫(暮),将积聚也。"

【日过……旱乎】正 补 此时太阳已过春分点[,阳气已盛,]却仍不能战胜阴气,[因此发生日食。阳气被阴气所压制,不断郁积,之后一旦]战胜阴气则将过分,能不发生旱灾吗？

【阳不克莫】杨 即上文所述"日过分而阳犹不克"。暮,已过其时。

○补 下启本年鲁大旱(昭二十四・七)。

昭公二十四年・六

地理 周、郑、晋见昭地理示意图 1。周、晋、杏见昭地理示意图 2 小图。

人物 王子朝(昭二十二・四・一)、郑定公(昭十二・四・一・一)、游吉(襄二十二・七・二)、范献子(襄十四・四・五)、韩宣子(襄七・六・一)

左传【一】六月壬申八日,王子朝之师攻瑕及杏,[瑕、杏]皆溃。

【瑕】正 补 当与杏邻近,在今河南禹州。周邑。【杏】正 杨 补 在今河南禹州北杏山附近。周邑。参见《图集》22—23⑪18。

【二】郑伯郑定公如晋,子大(太)叔游吉相xiàng,见范献子。

献子范献子曰："若王室何？"

[子太叔]对曰："老夫游吉其国家不能恤,敢及王室？抑人亦有言

曰：'嫠lí不恤其纬，而忧宗周之陨，为[难]将及焉。'今王室实蠢蠢焉，吾小国惧矣。然大国之忧也，吾侪chái何知焉？吾子范献子其早图之！《诗》曰：'瓶之罄矣，惟罍léi之耻。'王室之不宁，晋之耻也。"

【恤】补忧。

【抑】补转折连词，然而。

【嫠不……及焉】正补寡妇不操心她纺织用的纬线，却担心宗周的陨落，是因为害怕祸患将会落到她头上。

【蠢蠢】正动扰貌。

【吾侪】补我等。

【瓶之罄矣，惟罍之耻】正杨补《毛诗・小雅・蓼莪》有此句，而"惟"作"维"。可译为"小酒瓶空空，是大酒坛的耻辱"。以瓶喻周王室，以罍喻晋。晋虽为诸侯，而实为霸主，远比周王室强大。【罍】正杨补盛酒盛水器。考古报告中的铜"罍"包括铭文上有自名为"罍"的罐形铜器以及宋人著作中称为"罍"的无耳折肩罍。考古发现春秋时期铜罍实例见昭器物图6。

昭器物图6.1　河南洛阳中州路M4出土罍，春秋中期(《洛阳中州路(西工段)》，1959年)

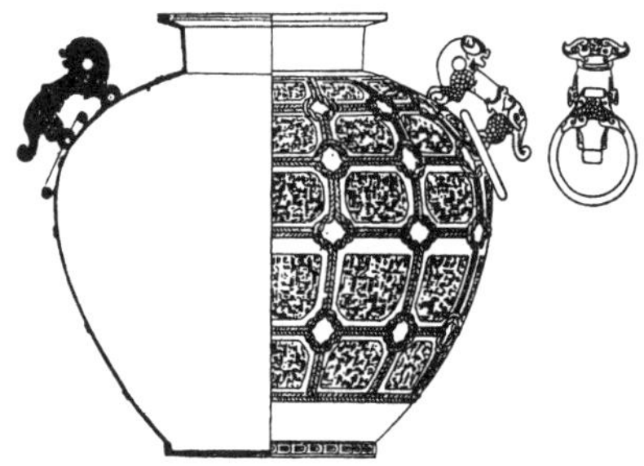

昭器物图6.2　山西长治分水岭晋国墓地M270出土罍，春秋晚期偏早(《长治分水岭东周墓地》，2010年)

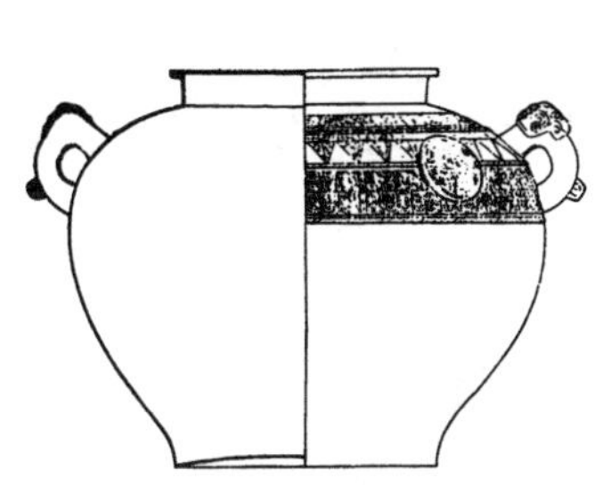

昭器物图 6.3　山西侯马上马村晋国墓地 M1004 出土罍，春秋晚期偏晚（《上马墓地》，1994 年）

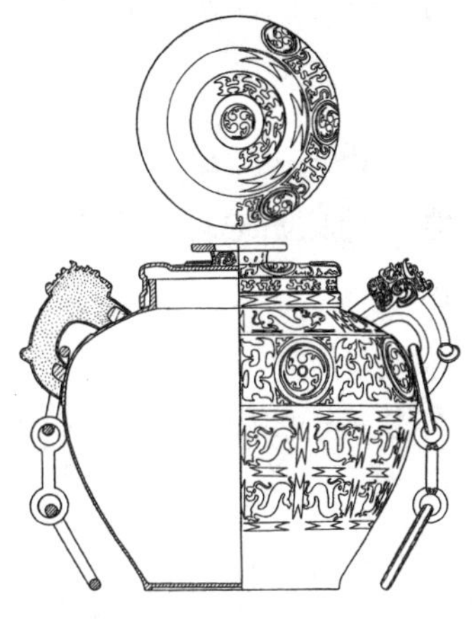

昭器物图 6.4　河南固始侯古堆 M1 出土罍，春秋晚期（《固始侯古堆一号墓》，2004 年）

献子惧，而与宣子韩宣子图之。[晋人]乃征会于诸侯，期以明年。

○正 下启昭二十五年诸侯黄父之会（昭二十五・二）。

昭公二十四年・七

地理 鲁见昭地理示意图 1。

春秋 秋，八月，[我]大雩 yú。

【雩】补 见桓五・四・春秋。

左传 “秋，八月，大雩”，旱也。

昭公二十四年・八

地理 杞见昭地理示意图 4。

人物 杞平公（昭十三・三・春秋）

春秋 丁酉九月五日，杞伯郁厘杞平公卒。

昭公二十四年·九

地理 周见昭地理示意图1。周、成周、温、訾、河见昭地理示意图2小图。

人物 王子朝（昭二十二·四·一）、阴不佞

左传 冬，十月癸酉十一日，王子朝用成周之宝珪沈（沉）于河。甲戌十二日，津人得诸（之于）河上。阴不佞 nìng 以温人南侵，拘得玉者，取其玉。［阴不佞］将卖之，则为石。王定而［阴不佞］献之，［王］与之东訾 zī。

【王子……于河】正 补 王子朝把成周的宝珪沉入河水［以祈求神灵保佑］。春秋时以宝物沉祭河神之事参见僖二十三—僖二十四·九·二。

【成周】补 见隐三·四·二。【宝珪】补 参见襄三十·九·八。

【河】补 见闵二·五·三。【津人】补 周外朝官，职掌河水渡口。

【阴不佞】正 补 阴氏，名不佞。周王室大夫。周敬王党羽。

【温】补 见隐三·四·二。此时为晋县。

【王定而献之】正 补 王室安定之后［阴不佞］将这块石头献给敬王。此事发生在昭二十四年后，此处为探后言之。

【东訾】补 在訾（昭二十二—昭二十三·三·一）以东，今河南巩义小訾殿村附近。周邑。

○ 补 宝珪被津人所得，后又变为石，这可以被解释为河神拒绝王子朝献礼，从而不保佑王子朝党，对于当时在军事上处于劣势的周敬王党有利。深疑此事为周敬王党羽阴不佞所编造并散布，于公可为周敬王党造势，于私可为己牟利。王室初定之后，阴不佞献石，邀功请赏之意甚为显豁。周敬王顺水推舟赏赐阴不佞，也就是以官方形式承认此事并将其公之于众，达到安定人心、打压王子朝余党的目的。

昭公二十四年·十

地理 吴、楚、越见昭地理示意图1。吴、巢、楚、越、钟离、豫章之汭见昭地理示意图5。

人物 楚平王(昭元·一·三)、沈尹戌(昭十九·十一·二)、王子仓、寿梦

春秋 冬,吴灭巢。

左传【一·一】楚子楚平王为舟师以略吴疆。

【略】正 行。

【一·二】沈尹戌曰:"此行也,楚必亡邑。[楚]不抚民而劳之,吴不动而[楚]速之。吴踵楚,而[楚]疆埸 yì 无备,邑能无亡乎?"

【速】正 补 召,招致。

【吴踵楚】正 杨 补 吴师追随楚师[伺机发动攻势]。踵,本义为脚后跟,引申为追随。

【二·一】越大夫胥犴 àn 劳王楚平王于豫章之汭 ruì,越公子仓王子仓归(馈)王乘 shèng 舟,仓王子仓及寿梦帅师从王。王及圉 yǔ 阳而还。吴人踵楚,而[楚]边人不备,[吴]遂灭巢及钟离而还。

【豫章之汭】正 杨 补 在今安徽合肥南淝河流入巢湖北岸一带。"豫章"见昭六·十·一。

【寿梦】正 越大夫。

【圉阳】正 杨 在今安徽巢湖南。楚地。

○ 补 **传世文献对读:**《史记·吴太伯世家》叙吴灭巢、钟离之事与《左传》不同,可扫码阅读。

【二·二】沈尹戌曰："亡郢 yǐng 之始，于此在矣。王一动而亡二姓之帅，几如是而不及郢？《诗》曰'谁生厉阶，至今为梗'，其王之谓乎？"

【沈尹】 补 见宣十二·一·六。

【郢】 补 见僖十二·二。昭二十四年即楚平王十一年，据清华简二《楚居》，此时楚都在秦溪之上。

【二姓之帅】 正 守巢、钟离的楚大夫。

【谁生厉阶，至今为梗】 正 杨 补《毛诗·大雅·桑柔》有此句，可译为"是谁制造了祸端，到今天还是灾害"。厉，恶。阶，阶梯，引申为由来。梗，病。

○ 正 下启定四年吴入郢(定三—定四)。

昭公二十四年·十一

地理 杞见昭地理示意图 4。

人物 杞平公(昭十三·三·春秋)

春秋 葬杞平公。

昭公二十五年·一

地理 鲁、宋见昭地理示意图1。鲁、宋、小邾见昭地理示意图4。

人物 叔孙昭子(昭四—昭五·八)、乐大心(昭七·七·三·二)、宋元公(襄二十六·六·二·一)、乐祁犁(昭二十二·二·三)、季公亥、小邾夫人、景曹、景曹之女、季平子(昭九·六·二)

春秋 二十五年,春,叔孙婼chuò,叔孙昭子如宋。

左传【一·一】二十五年,春,叔孙婼叔孙昭子聘于宋。桐门右师乐大心见之,语,[右师]卑宋大夫而贱司城氏。

【聘】补 见隐七·四·春秋。

【桐门】补 见襄十·二。【右师】补 见文七·二·一。

【司城氏】正 补 乐氏大宗,其始祖乐喜为司城,此时族长为乐祁犁,亦任司城,故称"司城氏"。

○补 右师乐大心为乐氏小宗族人,此时应与其大宗宗主乐祁犁有嫌隙,故与叔孙昭子交谈时有针对乐祁犁的轻贱之语。定九年乐祁犁之子乐溷逐乐大心(定九·一),可为两族不和之证。

【一·二】昭子叔孙昭子告其人曰:"右师乐大心其亡乎!君子贵其身,而后能及人,是以有礼。今夫子乐大心卑其大夫而贱其宗,是贱其身也,能有礼乎?无礼,必亡。"

○正 下启定十年乐大心出奔曹(定九·一、定十·三)。

【二·一】宋公宋元公享昭子叔孙昭子,赋《新宫》。昭子赋《车辖》。

【宋公……《新宫》】正 杨 补 此为逸诗,有学者认为有可能就是《毛诗·小雅·斯干》。《斯干》之诗主旨是歌颂周王新宫室落成。宋元公赋此诗,应是以新宫比喻其女与季平子成婚之后居住的新家。

【享】补见桓九—桓十·一·二。

【昭子赋《车辖》】正补《毛诗·小雅》有《车舝》，即此处之《车辖》。本诗主旨是赞颂新婚美满。叔孙昭子将为季平子迎娶宋元公女，所以赋这首诗。

〇补**传世文献对读：**《毛诗·小雅·车舝》的原文，可扫码阅读。

【二·二】明日，宴。饮酒，乐，宋公使昭子右坐，语相泣也。乐祁乐祁犁佐，退而告人曰："今兹君宋元公与叔孙叔孙昭子其皆死乎？吾闻之，'哀乐而乐哀，皆丧心也'。心之精爽，是谓魂魄。魂魄去之，何以能久？"

【宴】补参见文四·四。

【宋公使昭子右坐】正杨依照古代宴礼设座，宋元公坐于阼阶，面向西；叔孙昭子坐于西阶，面向南。如此则相距较远，不便交谈。宋元公于是使叔孙昭子移坐到东阶，在宋元公右，同向西，距离较近。

【佐】正助宴礼。【今兹】补今年。

【哀乐……心也】正补该欢乐时悲哀，该悲哀时欢乐，都是丧失了本心[的表现]。参见宣十二·一·十九"有喜而忧，如有忧而喜乎"，昭元·一·三"夫弗及而忧，与可忧而乐，与忧而弗害，皆取忧之道也"，以及昭十五·八·三"今王乐忧，若卒以忧，不可谓终"。

【心之精爽】杨内心的精明。爽，明。

【魂魄】补参见昭七·七·四·二。

〇正下启本年宋元公卒（昭二十五·五）、叔孙昭子卒（昭二十五·七）。

【三】季公若季公亥之姊为小邾夫人，生宋元夫人景曹。[宋元夫人]生子，以妻qì季平子。昭子叔孙昭子如宋聘，且逆之。公若季公亥从[昭子]，谓曹氏景曹勿[以子]与[平子]，鲁将逐之季平子。

【季公若】 正 补 季公亥。姬姓，季氏，名亥，字若。季武子（襄六·五·春秋）之子，季公鸟（昭二十五·五·一·一）之弟，季平子（昭九·六·二）之叔。**【小邾夫人】** 补 鲁女，姬姓。季武子之女，季公亥之姊，小邾君夫人。

【宋元夫人】 正 补 景曹。小邾女，曹姓，谥景。宋元公（襄二十六·六·二·一）夫人，宋景公（昭二十·四·三）之母，季平子之外姊。哀二十三年卒。

【生子】 杨 ［景曹］生有一女。

【昭子如宋聘，且逆之】 正 补 叔孙昭子到宋［为季平子］提亲，并［为季平子］迎接新妇（景曹之女）回鲁。对照隐七·七·二"昏礼"，考虑到叔孙昭子"聘"后随即迎亲，所以此处之"聘"相当于"下达""纳采""问名""纳吉""纳征""请期"诸步骤压缩而成。依正礼，迎接新妇，周天子之下都应亲迎。即使依照春秋前期实际执行的礼制，也是国君遣卿大夫迎接，而卿大夫娶妻应亲迎（参见隐二·五）。季平子并非国君，而使卿为己逆女，足见其权势之盛。

【公若……逐之】 正 杨 补 季公亥（景曹之舅）跟从［叔孙昭子来宋］，告诉景曹不要［将女儿］嫁给［季平子］，［因为］鲁（其实是鲁昭公）正准备驱逐他。季公亥是鲁昭公党羽之一，此次来宋的目的是阻挠季平子与宋元公之间的政治联姻，从而抑制季氏势力的进一步增长。

曹氏告公宋元公，公告乐祁乐祁犁。乐祁曰："与之。如是，鲁君鲁昭公必出。政在季氏三世矣，鲁君丧政四公矣。无民而能逞其志者，未之有也。国君是以镇抚其民。《诗》曰：'人之云亡，心之忧矣。'鲁君失民矣，焉得逞其志？［鲁君］靖以待命犹可，动必忧。"

【政在季氏三世矣】 正 指季文子、季武子、季平子三世把持国政。季平子之父季悼子先季武子去世，未为卿。

【鲁君丧政四公矣】 正 补 指自文十八年东门襄仲杀嫡立庶之后，鲁宣公、鲁成公、鲁襄公、鲁昭公四世国政旁落，国君逐渐成为傀儡。

【人之云亡，心之忧矣】正 杨《毛诗·大雅·瞻卬》有此句，可译为“人民丧亡，内心忧虑”。云，语助词，无义。

【靖】杨 安。

○正 下启本年鲁昭公逊于齐（昭二十五·五）。

昭公二十五年·二

地理 鲁、晋、宋、卫、郑、曹见昭地理示意图1。鲁、晋、宋、卫、郑、曹、郳、滕、薛、小郳、黄父见昭地理示意图3。

人物 叔诣、赵简子、乐大心（昭七·七·三·二）、北宫贞子（昭十·四·二·一）、游吉（襄二十二·七·二）、周敬王（昭二十二—昭二十三·春秋）、公孙侨（襄八·三）、士景伯（昭十三·五）

春秋 夏，叔诣会晋赵鞅赵简子、宋乐大心、卫北宫喜北宫贞子、郑游吉、曹人、郳人、滕人、薛人、小郳人于黄父。

【叔诣】补 姬姓，子叔氏，名诣。叔鞅（昭二十二—昭二十三·春秋）之子。鲁大夫，官至卿位。昭二十九年卒。

【赵鞅】补 赵简子。嬴姓，赵氏，名鞅，字志，谥简。赵景子（昭五·四·二）之子。晋大夫，官至执政卿（继知文子）。昭二十五年可能已任下军佐（卿职），昭二十八年可能已任下军帅（卿职），昭二十九年可能已任上军佐（卿职），定元年可能已任上军帅（卿职），定十三年可能已任中军佐（卿职）。定十三年入于晋阳以叛，同年归于晋都。哀元年可能已任中军帅（卿职）。哀十八年卒。食采于晋阳。

【黄父】杨 见文十七·四·一。

左传【一】夏，会于黄父，谋王室也。赵简子令诸侯之大夫输王粟、具戍人，曰：“明年将纳王周敬王。”

【粟】补 见僖十三·二，此处不确定是广义还是狭义。

【纳】补 见隐四·二·四·一。

【二】子大(太)叔游吉见赵简子。简子赵简子问揖让、周旋之礼焉。

[子太叔]对曰:“是仪也,非礼也。”

○补 昭五·三·一晋大夫女叔齐亦论及仪、礼之辨,可参看。

简子曰:“敢问何谓礼?”

[子太叔]对曰:

“吉游吉也闻诸(之于)先大夫子产公孙侨曰:‘夫礼,天之经也,地之义也,民之行也。’天地之经,而民实则之:则天之明,因地之性,生其六气,用其五行,气为五味,发为五色,章(彰)为五声。淫则昏乱,民失其性。是故为礼以奉之:

【经】 正 常。**【则】** 补 取法。

【天之明】 正 日、月、星之明。

【地之性】 正 地之高下、刚柔。

【六气】 补 见昭元·八·二。

【五行】 正 金、木、水、火、土。

【五味】 补 见僖三十·五·一。

【五色】 补 见桓元—桓二·三·二。

【五声】 补 见僖二十四·二·二·一。

【淫】 正 过度。

○补 昭元·八·二医和亦曾论及六气、五味、五色、五声之事,可参看。

“为六畜、五牲、三牺,以奉五味;

【六畜】 正 补 马、牛、羊、豕、犬、鸡,见僖十九·二·二·二。家养谓之“畜”,野生谓之“兽”。

【五牲】正 杨 补牛、羊、豕、犬、鸡，见昭十一·八·二。始养之谓之“畜”，将用于祭祀谓之“牲”。

【三牺】正 杨牛、羊、豕。祭天地、宗庙所用牲谓之“牺”。

“为九文、六采(彩)、五章，以奉五色；

【九文】正 杨 补九种用于衣裳上的文饰。九文之说，来源于《尚书·益稷》：“帝曰：‘予欲观古人之象，日月星辰山龙华虫作会宗彝藻火粉米黼黻绨绣，以五采彰施于五色，作服，汝明。’”其中《周礼·春官·司服》郑玄注认为九文是：龙、山、华虫（鷩雉[锦鸡]）、火（半圆形，似火）、宗彝（虎与蜼[长尾猴]），此五种文饰皆画于衣上。藻（水草）、粉米（白米）、黼（形如两“己”相向，半黑半白）、黻（形如两“弓”相背，半黑半青），此四种文饰皆画于裳上。杜注则认为九文是：山、隆、华（花）、虫、藻、火、粉米、黼、黻。

【六采】正天地四方之色，青（东）、白（西）、赤（南）、黑（北）、玄（天）、黄（地）。

【五章】正 补五色的五种搭配方式，文（青与赤）、章（赤与白）、黼（白与黑）、黻（黑与青）、绣（五色俱备）。

“为九歌、八风、七音、六律，以奉五声。

【九歌】补见文七—文八·一。【八风】补见隐五·七。

【七音】正见昭二十·八·三。【六律】补见昭二十·八·三。

○正昭二十·八·三晏平仲亦曾论及六律、七音、八风、九歌，可参看。

“为君臣上下，以则地义；

【以则地义】正以效法地[有高下]之义。

“为夫妇外内，以经二物。

【以经二物】正 杨 补 以效法［地有刚、柔］二物。经，法。

“为父子、兄弟、姑姊、甥舅、昏(婚)媾、姻亚，以象天明；

【姑姊】杨 姑，父之姊妹。姊，己之姊妹。【甥舅】补 见成二·八。

【昏媾】正 昏，妻之父。媾，重叠交互为婚。

【姻亚】正 补 姻，婿之父。亚，两婿互称。杜甫《简吴郎司法》“却为姻亚过逢地”、《送高司直寻封阆州》“与子姻娅间”典出于此。

【以象天明】正 补［六亲和睦，以事奉严父，］以比象上天［众星拱北辰（北极星）］的明亮。

“为政事、庸力、行务，以从四时。

【政事】正 在君为“政”，在臣为“事”。

【庸力】正 民功为“庸”，治功为“力”。

【行务】正 行其德教，务其时要。

【以从四时】补 以顺从［春、夏、秋、冬］四时。

“为刑罚威狱，使民畏忌，以类其震曜 yào 杀戮；

【震曜杀戮】正 杨 震即雷震，曜即闪电，两者皆可杀人。

“为温慈惠和，以效天之生殖长育。

“民有好 hào 恶 wù、喜怒、哀乐，生于六气。是故审则宜类，以制六志。哀有哭泣，乐有歌舞，喜有施舍，怒有战斗。喜生于好 hào，怒生于恶 wù。是故审行信令，祸福赏罚，以制死生。生，好 hào 物也；死，恶 wù 物也。好 hào 物，乐也；恶 wù 物，哀也。哀乐不失[于礼]，乃能协于天地之性，是以长久。”

【审则宜类】正 补 审慎［地定立］法则，适宜各类事务。

【六志】正 补 六种心情活动，即指好、恶、喜、怒、哀、乐。

简子曰："甚哉，礼之大也！"

[子太叔]对曰："礼，上下之纪，天地之经纬也，民之所以生也，是以先王尚之。故人之能自曲直以赴礼者，谓之'成人'。大，不亦宜乎？"

【尚】补 尊崇。

【故人……成人】杨 补 所以那些能经由或曲或直的途径奔赴"礼"[的要求]的人，可以叫作"成人"。所谓"自曲赴礼"，是指有的人要委曲自己的本性来符合礼的要求，也就是孔子所说的"知者利仁，畏罪者强仁"（《礼记·坊记》）。所谓"自直赴礼"，是指有的人可以顺着自己的本性自然地符合礼的要求，也就是孔子所说的"仁者安仁"（《礼记·坊记》）。

○补 **传世文献对读：**《论语·宪问》中载有孔子对于何为"成人"的论述，可扫码阅读。

简子曰："鞅赵简子也请终身守此言也。"

○补 据定三—定四·五·五，则游吉除上述言论之外，还告诫赵简子"无始乱，无怙富，无恃宠，无违同，无敖礼，无骄能，无复怒，无谋非德，无犯非义"。

【三·一】宋乐大心曰："我不输粟。我于周为客，若之何使客？"

【我于周为客】正 杨 补 我们对周朝来说是客人。宋为商王室之后，周王室以宾客之礼待之，并尊其爵为"公"，参见僖二十四·四。

晋士伯士景伯曰："自践土以来，宋何役之不会，而何盟之不同？曰'同恤王室'，子焉得辟(避)之？子奉君命，以会大事，而宋背盟，无乃不可乎？"

【自践土以来】正 补 践土之盟见僖二十七—僖二十八。此盟后，晋成为中原霸主。

【恤】补 忧。

右师乐大心不敢对，受牒 dié 而退。

【右师】补 见文七・二・一。

【牒】正 杨 简札，上面写有宋应承担的运粮、派兵任务。

【三・二】士伯告简子赵简子曰："宋右师必亡。奉君命以使，而欲背盟以干盟主，无不祥大焉。"

【干】补 犯。

【无不祥大焉】正 补 即"不祥莫大焉"，可译为"没有比这更大的不祥了"。

○正 下启定十年乐大心出奔曹（定九・一、定十・三）。

昭公二十五年・三

地理 鲁见昭地理示意图 1。鲁、乾侯见昭地理示意图 3。

人物 师己、鲁文公（文元・○）、鲁成公（成元・○）

春秋 有鸜 qú 鹆 yù 来巢。

【鸜鹆】杨 即八哥。

左传【一】"有鸜鹆来巢"，[《春秋》]书[我]所无也。

【二】师己 jǐ 曰：

【师己】正 补 鲁乐师。【师】补 乐师，鲁内朝官，职掌乐舞。

"异哉！

"吾闻文鲁文公、成鲁成公之世，童谣有之，曰：

"'鸜之鹆之，公出辱之。

【公出辱之】补 国君出逃受到羞辱。

○补 本年鲁昭公逊于齐，是其验。

"'鸜鹆之羽，公在外野，往馈之马。

【公在外野，往馈之马】正 补 国君住在郊野，[臣下]前往送马匹。

○杨 鲁昭公出逃之后，季平子每年送马匹给鲁昭公，是其验（参见昭二十九·三）。

"'鸜鹆跦 zhū 跦，公在干 gān 侯，征褰 qiān 与襦 rú。

【跦跦】正 跳行貌。

【公在乾侯，征褰与襦】正 杨 补 国君住在乾侯，问人要裤子短衣。褰，裤。襦，短衣。【乾侯】杨 补 在今河北成安东南。晋邑。参见《图集》24—25②5。

○杨 鲁昭公寄居在乾侯，季平子送衣物给鲁昭公，是其验（参见昭二十九·三）。

"'鸜鹆之巢，远哉遥遥，裯 chóu 父 fǔ 丧劳，宋父 fǔ 以骄。

【裯父丧劳】正 补 裯父死于辛劳。

【宋父以骄】正 补 宋父因此骄傲。

○补 鲁昭公（名裯）在流亡期间死去，鲁定公（名宋）接替鲁昭公为国君，是其验（参见昭三十二·六及定元·二）。

"'鸜鹆鸜鹆，往歌来哭。'

【往歌来哭】正 补 去的时候歌唱，回的时候哭泣。
○正 补 鲁昭公生时出逃，歌；死后方还，哭，是其验。

“童谣有是。今鸜鹆来巢，[公]其将及[于难]乎？”

昭公二十五年·四

地理 鲁见昭地理示意图 1。

春秋 秋，七月上辛辛卯，三日，[我]大雩 yú；季辛辛亥，二十三日，又雩。

【上辛】杨 上旬的辛日。
【雩】补 见桓五·四·春秋。
【季辛】正 下旬的辛日。

左传 秋，[《春秋》]书再雩，旱甚也。

昭公二十五年·五

地理 鲁、齐、晋见昭地理示意图 1。鲁、齐、莒、阳州、野井、卞、阚、费、平阴、铸、沂水(近鲁都者)见昭地理示意图 4。

人物 鲁昭公(襄三十一·三·五·一)、齐景公(襄二十五·一·四)、叔孙昭子(昭四—昭五·八)、季公鸟、季公亥(昭二十五·一·三)、公思展、申夜姑、季姒、饔人、秦姬、公父穆伯、公之、季平子(昭九·六·二)、郈昭伯、臧昭伯、臧顷伯、鲁襄公(襄元·〇)、公叔务人、公果、公贲、侍人僚相、子家懿伯(昭五·三·一)、孟懿子(昭七·九·二·一)、鬷戾、左师展

春秋 九月己亥十二日，公鲁昭公孙(逊)于齐，次于阳州。齐侯齐景公唁 yàn 公于野井。

【孙】补 见庄元·一·春秋。

【阳州】杨 见襄三十一・二。
【咺】补 慰问。
【野井】正 杨 补 在今山东齐河东南。齐地。参见《图集》26—27③3。

冬,十月戊辰十一日,叔孙婼chuò,叔孙昭子卒。

左传【一・一】初,季公鸟娶妻于齐鲍文子,生甲。公鸟季公鸟死,季公亥与公思展与公鸟之臣申夜yì姑相xiàng其室。

【季公鸟】正 补 姬姓,季氏,名或字鸟。季武子(襄六・五・春秋)之子,季平子(昭九・六・二)叔父。昭二十五年前卒。
【甲】杨 补 犹言"某甲",相当于今天的"某人",不知其名。
【季公亥】补 季公鸟之弟。
【公思展】正 补 名展。季氏族人。昭二十五年前被季平子所拘。
【申夜姑】补 申氏,名夜姑(或作射姑)。季公鸟家臣。昭二十五年前被季平子所杀。
【相】正 治。

及季姒sì与饔yōng人檀通,而惧,[季姒]乃使其妾抶chì己,以示秦遄chuán之妻秦姬,曰:"公若季公亥欲使余[侍寝],余不可,而抶余。"[季姒]又诉于公甫公父穆伯,曰:"展公思展与夜姑申夜姑将要余[以从公若]。"秦姬以告公之。公之与公甫告平子季平子。

【季姒】正 补 齐鲍氏女,姒姓。鲍文子(成十七・四・三・一)之女,季公鸟之妻。【饔人】正 补 卿大夫家臣,掌膳食。
【抶】杨 补 笞击。
【秦遄之妻】正 补 秦姬。鲁季氏女,姬姓。季武子之女,季平子之姑,季公鸟之妹,秦遄之妻。【秦遄】正 补 秦氏,名遄。鲁大夫。定五年被阳虎所逐,奔齐。
【使余】杨 使我[侍寝]。

【公甫】 正 补 公父穆伯。姬姓，季氏，名靖，字甫（父），谥穆。季悼子（襄二十三·八·一·一）之子，季平子之弟。其后为公父氏。

【要余】 正 杨 要挟我［服从公若（季公亥）］。

【公之】 正 补 姬姓，季氏，字之。季悼子之子，季平子之弟。其后为公之氏。

平子拘展于卞，而执夜姑，将杀之。公若泣而哀之，曰“杀是申夜姑，是杀余也”，将为之请。平子使竖勿内（纳），［公若］日中不得请。有司逆命，公之使速杀之。故公若怨平子。

【卞】 补 见僖十七·三·春秋。此时为季氏采邑。

【竖】 补 见昭四—昭五·四。

【有司逆命】 正 补［逮捕申夜姑的］家臣前来领受［处置申夜姑的］命令。

【一·二】季、郈hòu之鸡斗。季氏介其鸡，郈氏为之金距。平子怒，益宫于郈氏，且让之。故郈昭伯亦怨平子。

【介其鸡】 正 给鸡穿上甲胄。

【为之金距】 杨 补 距，鸡脚后方所生的尖锐突出部分。这里说的是用薄金属片套在鸡距上以增强其攻击力。

【平子……让之】 正 杨 补 季平子［由于斗鸡失败而］发怒，［于是］侵占郈氏土地以扩大自己的宫室，还斥责郈氏。让，责。

【郈昭伯】 正 补 姬姓，郈氏，名恶，谥昭，排行伯。厚成叔（襄十四·五·六·一）之后，鲁孝公（哀二十四·三·一）八世孙。昭二十五年被孟氏所杀。

【一·三】臧昭伯之从弟会臧顷伯为谗于臧氏，而逃于季氏。臧氏执旃（之焉）。平子怒，拘臧氏老。

【臧昭伯】 正 杨 补 姬姓，臧氏，名赐，谥昭，排行伯。臧为（襄二十三・八・七・一)之子，臧宣叔(宣十八・六・二)之孙。鲁大夫，官至卿位。昭二十五年随鲁昭公奔齐。

【会】 杨 补 臧顷伯。姬姓，臧氏，名会，谥顷，排行伯。臧宣叔之孙，臧昭伯从父兄弟。鲁大夫，官至卿位。

【老】 补 见襄十七・六。

○ 杨 本段所叙臧氏之事详见本年末(昭二十五・九)。

将禘dì于襄公鲁襄公，万者二人，其众万于季氏。臧孙臧昭伯曰："此之谓不能庸先君之庙。"大夫遂怨平子。

【禘于襄公】 补 在鲁襄公庙举行常禘。禘祭见闵二・二・春秋。

【万】 正 万舞。**【二人】** 杨 一说应为"二八"，即二佾，两列舞者。

【其众万于季氏】 正 杨 季氏私祭家庙，与禘祭同日。季氏让乐舞者先满足自己私祭需要，因此大部分乐舞者在季氏表演万舞。依礼制，君祭孟月(每季第一月)，臣祭仲月(每季第二月)。季氏与国君同日祭，已是违礼；又矫用乐舞，以私废公，更是违礼。

【此之……之庙】 杨 补 这就叫作不能[让国君]在宗庙里酬报[先君的功劳]。庸，酬功。

○ 补 **传世文献对读：**《论语・八佾》："孔子谓季氏：'八佾舞于庭，是可忍也，孰不可忍也？'"可参看。

【二・一】公若季公亥献弓于公为公叔务人，且与之出射于外，而谋去季氏。公为告公果、公贲bēn。公果、公贲使侍人僚柤告公鲁昭公。公寝，将以戈击之僚柤，[僚柤]乃走。公曰"执之"，亦无命也。

【公为】 正 补 公叔务人。姬姓，名务人，字为，排行叔。鲁昭公(襄三十一・三・五・一)之子，公衍(昭二十九・三・三)异母弟。哀十一年战死。

【公果】正 补 姬姓，字果。鲁昭公之子，公叔务人之弟。

【公贲】正 补 姬姓，字贲。鲁昭公之子，公叔务人之弟。

【侍人僚柤】正 杨 补 鲁昭公侍者。“侍人”或作“寺人”，寺人见僖二·四·二。

【公寝……乃走】补 此时的鲁昭公还不清楚季公若到底是真心想要发动政变，还是在执行季平子的谋划想要陷害自己，甚至不清楚僚柤到底是在为自己的儿子们传话，还是受季平子指使来挑拨自己和儿子们之间的关系，所以演了这么一出追杀僚柤的戏码。

【公曰……命也】正 补 鲁昭公说要“抓住他”，却又没有下达［正式］命令。

［僚柤］惧而不出，数月不见，公不怒。［公果、公贲］又使［僚柤］言［于公］，公执戈惧之僚柤，［僚柤］乃走。

［公果、公贲］又使［僚柤］言，公曰：“非小人之所及也。”公果自言［于公］。

【二·二】公鲁昭公以［去季氏之谋］告臧孙臧昭伯，臧孙以难；告郈孙郈昭伯，郈孙以可，劝［公为之］；告子家懿伯，懿伯子家懿伯曰：“谗人以君徼 jiǎo 幸，事若不克，君受其［恶］名，不可为也。［鲁君］舍民数世，以求克事，不可必也。且政在焉，其难图也。”公退之子家懿伯。［懿伯］辞曰：“臣与 yù 闻命矣，言若泄，臣不获死。”［懿伯］乃馆于公宫。

【臧孙以难】正 补 臧昭伯认为难［以成事］。

【谗人以君徼幸】杨 补 谗佞之人利用国君行侥幸之事。以，用。

【舍民数世】杨 补［鲁君］舍弃民众已经好几代了。自文公以来，政权不在公室，民心亦不在公室，故曰“舍民数世”。参见昭二十五·一·三。

【克事】杨 补 成事。

【不可必也】杨 补 不能保证一定[成功]。
【且政在焉】杨 补 而且政权在季氏那里。
【公退之】正 补 鲁昭公让子家懿伯退下[离去]。
【臣不获死】杨 臣下将不得[好]死。

〇补 **传世文献对读：**《公羊传·昭公二十五年》叙鲁昭公告子家懿伯弑季氏之事，为《左传》所不载，可扫码阅读。

【二·三】叔孙昭子如阚kàn，公居于长府。

【阚】杨 见桓十一·五·春秋。
【长府】杨 鲁公室贮藏财货的府库。
〇补 叔孙昭子在这个政变即将爆发的时刻离开都城，到底是碰巧要去阚地办事，还是得知了消息后找借口离开，后人已无法确知。笔者倾向于后者，因为叔孙昭子作为三桓中最为弱小的叔孙氏的族长，其政治立场偏向于尊君（参见昭十·四·五），与季氏一直不合（例如昭十二·十，昭二十一·三），曾揭露过季平子的不臣之心（参见昭十七·二），还曾容许鲁昭公党羽季公若跟随他前往宋（昭二十五·一·三），很有可能鲁昭公党羽在起事之前也跟他联系过。叔孙昭子一方面不愿意参与驱逐季氏，一方面也不愿意帮助季氏，于是就找了个借口离开都城，以为这样可以使得叔孙氏在政变发生时保持中立。然而如同下文将会讲述的那样（昭二十五·五·三），叔孙氏家臣在族长不在的时候自作主张的能力远远超出了叔孙昭子的想象。

【三】九月戊戌十一日，[公徒]伐季氏，杀公之于门，遂入之。

平子季平子登台而请曰："君不察臣之罪，使有司讨臣以干戈，臣请待于沂上以察罪。"[公]弗许。

【有司】补 见僖十二—僖十三·二·一。

【沂上】正 补 沂水岸边，在今山东曲阜市外西部。鲁地。【沂】正 杨 补 水名，今名小沂河，源出今山东邹城城前镇凤凰山以北，西北流至曲阜市南郊，折向西流，在兖州区酒仙桥街道粉店村和焦家村之间汇入泗河。春秋时沂水参见《图集》④3—④4。

[平子]请囚于费 bì，[公]弗许。

【费】杨 补 见僖元·六。此时为季氏采邑。

[平子]请以五乘 shèng 亡，[公]弗许。

子家子子家懿伯曰："君其许之！政自之出久矣，隐民多取食焉，为之徒者众矣。日入慝 tè 作，弗可知也。众怒不可蓄也，蓄而弗治，将蕴 yùn。蕴蓄，民将生心。生心，同求将合。君必悔之。"[公]弗听。

【隐民】正 杨 贫民。隐，约，贫困。

【日入慝作，弗可知也】正 补 日落之后，奸恶冒出来，[结局]就不可预知了。

【蕴】正 积。从"蓄而弗治，将蕴"来看，这里的"蕴"比"蓄"在程度上还要更严重。

【生心，同求将合】正 杨 补 [一旦民众]产生[叛君之]心，有同样要求的人会纠合到一起。

郈孙郈昭伯曰："必杀之。"

公鲁昭公使郈孙逆孟懿子。

○补 鲁昭公的这一举动表明，鲁昭公团队认为叔孙昭子作为族长的叔孙氏在这次政变中将会保持中立，只要能把年纪尚轻（十四岁）的孟氏族长孟懿子争取过来或者控制住，就能够以 2∶1 的优势确保战胜季氏。

叔孙氏之司马鬷zōng戾言于其众曰："若之何？"

【司马】补 家司马，见襄二十三·八·一·三。

【鬷戾】补 鬷氏，名戾。叔孙氏家司马。

○补 此时族长叔孙昭子在外，家司马鬷戾掌军事，故召集宗族而问之。

[众]莫对。

[鬷戾]又曰："我，家臣也，不敢知国。凡有季氏与无，于我孰利？"

【凡】杨 补 总而言之。

[众]皆曰："无季氏，是无叔孙氏也。"

鬷戾曰："然则救诸(之乎)！"

[鬷戾]帅徒以往，陷[季氏]西北隅以入。公徒释甲执冰(掤)而踞，[叔孙氏之徒]遂逐之。

【隅】补 角。

【公徒释甲执冰而踞】正 补 鲁昭公徒众都解去了甲胄，正拿着箭筒盖蹲着[休息]。冰，箭桶盖。据昭十三·三·九·四，则执冰目的很可能是饮水解渴。

孟氏使登西北隅，以望季氏。[孟氏之人]见叔孙氏之旌，以告[孟氏]。孟氏执郈昭伯，杀之于南门之西，遂伐公徒。

【孟氏……季氏】杨 补 此前鲁昭公使郈昭伯迎接孟懿子。孟氏家在季氏家东南，于是孟氏使人登上院墙西北角观望局势，以决定是帮助昭公还是帮助季氏。

【旌】 补 见桓十六—桓十七・一・一。

〇 杨 孟僖子去年刚去世，新族长孟懿子刚上位一年，此时年仅十四岁，本段中杀伐果断的“孟氏”很可能不是孟懿子，而是像鬷戾那样的孟氏家臣。

子家子曰：“诸臣伪劫君[以伐季氏]者，而负罪以出，君止。意如季平子之事君也，不敢不改。”公鲁昭公曰：“余不忍也。”[公]与臧孙臧昭伯如墓谋，遂行。

【诸臣……君止】 正 补 诸大夫应当伪装成劫持了国君[而攻打季氏的乱臣]，然后背负这个罪行出奔他国，而国君则留下来。

【与臧孙如墓谋】 正 杨 一则辞别先君，二则谋划出奔计划。据《礼记・檀弓下》，“去国则哭于墓而后行”。

【四・一】己亥十二日，“公孙于齐，次于阳州”。齐侯齐景公将唁公于平阴，公先至于野井。齐侯曰：“寡人之罪也。使有司待于平阴，为近[于阳州]故也。”[《春秋》]书曰“公孙于齐，次于阳州。齐侯唁公于野井”，礼也。将求于人，则先下之，礼之善物也。

【平阴】 杨 见襄十八・三・四。

【公先至于野井】 杨 补 鲁昭公[越过了距离阳州较近的平阴，]先行到达野井[迎接齐景公]。

【物】 补 事。

【四・二】齐侯曰：“自莒 jǔ 疆以西，请致千社，以待君鲁昭公命。寡人将帅敝赋以从执事，唯命是听。君之忧，寡人之忧也。”公喜。

【自莒……君命】 正 补 从莒边境向西，请奉送二万五千家[给国君]，以等待国君的命令。二十五家为社，千社即为二万五千家。

【敝赋】补 我国军队。赋，军赋，引申为军队。

子家子子家懿伯曰："天禄不再。天若胙 zuò 君，不过周公周公旦，以鲁足矣。[君]失鲁，而以千社为[齐]臣，谁与之立？且齐君齐景公无信，不如早之晋。"[公]弗从。

【天禄不再】正 补 上天的福禄不会连续两次[降临]。子家懿伯意谓，鲁昭公如果接受齐千社，将不能再得上天福佑回国复位。

【天若……足矣】正 补 上天如果福佑您，也不会超过[鲁始封君]周公旦，用[重新得到]鲁[作为福佑赐给您]就已经足够了。子家懿伯意谓，千社为非分之福，鲁昭公若有齐千社，则必失鲁国。

【失鲁……之立】正 补 失去鲁，而带着千社做[齐的]臣子，谁还参与[谋求使]国君复立？子家懿伯意谓，若贪求千社而丧失鲁，则跟随鲁昭公流亡的臣子都会弃君而去。

○补 下启昭二十八年鲁昭公如晋(昭二十八·二)。

○补 **传世文献对读：**《公羊传·昭公二十五年》载齐景公与出奔的鲁昭公在野井会面详情，可扫码阅读。

【五】臧昭伯率从者将盟，载书曰："戮力壹心，好 hào 恶 wù 同之。信罪之有无，缱 qiǎn 绻 quǎn 从公鲁昭公，无通外内！"

【载书】补 见僖二十五—僖二十六·四·二。

【信罪之有无】正 补 [心中]明确[居鲁者]有罪[，跟从鲁侯流亡者]无罪。信，明。

【缱绻】正 补 本义为牢结紧缠，引申为团结不离散。杜甫《入衡州》"无论再缱绻"典出于此。

[臧昭伯]以公命示子家子子家懿伯。子家子曰："如此，吾不可以

盟。羁子家懿伯也不佞 nìng，不能与二三子同心，而以为皆有罪。或欲通外内，且欲去君。二三子好 hào 亡而恶 wù 定，[羁]焉可同也？[二三子]陷君于难 nàn，罪孰大焉？通外内而去君，君将速入[鲁]，弗通何为？而何守焉？”[子家子]乃不与 yù 盟。

【不佞】补不才。

【二三子】补诸位。

【而以为皆有罪】正 补子家懿伯认为居鲁者驱逐鲁昭公，从亡者使鲁昭公处于目前的流亡境地，皆有罪。

【或欲……去君】杨 补[我们这里还就是]有人想要沟通内外，而且想要离开国君。子家懿伯意谓，他想要在国外流亡者与国内统治者之间进行沟通斡旋，而且将要离开鲁昭公而为其早日回国积极奔走。去，离开。

【而何守焉】杨 补又有什么好死守的呢？子家懿伯意谓，鲁昭公及其党羽流亡在外，无处可守。

【六】昭子叔孙昭子自阚 kàn 归，见平子季平子。

平子稽颡 sǎng，曰：“子若我何？”

【稽颡】杨 补稽颡见僖五·二·二·一。季平子行此凶礼，用以表示自己驱逐国君后的哀戚。

昭子曰：“人谁不死？子以逐君鲁昭公成名，子孙不忘，不亦伤乎！将若子何？”

○补叔孙昭子意谓，季平子现在因为驱逐国君而在国内外树立了恶名，如果就这样延续至死而不改的话，那么这个恶名就将成为季平子的盖棺定论，从而被子孙后代记住。

平子曰：“苟使意如季平子得改事君，所谓生死而肉骨也。”

【生死而肉骨】杨 补 使死者复生，使白骨长肉，比喻特别重大的恩德。参见襄二十二·六·二。

【七】昭子叔孙昭子从公鲁昭公于齐，与公言。子家子子家懿伯命"适公馆者，执之"。公与昭子言于幄内，[昭子]曰"将安众而纳公"。公徒将杀昭子，伏诸道。左师展告公，公使昭子自铸归。

【子家……执之】正 补 子家懿伯命令"[如果有]前往国君馆舍的人，[就把他]扣留起来"。此举应是为了防止从亡者得知叔孙昭子和鲁昭公之谋。

【将安众而纳公】正 补 将先安定[国内]民众，然后护送国君回国。

【公徒将杀昭子】正 补 鲁昭公徒众应该没有听到幄内谈话内容，他们想要杀死叔孙昭子，应该是怨恨叔孙氏的私家军先前带头攻击他们(参见昭二十五·五·三)。

【左师展】补 鲁左师，名展。【左师】补 鲁内朝官，职掌不详。

【铸】杨 补 见襄二十三·八·七·一。此时为鲁邑。

【八】平子季平子有异志。冬，十月辛酉四日，昭子叔孙昭子齐(斋)于其寝，使祝、宗祈死。戊辰十一日，[昭子]卒。

【平子有异志】正 补 季平子有了异常的想法。指不愿意让鲁昭公回国复位。

【昭子……祈死】正 补 叔孙昭子先是由于家司马鬷戾擅作主张，率叔孙氏私家军帮助季氏，从而背上参与驱逐国君的罪名；此后试图迎回国君以自明，又遭遇季平子有异志，预料使国君归国之事将不成，而且又将背上欺骗国君的罪名，因此使祝、宗祈死以求解脱。参见成十七年范文子在鄢陵之战后使祝、宗祈死(成十七·二)。【祝】补 家祝，卿大夫家臣，掌祝祷祈神。【宗】补 家宗人，卿大夫家臣，掌祝祷祈神。

【九】左师展将以公鲁昭公乘马而归，公徒执之。

【乘马】正 杨 补 或说为骑马而归，或说为坐一乘马车而归。未知孰是。若为前者，则此为《左传》最早关于骑马的记载。

昭公二十五年·六

地理 周见昭地理示意图 1。周、尹、巩、訾见昭地理示意图 2 小图。

人物 尹文公（昭二十二—昭二十三·三·二）

左传 壬申十五日，尹文公涉于巩，焚东訾 zī，弗克。

【尹文公】正 王子朝党羽。【涉于巩】正 在巩邑渡雒水。

【东訾】正 补 见昭二十二—昭二十三·三·一"訾"，当时被周敬王党羽所占据。

昭公二十五年·七

地理 宋、鲁、晋见昭地理示意图 1。宋、鲁、晋、曲棘见昭地理示意图 3。

人物 宋元公（襄二十六·六·二·一）、鲁昭公（襄三十一·三·五·一）、太子栾（昭二十·四·三）、宋平公（成十五·三·春秋）、仲几（昭二十二·二·三）

春秋 十有（又）一月己亥十三日，宋公佐宋元公卒于曲棘。

【曲棘】正 杨 补 在今河南民权内黄西村、内黄东村南。宋地。参见《图集》24—25④5。

左传【一】十一月，宋元公将为公鲁昭公故如晋，［公］梦大（太）子栾太子栾即位于庙，己与平公宋平公服而相 xiàng 之。旦，［公］召六卿。

【庙】补 太庙，于宋应为微子启庙。

【平公】正宋元公之父。【服】杨着朝服。

公宋元公曰："寡人不佞 nìng，不能事父兄，以为二三子忧，寡人之罪也。若以群子之灵，获保首领以殁 mò，唯是楄 pián 柎 fù 所以藉 jiè 干者，请无及先君。"

【不佞】补不才。

【不能事父兄】正补"父兄"指华氏、向氏。华、向皆为宋公族，华氏为宋戴公之后，向氏为宋桓公之后。"不能事父兄"指宋元公与华、向二氏之间的武力斗争，见昭二十·四、昭二十·六、昭二十一·四、昭二十一·六、昭二十二·二。

【二三子】补诸位大夫。

【灵】杨福。

【首领】补头颈。【殁】补终，死。

【唯是……先君】正杨补那些用来承载[我]尸体的棺材，请[在礼制规格上]不要赶上先君[，而应有所减损]。楄柎，棺中垫尸体的木板，又称为"笭床"。藉干，承载躯干。参见襄十三·四·一楚共王临终之言。

仲几 jī 对曰："君若以社稷之故，私降昵宴，群臣弗敢知。若夫宋国之法，死生之度，先君有命矣，群臣以死守之，弗敢失队(坠)。臣之失职，常刑不赦。臣不忍其死，君命只辱。"

【私降昵宴】正补自行降低与亲近[之人]饮宴[的规格]。

【臣不……只辱】正杨补臣下不忍心这样[失职而受常刑]死去，只能辱没国君的命令了。

【二】宋公宋元公遂行。己亥十三日，[公]卒于曲棘。

昭公二十五年·八

地理 齐、鲁见昭地理示意图 1。齐、鲁、郓(西郓)见昭地理示意图 4。

人物 齐景公(襄二十五·一·四)

春秋 十有(又)二月,齐侯齐景公取郓 yùn。

【郓】补 西郓,见成四·六·春秋。

○正 杨 据《左传》,则本年十二月二十四日齐景公围郓,明年正月五日取之。此处《春秋》载始围郓之时,而终言取郓之事。齐景公取郓,是为安置鲁昭公。

左传 十二月庚辰二十四日,齐侯齐景公围郓。

○补 下启昭二十六年齐景公取郓(昭二十六·一),及鲁昭公居于郓(昭二十六·三)。

昭公二十五年·九

地理 鲁、晋见昭地理示意图 1。鲁、晋、郈见昭地理示意图 3。

人物 臧昭伯(昭二十五·五·一·三)、臧顷伯(昭二十五·五·一·三)、内子、叔孙、鲂假、季平子(昭九·六·二)、鲁昭公(襄三十一·三·五·一)

左传【一】初,臧昭伯如晋,臧会臧顷伯窃其宝龟偻 lǚ 句,以卜为信与僭 jiàn,僭吉。

【偻句】杨 宝龟名。

【僭】正 不信。

臧氏老将如晋问,会臧顷伯请往。昭伯臧昭伯问家故,[会]尽对;[昭伯问]及内子与母弟叔孙,[会]则不对。[昭伯]再三问,[会]不对。[昭伯]归,及郊,会逆[昭伯]。[昭伯]问[其内子与母弟叔孙],[会]又如初。[昭伯]至,次于外而察之,皆无之。[昭伯]执[会]而戮之,[会]

逸，奔郈hòu。郈鲂假使为贾gǔ正焉。

【老】补 见襄十七·六。【问】正 问候[臧昭伯起居]。

【故】正 事。

【内子】正 臧昭伯之妻。【母弟叔孙】补 臧昭伯的同母弟，叫叔孙，不是叔孙氏之人。

【执而戮之】杨 [臧昭伯]扣留[了臧顷伯]并准备杀了他。

【郈】正 杨 补 在今山东东平彭集街道后亭村已发现其遗址(详见下)。此时为郈氏采邑，定十年已为叔孙氏邑。参见《图集》26—27④3。

【鲂假】正 郈邑大夫。【贾正】正 补 鲁外朝官，司徒属官，职掌市场交易。

○补 **郈邑故城遗址**：城址长约一千五百米，宽约一千一百米。

[会]计于季氏。臧氏使五人以戈楯(盾)伏诸桐汝之闾lǘ。会出，[臧氏之徒]逐之，[会]反(返)奔[入于季氏]，[臧氏]执诸(之于)季氏中门之外。平子季平子怒，曰："何故以兵入吾门？"拘臧氏老。季、臧有恶。

【计于季氏】正 杨 此时郈仍为鲁公室邑。季平子为司徒，贾正为司徒属官，因此臧顷伯把会计账簿送到季平子家中。

【桐汝】正 补 鲁都内里名。【闾】杨 里门。

【二】及昭伯从公鲁昭公，平子立臧会。会曰："偻句不余欺也。"

【偻句不余欺也】补 即"偻句不欺余也"。

昭公二十五年·十

地理 楚、郑见昭地理示意图1。楚、郑、茄、訾、巢(此时为楚邑)、卷见昭地理示意图5。

人物 楚平王(昭元·一·三)、薳射(昭五·八·一)、熊相禖、季然、游吉(襄二十二·七·二)

左传【一】楚子楚平王使薳wěi射城州屈,复茄jiā人焉;城丘皇,迁訾zī人焉;使熊相禖méi郭巢,季然郭卷quán。

【州屈】杨 补 在今安徽凤阳西。楚邑。

【复茄人焉】正 补 让茄人回到州屈。此时茄邑之人可能本为州屈之人,故曰"复"。【茄】杨 补 在今安徽凤阳东。楚邑。参见《图集》29—30④8。

【丘皇】杨 补 在今河南信阳境。楚邑。

【訾】补 见昭十三·二·七。

【郭】补 修筑郭城城墙。郭见《知识准备》"国野制"。

【巢】补 见文十二·三·春秋。此时为楚邑。

【卷】正 杨 补 在今河南叶县南。楚邑。参见《图集》29—30③5。

【二】子大(太)叔游吉闻之,曰:"楚王楚平王将死矣。[王]使民不安其土,民必忧。忧将及王楚平王,弗能久矣。"

○正 下启昭二十六年楚平王卒(昭二十六·七)。

昭公二十六年·一

地理 齐见昭地理示意图1。齐、郓(西郓)见昭地理示意图4。

人物 齐景公(襄二十五·一·四)

左传 二十六年,春,王正月庚申五日,齐侯齐景公取郓yùn。

【郓】补 西郓,见成四·六·春秋。

○补 去年十二月二十四日齐景公率师围郓,至此时而取之。

昭公二十六年·二

地理 宋见昭地理示意图1。

人物 宋元公(襄二十六·六·二·一)

春秋 二十有(又)六年,春,王正月,葬宋元公。

○正 补 据隐元·五,诸侯五月而葬。宋元公三月而葬,于礼为速。

左传 "葬宋元公",如先君,礼也。

○正 杨 去年宋元公生前曾提出葬礼规格应在先君规定基础上有所减损,臣子不从,本年终以先君礼制下葬,《左传》作者认为这样做是合于礼的。

昭公二十六年·三

地理 鲁、齐见昭地理示意图1。鲁、齐、郓(西郓)、成、棘(近平阴);淄水见昭地理示意图4。

人物 鲁昭公(襄三十一·三·五·一)、齐景公(襄二十五·一·四)、申丰(襄二十三·八·一·一)、女贾、梁丘据(昭二十·八·一·一)、高齮、宋元公(襄二十六·六·二·一)、叔孙昭子(昭四—

昭五・八)、公子锄(襄二十一・三)、公孙朝、季平子(昭九・六・二)、子渊捷(昭八・四・一)、野声子、鬷戾(昭二十五・五・三)、子囊带、冉竖、陈武子、林雍、颜鸣

春秋 三月,公鲁昭公至自齐,居于郓yùn。

【郓】杨 补 西郓,见成四・六・春秋。

夏,公鲁昭公围成。

【成】正 补 见桓六・三・春秋。此时为孟氏采邑。

左传【一】"三月,公至自齐,处于郓",言鲁地也。

○杨 补《左传》作者所见之《春秋》,"居于郓"作"处于郓"。《春秋》常例,"至自齐"表示自齐返回,至鲁地。《春秋》记载成"三月,公至自齐,居于郓",表示鲁昭公所居所处之郓虽被齐景公所取,但仍为鲁地。

【二】夏,齐侯齐景公将纳公鲁昭公,命无受鲁货。

【纳】补 见隐四・二・四・一。

申丰从女rǔ贾,以币锦二两,缚一如瑱,适齐师,谓子犹梁丘据之人高齮yǐ,高龁:"[尔]能[为我]货子犹,[我助尔]为高氏后,粟五千庾。"

【申丰】【女贾】正 二人皆为季氏家臣。

【币锦】杨 补 币,馈赠品通称,此处以锦为币。锦见闵二・五・四・二。

【二两】正 补 即二匹。两(匹)参见闵二・三・四・二。

【缚一如瑱】正 杨 [把二两锦]缚束为一捆,状如瑱圭(亦作镇圭)[,便于怀藏]。

【子犹】正 补 梁丘据，齐景公宠臣。

【高齮】正 杨 补 高龁。姜姓，高氏，名龁，字齮。高氏族人。梁丘据家臣。其名（龁）、字（齮）相应，《说文》："龁，齿齮，侧齿也。"

【能货……千庾】正 杨 补 ［如果你］能收买子犹，［那季氏将帮助你］成为高氏族长，［还送给你］五千庾粟。昭十年高氏族长高强奔鲁，族长之位空缺，故季氏有此提议。粟，见僖五·八·一，此处应为狭义。庾，古代量名，为二斗四升。

高齮以锦示子犹，子犹欲之。齮高龁曰："鲁人买之，百两一布。以道之不通，先入币财。"

【鲁人买之，百两一布】正 杨 鲁人买了很多，有一百两（匹）堆成一堆。布，列。

子犹受之，言于齐侯曰："群臣不尽力于鲁君鲁昭公者，非不能事君齐景公也。然据梁丘据有异焉：宋元公为鲁君如晋，卒于曲棘；叔孙昭子求纳其君鲁昭公，无疾而死。不知天之弃鲁邪yé，抑鲁君有罪于鬼神故及此也？君若待于曲棘，使群臣从鲁君以卜焉。若可，师有济也，君而继之，兹无敌矣。若其无成，君无辱焉。"

【然据有异焉】正 补 然而我梁丘据感到奇怪。异，怪。

【宋元……曲棘】补 见昭二十五·七。

【叔孙……而死】补 见昭二十五·五·七。

【抑】补 选择连词，还是。

【若】补 或。【曲棘】正 补 齐地无曲棘。此处应是承上宋曲棘而笔误，可能实为"棘"，见成三·十·春秋。

【使群臣从鲁君以卜焉】正 杨 补 派群臣跟随鲁君［入鲁试探，根据作战结果］判断此事是否可以成功。"卜"字此种用法参见宣十二·二·七"［郑］来劝我战，我克则来［服］，不克遂往［从楚］，以我卜也"。

【济】补成。**【而】**杨乃。**【兹】**杨则，因此。
【若其无成，君无辱焉】杨补如果群臣率领的军队没有什么成果，国君就不要屈尊[前往]了。

齐侯从之，使公子锄帅师从公。

【三·一】成大夫公孙朝谓平子季平子曰："有都，以卫国也。请我受师。"[平子]许之。[公孙朝]请纳质，[平子]弗许，曰："信女(汝)，足矣。"

【成大……子曰】杨公孙朝为孟氏成邑大夫。本次守卫战以季氏为主，且孟懿子年幼(仅十五岁)，因此公孙朝向季平子请示。
【有都，所以卫国也】有大城邑，本来就是用来保卫国都的。**【都】**补即《毛诗·小雅·十月之交》"作都于向"之都，"大邑"的意思，这里指成邑。
【请我受师】正请让我们[成邑]承受[齐]师[攻打]。
【请纳质】正补[公孙朝]请求交纳人质[给季氏]。公孙朝为孟氏家臣，担心季平子怀疑，因此提出向季氏交纳人质。

【三·二】[成人]告于齐师曰："孟氏，鲁之敝室也。[孟氏]用成已甚，[成人]弗能忍也，请息肩于齐。"齐师围成。

【敝】正补坏，破败。
【用成……于齐】正杨补[孟氏]征用成邑[民力与财货]太过分，[成邑民众]不能忍受，想要降齐以求休息。已，太。息肩见襄二·五·一。

成人伐齐师之饮yin马于淄者，曰"将以厌众"。

【淄】正杨补水名。源出今山东新泰东北龙堂山，经新泰市南，西流至泰安市东南入大汶河，今已涸。春秋时淄水参见《图集》26—27④4。

【将以厌众】正 补将用此来使民众感到满足。成人意谓，伐齐师的目的是使有抗齐之心的民众心里感到满足，从而保证降齐计划得以不受阻挠地向前推进。

鲁成备而后告曰："不胜众[，将战]。"

【不胜众】正 补不能胜过民众。成人此时向齐人摊牌，表示民众不愿降齐，只能与齐师决战。实际上，成人先前的一系列作为都只是为了将齐师主力吸引住，从而为鲁师整军备战争取时间。

【四·一】[我]师及齐师战于炊鼻。

【炊鼻】正 杨在今山东宁阳境。鲁地。

【四·二】齐子渊捷从泄声子野声子，射之野声子，繇(由)朐 qú(軥)汏 tài 辀 zhōu，中楯(盾)瓦，匕入者三寸。声子野声子射其马，斩鞅，[马]殪 yì。[子渊捷]改驾，[鲁]人以为鬷 zōng 戾也，而助之。子车子渊捷曰："齐人也。"[鲁人]将击子车，子车射之，[鲁人]殪。其子渊捷御曰："又之。"子车曰："众可惧也，而不可怒也。"

【泄声子】正 杨 补野声子。野氏，名或字泄，谥声。鲁大夫。

【繇朐……三寸】正 杨 补[子渊捷的箭]从左軥擦过车辀，射在[车右所持]盾牌中脊上，箭头扎入三寸。軥、辀参见《知识准备》"车马"。盾瓦，盾中脊。

【斩鞅，殪】正 补射断马颈上的鞅带，[进而射中马，]马死。鞅参见《知识准备》"车马"。

【人以……助之】正 补[鲁]人[误]以为[子渊捷是鲁叔孙氏司马]鬷戾，而帮助他。

【其御曰："又之"】正 补子渊捷御者(驾车人)说："再射！"

○正 补通行本中，"中楯瓦"原在"繇朐汏辀"之前。依事理，箭从前方射来，应先过左軥，后汏辀，最后射在车右盾牌中脊上，正与调整之后文句一致。据上述理由，有此调整。

【四·三】子囊带从野洩野声子，叱之。洩野声子曰："军无私怒，报乃私也，将亢(抗)子。"[子囊带]又叱之，[洩]亦叱之。

【子囊带】正齐大夫。
【叱】补骂。
【军无……亢子】正杨补军事上没有私人的愤怒，[我]回骂就是为了个人，我将[循公事规则]抵抗您。亢，敌。

【四·四】冉竖射陈武子，中手，[武子]失弓而骂。

【冉竖】正季氏家臣。【陈武子】杨补妫姓，陈氏，名开，字强，谥武，排行伯。陈桓子(庄二十二·三·四·三)之长子。齐大夫。

[冉竖]以告平子季平子，曰："有君子，白皙，鬒 zhěn 须眉，甚口。"

【鬒须眉】正杨胡须眉毛黑且密。
【甚口】杨善骂。

平子曰："必子强陈武子也。[尔]无乃亢(抗)诸(之乎)？"

[冉竖]对曰："谓之君子，何敢亢(抗)之？"

【四·五】林雍羞为颜鸣右，下。苑何忌取其林雍耳。颜鸣去之林雍。苑子苑何忌之御曰"视下"，顾。苑子刜 fú 林雍，断其足，[林雍]䡖 qīng 而乘于他车以归。颜鸣三入齐师，呼曰："林雍乘 chéng！"

【林雍羞为颜鸣右，下】正补林雍羞于做颜鸣的车右，于是下车[作战]。二人皆为鲁人。车右参见《知识准备》"车马"。
【颜鸣去之】补颜鸣驾车离开了林雍。颜鸣被林雍鄙视，心中怨愤，因此不救林雍，而是驾车离开。参见僖十五·八·一·四庆郑由于怨恨晋惠公而驾车离去。

【苑子……下，顾】 正 杨 补 苑何忌御者（驾车人）一边叫“看下边”，一边回头［看苑何忌］。御者应该是提醒苑何忌砍击林雍之足。

【刜】 正 杨 击，斫。**【𨇾】** 正 杨 单足跳走。《说文》作“𨂿”。

【颜鸣……雍乘】 正 补 颜鸣三次冲入齐师，呼喊：“林雍来乘车！”颜鸣此前虽因气愤离林雍而去，但冷静下来之后又不愿抛弃林雍，因此又冒险冲入齐师寻找。

昭公二十六年·四

地理 周、晋见昭地理示意图1。周（王城）、单、晋、刘、尸氏见昭地理示意图2小图。

人物 单穆公（昭二十二·四·一）

左传 【一】四月，单子单穆公如晋告急。

【二】五月戊午五日，刘人败王城之师于尸氏。戊辰十五日，王城人、刘人战于施谷，刘师败绩。

【刘】 正 补 见隐十一·三·一。此时为周敬王居地。

【王城】 补 见庄十九—庄二十—庄二十一·八。此时为王子朝所占据。

【尸氏】 正 杨 补 在今河南偃师西尸乡沟一带。周邑。参见《图集》22—23⑪17。

【施谷】 正 杨 大谷支径。大谷在今河南洛阳东，连亘至于登封颍阳镇，长九十里。周地。

昭公二十六年·五

地理 鲁、齐见昭地理示意图1。鲁、齐、莒、邾、杞、鄟陵、郓（西郓）见昭地理示意图 4。

人物 鲁昭公(襄三十一·三·五·一)、齐景公(襄二十五·一·四)、莒郊公(昭十四·六·一)、郳庄公(昭十一·四·春秋)、杞悼公

春秋 秋,公鲁昭公会齐侯齐景公、莒子莒郊公、郳子郳庄公、杞伯杞悼公盟于鄟 zhuān 陵。

【杞伯】补 杞悼公。姒姓,名成,杞平公(昭十三·三·春秋)之子。昭二十五年即位,在位十二年。定四年卒。

【鄟陵】补 即鄟,见成六·三·春秋。此时为鲁邑。

公鲁昭公至自会,居于郓 yùn。

【郓】补 西郓,见成四·六·春秋。

○正 此条《春秋》无对应《左传》。

左传 秋,"盟于鄟陵",谋纳公鲁昭公也。

【纳】补 见隐四·二·四·一。

昭公二十六年·六

地理 周、晋见昭地理示意图 1。周、刘、晋、褚氏、胥靡、滑、萑谷、阙塞见昭地理示意图 2 小图。

人物 刘文公(昭二十二·四·一)、周敬王(昭二十二—昭二十三·春秋)、知文子(昭九·四·三)、赵简子(昭二十五·二·春秋)、女宽

左传 七月己巳十七日,刘子刘文公以王周敬王出[于刘]。庚午十八日,次于渠。王城人焚刘。丙子二十四日,王宿于褚 zhǔ 氏。丁丑二十五日,王次于萑 wán 谷。庚辰二十八日,王入于胥靡。辛巳二十九日,

王次于滑。晋知zhì跞lì,知文子、赵鞅赵简子帅师纳王,使女rǔ宽守阙què塞。

【渠】正 杨 即周代阳渠,在今河南省旧洛阳县(现分属洛阳、偃师、孟津区、宜阳)境。

【褚氏】正 杨 补 在今河南偃师西南。周邑。参见《图集》22—23⑪17。

【萑谷】正 杨 补 大谷支径,在河南偃师东南。周地。参见《图集》22—23⑪17。

【胥靡】正 杨 见襄十八·四·三。此时为周邑。

【滑】正 杨 见庄十六·四·春秋。此时为周邑。

【纳】补 见隐四·二·四·一。

【女宽】正 杨 补 女(叔)氏,名宽,字褒。女齐(襄二十六·六·一·一)之子。晋大夫。其名(宽)、字(褒)相应,《说文》:"褒,衣宽裕也。"

【阙塞】正 杨 补 关隘名,即伊阙,今名龙门,在河南洛阳南龙门山。周地。此处两山对立,伊水中流,远望犹如门阙,故称"伊阙"。参见《图集》22—23⑪17。

昭公二十六年·七

地理 楚见昭地理示意图1。

人物 楚平王(昭元·一·三)、囊瓦(昭二十三·五·一)、王子申、太子壬/楚昭王、太子建(昭十九·二)

春秋 九月庚申九日,楚子居楚平王卒。

左传【一】九月,楚平王卒。

【二】令尹子常囊瓦欲立子西王子申,曰:"大(太)子壬太子壬弱,其母非適(嫡)也,王子建太子建实聘之。子西长 zhǎng 而好 hào 善。立长则顺,建善则治。王顺、国治,可不务乎?”

【令尹】 补 见庄四·二·二。

【子西】 正 补 王子申。芈姓,名申,字西。楚平王(昭元·一·三)庶子,太子建(昭十九·二)之弟。楚大夫,官至执政(继囊瓦)。定六年已任令尹。哀十六年被王孙胜所杀。

【大子……聘之】 杨 补 太子壬年幼,而且他的母亲并不是[明媒正娶的]嫡夫人,当年本是王子建要迎娶的女子。这是在说明王子壬不适合当太子的两个理由。楚平王先娶郧阳封人之女,生王子建,立为太子。昭十九年楚平王为太子建聘秦嬴,听信费无极谗言,自娶为夫人。昭二十年太子建奔宋,楚平王改立秦嬴所生之子壬为太子。秦嬴即使归楚当年即怀孕,其子壬至本年亦不过七岁。**【大子壬】** 正 补 太子壬,后为楚昭王。芈姓,熊氏,名壬,即位后改名轸,谥昭。楚平王嫡子,秦嬴(昭十九·二)所生。昭二十七年即位,在位二十七年。哀六年卒。战国时期楚三大族(昭、屈、景)之一的昭氏即出自楚昭王,以其谥为氏。

子西怒曰:“是乱国而恶君王也。国有外援,不可渎也;王楚平王有適(嫡)嗣太子壬,不可乱也。败亲、速雠、乱嗣,不祥,我受其[恶]名。赂吾以天下,吾滋不从也,楚国何为?必杀令尹囊瓦!”

【是乱国而恶君王也】 正 补 [废嫡立庶,]是扰乱国家,而[提及君王夺太子建妻之事,是]彰显君王过恶。

【外援】 正 杨 指秦。太子壬母亲为秦女。

【渎】 正 杨 轻慢。

【败亲】 杨 补 败坏亲人[的名声]。“亲”指楚平王,废黜楚平王与秦嬴所生的太子壬,是彰显楚平王的过恶,败坏楚平王的名声。

【速雠】 正 补 招致仇敌。废黜秦女所生的太子壬,秦将来讨伐。

【滋】 正 益。

令尹惧，乃立昭王太子壬/楚昭王。

昭公二十六年·八

地理 周、楚、晋、郑、秦见昭地理示意图 2。周、尹、毛、巩、刘、单、晋、成周、滑、尸氏、圉泽见昭地理示意图 2 小图。

人物 周敬王（昭二十二—昭二十三·春秋）、尹固、召简公（昭二十四·一·一）、毛伯得（昭十八·一·一）、王子朝（昭二十二·四·一）、南宫嚚（昭二十四·一·一）、阴忌、刘文公（昭二十二·四·一）、单穆公（昭二十二·四·一）、成公般、周武王（桓元—桓二·三·二）、周成王（僖二十五—僖二十六·四·二）、周康王（昭四·三·一）、周夷王、周厉王（僖二十四·二·二·一）、周宣王（僖二十四·二·二·一）、周幽王（昭四·三·五·一）、周携王、周平王（隐元·五·春秋）、周惠王（庄十六·六·二）、甘昭公（僖七—僖八·一）、周襄王（僖五·五·春秋）、周灵王（襄五·二）、周景王（襄三十·六·春秋）、太子寿（昭十五·五·一）、闵子马（襄二十三·八·一·三）

春秋 冬，十月，天王周敬王入于成周。尹氏尹固、召伯召简公、毛伯毛伯得以王子朝奔楚。

【成周】补 见隐三·四·二。

【尹氏】补 尹固。尹氏，名固。周王室卿大夫。昭二十六年奔楚，同年归于京师。昭二十九年被周人所杀。

○正 补 下文《左传》叙此事与《春秋》有两处不同：

一、据《左传》，则王子朝先出奔，而后周敬王入于成周，与《春秋》顺序相反。可能《春秋》以周敬王入成周为主要事件，而后附带叙述王子朝之徒出奔之事，而《左传》则按事件发生实际顺序进行叙述。

二、据《左传》，则召简公并未出奔，而是倒戈迎接周敬王，出奔的是“召氏之族人”，与《春秋》不同。杜注认为《春秋》之“召伯”应为“召氏”。

左传【一】冬,十月丙申十六日,王周敬王起师于滑。辛丑二十一日,[王]在郊,遂次于尸。

【滑】补见庄十六·四·春秋。此时为周邑。

【郊】补见昭十二·八。【尸】杨即上文之尸氏。

【二】十一月辛酉十一日,晋师克巩。召伯盈召简公逐王子朝。王子朝及召氏之族、毛伯得、尹氏固尹固、南宫嚚yín奉周之典籍以奔楚。阴忌奔莒jǔ以叛。召伯召简公逆王周敬王于尸,及刘子刘文公、单子单穆公盟。[王]遂军圉yǔ泽,次于堤上。癸酉二十三日,王入于成周。甲戌二十四日,盟于襄宫。晋师使成公般戍周而还。

【召伯盈逐王子朝】正召简公本是王子朝党羽,此时倒戈支持周敬王。

【阴忌】正王子朝党羽。【莒】正周邑。

【军】补驻。【圉泽】正杨补即东圉之泽,在今河南偃师西南。周地。参见《图集》22—23⑪17。

【堤上】正补周地。可能就是圉泽之堤。

【襄宫】正补周襄王庙。在王城。

【成公般】正晋大夫。

【三】十二月癸未四日,王周敬王入于庄宫。

【庄宫】正补见昭二十二—昭二十三·一·一。在王城。

【四·一】王子朝使告于诸侯曰:

“昔武王周武王克殷,成王周成王靖四方。康王周康王息民,并建母弟,以蕃(藩)屏bǐng周,亦曰:‘吾无专享文周文王、武周武王之功,且为后人之迷败倾覆而溺入于难nàn,则振救之。’

【成王靖四方】补实指周成王之时，周公旦摄政东征，平定三监之乱（参见襄二十一·五·四·三）。

【并建母弟，以蕃屏周】补广泛分封同母兄弟建立诸侯国，作为周王室的藩篱屏障。参见僖二十四·二·二·一、昭九·二·二。

○补前人未曾点明“亦曰”的主语究竟为谁。由于言语中提及“吾无专享文、武之功”，因此“亦曰”的主语要么是成王、康王二人，要么是康王一人。如果是成王、康王二人，则应书“皆曰”，而非“亦曰”。因此，笔者认为“亦曰”主语应为康王一人。据昭九·二·二，周初文王、武王、成王、康王皆有分封同母弟之事。此处王子朝特举周康王之言，因其分封之事不如文王、武王广为人所知，故王子朝说周康王“亦曰”，以提起注意。

“至于夷王周夷王，王周夷王愆 qiān 于厥身。诸侯莫不并走其望，以祈王身。

【夷王】补周夷王。姬姓，名燮，谥夷。周懿王之子。在位十五年。

【王愆于厥身】正补周夷王恶疾缠身。愆，过失，引申为患病。厥，其。

【并走其望】杨遍祭境内名山大川。

“至于厉王周厉王，王周厉王心戾虐，万民弗忍，居王于彘 zhì。诸侯释位，以间(干)王政。宣王周宣王有志，而后[诸侯]效官[于王]。

【彘】补见宣十二·一·五。

【诸侯释位，以间王政】正补诸侯离开他的君位，来干预王室的政事。指周厉王出逃后，共伯和入京师摄行王政(详见下)。共和元年，即公元前 841 年，为中国历史有明确纪年的开始。

【效官】正补交还王官职权[给周宣王]。效，授。

○补周厉王出逃之后，周王室接下来发生的政治事件有两说。一说，周厉王出逃之后，“周公、召公二相行政，号曰‘共和’”。(《史记·周本纪》)。一说，周厉王出逃之后，诸侯推举德高望重的共国君主共伯和进入王室,担任摄政王(《庄子·让王》《吕氏春秋·开春论》《竹书纪年》)。多位近现代学者以一系列铜器铭文证成共伯和之说。据清华简二《系年》,“至于厉王,厉王大虐于周,卿士、诸正、万民弗忍于厥心,乃归厉王于彘,共伯和立。十又四年,厉王生宣王,宣王即位,共伯和归于宗”,又为共伯和说增添有力证据。有学者调和两说,认为当时的情况可能是:共伯和、周公、召公组成临时政府的权力中心,其中诸侯君主共伯和担任摄政王,而王室重臣周公、召公具体掌管王室政事。总而言之,《左传》所言“诸侯释位,以间王政”指诸侯君主共伯和摄政,应无疑问。

“至于幽王周幽王,天不吊周,王周幽王昏不若,用愆厥位。携王周携王奸 gān 命,诸侯替之周携王,而建王嗣周平王,用迁郏 jiá 鄏 rǔ,则是兄弟之能用力于王室也。

【天不吊周】 杨 补 上天不以善意[保佑]周王室。吊,善。

【不若】 正 补 不顺[正道]。

【用愆厥位】 正 杨 补 因此失去了他的王位。用,因。愆,失。厥,其。

【携王】 正 杨 补 周携王。姬姓,名余臣,谥惠(据清华简二《系年》)。周宣王之子,周幽王之弟(据《系年》)。隐元年前四十九年周幽王去世后,由虢公翰(据古本《竹书纪年》)或“邦君诸正”(据《系年》)所拥立,居于西虢国携地,与周平王对峙,周二王并立。在位二十一年。隐元年前二十八年被晋文侯所杀。

【替】 补 废。

【郏鄏】 补 即郏,见桓七·三·二。

○ 补 周幽王失位身死、平王东迁之事详见《知识准备》“两周之际”。

“至于惠王周惠王,天不靖周,生颓王子颓祸心,施 yì 于叔带甘昭公。惠周惠王、襄周襄王辟(避)难,越去王都。则有晋、郑咸(减)黜不端,以绥定王家。则是兄弟之能率先王之命也。

【生颓祸心，施于叔带】正 杨 补［上天］催生了王子颓的祸心，并延伸到了太叔带（甘昭公）。施，延。王子颓之乱见庄十九—庄二十一庄二十一。甘昭公之乱见僖十一·二、僖十二—僖十三、僖二十二·五、僖二十四·二、僖二十四·五、僖二十五·二。

【越】补 逸，逃亡。

【咸黜】杨 咸，或作减。减黜为近义词连用，都是灭绝的意思。

【绥】补 安。【率】补 循。

"在定王周定王六年宣八年，秦人降 jiàng 妖，曰：'周其有頿 zī（髭）王，亦克能修其职。诸侯服享，二世共（供）职。王室其有间（干）王位，诸侯不图，而受其乱灾。'

【頿】杨 口上之须。

【克能】补 近义词连用，都是能够的意思。

【王室其有间王位】杨 补 王室中大概有人试图冒犯王位。"有人"先指周悼王，现指周敬王。

"至于灵王周灵王，生而有頿（髭）。王周灵王甚神圣，无恶于诸侯。灵王、景王周景王，克终其世。

【克】补 能。

"今王室乱，单旗单穆公、刘狄刘文公，剥乱天下，壹行不若，谓'先王何常之有，唯余心所命，其谁敢讨之'，帅群不吊 dì 之人，以行乱于王室，侵欲无厌，规（玩）求无度，贯（惯）渎鬼神，慢弃刑法，倍（背）奸 gān 齐（斋）盟，傲很威仪，矫诬先王。晋为不道，是摄是赞，思肆其罔极。

【剥乱】杨 近义词连用，都是动乱的意思。

【壹行不若】正 杨 补 一心行不顺之事。

【不吊】杨 不善。

【规求】正贪求无度。“规”应作“玩”，“贪”的意思。

【贯渎鬼神】正补习惯于亵渎鬼神。贯，习。

【齐盟】补见成十一·七·一·二。

【傲很】杨见文十八·三·二。【矫诬】补诈伪欺骗。

【不道】补无道。

【摄】【赞】正杨近义词连用，都是佐助的意思。

【思肆其罔极】正杨想要放纵其无准限[的欲望]。肆，放。罔，无。极，准限。

“兹不穀王子朝震荡播越，窜在荆蛮，未有攸底 zhǐ。若我一二兄弟甥舅，奖顺天法，无助狡猾，以从先王之命，毋速天罚，赦图不穀，则所愿也。

【兹】补今。【不穀】杨补见僖三—僖四·六。王子朝自立为周王(参见昭二十三·二)，此时在离乱之中，故自我贬损而称“不穀”。

【播】补迁。【越】补逸，逃亡。

【窜】补逃。

【攸底】正补归宿。攸，所。底，至。

【兄弟】杨同姓诸侯，如晋。

【甥舅】杨补异姓诸侯，如齐。参见成二·八。

【奖】补助。

【速】补召，招致。

【赦图不穀】补赦免我并为我谋划。

“敢尽布其腹心及先王之经，而诸侯实深图之。昔先王之命曰：‘王后无適(嫡)，则择立长。年钧(均)以德，德钧(均)以卜。’王不立爱，公卿无私，古之制也。穆后及大(太)子寿太子寿早夭即世，单单穆公、刘刘文公赞私立少 shào，以间(干)先王，亦唯伯仲叔季图之！”

【先王之经】杨 即先王之命。

【王后……以卜】正 杨 据襄三十一·三·五·一，立嗣之制，“大子死，有母弟则立之，无则立长，年钧择贤，义钧则卜，古之道也”。王子朝不提同母弟，而只提年长，是因为周敬王为周悼王母弟，而自己则为周景王长庶子，周悼王庶兄。

【穆后……即世】正 杨 补 见昭十五·五。王子朝提起此事，意谓周景王嫡妻穆后所生之太子寿已死，因此周悼王虽得立为太子，并遂为周王，却并非正宗嫡嗣。周悼王之法统既不正，则其同母弟周敬王法统亦不正。

【伯仲叔季】正 补 总称同姓诸侯。

【四·二】闵马父 fǔ，闵子马 闻子朝王子朝之辞，曰：“文辞以行礼也。子朝王子朝干景周景王之命，远晋之大，以专其志，无礼甚矣。文辞何为？”

【干景之命】杨 补［王子朝］冒犯周景王的命令。周景王虽然宠爱王子朝，但之前已立王子猛为太子，且至死并未正式宣布更改（参见昭二十二·四）。因此，王子朝争立为冒犯父王之命。

【远晋之大】补 疏远晋这个大国。

【以专其志】杨 补 专横［地想要满足］他［成为周王］的志向。

○补 下启定五年周人杀王子朝于楚（定五·一）。

昭公二十六年·九

地理 齐见昭地理示意图1。

人物 齐景公（襄二十五·一·四）、晏平仲（襄十七·六）、周文王（僖五·八·一）

左传【一】齐有彗星，齐侯齐景公使禳 ráng 之。晏子晏平仲曰：

【禳】正 补 去除凶邪的祭祀。

“无益也，只 zhī 取诬焉。天道不谄 tāo，不贰其命，若之何禳之？

【只】杨适，仅。【诬】正欺。
【谄】正疑。

“且天之有彗也，以除秽也。君无秽德，又何禳焉？若德之秽，禳之何损？《诗》曰：‘惟此文王周文王，小心翼翼。昭事上帝，聿怀多福。厥德不回，以受方国。’君无违德，方国将至，何患于彗？《诗》曰：‘我无所监，夏后及商。用乱之故，民卒流亡。’若德回乱，民将流亡，祝、史之为，无能补也。”

【且天……秽也】杨补况且天上有彗星，是用来扫除污秽的。彗星之形似扫帚。人间用扫帚扫除秽物，春秋时人认为天亦如此。参见昭十七・五・二“彗，所以除旧布新也”。
【惟此……方国】正杨补《毛诗・大雅・大明》有此句，而“惟”作“维”。可译为“这位文王，小心恭敬。昭明地事奉天帝，求取各种福禄。他的德行没有偏邪，接纳四方国家”。翼翼，恭敬貌。聿，语首助词，无义。怀，思。厥，其。回，邪。
【我无……流亡】正杨补逸诗，可译为“我没有什么借鉴，要有就是夏朝和商朝。由于政事混乱，民众终于流亡”。监，鉴。用，因。
【回】补邪。
【祝】补见襄二十五・一・三・一。【史】补见襄二十五・一・五。

公齐景公说(悦)，乃止。

(二) 齐侯齐景公与晏子晏平仲坐于路寝。

【路寝】补见庄三十二・四・春秋。

公齐景公叹曰：“美哉室！其谁有此乎？”

晏子曰："敢问何谓也？"

公曰："吾以为在德。"

[晏子]对曰："如君之言，其陈氏乎！陈氏虽无大德，而有施于民。豆、区ōu、釜、钟之数，其取之公也薄，其施之民也厚。公厚敛焉，陈氏厚施焉，民归之矣。《诗》曰：'虽无德与女(汝)，式歌且舞。'陈氏之施，民歌舞之矣。[君]后世若少惰，陈氏而不亡，则国其国也已。"

【豆、区……之矣】 杨 陈氏施舍于民之事参见昭三·三·二。

【虽无……且舞】 正 杨 补《毛诗·小雅·车舝》(见昭二十五·二·二·一)有此句，根据上下文可译为"虽然没有美德给你，至少让你唱歌跳舞"。式，当。

【而】 杨 如。

公曰："善哉！是可若何？"

[晏子]对曰："唯礼可以已之。在礼，家施不及国，民不迁，农不移，工贾gǔ不变，士不滥，官不滔，大夫不收公利。"

【已】 杨 止。

【滥】 正 失职。**【滔】** 正 补 怠慢。

○补"民不迁，农不移，工贾不变"对应管仲改革举措中的"成民之事""定民之居""相地而衰征"(见庄八—庄九—庄十·八所引《国语·齐语》)。"士不滥"对应葵丘盟约(见僖八—僖九·四·一)中的"士无世官"，"官不滔"对应齐桓公在葵丘之盟上提出的"官事无摄"。由此可见，春秋前期齐桓公—管仲改革的措施，到春秋晚期已经成为齐人所称引的先代礼制。

公曰："善哉！我不能矣。吾今而后知礼之可以为国也。"

[晏子]对曰："礼之可以为国也久矣，与天地并。君令、臣共(恭)，父慈、子孝，兄爱、弟敬，夫和、妻柔，姑慈、妇听，礼也。君令而不违，臣共(恭)而不贰；父慈而教，子孝而箴；兄爱而友，弟敬而顺；夫和而义，妻柔而正；姑慈而从，妇听而婉：礼之善物也。"

【令】 补 善。

【君令而不违】 补 国君有善德而不违[礼]。

【子孝而箴】 正 补 儿子孝顺而规劝[父亲]。箴，谏。

【姑慈而从】 正 补 婆婆慈爱而不自专。

【妇听而婉】 正 补 媳妇听话而委婉。

【物】 补 事。

公曰："善哉！寡人今而后闻此礼之上也。"

[晏子]对曰："[礼，]先王所禀于天地以为其民也，是以先王上之。"

【禀】 正 受。

○ 补 **传世文献对读：**《晏子春秋·外篇·重而异者》叙此事，综合了昭三·三·二的内容，而且有《左传》没有的话语，可扫码阅读。

○ 补 **传世文献对读：**《晏子春秋·外篇·重而异者》记晏平仲与齐景公的曲潢问对，后半部分与《左传》路寝问对基本相同，而前半部分为《左传》所无，可扫码阅读。

昭公二十七年·一

地理 鲁、齐见昭地理示意图1。鲁、齐、郓(西郓)见昭地理示意图4。

人物 鲁昭公(襄三十一·三·五·一)

春秋 二十有(又)七年,春,公鲁昭公[自郓]如齐。

公鲁昭公至自齐,居于郓 yùn。

【郓】补 西郓,见成四·六·春秋。

左传【一】“二十七年,春,公如齐。”

【二】“公至自齐,处于郓”,言[公]在外也。

○正 补《左传》作者所见《春秋》,“居于郓”作“处于郓”。《春秋》常例,若鲁君自国外回到国都,并依礼祭告祖先,则记载成“公至自齐”。此处书“公至自齐,处于郓”,点出居地,这是表明鲁昭公住在鲁都之外的郓邑。昭二十六·三·春秋“三月,公至自齐,居于郓”,昭二十六·三·一“‘三月,公至自齐,处于郓’,言鲁地也”,强调的是“公至自齐”。两处虽然《春秋》《左传》极为相似,但解说的侧重点不同。

昭公二十七年·二

地理 吴、楚、晋、徐见昭地理示意图1。吴、楚、晋、徐、钟吾、穷、沙汭见昭地理示意图5。

人物 吴王州于(昭二十·三·四)、王子掩余(昭二十二—昭二十三·五·二)、王子烛庸、王子札(襄十四·二)、莠尹然、王尹麇、沈尹戌(昭十九·十一·二)、囊瓦(昭二十三·五·一)、郤宛、工尹寿、王子光/吴王阖庐(昭十七·六·三)、鱄设诸(昭二十·三·四)

春秋 夏,四月,吴弑其君僚吴王州于。

○正 据宣四·三·一·二,则臣弑君,《春秋》只书君之名(僚),而弑君者以其国代之,则表明吴王州于无道。吴王州于屡次征战,民人疲敝,又因楚丧而伐之,是其无道之征。

左传【一】吴子吴王州于欲因楚丧而伐之,使公子掩余王子掩余、公子烛庸王子烛庸帅师围潜,使延州来季子王子札聘于上国,遂聘于晋,以观诸侯。

【楚丧】 正 指昭二十六年楚平王卒。

【公子掩余、公子烛庸】 正 两人皆为吴王州于同母弟。

【潜】 正 杨 补 在南冈(昭三十一·二)附近。楚邑。昭三十一年楚迁潜于南冈。

【聘】 补 见隐七·四·春秋。**【上国】** 正 指不包括晋在内的中原诸国,具体包括哪几个国家不详。

楚莠尹然、王尹麇 jūn 帅师救潜,左司马沈尹戌沈尹戌帅都君子与王马之属以济师,与吴师遇于穷。

【莠尹然】 正 补 楚大夫,昭二十七年已任莠尹。名然。**【莠尹】** 正 补 楚外朝官,职掌楚王苑囿。

【王尹麇】 正 补 楚大夫,昭二十七年已任王尹。名麇。**【王尹】** 正 补 楚内朝官,主宫内之政。

【左司马】 补 见襄十五·三·一。**【沈尹】** 补 见宣十二·一·六。

【都君子】 正 杨 从郢都征发的军队。**【王马】** 杨 楚国马匹有国马、王马(公马)之分,平日作战仅用国马,王马则仅在重要时刻出动。

【济师】 杨 增援。济,益。

【穷】 杨 补 在今安徽霍邱西南。参见《图集》29—30⑤8。

令尹子常囊瓦以舟师及沙汭 ruì 而还。左尹郤宛、工尹寿帅师至于潜。

【令尹】补 见庄四·二·二。

【沙汭】杨 补 沙水入淮水处。在今安徽怀远前咀村东。参见《图集》29—30④9。【沙】补 见昭八—昭九·四“濮水(沙水)”。

【左尹】补 见宣十一·二·一。【郤宛】补 郤氏,名宛,字恶。楚大夫,任左尹。昭二十七年被逼自杀。疑其本为晋郤氏之后,成十七年晋厉公杀三郤之后,其族出奔至楚。

【工尹寿】补 名寿。楚大夫,昭二十七年已任工尹。【工尹】补 见文十·二·二。

吴师不能退。

○正 杨 莠尹然、王尹麇及左司马沈尹戌所率领的楚师在穷地阻挡吴师使之不得前进,而左尹郤宛、工尹寿所率领的楚师又到达潜邑,使吴师不得后退。吴师实际上处于进退两难的境地。

〔二〕吴公子光王子光曰“此时也,弗可失也”,告鱄zhuān设诸曰:“上国有言曰:‘不索,何获?’我,王嗣也,吾欲求之。事若克,季子王子札虽至,不吾废也。”

【此时也,弗可失也】正 补 这是机会,不能失去。此时吴师在外,进退两难,国都空虚;且屡次征战,吴人疲敝而怨恨吴王州于,实为弑君之绝佳机会。

【索】杨 求。

【我,王嗣也】杨 补 我是先王(吴王夷末)的嗣子。王子光这样说,是在为自己夺取君位寻找依据。如下文所引《公羊传》所述,吴王寿梦的三位嫡子曾有约定,大家都不将君位传给儿子,而是通过“兄终弟及”的方法往下传,这样就能最终传给最有德行才能的嫡四子王子札。然而,吴王夷末去世后,嫡四子王子札拒绝按照诸位嫡子哥哥的安排继位为君,吴国因此出现君位悬空的状况,吴王寿梦庶长子王子僚随后继位为君。王子僚继位所依据的理由应该是:既然由吴王寿梦嫡子担任的诸位先君都约定不将君位传给儿子，而嫡幼子王子札又拒绝继位为君，那么唯一的解决方案就是自己这个庶长子根据"无嫡立庶长"的原则继位为君。王子僚的这番理由非常通顺，王子札回国以后也没有表示异议。不过，吴王夷末嗣子王子光谋求君位的理由也是很通顺的：由吴王寿梦嫡子担任的诸位先君之所以约定不将君位传给儿子而采取"兄终弟及"的变礼，是为了最终让嫡幼子王子札别无选择继位为君。如今王子札既然执意拒绝，那么包括自己父亲吴王夷末在内的先君达成的君子协定也就失去了意义。这样一来，君位继承就应该回到"父死子继"的正礼，而自己正是去世君王的嗣子，所以应该由自己继位为君。

【克】补成。

【季子虽至，不吾废也】补季子即使回国之后，也不会废了我。如"我，王嗣也"条所分析的那样，由于王子札是吴王族默认的王位继位者，而且他又有很高的声望，因此，如果王子札声称要继位为君，王子光即使篡位成功，也有可能会被废掉。不过，王子光深知王子札无心为君，所以有上述判断。

鱄设诸曰："王吴王州于可弑也。母老、子弱，是无若我何？"

【母老……我何】正补[我]母亲老了，儿子还小，我拿这状况怎么办？"是无若我何"即"我无若是何"。

光王子光曰："我，尔身也。"

○正补王子光意谓，若鱄设诸刺杀事成而身死，自己将代替鱄设诸之身，赡养其母，长育其子。

【三】夏，四月，光王子光伏甲于堀(窟)室而享王吴王州于。王使甲坐于道及其门，门、阶、户、席，皆王亲也，夹之以铍pī。羞者献体改服于门外。执羞者坐行而入，执铍者夹承之，[铍]及[执羞者]体，以相授也。光伪足疾，入于堀(窟)室。鱄设诸置剑于鱼中以进，抽剑刺王,铍交于胸,遂弑王。阖庐王子光/吴王阖庐以其子为卿。

【堀室】正 杨 即窟室,地下室。【享】补 见桓九—桓十·一·二。
【铍】补 见襄十七·四·三·一。
【羞者】正 杨 补 进献食物的有关人员,包括下文的"执羞者"(手持食物进献之人)。
【献体改服】正 杨[脱去原有衣物,]赤身露体,然后改换衣服。
【执羞……授也】正 杨 补 献食者跪在地上,挪动膝盖前行,进入吴王州于所就座的房间。执铍之兵士两人为一组,献食者接近,两位兵士伸出铍承接献食者,铍刃抵住献食者身体,兵士不动,铍刃与献食者一同向前移动。献食者向前移动至下一组兵士,则本组兵士将铍收起,将羞者交授给下一组兵士挟持。
【光伪足疾,入于堀室】补 王子光这样做的目的,一是为了防止在鱄设诸刺杀吴王州于时被吴王亲兵所伤,二是如果鱄设诸刺杀失败则率领甲士冲出堀室再次刺杀吴王州于。
【铍交于胸】正 杨 两旁的铍刃交叉[刺入鱄设诸]胸膛。

【四】季子王子札至,曰:"苟先君无废祀,民人无废主,社稷有奉,国家无倾,乃吾君也。吾谁敢怨?哀死事生,以待天命。非我生乱,立者从之,先人之道也。"[季子]复命,哭墓,复位而待。

【哀死事生】杨 哀悼死去的[旧王],事奉即位的[新王]。
【立者从之】杨 立为国君的,我就服从。

【五】吴公子掩余王子掩余奔徐,公子烛庸王子烛庸奔钟吾。楚师闻吴乱而还。

【钟吾】正 杨 补 周时国,子爵。在今江苏新沂王庄镇钟吾村。昭三十年吴王阖庐执钟吾子。参见《图集》29—30②10。
【楚师闻吴乱而还】补 据昭二十七·三·二,此次楚师之所以闻乱而还,是因为左尹郤宛主张"乘乱不祥",自己先率军撤退,并且说服其他将帅也撤兵回国。

○杨 补 下启吴王阖庐使徐人执王子掩余，使钟吾人执王子烛庸（昭三十・三・一）。

○补 **传世文献对读：**《公羊传・襄公二十九年》叙吴国君位传承之事，有不少《左传》所无的细节，可扫码阅读。

如闵元・四・一・二所述，吴国始祖吴太伯是周太王长子，他得知父亲周太王想要立幼子季历，于是跟弟弟虞仲雍一起出逃到荆蛮，文身断发示不可用，将君位让给幼弟季历。孔子盛赞吴太伯“其可谓至德也已矣：三以天下让，民无得而称焉”（《论语・泰伯》）。《左传》叙吴王诸樊即位之后就准备直接让位于王子札（襄十四・二）、《公羊传》叙诸兄同心让位于王子札，可见让国于贤弟可能是吴王族所尊崇的“先君传统”。

昭公二十七年・三

地理 楚见昭地理示意图 1。

人物 郤宛（昭二十七・二・一）、鄢将师、费无极（昭十五・三・一）、囊瓦（昭二十三・五・一）、阳令终、阳完、阳佗、晋陈、楚昭王（昭二十六・七・二）

春秋 楚杀其大夫郤 xì 宛。

○正 补 据文六・四・三及文七・二・三，则《春秋》书国杀，又书被杀卿大夫之名氏，表明郤宛有罪于楚。据下文《左传》，则郤宛实被费无极、鄢将师陷害。应是楚人以郤宛有罪告于鲁，鲁史因而书之，而孔子亦未改。杜注认为，郤宛明知费无极是谗人却信任他的话，以至于败亡，这是郤宛的罪过，不知孔子是否因此而不改鲁史原书。

左传【一】郤宛直而和，国人说（悦）之。鄢 yān 将师为右领，与费无极比而恶 wù 之郤宛。

【说】补 悦服。

【鄢将师】正 补 鄢氏，名将师。楚大夫，任右领。昭二十七年被囊瓦所杀。

【比】杨 勾结。

令尹子常囊瓦贿而信谗，无极费无极谮 zèn 郤宛焉，谓子常曰“子恶郤宛欲饮 yìn 子酒”，又谓子恶“令尹囊瓦欲饮酒于子氏”。

【令尹】补 见庄四·二·二。

【谮】补 针对……造谣。

【子氏】杨 补 您家。

子恶曰：“我，贱人也，不足以辱令尹。令尹将必来辱，为惠已甚，吾无以酬之，若何？”

【我，贱人也】补 楚官制中，左尹（宣十一·二·一）为令尹副手，相当于中原官制的卿职，郤宛其名亦见于《春秋》，为卿级别官员，不可称“贱”。如此则郤宛何以自称“贱人”？遍检《左传》，楚国此前卿族无郤氏，诸侯中有郤氏者唯有晋。深疑成十五年晋灭郤氏后，并未杀绝，有郤氏族人出奔楚为羁旅之臣，其中郤宛官至于左尹。令尹囊瓦为王子贞之子，楚庄王之孙，为楚公族，地位尊贵；郤宛则为楚敌国晋被灭卿族之后，在楚为客，故自称“贱人”。

【令尹将必来辱】补 令尹一定要屈尊前来。

【已甚】补 太过。【酬】正 报献。

无极曰：“令尹好 hào 甲兵。子出之，吾择焉。”

【子出之，吾择焉】正 补 您拿出所藏甲胄与兵器，我来挑选几件[作为献礼]。

[无极]取五甲五兵,曰:“置诸(之于)门。令尹至,必观之,而(尔)从以酬之。”

○补 传世文献对读:《论语·为政》“子曰:‘君子周而不比,小人比而不周。’”,正可用以注解郤宛及鄢将师。

【二】及飨日,[子恶]帷诸(之于)门左。无极费无极谓令尹囊瓦曰:“吾几jī祸子。子恶将为子不利,甲在门矣,子必无往。且此役也,吴可以得志。子恶取赂焉而还,又误群帅,使退其师,曰‘乘乱不祥’。吴乘我丧,我乘其乱,不亦可乎?”

【及飨日,帷诸门左】正 补 等到举行飨礼那一天,[郤宛]在门左边设立帷幔[放置五件献礼用的甲胄兵器]。

【且此役,吴可以得志】杨 补 而且此次战役(指本年春楚救潜之役),楚[本]可以得志于吴(也就是战胜吴)。

【吴乘我丧】补 见襄十三·四·三·一。

令尹使视郤氏,则有甲焉。[令尹]不往,召鄢将师而告之。将师鄢将师退,遂令攻郤氏,且爇ruò之。子恶闻之,遂自杀也。

【且爇之】正 补 而且要烧毁郤家。爇,烧。

国人弗爇。令曰:“不爇郤氏,与之同罪。”或取一编菅jiān焉,或取一秉秆焉,国人投之,遂弗爇也。

【一编菅】正 补 一张草席。菅参见成九·十·二。

【一秉秆】正 补 一把秸秆。

【国人投之】正 补 国人把少数听从令尹命令的人拿来的草席、秸秆都拿开扔掉。

令尹炮之,尽灭郤氏之族、党,杀阳令终与其弟完阳完及佗阳佗，与晋陈及其子弟。

【令尹炮之】 正 补 杜注认为，“令尹炮之”是指令尹囊瓦用炮烙之刑处置郤宛的尸体。孔疏引服虔注认为，此句意为“令尹派人烧了郤家”。但上文已言“遂弗爇也”，且此处用“炮”而不用“爇”，应不是烧房屋，而是动用炮烙之刑。

【阳令终】 正 补 芈姓，阳氏，名令终。阳丐（昭十七·六·一）之子。楚大夫，任中厩尹。郤宛党羽。昭二十七年被囊瓦所杀。

【完】【佗】 补 阳完、阳佗，皆为阳丐之子，阳令终之弟，郤宛党羽。昭二十七年被囊瓦所杀。

【晋陈】 正 补 晋氏，名陈。楚大夫，郤宛党羽。昭二十七年被囊瓦所杀。疑其族本为晋人，出奔至楚，遂以其祖国为氏。

○ 补 窃疑鄢将师将国人拒绝烧毁郤家的情况作为国人将跟随郤氏族党作乱的证据汇报给令尹，以谗言蒙骗令尹，促使令尹比照镇压叛乱的标准处理此事，于是令尹才会做出炮烙郤宛之尸、尽灭郤氏族党之事。

【三】晋陈之族呼于国曰：“鄢氏鄢将师、费氏费无极自以为王，专祸楚国，弱寡王室，蒙王楚昭王与令尹囊瓦以自利也，令尹尽信之矣，国将如何？”令尹病之。

【鄢氏、费氏自以为王】 杨 补 令尹是楚卿大夫首脑，能指使令尹者唯有楚王。当时楚昭王不超过九岁，而鄢将师、费无极用谗言引导令尹杀害贤人，就好像楚王指使令尹一样，所以晋陈族人称“鄢氏、费氏自以为王”来指斥二人狂悖骄横的情状。

【蒙】 正 欺。

【病之】 补 以之为耻。

○ 正 下启本年囊瓦杀费无极与鄢将师（昭二十七·八）。

昭公二十七年·四

地理 晋、宋、卫、周、鲁、齐、楚见昭地理示意图1。晋、宋、卫、曹、邾、滕、周、鲁、淮夷、楚、扈见昭地理示意图 5。

人物 范献子(襄十四・四・五)、乐祁犁(昭二十二・二・三)、北宫贞子(昭十・四・二・一)、鲁昭公(襄三十一・三・五・一)、季平子(昭九・六・二)

春秋 秋,晋士鞅范献子、宋乐祁犁、卫北宫喜北宫贞子、曹人、邾人、滕人会于扈。

【扈】杨 见文七・五・春秋。

左传 秋,"会于扈",令戍周,且谋纳公鲁昭公也。

【令戍周】补 昭二十五年王子朝奔楚,周敬王入主王城。但此时周王室仍有不少王子朝余党,周敬王政权并不稳固。因此晋召集诸侯,要求各国出兵为周王室戍守城池,以备不测。昭二十九年王子赵车入于鄻以叛,即是王子朝党羽斩除不尽之例证。

【纳】补 见隐四・二・四・一。

宋、卫皆利纳公,固请之。范献子取货于季孙季平子,谓司城子梁乐祁犁与北宫贞子曰:

【利】补 以……为利。

【司城】补 见文七・二・一。

"季孙未知其罪,而君鲁昭公伐之。[季孙]请囚、请亡,于是乎不获,君又弗克,而自出也。夫岂无备而能出君乎?

【夫岂无备而能出君乎】杨 补 难道不作准备就能逐出国君吗?季氏若是故意要逐出国君,必然早有准备。从经过情形看(参见昭二十五・五),季氏明显没有预作准备,因此不是季氏驱逐鲁昭公,而是鲁昭公自行出逃。

"季氏之复，天救之也：[天]休公徒之怒，而启叔孙氏之心。不然，岂其伐人而脱甲执冰(掤)以游？叔孙氏惧祸之滥，而自同于季氏，天之道也。

【滥】杨 泛滥，引申为延及。

○补 范献子指出，此次鲁内乱中，有两件事不能全用人间常理解释，而应归于天意：第一，鲁昭公的士兵为什么在围攻季氏的关键时刻脱下甲胄休息？第二，叔孙氏与季氏一向不合(参见昭二十五·五·二·三总结)，为什么会在关键时刻选择支持季氏？

"鲁君鲁昭公守齐，三年而无成。季氏甚得其民，淮夷与之，有十年之备，有齐、楚之援，有天之赞，有民之助，有坚守之心，有列国之权，而弗敢宣也，事君如在国。

【与】补 助。

【有齐、楚之援】正 补 齐景公虽然攻下西郓收容鲁昭公，然而昭二十六年试图以武力送鲁昭公归国失败之后也不再积极(参见下文昭二十七·九齐景公怠慢鲁昭公之事)，而齐朝廷中权臣梁丘据等又被季氏收买，所以范献子说季氏得齐之援。楚之援为何则已不可确知。

【赞】补 助。

【有列国之权】杨 补 [季氏]有列国[君主]的实权。

【事君如在国】正 杨 补 [季氏]事奉国君如同[国君]在国内时候一样。当时诸侯出奔，国内即别立新君。季平子则并未另立新君，鲁史每年仍书"公如齐""公至自齐"，而且每年赠送马匹衣物给鲁昭公(昭二十九·三·一)，故范献子有此言。

"故鞅范献子以为难。二子皆图国者也，而欲纳鲁君，鞅之愿也。[鞅]请从二子以围鲁，无成，死之。"

【二子】补 乐祁犁、北宫贞子。

二子惧，皆辞。[范献子]乃辞小国，而以难复[于君]。

【乃辞小国，而以难复】 正 补 [范献子]于是辞退了[曹、邾、滕这些也建议送回鲁昭公的]小国，并答复[晋顷公]说[事情]难办。宋、卫既不敢纳鲁昭公，小国更无可能，故范献子辞之。

昭公二十七年·五

地理 曹见昭地理示意图1。

人物 曹悼公

春秋 冬，十月，曹伯午曹悼公卒。

【曹伯午】 补 曹悼公。姬姓，名午，谥悼。曹平公之子。昭十九年即位。在位九年。昭二十七年卒。

昭公二十七年·六

地理 鲁见昭地理示意图1。邾、鲁见昭地理示意图4。

人物 快

春秋 邾快来奔。

【快】 正 补 名快。邾大夫，官至卿位。昭二十七年奔鲁。

昭公二十七年·七

地理 鲁见昭地理示意图1。鲁、邾、郓（西郓）见昭地理示意图4。

人物 孟懿子（昭七·九·二·一）、阳虎、子家懿伯（昭五·三·一）、鲁昭公（襄三十一·三·五·一）

左传 孟懿子、阳虎伐郓 yùn。郓人将战。子家子子家懿伯曰："天命不慆 tāo 久矣！使君鲁昭公亡者，必此众也。天既祸之，而自福也，不亦难乎？犹有鬼神，此必败也。乌呼！为无望也夫！其死于此乎！"公鲁昭公使子家子如晋。公徒败于且 jū 知。

【孟懿子、阳虎伐郓】 正 杨 可能此前季氏听闻扈之会谋纳鲁昭公，而此时鲁昭公居于郓，故遣孟懿子、季氏家臣阳虎先伐之。孟懿子本年不过十六岁，疑此役阳虎实为主，而借孟懿子卿之名位。**【阳虎】** 正 补 姬姓，阳氏，出自孟氏，名虎，字货。昭二十七年已为季氏家宰。定五年至定八年实际掌控鲁国政事（继季平子）。定八年入于讙、阳关以叛。定九年奔齐，同年奔宋，遂奔晋，任赵氏家臣。**【郓】** 补 西郓，见成四·六·春秋。

【天命不慆久矣】 正 杨 补 天命[抛弃国君]无疑已经很久了。慆，疑。

【使君亡者，必此众也】 正 补 让国君败亡的，一定是这些[主张出战的]人。

【天既祸之，而自福也】 补 上天已经降祸给国君，而[这些主战之人却怂恿国君]依靠自己的力量求得福禄。

【犹有鬼神，此必败也】 正 补 如果还有鬼神[保佑国君免于败亡]，那么此战[我方]必败。犹，如。子家懿伯意谓，此战若败，则主战派气焰得到打击，像自己这样的主和派得以引导鲁昭公寻求理智的解决方案，这样鲁昭公还有希望免于败亡。

【且知】 正 地名，靠近郓邑。

○ 补 下启昭二十八年鲁昭公如晋（昭二十八·二）。

昭公二十七年·八

地理 楚见昭地理示意图 1。

人物 郤宛（昭二十七·二·一）、囊瓦（昭二十三·五·一）、沈尹戌（昭十九·十一·二）、阳令终（昭二十七·三·二）、费无极（昭十五・三・一)、朝吴(昭十三・二・二)、蔡侯朱(昭二十一・二・一)、太子建(昭十九・二)、伍奢(昭十九・二)、楚平王(昭元・一・三)、楚成王(庄十四・三・二)、楚庄王(文十四・十一・一)、鄢将师(昭二十七・三・一)、吴王阖庐(昭十七・六・三)

左传【一】楚郤 xì 宛之难，国言未已，进胙 zuò 者莫不谤令尹囊瓦。沈尹戌言于子常囊瓦曰：

【进胙者莫不谤令尹】补 进胙，应该就是僖四・二・二的“归胙”，指臣祭祀之后，向国君进献祭肉。令尹囊瓦听信谗言而逼死无罪的郤宛，还株连阳令终、晋陈等多人。国都内卿大夫家族内部议论此事者，多认为令尹在这件事情上犯下严重过错，即使是向楚王进献祭肉的中下级使者也借机向政府高层进言指责令尹，希望将舆论压力传导给令尹，迫使他悔改。【令尹】补 见庄四・二・二。
【沈尹】补 见宣十二・一・六。

“夫左尹郤宛与中厩尹阳令终莫知其罪，而子杀之，以兴谤讟 dú，至于今不已。戌沈尹戌也惑之：仁者杀人以掩谤，犹弗为也；今吾子杀人以兴谤，而弗图，不亦异乎？

【左尹】补 见宣十一・二・一。
【中厩尹】补 楚内朝官，职掌中厩马政。中厩，楚公室马厩名。
【谤讟】补 见昭元・一・二・二。

“夫无极费无极，楚之谗人也，民莫不知：去朝 zhāo 吴，出蔡侯朱，丧大(太)子建太子建，杀连尹奢伍奢，屏 bǐng 王楚平王之耳目，使不聪明。不然，平王楚平王之温、惠、共(恭)、俭，有过成楚成王、庄楚庄王，无不及焉，所以不获诸侯，迩无极也。今[无极]又杀三不辜，以兴大谤，[祸]几 jī 及子矣。子而不图，将焉用之？

【去朝吴】正 见昭十五・三。

【出蔡侯朱】正见昭二十一・七。
【丧大子建,杀连尹奢】正见昭二十・三。
【屏】杨蔽。
【不获诸侯】补没有获得诸侯[的拥戴]。也就是没有成就霸业。
【迩】正补亲近。
【三不辜】正补三个无罪[家族],即郤氏、阳氏、晋氏。
【几及子矣】杨补[祸难]几乎要波及您了。
【子而不图,将焉用之】杨补您如果不图谋[如何纠正此事],那还用这个令尹职位做什么?《论语・季氏》"危而不持,颠而不扶,则将焉用彼相矣"句意与此相似。

"夫鄢 yān 将师矫子之命,以灭三族。三族,国之良也,而不愆 qiān 位。吴新有君吴王阖庐,疆埸 yì 日骇。楚国若有大事,子其危哉!

【夫鄢……三族】补那鄢将师歪曲地传达您的命令,从而灭了这三个家族。炮烙郤宛、尽灭郤氏族党是非常重大而且无法隐瞒的事,鄢将师必不敢假传命令,下令者必为令尹囊瓦本人,故前文明言"令尹炮之,尽灭郤氏之族、党"。鄢将师所为应该是谎称国人将叛,促使囊瓦在慌乱中做出错误决定。沈尹戌此言,其实是提示囊瓦,在诛杀鄢将师之后可以用"鄢将师矫令尹之命"向国人解释,从而将责任全部推给鄢将师。
【不愆位】正在位时没有过失。
【疆埸】补边境。

"知(智)者除谗以自安也,今子爱谗以自危也,甚矣,其惑也!"

子常曰:"是瓦囊瓦之罪,敢不良图!"

【二】九月己未十四日,子常囊瓦杀费无极与鄢将师,尽灭其族,以说于国，谤言乃止。

【以说于国】杨 补 来向国人解说。囊瓦的说辞内容大概是：自己下令灭三族完全是受费无极的谗言和鄢将师的谎言所蒙蔽。

昭公二十七年·九

地理 鲁、齐见昭地理示意图 1。鲁、齐、郓（西郓）见昭地理示意图 4。

人物 鲁昭公（襄三十一·三·五·一）、齐景公（襄二十五·一·四）、子家懿伯（昭五·三·一）、公子慭（昭十二·四·一·二）、重

春秋 公鲁昭公［自郓］如齐。

公鲁昭公至自齐，居于郓。

【郓】补 西郓，见成四·六·春秋。

○ 正 此条《春秋》无对应《左传》。

左传 冬，“公如齐”。齐侯齐景公请飨之。子家子子家懿伯曰：“朝夕立于其朝，又何飨焉？其饮酒也。”乃饮酒。［齐侯］使宰献，而请安。子仲公子慭之子曰重，为齐侯夫人，［子仲］曰：“请使重见。”子家子乃以君鲁昭公出。

【飨】补 见桓九—桓十·一·二。

【朝夕……酒也】正 杨 补 从早到晚都站在人家朝廷上，又行什么飨礼？还是［用宴礼］饮酒吧。飨礼为诸侯间相聘问时所行大礼。今鲁昭公在齐已久，齐景公对其礼遇已不如当初。此处齐景公所谓“飨之”，实际只是借飨礼之名招鲁昭公饮酒。因此子家懿伯先辞飨礼，而直言用宴礼饮酒，使名实相符，以免受轻侮。

【使宰献】正 补［齐景公］让宰向鲁昭公献酒。宴礼中有主宾互相敬酒的环节，主人敬宾酒为“献”；宾还敬主人酒为“酢”；主人先酌酒

自饮，再劝宾随饮，称为“酬”。献、酢、酬合称“一献”。若是两国君主在宴礼中饮酒，齐景公应亲自向鲁昭公献酒。若是国君与臣下在宴礼中饮酒，君臣尊卑有别，不得伉礼，则国君使宰向臣下献酒。如今齐景公使宰向鲁昭公献酒，表明齐景公视鲁昭公为齐臣。

【**而请安**】正 补 齐景公请求自安，离席而去。齐景公不仅视鲁昭公为臣，还早早离席，更可见其对鲁昭公的轻视。

【**子仲**】正 昭十二年公子慭参与谋划驱逐季氏失败奔齐，此时在座。

【**重**】补 鲁女，名重。公子慭（昭十二·四·一·二）之女，齐景公（襄二十五·一·四）夫人。

【**子家子乃以君出**】正 补 子家懿伯就带着鲁昭公出去了。子家懿伯带鲁昭公离席以避齐侯夫人，应该是使鲁昭公避免失礼受辱。

昭公二十七年·十

地理 晋、周、鲁见昭地理示意图 1。

人物 籍秦

左传 十二月，晋籍秦致诸侯之戍于周。鲁人辞以难 nàn。

【**籍秦**】正 补 籍氏，名秦。籍谈（昭五·四·二）之子。晋大夫，定十三年已任上军司马，为中行文子辅臣。定十四年被晋人所杀。据《墨子·所染》，“中行寅染于籍秦、高强”，可知籍秦是中行文子最重要的两位辅臣之一。

昭公二十八年·一

地理 曹见昭地理示意图1。

人物 曹悼公（昭二十七·五·春秋）

春秋 二十有（又）八年，春，王三月，葬曹悼公。

昭公二十八年·二

地理 鲁、晋见昭地理示意图1。鲁、晋、乾侯见昭地理示意图3。

人物 鲁昭公（襄三十一·三·五·一）、子家懿伯（昭五·三·一）、晋顷公（昭十七·四·一）

春秋 公鲁昭公如晋，次于乾gān侯。

【乾侯】补 见昭二十五·三·二，晋边邑。

○补 昭二十五年子家懿伯认为鲁昭公若留在齐，则最终将成为齐臣而无法归国复位，且齐景公无信，不如及早前往晋寻求庇护，鲁昭公不听。昭二十七年孟懿子、阳虎伐郓，鲁昭公使子家懿伯如晋，应是为前往晋避难做前期联络工作。昭二十七年齐景公又不以礼待鲁昭公（见昭二十七·九），怠慢之情溢于言表，终于迫使鲁昭公放弃齐而投靠晋。

左传 二十八年，春，公鲁昭公如晋，将如乾侯。子家子子家懿伯曰："有求于人，而即其安，人孰矜之？其造于竟（境）。"

【有求……于竟】正 杨 补 有求于人，而又亲近[齐的]安逸，有谁还来同情您？还是到[鲁、晋两国]边境等待为好。矜，怜。鲁昭公不前往鲁、晋边境等待，而是安居于齐，等待晋前来迎接，故子家懿伯曰"而即其安"。

[公]弗听，使请逆于晋。晋人曰："天祸鲁国，君鲁昭公淹恤在外。君亦不使一个辱在寡人晋顷公，而即安于甥舅，其亦使逆君？"[晋人]使公复于竟(境)，而后逆之。

【弗听，使请逆于晋】 补 [鲁昭公]不听，派人[至晋，]请[晋人到齐]迎接[鲁昭公]。

【淹恤】 补 见襄二十六・二・二・三。

【君亦……逆君】 正 杨 补 鲁君也应该派一位[高级使者]来屈尊[正式]问候寡人，而[现在鲁君却]亲近甥舅之国(齐)的安逸，难道[寡人]还要派人[去齐]迎接鲁君？一个，单个使者。在，存问。甥舅，见成二・八，此处指齐。齐、鲁常为婚姻，所以互为甥舅。

【使公……逆之】 正 杨 补 [晋人]让鲁昭公回到[鲁、晋两国]边境，然后迎接鲁昭公[到达乾侯]。

昭公二十八年・三

地理 郑见昭地理示意图1。

人物 郑定公(昭十二・四・一・一)

春秋 夏，四月丙戌十四日，郑伯宁郑定公卒。

昭公二十八年・四

地理 郑、晋见昭地理示意图1。

人物 郑定公(昭十二・四・一・一)、祁胜、邬臧、祁盈、女游、知文子(昭九・四・三)、晋顷公(昭十七・四・一)、杨食我(昭五・四・二)、羊舌肸(襄十一・二・五・三)、屈巫臣(宣十二・二・一)、羊舌肸之母、夏姬(宣九・八・一・一)、子蛮、夏御叔(成二・四・一・二)、连尹襄老(宣十二・一・十四・三)、陈灵公(文十四・五・春秋)、夏征舒(宣十・四・春秋)、孔宁(文十六—文十七・五)、仪行父

(宣九·八·一·一)、郑穆公(僖三十·三·五)、姚子、郑灵公(文十七·四·二)、玄妻、后夔、伯封、有穷后羿(襄四·八)、共太子申生(庄二十八·二·一)、晋平公(襄十六·一·春秋)、羊舌肸之母、子容之母、羊舌肸之妻

春秋 六月,葬郑定公。

○正 补 据隐元·五,诸侯五月而葬。郑定公三月而葬,于礼为速。
○正 此条《春秋》无对应《左传》。

左传【一】晋祁胜与邬臧通室。祁盈将执之,访于司马叔游女游。

【祁胜】正 补 祁氏,名胜。祁盈家臣。昭二十八年被祁盈所执,遂被其臣所杀。

【邬臧】正 补 邬氏,名臧。祁盈家臣。昭二十八年被祁盈所执,遂被其臣所杀。

【通室】正 换妻。

【祁盈】正 补 祁氏,名盈。祁午之子。昭二十八年被晋顷公所执,遂被杀。

【司马】补 见僖二十七—僖二十八·二十四·一。

【叔游】正 补 女游。女(叔)氏,名游。女齐(襄二十六·六·一·一)之子。晋大夫,昭二十八年已任司马。

叔游女游曰:"《郑书》有之:'恶 wù 直丑正,实蕃 fán 有徒。'无道立矣,子惧不免[于难]。《诗》曰:'民之多辟 pì,无自立辟 bì。'[子]姑已,若何?"

【恶直丑正,实蕃有徒】正 杨 补 可译为"以直为恶、以正为丑,这样的人多的是"。蕃,多,盛。

【民之多辟,无自立辟】补 见宣九·八·一·二。

【姑已】正 杨 补 暂且停止[不抓捕祁胜、邬臧]。

盈祁盈曰："祁氏私有讨，国何有焉？"遂执之祁胜、邬臧。

【祁氏……有焉】正 补 祁氏私下查究[家族内部的罪恶]，与国家有什么[关系]？

【二】祁胜赂荀跞lì，知文子，荀跞为之言于晋侯晋顷公。晋侯执祁盈。祁盈之臣曰："钧(均)将皆死，慭yìn使吾君祁盈闻胜祁胜与臧邬臧之死以为快。"乃杀之祁胜、邬臧。

【慭】杨 补 宁愿。

【三】夏，六月，晋杀祁盈及杨食我。食我杨食我，祁盈之党也，而助乱，故杀之。[晋]遂灭祁氏、羊舌氏。

【羊舌氏】杨 补 羊舌肸采邑为杨，其子食我以杨为氏，故称此新氏则为"杨氏"，称旧氏则为"羊舌氏"。

〇补 笔者对晋灭祁氏、羊舌氏的可能真相有详细分析，请见专著《虎变：晋国大族的兴盛与衰亡》（出版中，暂定书名）相关章节。

【四】初，叔向羊舌肸欲娶于申公巫臣屈巫臣氏，其母欲娶其党。

〇正 杨 补 当初，羊舌肸想要从屈巫臣家娶妻（即娶屈巫臣与夏姬之女为妻），而他母亲则想要[让他]从母家娶妻。屈巫臣本为楚大夫，成元年携夏姬奔晋，后为晋邢邑大夫。

叔向曰："吾母多而庶鲜，吾惩舅氏矣。"

【鲜】正 少。【惩】杨 以……为戒。

〇正 杨 补 羊舌肸说："我的母亲多而庶兄弟少，我以母家为戒了。"羊舌肸意谓，其父从母家（即舅氏）娶妾多而所生庶子少，显示母家女人生育力差，羊舌肸以此为鉴，因此不愿娶母家之女。

其母曰：

“子灵屈巫臣之妻夏姬杀三夫、一君、一子，而亡一国、两卿矣，可无惩乎？吾闻之，‘甚美必有甚恶’。是郑穆郑穆公少妃姚子之子，子貉hé，郑灵公之妹也。子貉早死无后，而天钟美于是，将必以是大有败也。

【子灵……卿矣】 正 补 三夫，指夏御叔、连尹襄老、屈巫臣（此时已死）。一君，指陈灵公。一子，指夏征舒。一国，指陈。两卿，指孔宁、仪行父。其事见宣九·八、宣十·四、宣十一·五、宣十二·一·十四·三、成二·四。

【少妃】 补 诸侯位次较低的妃子。**【姚子】** 补 宋姚氏女，子姓。郑穆公（僖三十·三·五）妾，郑灵公（文十七·四·二）、夏姬（宣九·八·一·一）之母。

“昔有仍氏生女，黰zhěn（鬒）黑，而甚美，光可以鉴，名曰‘玄妻’。乐正后夔kuí取之，生伯封，实有豕shǐ心，贪惏无餍yàn，忿纇lèi无期qí（綦），谓之‘封豕’。有穷后羿灭之，夔后夔是以不祀。且三代之亡、共gōng子共太子申生之废，皆是物也。女（汝）何以为哉？

【有仍】 补 见僖二十一—僖二十二·一“任”。

【黰黑】 杨 头发稠密而且乌黑。

【光可以鉴】 正 杨 补 ［头发］光泽可以照人。鉴参见庄十九—庄二十一—庄二十一·十一·二，这里作动词。

【后夔】 正 补 虞舜典乐总长，名号夔。后，总长。

【餍】 正 补 满足。

【忿纇无期】 正 杨 忿怒狠戾没有限度。纇，戾。期，极。

【封豕】正 杨 大猪。封,大。

【且三……物也】正 补 而且[夏、商、(西)周]三代的灭亡,晋共太子申生被废黜,都是因为这类[女人]。古人认为夏桀宠末喜,商纣宠妲己,周幽王宠褒姒,夏、商、周因此而灭亡。共太子申生因晋献公宠姬骊姬而被废。共太子申生之事见庄二十八·二、僖四·二。

“夫有尤物,足以移人。苟非德义,则必有祸。”

【尤物】正 杨 补 美到异常的事物,指绝色美女。尤,异。

【苟非德义】杨 如果[娶她的]不是有德有义[之人]。

叔向惧,不敢取(娶)。平公晋平公强使[叔向]取(娶)之,生伯石杨食我。伯石始生,子容之母走谒 yè 诸姑,曰:“长 zhǎng 叔姒 sì 生男。”姑视之。及堂,闻其声而还,曰:“是豺狼之声也。狼子野心。非是,莫丧羊舌氏矣。”[姑]遂弗视。

【平公强使取之】补 晋平公强迫羊舌肸娶屈巫臣之女,此事颇为蹊跷。按成二年楚申公屈巫臣出逃至晋(参见成二·四),后与楚决裂,而致力为晋联吴抗楚,成七年前派其子屈狐庸至吴为行人(参见成七·六·三),襄三十一年(晋平公十六年)屈狐庸还曾代表吴王夷末前往晋国访问(襄三十一·六)。也就是说,屈巫臣家在晋平公时是晋执行“联吴抗楚”国家战略的关键势力。深疑当时晋平公听闻以刚正贤明著称的羊舌肸有意娶屈巫臣之女为妻,认为这桩婚事能充分体现晋对屈氏的尊崇,使之能安心为晋服务,而羊舌肸强大的德义气场也足以防止尤物“移人”之祸,于是虽然遭到羊舌肸母亲强烈反对,仍然以强力促成此事。

【子容之母】正 羊舌赤之妻,羊舌肸嫂,子容之母。【子容】正 补 字容。羊舌肸兄羊舌赤之子,羊舌肸之侄。

【谒】杨 告。【姑】正 补 婆婆,指羊舌肸之母。

【长叔姒】正 补 羊舌肸之妻,屈巫臣之女,夏姬(宣九·八·一·一)所生。“长叔”指羊舌肸。兄弟的妻子以“娣”“姒”相称,年少者称年长者为“姒”。

【非是,莫丧羊舌氏矣】补 如果不是这个人,就不会有别人导致羊舌氏的丧乱。

昭公二十八年·五

地理 晋、郑、鲁见昭地理示意图1。晋、郑、邬、祁、平陵、梗阳、涂水、马首、盂、铜鞮、平阳、杨氏见昭地理示意图2。滕、鲁见昭地理示意图4。

人物 滕悼公(昭四·三·春秋)、韩宣子(襄七·六·一)、魏献子(襄二十三·六·二·一)、司马弥牟、贾辛(昭二十二—昭二十三·一·六)、司马督(昭二十二—昭二十三·一·六)、魏戊、知徐吾、韩固、孟丙、乐霄、赵朝、僚安、成鱄、周武王(桓元—桓二·三·二)、周文王(僖五·八·一)、羊舌肸(襄十一·二·五·三)、鬷蔑(襄二十四·十)、贾大夫、孔子(僖二十七—僖二十八·二十五·三)、阎没、女宽(昭二十六·六)

春秋 秋,七月癸巳二十三日,滕子宁滕悼公卒。

○正 此条《春秋》无对应《左传》。

冬,葬滕悼公。

○正 此条《春秋》无对应《左传》。

左传【一·一】秋,晋韩宣子卒。魏献子为政,分祁氏之田以为七县,分羊舌氏之田以为三县:

【七县】正 邬、祁、平陵、梗阳、涂水、马首、盂。

【三县】正 铜鞮、平阳、杨氏。

司马弥牟为邬大夫,贾辛为祁大夫,司马乌司马督为平陵大夫,魏戊为梗阳大夫，知 zhì 徐吾为涂水大夫，韩固为马首大夫，孟丙为盂大夫；

【邬】正 杨 补 在今山西介休东北邬城店村。先为祁氏采邑，昭二十八年成为晋县。参见《图集》22—23④9。

【祁】杨 见成八·五·一。

【平陵】杨 补 在今山西交城大陵庄村。先为祁氏采邑，昭二十八年成为晋县。参见《图集》22—23④9。

【魏戊】正 补 姬姓，魏氏，名戊，魏献子（襄二十三·六·二·一）之子。晋大夫。昭二十八年任梗阳县大夫。若宣二·三·六·一“余子”定义无误，则魏戊应为魏献子嫡长子同母弟。下文知徐吾、赵朝、韩固也都应是其父嫡长子同母弟。

【梗阳】补 见襄十八·三·二。

【知徐吾】正 补 姬姓，知氏，出自荀氏，名徐吾。知悼子（襄十四·六）之孙。晋大夫。昭二十八年任涂水县大夫。

【涂水】正 杨 补 在今山西晋中王郝村附近。先为祁氏采邑，昭二十八年成为晋县。参见《图集》22—23④9。

【韩固】正 补 姬姓，韩氏，名固。韩宣子（襄七·六·一）之孙。晋大夫。昭二十八年任马首县大夫。

【马首】杨 补 在今山西寿阳马首乡。先为祁氏采邑，昭二十八年成为晋县。参见《图集》22—23④10。

【盂】正 杨 补 在今山西阳曲大盂镇。先为祁氏采邑，昭二十八年成为晋县。参见《图集》22—23③9。

乐霄为铜鞮 dī 大夫，赵朝为平阳大夫，僚安为杨氏大夫。

【铜鞮】杨 见成九·八·一。

【赵朝】正 补 嬴姓，赵氏，名朝。赵顷子（襄二十三·七·三）曾孙。晋大夫。昭二十八年任平阳县大夫。

【平阳】正 杨 补 在今山西临汾金殿镇。先为羊舌氏采邑，昭二十八年成为晋县、赵氏采邑，韩贞子时起成为韩氏核心城邑，三家分晋后成为韩国首个都城。参见《图集》22—23⑤8。

【杨氏】 正 杨 即杨,见襄二十九·八·三。

[魏子]谓贾辛、司马乌司马督为有力于王室,故举之;谓知徐吾、赵朝、韩固、魏戊,余子之不失职、能守业者也;其四人者,皆受县而后见于魏子魏献子,以贤举也。

【谓贾……王室】 正 指昭二十二年贾辛、司马督帅晋师助周敬王(参见昭二十二—昭二十三·一·六)。

【余子】 正 补 卿嫡长子同母弟,参见宣二·三·六·一。

【其四人者】 正 指司马弥牟、孟丙、乐霄、僚安。

○ 杨 **传世文献对读:**《史记·晋世家》谓"晋之宗家祁傒孙,叔向子,相恶于君。六卿欲弱公室,乃遂以法尽灭其族,而分其邑为十县,各令其子为大夫。晋益弱,六卿皆大",可供参考。

【一·二】 魏子魏献子谓成鱄zhuān:"吾与戊魏戊也县,人其以我为党乎?"

【成鱄】 正 补 姬姓,成氏,名鱄。成伯之后。晋大夫。

【党】 补 结党营私。

[成鱄]对曰:

"何也?

"戊之为人也,远不忘君,近不逼同;居利思义,在约思纯;有守心,而无淫行。虽与之县,不亦可乎?昔武王周武王克商,光(广)有天下,其兄弟之国者十有(又)五人,姬姓之国者四十人,皆举亲也。夫举无他,唯善所在,亲疏一也。

【同】正 补 同僚。
【在约思纯】正 补 处在困境之中时，想到保持品行纯正。
【守心】杨 补 遵守［礼义］的心志。

“《诗》曰：‘惟此文王周文王，帝度 duó 其心，莫其德音。其德克明，克明克类，克长 zhǎng 克君。王 wàng 此大国，克顺克比。比于文王，其德靡悔。既受帝祉 zhǐ，施 yì 于孙子。’心能制义曰‘度’，德正应和曰‘莫’，照临四方曰‘明’，勤施无私曰‘类’，教诲不倦曰‘长’，赏庆刑威曰‘君’，慈和遍服曰‘顺’，择善而从之曰‘比’，经纬天地曰‘文’。九德不愆 qiān，作事无悔，故袭天禄，子孙赖之。主魏献子之举也，近文德矣，所及其远哉！”

【惟此……孙子】正 补《毛诗·大雅·皇矣》有此句，而“惟”作“维”，第一处“文王”作“王季”，“莫”作“貊”，“国”作“邦”。韩诗第一处“文王”则与《左传》同。若第一处“文王”是“王季”之误，则后面的“比于文王，其德靡悔”较好理解，可译为“王季与文王相比，王季的行为和言论没有悔恨之处”（“比”解为比较），或者“到文王之时，文王的行为和言论没有悔恨之处”（“比”解为及、到）。若第一处“文王”确是“文王”，则后面的“比于文王，其德靡悔”不好理解，因为文王和文王不好相比，从文王到文王也说不通。然而，似乎《左传》此处的确是认为第一处“文王”是“文王”，因此才会在后面对“文德”进行详细诠释。如果按照诗的本义而非成鱄的解读，并且搁置有争议的“比于文王，其德靡悔”，则《左传》引的这段诗可译为“这位文王，上帝规范他的心，他的行为和言论清静无暇。他的行为真能昭明，能昭明、能良善，能做师长、能做君王。做这大国的君王，能使民众顺服亲近。比于文王，其德靡悔。已经接受上帝的福祉，延及他的子孙后代”。“德音”参见昭四·一·二。
【心能制义曰‘度’】补 内心能以正义作为规制称为“度”。
【德正应和曰‘莫’】补 德行和正义相应和称为“莫”。
【赏庆刑威曰‘君’】正 以赏庆人、以刑威人称为“君”。

【九德】补度、莫、明、类、长、君、顺、比、文。【愆】正过。
【袭】正受。【赖之】补以之为利。

【一·三】贾辛将适其县，见于魏子。魏子曰：
【适】补往。

“辛贾辛来！

“昔叔向羊舌肸适郑，鬷zōng蔑恶，欲观叔向，从使之收器者而往，立于堂下，一言而善。叔向将饮酒，闻之，曰：‘必鬷明鬷蔑也。’[叔向]下，执其手以上，曰：‘昔贾大夫恶，娶妻而美，[其妻]三年不言不笑。[贾大夫]御[妻]以如皋，射雉，获之，其妻始笑而言。贾大夫曰：“才之不可以已。我不能射，女(汝)遂不言不笑夫！”今子鬷蔑少不飏yáng，子若无言，吾羊舌肸几失子矣。言不可以已也如是。’[叔向、鬷蔑]遂如故知。

【恶】正补相貌丑陋。
【使之收器者】正补收拾器皿的使人。
【贾大夫】正贾国大夫。【贾】杨见桓九·三。
【御以如皋】正补[贾大夫为妻]驾车来到水泽边。如，往。皋，泽。
【雉】补见昭四—昭五·四。
【今子少不飏】正补如今您的相貌稍微有些不扬显。

“今女(汝)有力于王室，吾是以举女(汝)。行乎！敬之哉！毋堕huī乃力！”

【毋堕乃力】正杨补不要损毁了你[已有]的功劳。堕，损。力，功。

【一·四】仲尼孔子闻魏子之举也，以为义，曰：“近不失亲，远不失举，可谓义矣。”又闻其命贾辛也，以为忠：“《诗》曰‘永言配命，自求多福’，忠也。魏子之举也义，其命也忠，其长有后于晋国乎！”

【又闻……为忠】 正 补 又听说他嘱命贾辛[的言论]，认为符合忠德。据僖九·二·一·二，“公室之利，知无不为”为忠，魏献子因为贾辛为王室出力而举拔他，又要求他将来为公事尽力，因此孔子认为魏献子的嘱命符合忠德。

【永言配命，自求多福】 正 杨 补《毛诗·大雅·文王》有此句，据上下文可译为“隽永之言符合天命，自己求得多种福禄”。永，长。言，本应为语助词，《左传》此处则作“言语”解。

○ 补 笔者对魏献子分配祁氏、羊舌氏之田的可能真相有详细分析，请见专著《虎变：晋国大族的兴盛与衰亡》（出版中，暂定书名）相关章节。

【二·一】冬，梗阳人有狱，魏戊不能断，以狱上[魏子]。其大宗赂以女乐 yuè，魏子魏献子将受之。魏戊谓阎没、女 rǔ 宽曰：“主魏献子以不贿闻于诸侯，若受梗阳人[之贿]，贿莫甚焉。吾子必谏！”[阎没、女宽]皆许诺。

【阎没】 正 补 阎氏，名没，字明。魏献子属大夫。

【二·二】退朝，[二人]待于[魏子之]庭。馈入，[魏子]召之阎没、女宽。比 bì 置，[二子]三叹。

【退朝，待于庭】 正 杨 补 [群臣]朝见国君出来之后，[二人先走，]在魏氏庭院里等待[魏献子]。

【馈】 补 食。

【召之】 正 [魏献子]召阎没、女宽[一同进食]。

【比置】 杨 补 等到[侍者陆续]放置[食器、食品的时候]。比，及。

【三叹】补 杜甫《白水县崔少府十九翁高斋三十韵》"三叹酒食旁"典出于此。

既食，[魏子]使[二子]坐。魏子曰："吾闻诸(之于)伯叔，谚曰：'唯食忘忧。'吾子置食之间三叹，何也？"

[二子]同辞而对曰："或赐二小人酒，不夕食。馈之始至，[吾]恐其不足，是以叹。中置，[吾]自咎曰'岂将军魏献子食 sì 之而有不足？'，是以再叹。及馈之毕，[吾]愿以小人之腹为君子之心，属 zhǔ 厌而已。"

【同辞而对曰】补 二人异口同声地说。

【或赐……夕食】正 杨 [昨日]有人赐酒给我们二人，[我们因此]没吃晚饭[，此时很饿]。

【中置】杨 [食物]上[到]一半的时候。【咎】补 责。

【将军】正 杨 魏献子此时将中军，因此称其为"将军"。杨注认为，春秋时将军还不是正式的官职名，而是对独将一军之卿大夫的俗称。

【愿以……而已】正 杨 补 [我们]希望[我们]小人的肚子像君子的心一样，刚刚饱足就可以了。二人的意思是，等到自己看到全部食物上齐之后，已经完全没有了吃不饱的焦虑，而是想要像君子但求足够、不贪婪的心志一样，吃饱就行、不贪多暴食。属，适。厌，足。已，止。

献子魏献子辞梗阳人。

昭公二十九年·一

地理 鲁、齐、晋见昭地理示意图 1。鲁、齐、晋、乾侯、郓(西郓)见昭地理示意图 3。

人物 鲁昭公(襄三十一·三·五·一)、齐景公(襄二十五·一·四)、高昭子、子家懿伯(昭五·三·一)

春秋 二十有(又)九年,春,公鲁昭公至自乾 gān 侯,居于郓 yùn。齐侯齐景公使高张高昭子来唁公。

【乾侯】补 见昭二十五·三·二。

【郓】补 西郓,见成四·六·春秋。

【高张】正 补 高昭子。姜姓,高氏,名张,谥昭,高武子(襄二十九·十三)之子。齐大夫,官至卿位。哀六年奔鲁。【唁】补 慰问。

公鲁昭公如晋,次于乾侯。

左传 "二十九年,春,公至自乾侯,处于郓。""齐侯使高张来唁公",称"主君"。子家子子家懿伯曰:"齐卑君矣,君祇 zhī 辱焉。"公如乾侯。

【主君】正 补 据襄十八·三·二,"主"是对卿的称呼。卿、大夫称他国君主,则应称"君"。如今齐高张称鲁昭公为"主君",是一种含混的称谓,含有把鲁昭公降格当成齐国之卿来对待的意味。

【君祇辱焉】正 国君[再事奉齐,]只会自取其辱。

○正 补 去年鲁昭公虽至乾侯,晋并不欢迎,又未得见晋顷公,失望而归,复居于郓。齐景公于是派高昭子前来,慰问鲁昭公。然而高昭子称鲁昭公为"主君",又透露出齐景公对于投靠晋失败的鲁昭公的轻侮之意。于是鲁昭公听从子家懿伯的建议,又前往晋寻求同情和帮助。

昭公二十九年·二

地理 鲁、周见昭地理示意图 1。鲁、周(京师)、尹见昭地理示意图 3。

人物 叔诣(昭二十五·二·春秋)、召简公(昭二十四·一·一)、尹固(昭二十六·八·春秋)、原伯鲁之子、妇人、王子赵车、阴不佞(昭二十四·九)

春秋 夏,四月庚子五日,叔诣卒。

○正 此条《春秋》无对应《左传》。

左传【一·一】三月己卯十三日,京师杀召伯盈召简公、尹氏固尹固及原伯鲁之子。

【京师】补 见隐六·七。【原伯鲁之子】正 补 之所以点出“原伯鲁”,是为了呼应昭十八·五·二原伯鲁不悦学,点明不悦学的后果。○正 补 三人皆为王子朝党羽,因此被杀。三人之中,召简公虽于昭二十六年倒戈支持周敬王,仍不免于被杀。

【一·二】尹固之复也,有妇人遇之周郊,尤之,曰:“[尔]处则劝人为祸,行则数日而反(返),是夫也,其过三岁乎?”

【尹固之复也】正 补 尹固返回之时。昭二十六年尹固与王子朝一同奔楚,尹固半道返回。

【尤】补 责备。

【二】夏,五月庚寅二十五日,王子赵车入于鄻 liǎn 以叛,阴不佞 nìng 败之。

【王子赵车】正 补 姬姓,名赵车。王子朝党羽。【鄻】正 周邑。

昭公二十九年·三

地理 鲁、卫、齐见昭地理示意图1。鲁、卫、齐、乾侯、阳谷见昭地理示意图4。

人物 季平子(昭九·六·二)、鲁昭公(襄三十一·三·五·一)、卫灵公(昭七·十二·一·一)、子家懿伯(昭五·三·一)、公衍、齐景公(襄二十五·一·四)、公叔务人(昭二十五·五·二·一)、公衍之母、公叔务人之母

左传【一】平子季平子每岁贾gǔ马,具从者之衣屦jù,而归(馈)之于乾gān侯。公鲁昭公执归(馈)马者,卖之马。[平子]乃不归(馈)马。

【贾】 补 买。

【从者】 补 跟从鲁昭公流亡之人。**【衣屦】** 补 衣服鞋子。屦见桓元—桓二·三·二。

【乾侯】 补 见昭二十五·三·二。

【乃不归马】 补 [季平子]于是不再送马。

【二】卫侯卫灵公来献其乘shèng马,曰启服,堑而死。公鲁昭公将为之椟dú。子家子子家懿伯曰:“从者病矣,请以食sì之。”乃以帷裹之。

【乘马】 补 驾乘车之马。

【启服】 正 马名。启,马前右足白。服,驾车四马中内侧两匹,参见《知识准备》“车马”。

【堑而死】 正 [启服]掉到坑里死了。

【公将为之椟】 正 补 鲁昭公想要为启服做个木箱[把它埋葬掉]。

【从者病矣,请以食之】 正 补 跟从流亡的人很困苦,请把[制作木箱的钱财]买食物给他们吃。

【乃以帷裹之】 正 补 [于是不再花费钱财制作木箱,]而是[依照惯例]用帷布把马裹起来[埋掉了]。《礼记·檀弓下》:“敝帷不弃,为埋

马也。”可知春秋时期常例用旧帷裹马。

【三】公鲁昭公赐公衍羔裘，[公]使[公衍]献龙辅于齐侯齐景公，[公衍]遂入羔裘。齐侯喜，与之阳谷。——公衍、公为公叔务人之生也，其母偕出。公衍先生。公为之母曰：“[吾二人]相与偕出，请相与偕告[于君]。”三日，公为生。其母先以告，公为为兄。——公私喜于阳谷，而思于鲁，曰：“务人公叔务人为此祸也。且[务人]后生而为兄，其诬也久矣。”[公]乃黜之公叔务人，而以公衍为大(太)子。

【公衍】 补 姬姓，字衍。鲁昭公(襄三十一·三·五·一)之子。

【羔裘】 补 羔羊皮衣。

【龙辅】 正 杨 疑即珑，祷旱用玉，上有龙纹。

【遂入羔裘】 杨 补 [公衍]就[顺势在进献龙辅的同时也]进献了羔羊皮衣[给齐景公]。

【阳谷】 补 见僖三—僖四·春秋。

【其母偕出】 正 补 两位孕妇一起出居产房。古代贵妇将产子，则出居于作为产房的侧室。

【而思于鲁】 杨 补 回忆起在鲁[为君]时[公叔务人之母通过使诈使公叔务人成为长子的旧事]。

【务人为此祸也】 正 补 务人惹起了这场祸乱。指昭二十五年公叔务人与季公亥图谋驱逐季氏，怂恿鲁昭公讨伐季氏，最终导致鲁昭公奔齐(参见昭二十五·五·二)。

【诬】 补 欺。

昭公二十九年·四

地理 晋见昭地理示意图 1。

人物 魏献子(襄二十三·六·二·一)、蔡墨、有飂叔安、董父、虞舜(僖三十三·五·二·一)、夏孔甲、刘累、少皞(文十八·三·二)、重、该、修、熙、颛顼(文十八·三·二)、犁、共工(昭十七·三·一)、句龙、炎帝(昭十七·三·一)、柱、后稷(僖二十四·三·一)

春秋 秋,七月。

左传 【一】秋,龙见(现)于绛郊。

【绛】正 补 晋都,见成六·五·一·二。

【二】魏献子问于蔡墨曰:"吾闻之,虫莫知(智)于龙,以其不生得也。谓之知(智),信乎?"

【蔡墨】正 杨 补 蔡氏,名墨,字黯。晋太史。其名(墨)、字(黯)相应,墨、黯皆为深黑色。
【以其不生得也】杨 因为它不能[被人]活捉。

[蔡墨]对曰:"人实不知(智),非龙实知(智)。古者畜龙,故国有豢 huàn 龙氏,有御龙氏。"

【豢】【御】正 都是"养"的意思。

献子魏献子曰:"是二氏者,吾亦闻之,而不知其故。是何谓也?"

【故】补 事。

[蔡墨]对曰:

"昔有飂 liáo 叔安,有裔子曰董父 fǔ,实甚好 hào 龙,能求其耆(嗜)欲以饮 yìn 食 sì 之,龙多归之。[董父]乃扰畜龙,以服事帝舜虞舜。帝虞舜赐之姓曰'董',氏曰'豢龙',封诸(之于)鬷 zōng 川,鬷夷氏其后也。故帝舜氏世有畜龙。

【有飂叔安】正 补 有飂国君，名号叔安。祝融后裔。【有飂】正 杨 补 古国，即蓼（见桓十一・二）。有为语助词。

【裔子】正 补 久远后代之子。裔，远，玄孙之后为“裔”。

【董父】补 董姓，豢龙氏。有飂叔安之后。

【扰】正 杨 顺，驯服。

【鬷夷】正 杨 补 又作“三朡”，虞、夏时国，董姓。虞舜始封祝融之后董父于鬷川，在今山东曹县东北故三鬷亭。后被商汤所灭。参见《图集》9—10⑦13“三朡”。

“及有夏孔甲，扰于有帝。帝赐之乘 shèng 龙，河、汉各二，各有雌雄。孔甲夏孔甲不能食 sì，而未获豢龙氏。有陶唐氏既衰，其后有刘累，学扰龙于豢龙氏，以事孔甲，能饮 yìn 食 sì 之。夏后夏孔甲嘉之，赐氏曰‘御龙’，以更豕 shǐ 韦之后。龙一雌死，[刘累]潜醢 hǎi 以食 sì 夏后。夏后飨之，既而使求之醢。[刘累]惧而迁于鲁县，范氏其后也。”

【有夏孔甲】正 补 夏孔甲。夏后（君）。姒姓，号孔甲。夏不降之子，夏扃之侄。

【扰于有帝】正 补 顺服上帝。

【乘龙】正 杨 驾车之龙。

【河、汉各二】正 杨 补 河水[之龙]两条，汉水[之龙]两条。春秋时车多驾四马，而此处则驾四龙。河水见闵二・五・三，汉水见桓六・二・二。

【食】补 饲养。

【有陶唐氏】正 补 即陶唐氏，参见襄九・一・二。有为语助词。

【豕韦】杨 见襄二十四・一。

【潜醢以食夏后】补 [刘累]偷偷[将雌龙]制成肉酱给夏孔甲吃。

【飨】杨 食。

【鲁县】正 杨 补 在今河南鲁山。参见《图集》24—25⑤3。

【范氏其后也】补 参见襄二十四・一。

献子曰："今何故无之？"

[蔡墨]对曰：

"夫物，物有其官，官修其方，朝夕思之。一日失职，则死及之。失官不食。官宿其业，其物乃至。若泯弃之，物乃坻 zhǐ 伏，郁湮 yīn 不育。

【方】 正 法。
【失官不食】 正 补 丢掉官职，就不能吃[公家俸禄]。
【官宿其业，其物乃至】 杨 补 官员长久地致力于他的事业，他所职掌的神物才会到来。宿，久。
【若泯……不育】 正 杨 补 如果[官员（例如水官）]泯灭抛弃他的事业，[他所职掌的]神物（例如龙）就会止息而潜伏，沉滞壅塞不能生育[，这样也就不可能被人活捉了]。泯，灭。坻，止。郁，滞。湮，塞。

"故有五行之官，是谓五官，实列受氏姓，封为上公，祀为贵神，社、稷、五祀，是尊是奉：木正曰句 gōu 芒，火正曰祝融，金正曰蓐 rù 收，水正曰玄冥，土正曰后土。

【故有……是奉】 正 补 因此有职掌五行的官员，这就是所谓的五官，他们接受[天子分封土地建立国家因而有]氏，又接受[天子赐]姓，在活着的时候被封为上公，去世后被作为尊贵的神灵得到祭祀，[作为]土地神、谷神、五行之神[的陪祭]，得到[人们的]尊崇和奉养。五行见昭二十五・二・二。
【正】 正 官长。

"龙，水物也。水官弃矣，故龙不生得。不然，《周易》有之：

【弃】 正 废。

“在《乾》䷀之《姤 gòu》䷫，曰‘潜龙勿用’；

○正补以下六例皆为引用《周易》筮例来表达观点、阐明事理。本筮例为本卦一爻变，得之卦，主要以本卦变爻爻辞占之。《乾》䷀，本卦，《乾》☰下《乾》☰上。《乾》䷀初九阳爻变为初六阴爻，故《乾》䷀变为《姤》䷫。《姤》䷫，之卦，《巽》☴下《乾》☰上。主要以《乾》初九爻辞“潜龙勿用”占之。

“其《同人》䷌曰‘见龙在田’；

○正补即《乾》䷀之《同人》䷌，九二阳爻变为六二阴爻，主要以本卦《乾》九二爻辞“见龙在田”占之。

“其《大有》䷍曰‘飞龙在天’；

○正补即《乾》䷀之《大有》䷍，九五阳爻变为六五阴爻，主要以《乾》九五爻辞“飞龙在天”占之。

“其《夬 guài》䷪曰‘亢龙有悔。’；

○正补即《乾》䷀之《夬》䷪，上九阳爻变为上六阴爻，主要以《乾》上九爻辞“亢龙有悔”占之。

“其《坤》䷁曰‘见群龙无首，吉’；

○正补即《乾》䷀之《坤》䷁，全部阳爻变为阴爻，主要以《乾》用九爻辞“见群龙无首，吉”占之。

“《坤》䷁之《剥》䷖曰‘龙战于野’。

○正补即《坤》䷁之《剥》䷖，上六阴爻变为阳爻，主要以《坤》上六爻辞“龙战于野”占之。

“若不朝夕见，谁能物之？”

【物之】杨 补 描述它们的情状。

献子曰:“社、稷、五祀,谁氏之五官也?”

○ 正 补 上古之时担任五官中每一官的人都不止一个,后人选取其中功业最大者作为土地神、谷神、五行之神的陪祭,接受祭品供奉。魏献子问作为土地神、谷神、五行之神陪祭的五官模范都是什么氏的什么人。

[蔡墨]对曰:

“少皞 hào 氏少皞有四叔,曰重 chóng、曰该、曰修、曰熙,实能金、木及水。使重为句芒,该为蓐收,修及熙为玄冥,世不失职,遂济穷桑少皞,此其三祀也。

【句芒】正 木正。

【蓐收】正 金正。

【玄冥】正 水正。

【遂济穷桑】正 补 就帮助少皞氏成功。少皞在穷桑登帝位,故称其为“穷桑”。穷桑在少皞之墟(后为鲁都,参见定三—定四·五·四)以北。

“颛 zhuān 顼 xū 氏颛顼有子曰犁,为祝融;共 gōng 工氏共工有子曰句龙,为后土,此其二祀也。

【祝融】正 火正。

【后土】正 土正。

“后土为社。稷,田正也。有烈山氏之子曰柱,为稷,自夏以上祀之。周弃后稷亦为稷,自商以来祀之。”

【有烈山氏】正 补 或说为炎帝(见昭十七·三·一),或说为神农。

未知孰是。

○补 据上文，则蔡墨虽然一开始只提到五官（木正句芒，火正祝融，金正蓐收，水正玄冥，土正后土），而随后在论述中又补充田正，则实为六官。六官祭祀体系可总结如下：

贵神	金　神	木　神	水　神	火　神	土地神（社）	五谷神（稷）
六官	金正 蓐收	木正 句芒	水正 玄冥	火正 祝融	土正 后土	田正
陪祭模范	少皞氏 之叔 该	少皞氏 之叔 重	少皞氏 之叔 修及熙	颛顼氏 之子 犁	共工氏 之子 句龙	烈山氏 之子柱 （夏以上） 周弃 （商以来）

○补 **传世文献对读：**《孔子家语·五帝》记载了孔子向季康子讲述五帝、五祀的话，有助于理解这个先秦理论体系的全貌，相关记载又散见于《礼记·月令》《礼记·檀弓上》《吕氏春秋》，可扫码阅读《孔子家语》原文。

昭公二十九年·五

地理 鲁、晋见昭地理示意图 1。鲁、郓（西郓）见昭地理示意图 4。晋、汝水见昭地理示意图 2。

人物 赵简子（昭二十五·二·春秋）、中行文子、范宣子（成十六·三·七）、孔子（僖二十七—僖二十八·二十五·三）、晋文公（庄二十八·二·一）、蔡墨（昭二十九·四·二）

春秋 冬，十月，郓溃。

【郓】 补 西郓，见成四·六·春秋。

○正杨补据文三・一,民逃其上曰“溃”。郓为鲁昭公寄居之地。《公羊传》认为,郓邑的民众之所以溃散,是因为鲁昭公逼迫他们修筑郓邑的外城。《穀梁传》认为,鲁昭公在郓邑民众溃散之后出奔,而鲁昭公出奔之后,民众就像去掉了沉重的包袱。而孔疏认为,此时鲁昭公已前往晋,必然留人守郓。此时郓邑民众溃散而叛鲁昭公,使鲁昭公不得更来,背后可能受到了季氏的挑拨或压迫。郓虽溃,而仍属齐,至定七年齐人方归之于鲁。

○正此条《春秋》无对应《左传》。

左传【一】冬,晋赵鞅赵简子、荀寅中行文子帅师城汝滨,遂赋晋国一鼓铁,以铸刑鼎,著范宣子所为刑书焉。

【荀寅】正补中行文子。姬姓,中行氏,出自荀氏,名寅,谥文。中行穆子(襄十九・一・二)之子。晋大夫,官至卿位。昭二十九年可能已任下军佐(卿职),昭三十二年可能已任下军帅(卿职),定元年可能已任上军佐(卿职),定十三年可能已任上军帅(卿职)。定十三年奔朝歌以叛。哀三年奔邯郸。哀四年奔鲜虞,同年入于柏人。哀五年奔齐。

【汝滨】正补汝水(见成十五—成十六・二)岸边,晋所取陆浑之戎地。据清华简二《系年》(引文见定三—定四・春秋),晋人曾经在汝水以北筑城,应该就是这里所说的“城汝滨”。如此则晋人筑城地点应该是在汝水以北。

【遂赋晋国一鼓铁】杨补于是向晋都城[里的国人]征收了480斤铁。30斤为钧,四钧为一石,四石为一鼓。

【著范宣子所为刑书焉】从下文孔子所言“且夫宣子之刑,夷之蒐也,晋国之乱制也”可知,此次铸在刑鼎上的刑律与文六年夷之蒐有关。夷之蒐最终确定赵宣子为中军帅,赵宣子执政之后,“制事典,正法罪,辟狱刑,董逋逃,由质要,治旧污,本秩礼,续常职,出滞淹”(文五—文六・二),其中很可能包括制定新刑律。夷之蒐期间三次更换中军帅人选(见文五—文六・一以及文八—文九・一),这先后导致狐射姑杀阳处父后出奔（文六·四），五大夫作乱杀先克、晋人杀五大夫（文八—文九）等一系列内乱。范宣子第一次出现在《左传》中是在成十六年（夷之蒐四十六年后），而且当时他还是被中军佐/父亲范文子追打的年轻大夫，绝无制定刑律的权力。综合上述信息，如果此次铸在鼎上的刑律的确与夷之蒐有关的话，那么有两种可能性：一、“范宣子”应该是“赵宣子”，“赵宣子所为刑书”就是夷之蒐后赵宣子新政期间制定的刑律；二、“范宣子”无误，那么“范宣子所为刑书”是范宣子在夷之蒐赵宣子刑律的基础上制定的刑律，制定时间应该在范宣子成为正卿之后。

○补 此事可与昭六年郑人铸刑书（昭六·三）合观。

○补 昭二十九年“遂赋晋国一鼓铁”是传世文献中关于铁器的首次明确记载。目前中国境内考古发现最早的天然陨铁制品是河北石家庄藁城区台西村商代遗址出土的铁刃铜钺，年代在商代中期；最早的人工冶铁制品是河南三门峡上村岭虢国墓地出土的玉柄铁剑（块炼渗碳钢）和铜内铁援戈（块炼铁），年代在西周晚期至春秋早期。晋国所在地区出土的人工冶铁织品最早的是山西天马—曲村遗址出土的条状铸铁，年代在春秋早期至中期。从考古发现情况看，春秋时期已经有大量的人工冶铁制品，有学者认为中原地区冶铁技术起源可以上溯至西周中晚期。

【二·一】仲尼孔子曰：

“晋其亡乎！失其度矣。

“夫晋国将守唐叔唐叔虞之所受法度，以经纬其民。卿大夫以序守之，民是以能尊其贵，贵是以能守其业。贵贱不愆 qiān，所谓度也。文公晋文公是以作执秩之官，为被 pī 庐之法，以为盟主。今弃是度也，而为刑鼎，民在（察）鼎矣，何以尊贵？贵何业之守？贵贱无序，何以为国？

【唐叔之所受法度】正 补 晋始封君唐叔虞[从周王室]接受的法度。该法度中包括惩处民众罪恶的刑律，该刑律应该如同郑铸刑书之前的情形一样，民众不知道刑律具体条款，贵族卿大夫具有很大的裁量权，临时制宜，轻重难测，因此下文说“民是以能尊其贵”。

【卿大夫以序守之】正 补 卿大夫按照位次[共同]守护这法度。

【愆】补 错乱。

【文公……之法】正 补 晋文公就是根据[唐叔虞之法]设立执掌官员位次爵禄的官职，制定被庐之法。“执秩”参见僖二十七—僖二十八·四·三。所谓“被庐之法”，就是晋人在被庐之蒐（参见僖二十七—僖二十八·三）期间制定的法度。

【民在鼎矣】杨 补 人民[都能]查看刑鼎[知晓刑律]。在，察。

【贵何业之守】补 即“贵守何业”，可译为“贵族还有什么事业可以执守”。

“且夫宣子之刑，夷之蒐 sōu 也，晋国之乱制也，若之何以为法？”

【且夫……制也】正 补 若此“宣子”为赵宣子，则此句可译为“而且那赵宣子制定的刑律，是夷之蒐[后制定的]，是晋国动乱时期的制度”。若此“宣子”为范宣子，则此句可译为“而且那范宣子制定的刑律，是[根据]夷之蒐[赵宣子刑律制定的]，是[与]晋国动乱时期的制度[一脉相承的]”。

【二·二】蔡史墨蔡墨曰：

“范氏、中行氏其亡乎！中行寅中行文子为下卿而干上令，擅作刑器，以为国法，是法奸也。又加范氏焉，易之，亡也。

【中行……奸也】补 中行寅作为下卿却冒犯上级[才有资格发布]的

政令，擅自制作刑鼎，作为国家的法度，这是效法奸邪。这句是陈述中行氏之恶。干，犯。本年中行文子任下军佐，在六卿中排第六，故曰“下卿”。

【又加范氏焉】正 杨 补 如果此次所铸的是“赵宣子所为刑书”，那么“又加范氏焉”的意思应该是今日的范氏族长范献子支持促成了铸刑鼎之事。如果此次所铸的是“范宣子所为刑书”，那么“又加范氏焉”的意思应该是范宣子当年制定的刑律开启了今日铸刑鼎的祸端，而且今日的范氏族长范献子也支持促成了铸刑鼎之事。据定十三·二·三·一，可知中行氏与范氏联姻亲睦，定十三年中行文子、范昭子联合起兵驱逐赵简子，事败后又一同叛逃。

【易之，亡也】补 使得中行氏铸刑鼎的罪恶进一步蔓延，终将败亡。易，延。

“[祸]其及赵氏，赵孟赵简子与 yù 焉。然[赵氏]不得已，若德，可以免。”

【然不得已】正 补 铸刑鼎并非赵简子意愿，赵简子不得已而从之。如果此次所铸果然是赵宣子在夷之蒐时期制定的刑律，那么中行文子很可能是用“为先祖制定的刑律背书”为理由逼迫赵宣子的后人赵简子参与。

○正 补 定十三年范昭子、中行文子伐赵简子，赵简子奔晋阳，对应“其及赵氏，赵孟与焉”。同年范昭子、中行文子出奔朝歌，赵简子归于晋都，对应“范氏、中行氏其亡乎”以及“[赵氏]若德，可以免”。

○补 笔者对晋“铸刑鼎”新政的内幕有详细分析，请见《虎变：晋国大族的兴盛与衰亡》(出版中，暂定书名)相关章节。

昭公三十年·一

地理 鲁、晋见昭地理示意图1。鲁、晋、乾侯、郓（西郓）见昭地理示意图3。

人物 鲁昭公（襄三十一·三·五·一）

春秋 三十年，春，王正月，公鲁昭公在乾gān侯。

【乾侯】补 见昭二十五·三·二。

○正 补 鲁昭公在国内时，每月朔日朝正于庙。如今鲁昭公身在晋乾侯，国之守臣朔日告庙曰“公在乾侯”，向先君解释鲁昭公不朝正的缘由，史官将告庙文辞书于简策，故《春秋》有“公在乾侯”的记载。参见襄二十九·一。

左传 “三十年，春，王正月，公在乾侯。”[《春秋》]不先书郓yùn与乾侯，[而本年书之]，非公，且征（惩）过也。

【郓】补 西郓，见成四·六·春秋。

○正 补 昭二十七年、昭二十八年初鲁昭公寄居于郓，昭二十九年初鲁昭公在晋乾侯，皆不在鲁国都，而此三年《春秋》不记载“王正月，公在郓”“王正月，公在乾侯”，似乎鲁昭公正月仍在国都，这是在掩饰鲁昭公的过错。昭二十九年郓溃（仅见于《春秋》），齐、晋厌倦鄙视鲁昭公，而子家懿伯的忠谋又不被鲁昭公所用，总之，鲁内外都放弃了鲁昭公，不应继续掩饰其过错，所以从本年开始，《春秋》明白地记载年初鲁昭公所在，表明他不在国都，而是流亡在外，这是非难责备鲁昭公，同时公开其过错以为鉴戒。

昭公三十年·二

地理 晋、郑见昭地理示意图1。

人物 晋顷公（昭十七·四·一）、游吉（襄二十二·七·二）、魏献子

(襄二十三·六·二·一)、士景伯(昭十三·五)、晋悼公(成十七·十·一·二)、公孙夏(襄十·七·二·三)、公孙虿(襄八·八·一·二)、周灵王(襄五·二)、郑简公(襄七·八·二·二)、印段(襄二十二·四·一)、郑献公

春秋 夏,六月庚辰二十二日,晋侯去疾晋顷公卒。

秋,八月,葬晋顷公。

○正 补 据隐元·五,诸侯五月而葬。晋顷公三月而葬,于礼为速。

左传【一】夏,六月,晋顷公卒。秋,八月,葬。

【二】郑游吉吊,且送葬。魏献子使士景伯诘之,曰:"悼公晋悼公之丧,子西公孙夏吊,子蟜 jiǎo,公孙虿送葬。今吾子游吉无贰,何故?"

【悼公……送葬】 杨 事见襄十五·七·二。昭十年晋平公之丧,郑游吉吊,罕虎送葬,士景伯省略未言。

【今吾子无贰】 正 杨 补 如今您没有同行的人[,一人身兼吊丧人和送葬人两个角色]。依礼,送葬重于吊丧,所以吊丧者为一人,送葬者应为地位高于吊丧者的另一人。

[游吉]对曰:

"诸侯所以归晋君,礼也。礼也者,小事大、大字小之谓。[小]事大在共(供)其时命,[大]字小在恤其所无。以敝邑居大国之间,共(供)其职贡,与 yù 其备御不虞之患,岂忘共(供)命?

【小事大、大字小】 杨 补 小[国]事奉大[国],大[国]养护小[国]。字,养。

【事大……所无】杨 补 [小国]事奉大国在于供应大国[符合礼制]的时事之命,[大国]养护小国在于体恤小国的缺乏。
【职贡】补 见僖五·八·四。
【不虞之患】补 意外的患难。虞,度。

“先王之制:诸侯之丧,士吊,大夫送葬;唯嘉好、聘享、三军之事,于是乎使卿。晋之丧事,敝邑之间xián,先君有所助执绋fú矣;若其不间xián,虽士、大夫有所不获数矣。大国之惠,亦庆其加,而不讨其乏,明厎zhǐ其情,取备而已,以为礼也。灵王周灵王之丧,我先君简公郑简公在楚,我先大夫印段实往——敝邑之少卿也。王吏不讨,恤所无也。

【嘉好】杨 补 指诸侯会盟、朝见之事。
【聘享】杨 补 聘见隐七·四·春秋。享见桓九—桓十·一·二。聘问必行享礼,故“聘享”连文。
【晋之……数矣】正 杨 补 晋的丧事,[如果正当]我国有闲暇之时,我国先君也曾亲自手持绋索[拉柩车送葬];如果正当我国没有闲暇之时,即使是[派遣]士、大夫的礼数也难以满足。间,空闲。绋见宣八·四。杜甫《送卢十四弟侍御护韦尚书灵榇归上都二十韵》“长路更执绋”典出于此。
【庆】正 补 以……为善。
【明厎其情,取备而已】正 补 [大国]明知[小国已经]传达了实情,求取[小国的人力物力]足以备具[礼仪]即可[,不要求其一定要完全符合礼数]。厎,致。
【灵王……卿也】正 杨 事见襄二十九·五。少卿,位次较低的卿。

“今大夫曰:‘女(汝)盍(何不)从旧?’旧有丰有省,不知所从。从其丰,则寡君郑献公幼弱,是以不共(恭)。从其省,则吉游吉在此矣。唯大夫图之。”

【寡君】补 郑献公。姬姓，名虿，谥献。郑定公（昭十二·四·一·一）之子。昭二十九年即位，在位十三年。定九年卒。

晋人不能诘。

昭公三十年·三

地理 吴、徐、楚见昭地理示意图 1。吴、徐、楚、钟吾、胡、养、城父（近乾溪）见昭地理示意图 5。

人物 徐王章羽（禹）、吴王阖庐（昭十七·六·三）、王子掩余（昭二十二—昭二十三·五·二）、王子烛庸（昭二十七·二·一）、楚昭王（昭二十六·七·二）、监马尹大心、莠尹然（昭二十七·二·一）、沈尹戌（昭十九·十一·二）、王子申（昭二十六·七·二）、终吴子、伍员（昭二十·三·三）、吴王州于（昭二十·三·四）

春秋 冬，十有（又）二月，吴灭徐。徐子章羽徐王章羽奔楚。

【徐子章羽】补 徐王章羽。嬴姓，名章羽（《左传》作“章禹”）。昭三十年奔楚。

左传 【一】吴子吴王阖庐使徐人执掩余王子掩余，使钟吾人执烛庸王子烛庸，二公子奔楚。楚子楚昭王大封，而定其徙：使监马尹大心逆吴公子，使居养；莠 yǒu 尹然、左司马沈尹戌沈尹戌城之养，取于城父与胡田以与之吴公子，将以害吴也。

【吴子……烛庸】正 补 昭二十七年吴王阖庐弑君而自立，王子掩余奔徐，王子烛庸奔钟吾（参见昭二十七·二·五）。本年吴王阖庐迫使二国之人执二王子。

【楚子大封，而定其徙】正 楚昭王大举分封土田[给两位王子]，并确定他们所徙居的地方。

【监马尹大心】补 名大心。楚大夫，昭三十年已任监马尹。【监马

尹】 补 楚内朝官，职掌国君马政。

【养】 杨 补 在今河南沈丘东南。可能本为养国始封地（参见桓九·二·二），此时为楚邑。参见《图集》29—30③7。

【左司马】 补 见襄十五·三·一。**【沈尹】** 补 见宣十二·一·六。

【城父】 杨 补 见僖二十二—僖二十三·八·一“夷”，在养东北。

【胡】 杨 补 见襄二十八·二·一，在养东南。

子西王子申谏曰：

“吴光吴王阖庐新得国，而亲其民，视民如子，辛苦同之，将用之也。［吾］若好吴边疆，使柔服焉，犹惧其至。吾又强其雠，以重 zhòng 怒之，无乃不可乎！

【好吴边疆】 杨 与吴［、楚］边境［的吴人］修好。

“吴，周之胄裔也，而弃在海滨，不与姬通。［吴］今而始大，比于诸华。光吴王阖庐又甚文，将自同于先王。不知天将以为虐乎，使翦丧吴国而封大异姓乎？其抑亦将卒以祚 zuò 吴乎？其终不远矣。我盍（何不）姑亿吾鬼神，而宁吾族姓，以待其归。将焉用自播扬焉？”

【胄裔】 杨 近义词连用，都是后代的意思。

【不与姬通】 杨 不与［中原］姬姓［诸国］来往。

【比于诸华】 杨 补 与［中原］华夏诸国比肩。

【先王】 正 指周太王、周王季，当年他们也都是从西戎之地起家，逐渐发展到与中原比肩。

【不知……远矣】 杨 补 不知道上天将要用［光］行暴虐之事，［从而］让他灭亡吴国而使异姓之国扩大领土呢？还是将要最终用［他］来福佑吴国呢？其最终结果不会太远了。抑，选择连词。卒，终。祚，福。

【亿】 正 安。

【播扬】正劳动。

王楚昭王弗听。

【二】吴子吴王阖庐怒。冬，十二月，吴子执钟吾子，遂伐徐，防山以水之。己卯二十三日，[吴]灭徐。徐子章禹徐王章羽断其发，携其夫人以逆吴子。吴子唁 yàn[徐子]而送之，使其徐王章羽迩臣从之，[徐子]遂奔楚。楚沈尹戌帅师救徐，弗及，遂城夷，使徐子徐王章羽处之。

【防山以水之】正[筑]堤防[壅塞]山间河水以灌徐城。

【断其发】杨吴人短发(参见哀十一・三・二・一)，徐子章羽此举表示愿意接受吴人风俗，为吴臣民。

【唁】补慰问。

【迩臣】正近臣。

【夷】正即上文的城父。

【三】吴子吴王阖庐问于伍员 yún 曰："初而(尔)言伐楚，余知其可也，而恐其使余往也，又恶 wù 人之有余之功也。今余将自有之矣。伐楚何如？"

【初而言伐楚】正见昭二十・三・四。

【人】杨补他人，指吴王州于。

[伍员]对曰："楚执政众而乖，莫适 dí 任患。[我]若为三师以肄(肆)焉，一师至，彼必皆出。彼出则[我]归，彼归则[我]出，楚必道敝。[我]亟 qì 肄以罢(疲)之，多方以误之。[彼]既罢(疲)而后，[我]以三军继之，必大克之。"

【乖】杨互相违戾。

【莫适任患】杨补没有人敢做主承担责任。适，专，主。

【肄】杨突然袭击而又迅速退却。参见文十二・五・三“若使轻者肄焉”。

【一师至,彼必皆出】杨补吴三师之一侵入楚境内,楚诸帅不和,上无统摄之人,所以将悉数出动,以免事后因不出兵而承担责任。

【道敝】正奔走于道路而疲敝。

【亟】杨补屡次。

阖庐吴王阖庐从之,楚于是乎始病。

【病】补困苦。

○正补下启昭三十一年吴师疲楚(昭三十一・二),及定四年吴入楚(定三一定四)。

昭公三十一年·一

地理 鲁、晋见昭地理示意图1。鲁、晋、薛、乾侯、费见昭地理示意图3。

人物 鲁昭公（襄三十一·三·五·一）、季平子（昭九·六·二）、知文子（昭九·四·三）、薛献公、晋定公、范献子（襄十四·四·五）、子家懿伯（昭五·三·一）

春秋 三十有（又）一年，春，王正月，公鲁昭公在乾 gān 侯。

【乾侯】补 见昭二十五·三·二。

季孙意如季平子会晋荀跞 lì，知文子于适历。

【适历】正 晋地。

夏，四月丁巳三日，薛伯谷薛献公卒。

【薛伯谷】补 薛献公。任姓，名谷，谥献。昭三十一年卒。

晋侯晋定公使荀跞知文子唁 yàn 公鲁昭公于乾侯。

【晋侯】补 晋定公。姬姓，名午，谥定，清华简二《系年》中谥“晋简公”，疑为双谥定、简，不同文献缩写不同。晋顷公（昭十七·四·一）之子。昭三十一年即位，在位三十七年。【唁】补 慰问。

○正 补《春秋》列薛献公卒在前，知文子唁鲁昭公在后，而《左传》反之。《春秋》所叙应该是事情发生的实际顺序，而《左传》这样安排是为了先将鲁事叙述完毕，再叙薛事。

左传【一·一】“三十一年，春，王正月，公在乾侯”，言［公］不能外内也。

○正 补《春秋》记载成“三十一年，春，王正月，公在乾侯”，明白记载鲁昭公年初居住地不在国都，是表明鲁昭公外不得齐、晋诚心支持，内不得臣子宽恕接纳。不能，不得。参见昭三十・一。

【一・二】晋侯晋定公将以师纳公鲁昭公。范献子曰："若召季孙季平子而不来，则[季孙]信不臣矣，然后伐之，若何？"晋人召季孙。献子范献子使私焉，曰："子季平子必来，我受其无咎。"

【纳】补 见隐四・二・四・一。

【信】补 确实。

【私】杨 补 私下告知。

【我受其无咎】杨 补 我保您不会有灾祸。受，保。咎，灾。

【一・三】季孙意如季平子会晋荀跞知文子于适历。

荀跞曰："寡君晋定公使跞知文子谓吾子季平子：'何故出君鲁昭公？有君不事，周有常刑。子其图之！'"

季孙练冠、麻衣，跣 xiǎn 行，伏而对曰："事君鲁昭公，臣之所不得也，敢逃刑命？君鲁昭公若以臣为有罪，[臣]请囚于费 bì，以待君之察也，亦唯君。若[君]以先臣之故，不绝季氏，而赐之死，[臣]死且不朽。若[君]弗杀[臣]、弗亡[臣]，君之惠也。若[臣]得从君而归，则固臣之愿也。[臣]敢有异心？"

【季孙……跣行】正 杨 补 季平子如此行为，是表示自己以鲁君流亡为凶事，而深感忧戚。【练冠】正 杨 服斩衰丧十三月服练时所戴之冠。【麻衣】正 杨 麻质无文饰之衣，又称"布衣"。《礼记・间传》"期而大祥，素缟麻衣"，则麻衣本为服丧时所穿。【跣行】正 杨 补 即赤脚而行。《礼记・问丧》"亲始死，徒跣"，则跣行本为亲人刚死时表示哀戚的行为。

【请囚于费】补 见僖元・六。费为季氏老巢，季平子"请囚于费"是毫无诚意可言的虚言。

【死且不朽】［臣下］就是死了也不会朽坏。此处“不朽”的含义参见僖三十三·三·三“死且不朽”。

○杨 补 通行本中，“死且不朽”原在“……君之惠也”之后，“若得从君而归……”之前。“而赐之死”之后，应紧接“死且不朽”，文理方为通顺。据上述理由，因而有此调整。

【一·四】 夏，四月，季孙季平子从知zhì伯知文子如乾侯。子家子子家懿伯曰：“君与之归。一惭之不忍，而终身惭乎？”公鲁昭公曰：“诺。”众曰：“在一言矣，君必逐之！”

【一惭……惭乎？】 补［难道您愿意因为］不能忍受一时的羞耻，而终身蒙受羞耻吗？惭，愧，羞耻。

【众曰……逐之】 正 补 众人说：“就在这一句话了，君主一定得驱逐他！”其他跟从流亡的人认为晋既然出面干预此事，鲁昭公应该抓住机会使晋驱逐季平子。

○补 **传世文献对读：**《论语·卫灵公》：“子曰：‘……小不忍则乱大谋。’”与子家懿伯之言义正相合。

荀跞知文子以晋侯晋定公之命唁公，且曰：“寡君晋定公使跞知文子以君命讨于意如季平子，意如不敢逃死。君鲁昭公其入也！”

公曰：“君晋定公惠顾先君之好，施yì及亡人鲁昭公，将使［亡人］归粪除宗祧tiāo以事君，则不能见夫fú人季平子。己所能见夫人者，有如河！”

【施】 杨 延。

【粪除宗祧】 杨 补 清扫宗庙。粪除，近义词连用，都是扫除的意思。

【己所……如河】 正 杨 补 我如果能见到那个人，［必遭神谴，］有河水为证！所，假设连词，誓词中常用。乾侯靠近河水，因此鲁昭公以河水起誓。

荀跞掩耳而走，曰："寡君晋定公其罪之恐，敢与 yù 知鲁国之难 nàn？臣请复于寡君。"

【寡君其罪之恐】 补 即"寡君恐有罪"。

[荀跞]退而谓季孙："君怒未怠，子姑归祭。"

【子姑归祭】 正 杨 补 您姑且回去[继续主持]祭祀。据襄二十六·二·二·一"政由宁氏，祭则寡人"，可知主持国家祭祀为国君最基本的职责。知文子的意思是让季平子回国继续摄行国君之事。

子家子曰："君鲁昭公以一乘 shèng 入于鲁师，季孙必与君归。"公欲从之。众从者胁公，[公]不得归。

【君以一乘入于鲁师】 杨 补 国君[如果]乘一辆车进入[季孙所率的]鲁师。子家懿伯预料季平子将继续奉鲁昭公为君，但将不能容忍教唆鲁昭公发动政变、又长期阻止他回国的从亡之人，所以出此计策。

【公欲从之】 补 鲁昭公先前听信其他从亡之人的意见，在晋使荀跞面前表达自己与季平子势不两立、希望晋出面驱逐季平子的意愿，结果被荀跞拒绝。鲁昭公此时明白子家懿伯对形势的判断是正确的，因此当子家懿伯再次献计时，鲁昭公想要听从。

【二】"薛伯谷卒。"同盟，故[《春秋》]书[名]。

○ 补 同盟书名之例见隐七·二。

昭公三十一年·二

地理 吴、楚见昭地理示意图 1。薛、吴、楚、夷(近乾溪)、六、南冈、弦、豫章见昭地理示意图 5。

人物 薛献公（昭三十一・一・春秋）、沈尹戌（昭十九・十一・二）、左司马戌、右司马稽

春秋 秋，葬薛献公。

○正 此条《春秋》无对应《左传》。

左传 秋，吴人侵楚，伐夷，侵潜、六liù。楚沈尹戌帅师救潜，吴师还。楚师迁潜于南冈而还。吴师围弦。左司马戌、右司马稽帅师救弦，及豫章，吴师还。——[吴人]始用子胥伍员之谋也。

【夷】 杨 补 见僖二十二—僖二十三・八・一。昭三十年楚人将徐王章羽安置于此。

【潜】 杨 见昭二十七・二・一。**【六】** 正 杨 见文五・四・春秋。此时为楚邑。

【沈尹】 补 见宣十二・一・六。

【南冈】 杨 补 在今安徽霍山东北下符桥村。参见《图集》29—30⑤8。《图集》标注不准确，本书示意图依据《图志》标注。

【弦】 杨 见僖五・六・春秋。

【左司马戌】 补 名戌。曾为吴王阖庐（或王子光）之臣。后为楚大夫。昭三十一年已为左司马。定四年战死。**【左司马】** 补 见襄十五・三・一。**【右司马】** 补 见襄十五・三・一。

【豫章】 补 见昭六・十・一。

【子胥之谋】 正 见昭三十・三・三。具体说来，这里主要用的是“亟肄以罢（疲）之”。

昭公三十一年・三

地理 鲁见昭地理示意图 1。郱、鲁、滥见昭地理示意图 4。

人物 黑肱、齐豹(昭二十·五·一)、庶其(襄二十一·二·春秋)、牟夷(昭五·六·春秋)

春秋 冬,黑肱以滥 lán 来奔。

【黑肱】正 补 名黑肱。邾大夫。昭三十一年奔鲁。【滥】正 杨 补 在今山东滕州土城村、西石楼村之间已经发现其遗址(详见下)。邾邑。昭三十一年地入于鲁。参见《图集》26—27⑤4。

○补 **昌虑故城遗址:** 遗址先后为春秋时期滥邑、东汉昌虑县。遗址位于薛河北岸,与陶山隔河相望。城址周长五千米,内有子城,周长一千五百米。

左传【一】冬,邾黑肱以滥来奔。[黑肱]贱而[《春秋》]书名,重 zhòng 地故也。

【二】君子曰:

"名之不可不慎也如是:夫有所有名,而不如其已。[或]以地叛,虽贱,必书地以名,其人终为不义,弗可灭已。是故君子动则思礼,行则思义;不为利回,不为义疚。

【夫有……其已】杨 有时有名还不如无名。
【地以名】补 地名与人名。以,与。
【不为利回,不为义疚】杨 补 不为利益而违背[礼],[见义勇为,]不为[未能循]义[而行]而内疚。回,违。

"或求名而不得,或欲盖而名章(彰),惩不义也。齐豹为卫司寇,守嗣大夫,作而不义,其书为'盗'。邾庶其、莒 jǔ 牟夷、邾黑肱以土地出,求食而已,不求其名,贱而必书。此二物者,所以惩肆而去贪也。若艰难其身，以险危大人，而有名章(彰)彻，攻难 nàn 之士将奔走之。若窃邑叛君以徼 yāo 大利，而无名，贪冒之民将置力焉。是以《春秋》书齐豹曰'盗'，三叛人名，以惩不义，数 shǔ 恶 wù 无礼，其善志也。

【惩】补以……鉴戒。

【齐豹……为'盗'】正见昭二十·五。

【邾庶……必书】正庶其之事见襄二十一·二，牟夷之事见昭五·六，黑肱之事见本年。

【此二……贪也】正这两类事，是为了以放肆为戒，而且去除贪婪。物，事。齐豹书"盗"为惩肆，此为一事；三叛人书名为去贪，此为一事。

【险危】杨使……危险。

【有名章彻】正杨名声显扬。章彻，近义词连用，都是显明的意思。

【徼】补求。

【贪冒】补近义词连用，都是贪婪的意思。

【三叛人名】补庶其、牟夷、黑肱三个叛臣称名。

【数】杨责备。【恶】补嫌恶。

【善志】正杨善于记述。

"故曰，《春秋》之称，微而显，婉而辨。上之人能使昭明，善人劝焉，淫人惧焉，是以君子贵之。"

【称】杨叙述[史事]。

【微而显，婉而辨】正补[文辞]隐微而[意义]显著，[笔法]委婉而[旨趣]有别。

【上之人能使昭明】正杨在上位的人方能使[《春秋》大义]昭明。〇补参见成十四·四·二君子之言。

昭公三十一年·四

地理晋、吴、楚见昭地理示意图 1。

人物 赵简子(昭二十五·二·春秋)、蔡墨(昭二十九·四·二)

春秋 十有(又)二月辛亥朔初一,日有食之。

【朔】补 见桓三·五·春秋。

【日有食之】补 见隐三·一·春秋。

左传【一】十二月辛亥朔,"日有食之"。

【二】是夜也,赵简子梦童子裸而转以歌。旦,[简子]占诸(之于)史墨蔡墨,曰:"吾梦如是,今而日食,何也?"[史墨]对曰:

【裸而转以歌】杨 补 光着身子边转边唱。

"六年及此月也,吴其入郢 yǐng 乎,终亦弗克。

【郢】补 见僖十二·二。昭三十一年即楚昭王五年,据《楚居》,此时楚都可能在媺郢、鄂郢或为郢。

○正 补 六年后的这个月,吴将攻入楚郢都,但最后未能灭楚。日食发生在辛亥,亥在北方水位。北方水数六,故曰"六年"。楚人"三先"(参见僖二十六·二)之首为老童,故童子指示楚。童子裸身转体而歌,指示楚人将奔走而哭,故知楚将有祸。晋、楚此时大体上相安无事,而吴此时正与楚为敌,因此推知破楚者必为吴。此次日食,可能食相进入了日面中央,因此推知吴将攻入郢都。庚为金,午为火,火胜金,金畏火,为火妃偶。夫妻相得而强,预示楚将强盛。因此楚都虽将被吴人攻破,却不会亡国,终将复兴。

"[吴]入郢,必以庚辰:日月在辰尾;庚午之日十月十九日,日始有谪 zhé。

【日月在辰尾】正 杨 补 此次日月合朔于尾宿(东方青龙七宿之第六宿)。房、心、尾三宿为大辰,因此尾宿为"辰尾"。此释"庚辰"

之“辰”。

【庚午之日，日始有谪】[正][补]自庚午日起，太阳便开始有异象（指其亮度、颜色等发生变化）。此释“庚辰”之“庚”。

“火胜金，故弗克。”

○[补]下启定四年吴入郢（定三—定四），及定五年楚复国（定五·五、定五·七）。

昭公三十二年・一

地理 鲁、晋见昭地理示意图1。鲁、晋、乾侯见昭地理示意图3。

人物 鲁昭公（襄三十一・三・五・一）

春秋 三十有（又）二年，春，王正月，公鲁昭公在乾gān侯。

【乾侯】补 见昭二十五・三・二。

左传 三十二年，春，“王正月，公在乾侯”，[《春秋》书之，]言[公]不能外内，又不能用其人也。

【其人】正 主要指子家懿伯。

○补 参见昭三十・一。

昭公三十二年・二

地理 鲁见昭地理示意图1。鲁、阚见昭地理示意图4。

春秋 [公]取阚kàn。

【阚】杨 见桓十一・五・春秋。

○正 鲁昭公居于乾侯，而遣人诱阚而取之以自封，不用师徒，故书“取”以言其易。

昭公三十二年・三

地理 吴、越、晋见昭地理示意图1。

人物 蔡墨（昭二十九・四・二）

春秋 夏，吴伐越。

左传【一】“夏，吴伐越”，始用师于越也。

○正补襄二十九・六已有“吴人伐越”，苏州博物馆藏吴王余眛（即吴王夷末）剑铭文也有吴王戴吴时期吴越战争的记载。可能在此之前，吴越虽有军事冲突，未尝用大兵，而本年是用大兵伐越，并且将战果通报给中原各国，鲁史《春秋》亦有记载，因此本节说“始用师于越也”。

【二】史墨蔡墨曰：“不及四十年，越其有吴乎！越得岁而吴伐之，[吴]必受其凶。”

○正杨补本年岁星（参见襄九・五・五）在十二星次中的星纪，而星纪为吴、越两国共同的分野（参见襄二十八・一・二）。细致说来，星纪为斗、牛、女三宿，斗对应越，牛、女二宿对应吴。当年岁星前半年在斗宿，后半年在牛、女二宿。因此，吴伐越之时，岁星仍在斗宿，故史墨曰“越得岁”。依照分野学说，岁星所在星次的星宿对应的地上国家有福。越受福佑而吴兴兵伐之，则吴将有祸，故史墨曰吴“必受其凶”。古人以为预测一国之存亡，不能超过岁星周行三遍，即三十六年，史墨稍加宽限，故曰“不及四十年，越其有吴乎”。

○补下启哀二十二年越灭吴（哀二十二・二）。昭三十二年与哀二十二年相隔三十七年，与史墨“不及四十年”相吻合。

昭公三十二年・四

春秋秋，七月。

昭公三十二年・五

地理鲁、晋、齐、宋、卫、郑、曹、周见昭地理示意图 1。晋、周、成周、狄泉见昭地理示意图 2 小图。鲁、齐、宋、卫、曹、莒、薛、杞、小邾见昭地理示意图 4。

人物孟懿子（昭七・九・二・一）、韩简子、高昭子（昭二十九・一・

春秋)、仲几(昭二十二·二·三)、太叔懿子、国参、周敬王(昭二十二—昭二十三·春秋)、富辛、石张、晋定公(昭三十一·一·春秋)、晋文侯(桓二—桓三·一·一)、晋文公(庄二十八·二·一)、周文王(僖五·八·一)、周武王(桓元—桓二·三·二)、周成王(僖二十五—僖二十六·四·二)、范献子(襄十四·四·五)、魏献子(襄二十三·六·二·一)、彪傒、士景伯(昭十三·五)

春秋 冬,仲孙何忌孟懿子会晋韩不信韩简子、齐高张高昭子、宋仲几jī、卫世叔申太叔懿子、郑国参cān、曹人、莒jǔ人、薛人、杞人、小邾人城成周。

【韩不信】 补 韩简子。姬姓,韩氏,名不信,字音,谥简,排行伯。韩贞子(昭二·一·四)之子,韩宣子(襄七·六·一)之孙。晋大夫,官至卿位。昭三十二年可能已任下军佐(卿职),定元年可能已任下军帅(卿职),定十三年可能已任上军佐(卿职),同年范昭子、中行文子出奔后可能升任上军帅(卿职)。定十四年可能已去世。

【世叔申】 正 补 太叔懿子。姬姓,太叔氏,名申,谥懿。太叔文子(襄十四·五·六·一)之孙。卫大夫,官至卿位。

【国参】 正 补 姬姓,国氏,名参,字思,谥桓。公孙侨(襄八·三)之子,公子发(成五·五)(字国)之孙。郑大夫,官至卿位。

【成周】 补 见隐三·四·二。

左传 【一】 秋,八月,王周敬王使富辛与石张如晋,请城成周。

○ 正 补 王子朝之乱,其余党多在王城。周敬王忌惮王子朝余党,因此希望徙都成周。成周城本是西周时期东都城邑群的一座,其主要功能是军事防御。西周灭亡、周王室定都王城之后,成周城成为周王畿里的一个普通城邑,城墙年久失修,而且规制狭小,因此周敬王请求晋出面组织诸侯扩建。

天子周敬王曰:

“天降祸于周，俾 bǐ 我兄弟并有乱心，以为伯父忧。我一二亲昵甥舅不皇(遑)启处，于今十年，勤戍五年。余一人无日忘之，闵闵焉如农夫之望岁，惧以待时。

【俾】正 使。【我兄弟】正 杨 王子朝以及从乱诸王子。【并】杨 遍。

【伯父】补 参见僖八—僖九·三·二。

【我一……五年】正 杨 补 我的几个[同姓]亲昵[之国]、[异姓]甥舅[之国]也不得安居，到现在已经十年，派兵前来辛勤戍守也已经五年。甥舅见成二·八。“不皇启处”见襄八·八·一·三。昭二十二年王子朝之乱，至今十一年，十年为大数，故曰“于今十年”。昭二十七年十二月晋籍秦致率诸侯戍周之师于周，到达时间应为昭二十八年初，至今五年，故曰“勤戍五年”。

【余一人】补 见成二·八。

【闵闵】正 杨 忧愁貌。【望岁】正 杨 盼望丰年。

【待时】杨 补 等待收割之时。所谓收割之时，其实就是指王室迁都成周、得到长久安宁的时候。

“伯父若肆大惠，复二文晋文侯、晋文公之业，弛周室之忧，徼 yāo 文周文王、武周武王之福，以固盟主，宣昭令名，则余一人有大愿矣。

【肆】正 展放。

【复二文之业】正 杨 补 重建晋文侯、晋文公的功业。周平王东迁之时，晋文侯有大功(见《知识准备》“两周之际”)；晋文公称霸，翼戴周襄王(见昭九·二·二)，故周敬王言及之。

【弛】正 解。

【徼】补 求。

【宣昭令名】补 宣扬昭明好名声。令，善。

“昔成王周成王合诸侯城成周，以为东都，崇文德焉。今我欲徼

yāo 福假灵于成王，修成周之城，俾 bǐ 戍人无勤，诸侯用宁，蝥 máo 贼远屏 bǐng，晋之力也。其委诸(之于)伯父，使伯父实重 zhòng 图之：俾我一人无征怨于百姓，而伯父有荣施，先王庸之。”

【昔成王合诸侯城成周】补 西周成王时期营建的东都“成周”应该不是春秋时期的成周城，而是位于瀍水两岸，参见隐三·四·二。

【假灵】杨 借助福佑。假，借。灵，福。“假灵”和“徼福”意思相近。

【俾戍……远屏】杨 补 使[诸侯]戍守[周王畿的]人[可以撤回而]不再辛劳，诸侯因此[得到]安宁，而恶人能被放逐到远方。用，因。蝥贼，见成十三·一·四。屏，放逐。

【我一人】补 即上文“余一人”。【征】正 召。

【荣施】杨 补 光荣的恩惠。施，惠。

【先王庸之】正 杨 先王将酬谢您的功劳[而福佑您]。庸，酬功。

范献子谓魏献子曰：“与其戍周，不如城之。天子周敬王实云，虽有后事，晋勿与 yù 知可也。从王命以纾诸侯，晋国无忧，是之不务，而又焉从事？”

【天子……可也】正 补 是天子[自己]说的[要撤销戍守而修成周城]，[因此]即使以后有事，晋可以不用参与知晓。

【纾】补 缓解。

魏献子曰“善”，使伯音韩简子对曰：“天子有命，敢不奉承以奔告于诸侯？迟速衰 cuī 序，于是焉在。”

【迟速】杨 补 工程进度快慢。

【衰序】正 杨 补 分配各国工作量的等级次序。衰，差。

【于是焉在】正 补 即“在于是”。笔者认为应该译为“都在我们这里”，意译为“都由我们负责”。而杜注认为应该译为“都听天子的命令”。

【二·一】冬，十一月，晋魏舒魏献子、韩不信韩简子如京师，合诸侯之大夫于狄泉，寻盟，且令城成周。

【京师】 补 见隐六·七。

【狄泉】 杨 即翟泉，见僖二十九·三·春秋。

【寻盟】 正 重温昭十三年平丘之盟（昭十三·三）。

【二·二】魏子魏献子南面。

【南面】 正 补 居君位，面朝南。

卫彪傒xī曰："魏子必有大咎。[卿]干[君]位以令大事，非其任也。《诗》曰'敬天之怒，不敢戏豫。敬天之渝，不敢驰驱'，况敢干位以作大事乎？"

【咎】 补 灾祸。

【干】 补 犯。

【敬天……驰驱】 正 杨 补《毛诗·大雅·板》有此句，可译为"恭敬地对待上天的怒气，不敢玩忽安逸。恭敬地对待上天的变异，不敢放纵随意"。戏豫，近义词连用，都是玩忽戏弄的意思。渝，变。

○ 补 下启定元年魏献子卒（定元·一·一·二）。

○ 补 **传世文献对读：** 据《国语·周语下》，则城成周之谋实由刘文公与苌弘发之，彪傒因而论刘、苌二人将有祸灾，可扫码阅读。

【三】己丑十四日，士弥牟士景伯营成周：

○ 杨 补 十四日，士景伯负责制定成周城墙修筑工程方案。先秦时夯土筑城技术参见宣十一·二·二。

计丈数，

○正 补计算[城墙的]长度。

揣高卑，

○正 补测量[城墙的]高低。揣，量高。

度 duó 厚薄，

○补度量[城墙的]厚薄。

仞沟洫 xù，

○正 补测量沟渠的深度。仞，量深。

物土方，

○正 补考察取土地点的方位。物，相。

议远迩，

○补商讨[运土路线的]远近。

量事期，

○正 补预计工程日期[的长短]。

计徒庸，

○正 补计算徒役人工[的数量]。庸，功。

虑材用，

○正 补考虑器材用具[的数量]。

书糇 hóu 粮，

○正 补 记载[徒役需要]粮食[的数量]。

以令役于诸侯，属(嘱)役赋丈。

○正 [根据上述方案]命令诸侯服役，责成[每国派出]徒役[若干人]，分配[筑城任务若干]丈。赋，分。

[士弥牟]书以授帅，而效诸(之于)刘子刘文公。

○正 补 [士景伯把方案]书写出来授予各国主事的卿大夫[去执行]，然后呈送[副本]给[王室代表]刘文公[以表示对王室的尊敬]。效，致。

韩简子临之，以为成命。

○正 杨 韩简子监督此工程，把[上述方案]作为既定方案。

昭公三十二年・六

地理 鲁、晋见昭地理示意图 1。鲁、晋、乾侯见昭地理示意图 3。

人物 鲁昭公(襄三十一・三・五・一)、子家懿伯(昭五・三・一)、赵简子(昭二十五・二・春秋)、蔡墨(昭二十九・四・二)、季平子(昭九・六・二)、成季(庄二十五・六・春秋)、鲁桓公(隐元・一・一)、文姜(桓三・六・春秋)、季文子(文六・二・春秋)、季武子(襄六・五・春秋)、鲁文公(文元・〇)、东门襄仲(僖二十五—僖二十六・春秋)

春秋 十有(又)二月己未十四日，公鲁昭公薨 hōng 于乾 gān 侯。

左传【一】十二月，公鲁昭公疾，遍赐大夫，大夫不受。[公]赐子家子子家懿伯双琥、一环、一璧、轻服，[子家子]受之。大夫皆受其赐。

己未十四日,公薨。子家子反(返)赐于府人,曰"吾不敢逆君命也",大夫皆反(返)其赐。[《春秋》]书曰"公薨于乾侯",言[公]失其所也。

【琥】 正 虎形玉器。**【环】【璧】** 补 见桓元·一·春秋。

【轻服】 正 补 轻盈细软的衣服。

【府人】 杨 补 鲁内朝官,职掌国君财货仓库。

【书曰……所也】 正 补《春秋》书"公薨于乾侯",点明其去世地点不在国都路寝,说明他失去了自己应有的归宿。路寝见庄三十二·四·春秋。

(二) 赵简子问于史墨蔡墨曰:"季氏季平子出其君鲁昭公,而民服焉,诸侯与之;君死于外,而莫之或罪,何也?"

【与】 补 许,认可。

【而莫之或罪】 补 即"而莫或罪之",可译为"却没有人怪罪他"。

[史墨]对曰:

"物生有两、有三、有五、有陪贰。故天有三辰,地有五行,体有左右,各有妃(配)耦。王有公,诸侯有卿,皆有贰也。

【陪贰】 补 指地位有尊卑差别的配偶,比如公为王之陪贰、卿为诸侯之陪贰、女为男之陪贰。

【天有三辰】 正 补 三辰见桓元—桓二·三·二。此释"三"。

【地有五行】 正 补 五行见昭二十五·二·二。此释"五"。

【体有左右】 正 此释"两"。

【各有妃耦】 正 补 [人]各有配偶。女为男之配偶,亦男之陪贰。此释"陪贰"。

"天生季氏,以贰鲁侯,为日久矣。民之服焉,不亦宜乎!鲁君世从(纵)其失(佚)，季氏世修其勤，民忘君矣。[君]虽死于外，其谁矜之？

【失】杨安逸。佚与勤正相对。

【矜】杨怜。

“社稷无常奉，君臣无常位，自古以(已)然。故《诗》曰：‘高岸为谷，深谷为陵。’三后之姓，于今为庶，主所知也。在《易》卦，雷乘《乾》曰《大壮》☳，天之道也。

【社稷无常奉】正杨补社稷没有恒常不变(指一直是某姓)的奉祀者。

【高岸为谷，深谷为陵】正补《毛诗·小雅·十月之交》有此句，可译为“高高的堤岸变成河谷，深深的河谷变成山陵”。

【三后之姓】正杨虞、夏、商三代君王的后代。后，君长。姓，子孙。

【庶】正庶人。

【雷乘……道也】正补此为引用《周易》卦象来表达观点、阐明事理。《大壮》☳，《乾》☰下《震》☳上。《震》为雷，在《乾》上，所以说“雷乘《乾》曰《大壮》”。《乾》为天，为君。《震》为雷，为臣。《大壮》中，君在下，臣在上，大臣强壮，如同天上有雷，故曰“天之道也”。

“昔成季友成季，桓鲁桓公之季也，文姜之爱子也，始震而卜，卜人谒yè之，曰：‘生有嘉闻，其名曰友，为公室辅。’及[成季]生，如卜人之言，有文在其手曰‘友’，遂以名之。既而[成季]有大功于鲁，受费bì以为上卿。至于文子季文子、武子季武子，世增其业，不废旧绩。鲁文公薨，而东门遂东门襄仲杀適(嫡)立庶，鲁君于是乎失国，政在季氏，于此君鲁昭公也四公矣。民不知君，何以得国？

【昔成……名之】补参见闵二·三·四。

【有大功于鲁】正主要指闵二年立鲁僖公。

【受费以为上卿】 补 见僖元・六。

【鲁文……立庶】 补 见文十七—文十八。

【四公】 杨 鲁宣公、鲁成公、鲁襄公、鲁昭公。

“是以为君，慎器与名，不可以假人。”

○杨 参见成元—成二・六・二“唯器与名，不可以假人，君之所司也”。